Desarrollo en Microsoft Dynamics AX 2012

José Antonio Estevan Estevan

G000240557

DESARROLLO EN MICROSOFT DYNAMICS AX 2012

No está permitida la reproducción total o parcial de este libro, ni su tratamiento informático, ni la transmisión de ninguna forma o por cualquier medio, ya sea electrónico, mecánico, por fotocopia, por registro u otros métodos, sin el permiso previo y por escrito de los titulares del Copyright. Diríjase a CEDRO (Centro Español de Derechos Reprográficos, **www.cedro.org**) si necesita fotocopiar o escanear algún fragmento de esta obra.

DERECHOS RESERVADOS © 2014, respecto a la primera edición en español, por

Krasis Consulting, S. L.
www.Krasis.com

ISBN: 978-84-941112-3-5
Depósito Legal: VG 460-2014

Impreso en España-Printed in Spain

CREATIVIDAD

Diseño Cubierta: Pablo Iglesias Francisco y Natalia Matesanz Ureña
Fruta Cubierta: La granada es una infrutescencia, fruto de un árbol llamado granado que alcanza hasta cuatro metros de altura, de la familia de las Punicáceas; pequeña familia de árboles y arbustos, cuyos frutos tienen semillas prismáticas y rugosas.

La fruta posee una piel gruesa de color escarlata o dorada con tono carmesí en el exterior y una gran cantidad de semillas internas rodeadas de una jugosa pulpa de color rubí. En oriente es considerada como un símbolo del amor y de la fecundidad y sus virtudes han sido difundidas por poetas tan conocidos como García Lorca.

Dedicado a mis padres, que me apoyaron siempre en lo que quise hacer, muchas veces sin comprender del todo mis guerras. A mi hermana, a quien la inspiración siempre encuentra trabajando, capaz de sonreír en mitad de los problemas.

Y por supuesto a Sulaica, que me animó a empezar, ha soportado mis ausencias durante el proceso y, a pesar de ello, me empujó a terminar cuando flaquearon las fuerzas *[Ídem]*.

Agradecimientos

Tengo que agradecer a *José Manuel Alarcón* que creyera en el proyecto desde el principio, a pesar de mi escasa disciplina. Por asumir el riesgo sin pensarlo demasiado y por el buen trabajo que han hecho en *Krasis Press* para que esto salga adelante. Gracias también a *Salina Marí* y *Cristina* de *Microsoft Ibérica*, por el prólogo y el apoyo mostrado hacia el proyecto.

Y gracias a ti, lector, permíteme el tuteo. Porque si estás leyendo esto debo suponer que has comprado el libro. Espero sinceramente que consigas aprender tanto como he aprendido yo escribiéndolo, porque entonces todo el esfuerzo habrá valido la pena.

La teoría es cuando se sabe todo y nada funciona.
La práctica es cuando todo funciona y nadie sabe por qué.
En este caso hemos combinado la teoría y la práctica:
nada funciona... y nadie sabe por qué.

Albert Einstein

Contenido

Prólogo

Ha sido una grata satisfacción que José Antonio quisiera contar conmigo para prologar su primer libro. Además, el placer se ve aumentado si se percibe que la publicación va a ayudar a mejorar calidad de los profesionales expertos en Soluciones de Gestión Empresarial en la comunidad hispano hablante, y por otra parte a reconocer al grupo al que pertenece el autor. Una comunidad reconocida por Microsoft por ser los **profesionales más valorados** del sector, con un altísimo conocimiento en su campo −en este caso en *Microsoft Dynamics AX*−, y que aportan un gran valor a nuestro canal de distribución.

Hoy en día y más que nunca, la diferenciación es la clave del éxito empresarial, y es la característica común de todas las compañías innovadoras y competitivas. Cierto es que las soluciones ERP se han caracterizado históricamente por ser monolíticas y por su falta de flexibilidad. Todos los que estamos alrededor de *Microsoft Dynamics AX* sabemos que éste trae un soplo de aire fresco, ya que permite a las empresas **modelar y automatizar** procesos empresariales (finanzas, comercial, logística, producción etc.) y planificar todos los recursos de las compañías con la flexibilidad necesaria para incorporar esas gotas de innovación y diferenciación.

Las necesidades de las empresas son cada vez mayores, y la inversión en **innovación** de los fabricantes tecnológicos es cada vez más alta. En el caso de *Microsoft Dynamics AX* se generan dos actualizaciones cada seis meses, lo que permite que la herramienta sea una de las más competitivas del mercado, adaptándola a las tendencias tecnológicas. Por ejemplo, la última revisión del producto ha incluido el soporte para desplegar la solución en la nube.

La clave del éxito no sólo reside en la calidad del producto, sino también en el servicio prestado por profesionales altamente cualificados, que sean capaces de plasmar las necesidades de todo tipo de organizaciones y sectores de actividad. En los últimos años hemos visto como la demanda de este tipo de **profesionales expertos** en *Microsoft Dynamics AX* se ha incrementado, y desde Microsoft hemos impulsado toda una serie de iniciativas que, estamos seguros, ayudarán en un futuro muy próximo a ampliar la comunidad de expertos en *Microsoft Dynamics AX*.

Este libro recoge todos los aspectos relevantes para entender la solución *Microsoft Dynamics AX* desde un punto de vista técnico. Desde la descripción de las funcionalidades básicas de la herramienta, hasta cómo adaptar la misma o desarrollar nuevas funcionalidades, además de trucos, consejos y buenas prácticas que, estoy segura, ayudarán a muchos.

GRACIAS José Antonio. Gracias por formar parte de esa comunidad de MVP's de *Microsoft Dynamics*. Y sobre todo gracias por defender la necesidad de desarrollar software de calidad e impulsar buenas prácticas alrededor del mismo. Esperamos que esta sea una de las muchas publicaciones que lances y que anime al resto de profesionales de *Microsoft Dynamics* a escribir sobre las soluciones que ayudan en el día a día de las empresas, y que mejoran la competitividad de las mismas.

Salina Marí Aragón, Product Marketing Manager Microsoft Dynamics CRM&ERP en Microsoft.

CAPÍTULO

I

Introducción

Este capítulo contiene una descripción de los objetivos del libro, a quién va dirigido, lo que se puede esperar de él, y también algunos puntos que no se deben esperar. Sirve también como introducción a los capítulos que vamos a encontrar a continuación y para preparar el entorno de pruebas en el que se desarrollan los ejemplos, con algunas demostraciones.

I.- ¿QUÉ ES ESTE LIBRO? ¿QUIÉN DEBERÍA LEERLO?

La idea principal es **iniciar** a profesionales que ya son programadores de otros entornos y necesitan empezar a desarrollar en *Microsoft Dynamics AX 2012* rápidamente. También es apto para desarrolladores que trabajan con *Microsoft Dynamics AX* en versiones anteriores y quieren **refrescar** conocimientos o **descubrir** las novedades de esta versión, que desde el punto de vista técnico son abundantes. Buena parte del contenido, y sobre todo la *filosofía* de desarrollo, es válida también para las versiones anteriores.

Para la comprensión de algunos de los conceptos tratados, es importante entender que este libro se basa en un sistema ***ERP*** (*Enterprise Resource Planning*) y que el contexto de las capacidades de desarrollo que ofrece el producto, siempre están orientadas a funcionalidades de negocio, por lo que programadores que vengan de lenguajes de propósito general (como java o .NET) pueden echar en falta algunas funcionalidades. Por el contrario, a quienes vengan de otros sistemas ERP más estrictos les parecerá un entorno tremendamente flexible. Se recomienda retrasar este juicio hasta conocer todas las posibilidades (como se espera que sea el caso al finalizar la lectura de todos los capítulos).

A pesar de que muchos de los temas tratados en el texto son novedades de *Microsoft Dynamics AX 2012*, la mayoría de los conceptos generales son válidos para versiones anteriores, aunque en la medida de lo posible se indicarán de manera específica los detalles que sean propios de esta versión en concreto.

2.- ¿QUÉ NO ES ESTE LIBRO?

Este libro **no es un manual de programación**. Al lector se le suponen conocimientos técnicos básicos y estar familiarizado con la programación orientada a objetos. También ayudarán, aunque no son imprescindibles, conocimientos o experiencia en sistemas ERP desde el punto de vista funcional o, en general, conocimientos de gestión empresarial básica (por ejemplo, qué es una factura o una cuenta contable).

Este libro **tampoco es una guía completa de funcionalidades** de *Microsoft Dynamics AX 2012*; para eso haría falta un libro de este tamaño para cada uno de los módulos funcionales, y es posible que ni así fuera posible llegar al máximo detalle.

Este libro pretende ser una buena guía técnica con la que empezar y con la que conocer todas las posibilidades, pero es imposible recopilar absolutamente todas las opciones y detalles que incluye el sistema. Estos detalles concretos se pueden encontrar en la documentación disponible, por ejemplo en los portales *MSDN* y *TechNet*, por tanto este libro no es un libro de referencia técnica completa.

El objetivo es que tras la lectura se aprenda lo suficiente para poder empezar a trabajar con el producto y saber qué, dónde y cómo buscar las referencias adecuadas fácilmente.

Durante el resto de capítulos se incluirán enlaces a documentos y páginas de la documentación oficial, donde ampliar información sobre asuntos importantes. Casi todos los documentos se encuentran en la biblioteca que se enlaza a continuación. Conviene tenerla siempre a mano, ya que muchos documentos se actualizan con cada versión publicada del producto:

Enlace: Microsoft Dynamics Resource Library

http://www.microsoft.com/en-us/dynamics/resource-library.aspx

3.- CONTENIDO

El contenido del libro se divide en 10 capítulos, cada uno dedicado a una parte importante de la programación en *Microsoft Dynamics AX*. Los capítulos están diseñados para ser leídos en ese orden, intentando que los conceptos se incluyan según el orden en el que se van necesitando, pero también pueden ser utilizados como guía de consulta de un tema concreto. Cuando se nombra un concepto que todavía no se ha introducido se incluye una referencia al capítulo relacionado.

Lo que se debe esperar de cada uno de ellos es lo siguiente:

1. **Introducción** (Este capítulo).

2. **Conociendo la aplicación**: En este capítulo se introduce la infraestructura completa de *Microsoft Dynamics AX*, tanto la **arquitectura física** (el software que se instala en los servidores) como la **lógica** (cómo se estructuran los componentes y objetos de la aplicación). También se explica el proceso de instalación y la funcionalidad básica, común en todos los módulos, que debe respetarse en los nuevos desarrollos.

3. **Herramientas de desarrollo**: En este capítulo se detallan todas las herramientas de desarrollo disponibles. Desde el AOT, el editor de código, las herramientas auxiliares, el compilador, depurador y todas las herramientas disponibles para el manejo de desarrollos, ciclo de vida de los cambios y control de versiones.

4. **El lenguaje X++**: Capítulo dedicado exclusivamente a explicar las posibilidades del lenguaje X++ que vamos a utilizar en toda la aplicación.

5. **El modelo de datos**: Dedicado a todos los componentes de los que disponemos para el **manejo de datos** en la aplicación. Desde los más básicos como tablas, vistas y tipos de datos, hasta *frameworks* más complicados para el manejo avanzado de transacciones, fechas de validez de los datos, etc.

6. **La interfaz de usuario**: Dedicado al diseño de la parte visual de la aplicación, lo que llamamos *El Cliente*. Básicamente se tratan los aspectos de diseño de formularios y una introducción a la guía de estilo.

7. **Frameworks**: Se explican los diferentes *frameworks* de desarrollo de los que disponemos para realizar tareas propias del sistema, y que no han sido vistos en capítulos anteriores. Es importante conocerlos y utilizarlos, tanto para ahorrar tiempo de desarrollo, como para hacer nuestros desarrollos compatibles con el resto de la aplicación.

8. **Integración con .NET y Servicios Web**: Capítulo dedicado a la integración de *Microsoft Dynamics AX* con aplicaciones externas. Básicamente mediante los mecanismos de integración con el *framework* .NET, la construcción de servicios web que expone el sistema, y el consumo de servicios web externos.

9. **Informes**: Dedicado al *framework* de desarrollo de informes basado en *Microsoft SQL Reporting Services* (*SSRS*).

10. **Licencia, Configuración y Seguridad**: Por último detallamos las opciones de las que disponemos para limitar qué partes del sistema vamos a utilizar en general, y de ellas, qué partes puede ver cada usuario, *personalizando* de

esta manera la experiencia de usuario principalmente mediante controles de seguridad.

4.- LET'S CODE!

Como durante el libro los primeros ejemplos se van a hacer esperar un poco, vamos a adelantar la primera toma de contacto con el entorno, realizando unos pequeños ejemplos que nos introducirán tanto al entorno como a las diferentes maneras de afrontar un desarrollo en *Microsoft Dynamics AX*.

4.1.- El entorno (requerimientos)

Para la realización de estos ejemplos y los que vendrán en los siguientes capítulos se utiliza el entorno publicado por Microsoft en forma de máquina virtual de demostración en los portales *PartnerSource* y *CustomerSource*. A estos portales se tiene acceso si trabajamos para un *partner* certificado para *Microsoft Dynamics*, o si como clientes tenemos una licencia de *Microsoft Dynamics* activa, respectivamente.

Esta máquina virtual contiene una instalación totalmente funcional de todos los componentes de la aplicación, con datos de prueba, lista para trabajar. Se puede descargar de los siguientes enlaces:

- https://mbs.microsoft.com/partnersource/deployment/methodology/vpc/ax2012demotoolsmaterials.htm

- https://mbs.microsoft.com/customersource/downloads/servicepacks/ax2012demotoolsmaterials.htm

La máquina virtual no necesita instalación, se puede hacer funcionar directamente, mediante *Hyper-V* en *Windows Server 2008 R2*, *Windows Server 2012* o *Windows 8* (y posteriores) y también convertirla a otros sistemas de virtualización (*Virtual Box*, por ejemplo) para ejecutarla sobre *Windows 7* o anteriores.

Desde la versión *AX 2012 R3*, si tenemos acceso a los nuevos **LCS** (*Microsoft Dynamics Lifecycle Services*) podemos desplegar una máquina virtual demo en nuestra cuenta de **Microsoft Azure** en unos pocos y sencillos pasos. De nuevo, para acceder a este portal es necesario tener una cuenta activa en *PartnerSource* o *CustomerSource*.

Enlace: Microsoft Dynamics Lifecycle Services

https://lcs.dynamics.com

Durante el proceso de escribir todos los capítulos he ido actualizando la máquina virtual con las últimas versiones, he trabajado con revisiones desde *AX 2012 FP1*

(*Feature Pack 1*, 6.0.947.862) hasta *AX 2012 R3 (6.3.164.0) en Azure*! Dado que no se utiliza funcionalidad específica de ninguna versión, funcionarán con cualquier *AX 2012* en general.

Naturalmente, también se pueden realizar los ejemplos en un entorno instalado manualmente o en una aplicación existente. El proceso de instalación y configuración de la aplicación se detalla en el capítulo 2 *"Conociendo la aplicación"*.

4.2.- ¡Hola mundo!

Como programador, sé de primera mano que para aprender a programar, hay que programar, y que el movimiento se demuestra andando. Más adelante veremos por qué, pero tengo que empezar diciendo que esto no es siempre así en *Microsoft Dynamics AX*. Podemos realizar una gran cantidad de modificaciones sin necesidad de programar, pero vamos a empezar con el típico ejemplo para empezar a conocer el entorno.

Haremos el clásico *hello-world* y de esta manera probaremos que la instalación de *Microsoft Dynamics AX 2012* de la que disponemos es válida para realizar los ejemplos que propondré en el resto del libro.

- Lo primero es abrir un entorno de desarrollo, esto lo podemos hacer de varias formas (más adelante veremos algunas más), pero de momento abrimos un cliente desde el menú de inicio en ***Inicio > Programas > Microsoft Dynamics AX 2012 > Microsoft Dynamics AX 2012***. Ver figura 1.

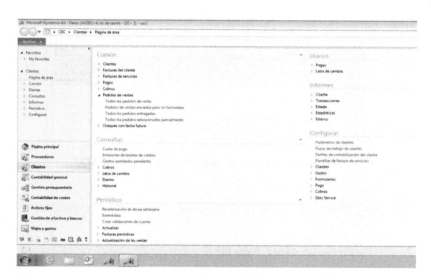

Figura 1.- Visión general del cliente de trabajo de Microsoft Dynamics AX 2012

- Una vez dentro de la aplicación, con el atajo de teclado *Ctrl+Shift+W* se abre directamente un entorno de desarrollo.

- También podemos hacerlo mediante el botón **Ventanas** situado en la parte superior-derecha del entorno de trabajo *normal*, utilizando la opción **Nuevo espacio de trabajo de desarrollo**. Ver figura 2.

Figura 2.- Nuevo espacio de trabajo de desarrollo

- En el entorno de desarrollo, abrir el **AOT** (Árbol de objetos de la aplicación, *Application Object Tree*), lo que puede hacerse de las siguientes formas:

  o Pulsando el icono correspondiente en la barra de herramientas.

  o Con el atajo de teclado *Ctrl+D*.

- Después, navegar al nodo **Jobs**, y crear uno nuevo (botón derecho en **Jobs > Nuevo Job**). Ver figura 3.

Figura 3.- Crear un nuevo elemento en el AOT

- Modificar el código del Job para que quede como el siguiente:

```
static void CAP01_Demo(Args _args)
{
    info("Hola mundo!!");
}
```

- Al ejecutarlo (pulsando **F5** o el botón correspondiente en el editor), el resultado es una ventana *del **Registro de información*** (también llamado

InfoLog, veremos más adelante toda su utilidad) mostrando el mensaje indicado. Ver figura 4.

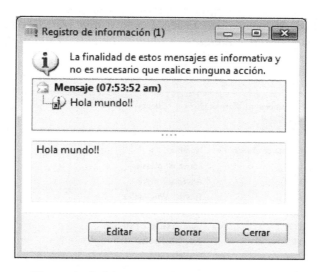

Figura 4- Salida de un mensaje por el InfoLog

4.3.- ¡Demasiado fácil!

Quizás este ejemplo ha sido demasiado sencillo. Vamos a hacer un segundo ejemplo para empezar a entender por qué en *Microsoft Dynamics AX* no es tan importante el código como en otros entornos o lenguajes. Para ello usaremos el entorno de desarrollo llamado *MorphX*, que veremos en detalle en el Capítulo 3 "*Herramientas de desarrollo*".

En los primeros ejemplos se explicarán con detalle cada uno de los pasos, pero conforme avancemos se obviarán los pasos descritos en ejemplos anteriores.

El objetivo de este ejemplo es la sencilla tarea de presentar un formulario al usuario con la lista de clientes de la empresa actual. La tabla de clientes ya existe (obviamente) en la aplicación estándar, sólo vamos a presentar algunos de sus campos en un formulario que el usuario podrá utilizar para consulta.

- En el AOT navegar hasta *Forms*, clic derecho > *Nuevo Form*.

- Clic derecho en el nodo *Form1* (recién creado) > *Propiedades*. Ajustar la propiedad *Name* a *LabClientes*.

- Clic derecho en *Data Sources > Nuevo DataSource*. En el origen de datos recién creado cambiar las siguientes propiedades: *Name: CustTable; Table: CustTable; AllowEdit: No; AllowCreate: No; AllowDelete: No.*

- Clic derecho en *Designs > Propiedades*. Cambiar las siguientes propiedades: *Caption*: Demostración; *TitleDatasource*: CustTable.

- Clic derecho en *Designs > Nuevo control > Grid*. Ajustar las siguientes propiedades en el *Grid* recién creado: *Name*: GridIdentification; *Width*: Column width; *Height*: Column height; *DataSource*: CustTable; *DataGroup*: Identification.

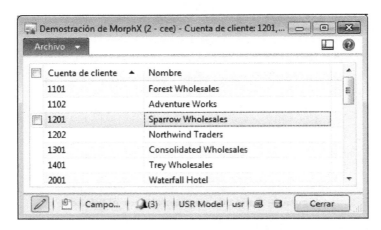

Figura 5.- Formulario de ejemplo

- Guardar los cambios (mediante el botón correspondiente en la ventana del AOT o *Ctrl+Shift+S*) y abrir el formulario haciendo clic derecho sobre él > *Abrir*.

- El resultado aproximado se encuentra en la figura 5.

Lo que acabamos de hacer paso a paso lo podemos resumir de la siguiente forma:

- Crear un objeto de tipo *Form* en el AOT y ajustar sus propiedades.

- Añadir un origen de datos (*Data Source*) al formulario y ajustar sus propiedades para enlazarlo a una tabla del AOT (*CustTable*).

- Añadir un componente al diseño del formulario, enlazarlo con el origen de datos y elegir un grupo de campos automático de los disponibles en el origen de datos. Este grupo define qué campos se van a mostrar dependiendo de la configuración en la tabla.

  También se ajustan las propiedades visuales del control para que se adapte al tamaño del formulario y hacerlo redimensionable. Se puede comprobar arrastrando la esquina inferior-derecha del formulario para cambiar su tamaño. Los formularios de la aplicación siempre deben estar preparados para funcionar en monitores de diferente tamaño.

Esta es la manera en la que se desarrollan una gran parte de los cambios en *MorphX*. Como se puede ver, mediante unos sencillos pasos (que aún pueden ser más sencillos, como veremos más adelante) hemos creado un formulario totalmente funcional sin necesidad de introducir una sola línea de código. Comprobaremos que todo lo que se pueda desarrollar sin programar nos va a suponer una ventaja a la hora de extenderlo, mantenerlo e integrarlo con la funcionalidad actual, por lo que es aconsejable utilizar código sólo cuando no haya más remedio.

Conociendo la aplicación

Este capítulo pretende dar una visión general de la arquitectura que forma una solución *Microsoft Dynamics AX* completa. Es importante comprender esta arquitectura, ya que en buena medida condiciona la manera de pensar con la que se afrontan los desarrollos que se van a ejecutar sobre ella. También se hace un repaso del proceso de instalación de los componentes, su configuración más importante, y la funcionalidad genérica de la aplicación.

Es importante dejar claro que resultaría imposible abarcar aquí todo el detalle de la instalación, configuración y optimización de una solución completa de *Microsoft Dynamics AX*. Para ello, lo ideal es remitirse a la guía de instalación oficial del producto que se puede descargar de manera gratuita y se mantiene actualizada después de cada nueva revisión para reflejar los últimos cambios.

White Paper: Microsoft Dynamics AX 2012 Guide: Installation

http://www.microsoft.com/en-us/download/details.aspx?id=12687

El objetivo de este capítulo es comprender los componentes que forman una instalación *Microsoft Dynamics AX* totalmente funcional, cómo se relacionan estos componentes entre ellos, dónde y cómo se instalan.

Afrontaremos este análisis desde el punto de vista físico –cuáles son los componentes que se deben instalar, dónde y para qué sirven– y lógica –cómo se organiza *Microsoft Dynamics AX* internamente–. Finalmente veremos la configuración más importante para que todo funcione y repasaremos la funcionalidad genérica de la aplicación. Con todo este contexto aprendido, estaremos preparados para empezar a conocer el entorno de desarrollo.

1.- ARQUITECTURA EXTERNA (FÍSICA)

El impacto que tiene una instalación de *Microsoft Dynamics AX* completa en los servidores es importante. Su instalación no es un proceso intuitivo por lo que es necesario hacer una planificación mínima de los componentes, hasta para la instalación del entorno más sencillo. Todos los componentes se pueden montar juntos o por separado, y la mayoría de ellos se instalan directamente desde el disco (o la ISO) de instalación del producto. Estos servidores deben estar dentro de un dominio de *Active Directory* y desde la versión *AX 2012 R3* están certificados para instalarse en **Microsoft Azure** en su versión *IAAS* (*Infrastructure as a Service*, o máquinas virtuales en la nube).

A grandes rasgos, organizamos los componentes de software que componen la instalación diferenciándolos en **3 capas**: capa de **presentación** (cliente), capa de **aplicación** (servidor) y capa de **datos** (*Microsoft SQL Server*). Ver figura 1.

Figura 1.- Distribución de componentes de la instalación

Para que una instalación de *Microsoft Dynamics AX* sea utilizable, como mínimo habrá que instalar un motor de bases de datos *Microsoft SQL Server*, un servicio AOS y el cliente para Windows. Ésta será la instalación mínima que necesitaremos también para desarrollar si incluimos las herramientas de desarrollo (otro cliente, como veremos más adelante).

1.1.- Capa de presentación (Cliente)

En esta capa incluimos, tanto los componentes con los que los usuarios de *Microsoft Dynamics AX* interactúan durante su trabajo con la aplicación, como los que utilizamos los desarrolladores para la modificación y ampliación del sistema. El cliente principal es el *Cliente de Dynamics AX para Windows* que usan los usuarios finales (es a lo que nos referimos cuando hablamos simplemente de *El cliente*), pero no es el único. Ver figuras 1 y 2.

- **Cliente Dynamics AX para Windows** (también llamado *Rich client* o simplemente *Cliente*): El cliente ejecuta la aplicación *MorphX* desarrollada en X++ y .NET mediante *Visual Studio*. Se comunica con el AOS mediante RPC.

  Es la principal forma de presentación de *Microsoft Dynamics AX* a los usuarios utilizando una tecnología de renderizado propia llamada **IntelliMorph**, que posiciona y ordena los controles en los formularios de manera automática. Profundizaremos sobre esto en el capítulo 3 "*La interfaz de usuario*". Este cliente también presenta las páginas del *Role Center*, que se generan en un navegador.

- **Enterprise Portal** (también llamado "*cliente ligero*" o *EP*): Este cliente también ejecuta la aplicación *MorphX* con sus extensiones .NET, aplicaciones propias de *Visual Studio* y *Sharepoint Server*. Se hospeda mediante ASP.NET y *Sharepoint* junto a extensiones propias de *Microsoft Dynamics AX*, que se comunican con el AOS mediante el *.NET Business Connector*.

- **Cliente Office:** Desde la versión *Microsoft Dynamics AX 2012*, existen *add-ins* específicos para utilizar *Microsoft Office Word* y *Excel* como clientes de *Microsoft Dynamics AX* tanto para lectura como para actualización de datos, con algunas limitaciones. Se comunican con el AOS mediante servicios web.

- **Clientes de Terceros**: Existen diferentes vías para conectar *Microsoft Dynamics AX* con el exterior, por lo que se pueden encontrar múltiples clientes desarrollados por terceros para cualquier plataforma, comunicándose mediante *BizTalk Server, MSMQ*, servicios web, etc. Profundizaremos sobre esto en el capítulo 8 "*Integración con .NET y Servicios Web*".

También podemos incluir en esta capa los dos puntos de acceso a las **herramientas de desarrollo** para *Microsoft Dynamics AX*, ya que ambas se instalan en el lado del cliente:

- *MorphX*: Todas las opciones de desarrollo de *MorphX* son accesibles desde un cliente *Microsoft Dynamics AX* para Windows específico para esta tarea al que llamamos "*Entorno de desarrollo*".

- *Visual Studio*: Se utiliza para desarrollar extensiones (bibliotecas) para *Microsoft Dynamics AX*, desarrollo de *Enterprise Portal* e informes SSRS. En esta versión se puede utilizar también para realizar desarrollos directamente mediante los objetos del AOT. Ampliaremos sobre esto en el capítulo 8 "*Integración con .NET y Servicios Web*".

1.2.- Capa de aplicación (Servidor)

- **Application Object Server (AOS):** Este servicio ejecuta la aplicación *MorphX* y el código X++, gestiona la seguridad y las sesiones de los usuarios conectados y publica los servicios web expuestos por la aplicación.

  En toda instalación debe haber al menos un AOS, aunque la instalación se puede escalar instalando servicios adicionales y configurando balanceo de carga para soportar más usuarios concurrentes, o utilizarlos como servidores dedicados para el procesado de trabajos por lotes o de informes.

- **Enterprise Portal Extensions:** Estos componentes extienden una aplicación *Sharepoint* con funcionalidades propias de *Microsoft Dynamics AX*. Estas extensiones se comunican con el AOS mediante el *.NET Business Connector* y RPC, y con *SSAS* y *SSRS* mediante *HTTP* y *HTTPS*. *Enterprise Portal* se puede instalar en un servidor dedicado o en *cluster*, como una granja *Sharepoint* cualquiera.

- **.NET Framework:** Se pueden referenciar componentes .NET desde X++. Además, la plataforma *Microsoft Dynamics AX* está profundamente integrada con *Windows Workflow Foundation* (WWF) y *Windows Communication Foundation* (WCF). Ampliaremos este tema en el capítulo 8 *"Integración con .NET y Servicios Web"*.

- **SSRS Reporting Extensions:** Estos componentes extienden SSRS con componentes específicos de *Microsoft Dynamics AX*. Se comunican con el AOS mediante servicios WCF, y con SSAS mediante HTTP y HTTPS y ofrecen ayuda para el manejo de objetos y estructuras propias de *Microsoft Dynamics AX* desde informes SSRS estándar, incluyendo la seguridad y la obtención de datos en un formato manejable por los informes. Veremos esto de forma más amplia en el capítulo 9 *"Informes"*.

- **Web Services:** *Microsoft Dynamics AX* es capaz de consumir servicios web externos publicados por terceros, así como publicar sus propios servicios web hospedados tanto en el AOS como en IIS. La aplicación estándar utiliza estos servicios (publicados por defecto en el AOS) para su funcionamiento normal. Trataremos este punto en el capítulo 8 *"Integración con .NET y Servicios Web"*.

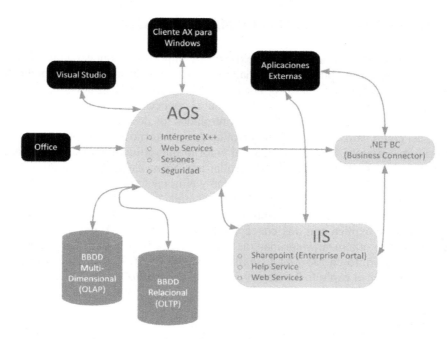

Figura 2.- Componentes externos de la instalación

1.3.- Capa de datos

La capa de datos se limita básicamente a una o varias instancias de *Microsoft SQL Server*. Estos servidores albergarán la base de datos que contiene los **datos de negocio** de la aplicación, la base de datos que contiene los metadatos llamada ***Model Store*** (a partir de la versión *AX 2012 R2*) y otra base de datos con la misma estructura que esta última llamada ***Baseline***, utilizada durante los cambios de versión o para comparar con versiones anteriores. También puede albergar las bases de datos necesarias para *Sharepoint* y *Reporting Services*, así como las instancias de *Analysis Services*, etc.

Estas bases de datos pueden estar instaladas en el mismo servidor o en servidores diferentes así como en *cluster,* tal como se diseñaría una instalación de *Microsoft SQL Server* cualquiera. Habitualmente, las bases de datos de *Microsoft Dynamics AX* conviven con otras bases de datos en una misma instancia de *Microsoft SQL Server*, y las destinadas al *Reporting* y *Business Intelligence* se instalan en servidores separados. Aunque no hay ninguna limitación y esto dependerá del escalado que se decida durante la instalación y posteriores optimizaciones.

2.- ARQUITECTURA INTERNA (LÓGICA)

Una vez comprendida la arquitectura externa, es importante conocer también de qué manera se organiza la aplicación internamente, ya que esta arquitectura condiciona y sugiere las mejores prácticas a la hora de desarrollar y ampliar el producto.

Aunque entraremos en detalle más adelante, conocer esta arquitectura interna es imprescindible para mantener totalmente controlados los desarrollos y ampliaciones del sistema, así como para copiar estos desarrollos de un entorno a otro. Por ejemplo, desde el entorno que usamos para desarrollar, al entorno que utilizan los usuarios finales en producción. Resulta imprescindible desarrollar una buena estrategia de gestión de ciclo de vida del producto para minimizar el tiempo y el impacto de las actualizaciones en el entorno en producción, y por tanto el tiempo de parada de la empresa.

Esta arquitectura, llamada **Arquitectura Orientada a Modelos** (*Model Driven Architecture*), se explica con dos conceptos básicos: **Capa y Modelo**. Mediante estas dos estructuras se organizan y agrupan los objetos y el código, que forman los elementos básicos del desarrollo en *MorphX* y se almacenan en el AOT. Profundizaremos sobre estos conceptos en el capítulo 3 "*Herramientas de desarrollo*".

2.1.- Capas

Las unidades en las que podemos guardar y desplegar los desarrollos en *Microsoft Dynamics AX* son lo que llamamos de manera genérica: **Objetos**. Un objeto puede ser una tabla en la base de datos, un informe, un formulario, una clase, etc. pero también existen objetos más pequeños, como un índice o un campo de una tabla.

Estos objetos son **unidades irrompibles** que se pueden crear, eliminar, importar y exportar entre entornos, por lo que serán la unidad mínima de transporte de desarrollos entre instalaciones; aunque existen herramientas para poder importar sólo partes de estos objetos de manera selectiva, como veremos. Por ejemplo, podemos importar sólo un método de una clase, en lugar de la clase entera, o sólo unos cuantos cambios de un método, una propiedad de un formulario, etc.

2.1.1.- ¿Qué son las capas?

Las capas son una estructura jerárquica donde guardar estos objetos. Son fáciles de entender si las imaginamos como una pila de capas, una encima de otra, de manera que el compilador mira la pila *desde arriba* y sólo es capaz de ver el elemento de la pila que esté en la capa más alta, que *oculta* a los elementos en niveles inferiores. Ver Figura 3.

El número de capas que tenemos accesibles en cada instalación dependerá de nuestro rol en el proyecto. Existen algunas capas que sólo son modificables por *Microsoft*, otras están reservadas para soluciones desarrolladas por *partners* y *resellers* certificados (y certificadas por Microsoft como tales) y otras están disponibles tanto para *partners* como para el cliente final (ver Tabla 1).

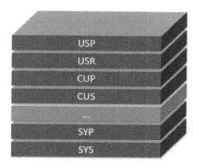

Figura 3.- Vista simplificada de las capas de objetos de la aplicación

Existe una copia de cada capa que se llama igual que su capa principal, pero terminado en P (de *Parche*). Estas copias se utilizan para desplegar los desarrollos y ampliaciones que están en pruebas, pendientes de validar, o que corrigen una funcionalidad de manera temporal. Esto incluye los objetos que nos envía Microsoft para corregir errores puntuales, que vendrán en la capa que consideren más adecuada, desde el más pequeño *hotfix*, a los grandes *Feature Pack* o *Cumulative Update*.

Igual que *Microsoft*, tenemos que utilizar siempre la capa más adecuada, que como norma general será la capa más alta a la que tengamos acceso., En líneas generales será SLN/ISV si desarrollamos un producto certificado por Microsoft, VAR si trabajamos para un *partner* proveedor del cliente final, CUS si trabajamos para un cliente final, y USR queda libre y no debe utilizarse para desarrollar, sino que la utiliza el propio sistema para guardar cambios menores que generan los propios usuarios. Estas normas se pueden variar en entornos muy complejos, pero son un buen principio del que partir a la hora de desarrollar nuestra metodología.

Tabla 1.- Capas de objetos de la aplicación en Microsoft Dynamics AX 2012

Propietario	Capa	Descripción
Microsoft	SYS + SYP	**System**: Es la capa más baja, donde está la aplicación estándar desarrollada por Microsoft y las localizaciones incluidas.
	GLS + GLP	**Globalization layer**: Localizaciones no incluidas todavía en SYS.
	FPK + FPP	**Feature Pack**: Feature Packs desarrollados por Microsoft.
ISV y Partner	SLN + SLP	**Solution Layer**: Soluciones de terceros aprobadas por Microsoft.
	ISV + ISP	**Independent Software Vendor**: Soluciones verticales desarrolladas por *partners ISV*.
	VAR + VAP	**Value Added Reseller**: Soluciones multi-cliente desarrolladas por *partners* VAR.

Partner y Cliente	CUS + CUP	**Customer**: Funcionalidades específicas para un cliente, a menudo desarrolladas por el propio cliente.
	USR + USP	**User**: Funcionalidades propias de cada usuario, personalización y opciones específicas de la instalación.

2.1.2.- ¿Para qué sirven?

Conocer el sistema basado en capas, y aprovecharse de él, aporta beneficios y funcionalidades que resultan fundamentales para trabajar con el sistema. El primero y principal es que sólo tenemos acceso a las capas que tenemos asociadas, y no podemos modificar el resto de ellas. De esta manera, un desarrollador en un *partner* no puede modificar ni borrar código estándar, ni un programador que trabaja para el cliente final puede "romper" un desarrollo realizado por su *partner*.

¿De qué sirve un entorno de desarrollo si no puedo modificar la aplicación estándar? Ahí es donde interviene el sistema de capas. No podemos modificar la aplicación estándar directamente, pero sí podemos hacer una copia de estos objetos *encima* de la aplicación estándar, modificar y ampliar esta copia. El compilador va a utilizar siempre la copia de la capa superior, que en cualquier caso se puede eliminar para recuperar el objeto estándar, que quedó *oculto*. Como veremos más adelante, este proceso es transparente para el usuario, y casi transparente para el desarrollador.

Lo único que como desarrollador hay que configurar es el acceso, cuando se abre el cliente de desarrollo, para trabajar en la capa adecuada. Esto se hace en la utilidad de configuración que se encuentra en *Panel de Control > Herramientas administrativas > Microsoft Dynamics AX Configuration Utility*, en la pestaña *Developer*. Volveremos sobre esta utilidad más adelante, en este capítulo. Si se elige una capa diferente de *USR*, hay que configurar también la clave **de licencia** de esa capa, que Microsoft entrega al *partner* junto a la licencia de la aplicación. Evidentemente, *Microsoft* sólo nos entrega los códigos de las capas a las que tenemos acceso.

Veamos un ejemplo supuesto de este funcionamiento:

- En la aplicación estándar (SYS), el *código de cliente* se basa en un tipo de datos *string* de 20 caracteres. Somos un *partner* (VAR), y nuestro cliente nos ha pedido que lo ampliemos a 30 caracteres.

- Vamos al tipo de datos que corresponde y cambiamos la propiedad de 20 a 30 caracteres. En este momento, el sistema crea una copia del tipo de datos en la capa VAR con el nuevo valor actualizado. Al compilar el objeto, el compilador utiliza la copia de la capa más alta (la nueva) y sincroniza todo el sistema con el nuevo código de cliente de 30 caracteres, incluyendo los campos de las tablas en *Microsoft SQL Server* al sincronizar la base de datos, e incluyendo también todos los campos que representan un código de cliente en todas las tablas de la aplicación y en formularios. Veremos cómo se consigue esto más adelante.

- Supongamos que en una próxima versión del producto, Microsoft cambia este valor a 50 caracteres. La utilidad de actualización de versiones detectaría un conflicto de propiedades entre capas, ya que el estándar quiere modificarlo a 50 pero detecta que nosotros ya habíamos hecho un cambio sobre esa propiedad.

En ese momento sabemos que el estándar ha modificado un objeto que nosotros a su vez habíamos modificado en una capa superior, y tenemos la posibilidad de mantener nuestro cambio (y dejarlo con 30 caracteres en la capa superior) o eliminar nuestra capa y volver a la versión estándar. Esto último cambiaría el campo a los nuevos 50 caracteres y evitaría que el sistema entre en conflicto en futuras actualizaciones. Si Microsoft vuelve a cambiar esta propiedad o cualquier otra cosa en ese objeto la actualización será directa, ya a partir de ese momento no habrá conflicto entre capas.

2.2.- Modelos

Un modelo es una agrupación de objetos en una capa. Los modelos se han añadido en esta versión para facilitar el despliegue y la integración de funcionalidades de varios fabricantes y evitar problemas a los que, de forma histórica, nos estamos enfrentando desde las versiones iniciales de *Microsoft Dynamics AX*.

Como veremos en el capítulo 3 *"Herramientas de desarrollo"*, la inclusión de los modelos en el sistema es un cambio interno muy importante respecto a las versiones previas del producto que, si bien no soluciona todos los problemas, sí mejora mucho el procedimiento y permite metodologías más avanzadas (cercanas a la integración continua, incluso).

3.- INSTALACIÓN Y CONFIGURACIÓN BÁSICA

Como hemos visto a lo largo de este capítulo, para que una instalación de *Microsoft Dynamics AX* sea funcional es necesario instalar y configurar unos componentes mínimos: Un cliente, un servicio AOS y una base de datos.

El programa de instalación incluye una instalación simplificada (sólo para entornos 64 bits) llamada *Instalación en un solo equipo*, aunque es preferible realizar una instalación manual, ya que permite mayor flexibilidad. Además, es algo que se tendrá que realizar muchas veces durante el trabajo con *Microsoft Dynamics AX* y es bueno dominar el proceso en cualquier situación.

Lo que vamos a ver, es una versión muy simplificada del proceso de instalación y configuración básica, la parte de la instalación y configuración que es relevante para un desarrollador. Se pueden encontrar todos los detalles en la **Guía de instalación** oficial, enlazada al principio de este capítulo.

3.1.- Instalación

Ahora que estamos familiarizados con los componentes de *Microsoft Dynamics AX*, vamos a realizar una instalación personalizada para disponer de un entorno de pruebas que nos servirá durante el resto de capítulos.

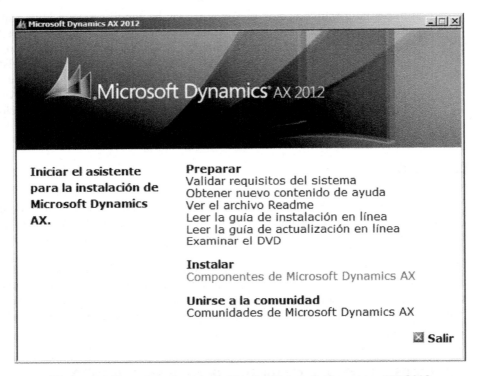

Figura 4.- Programa de instalación de Microsoft Dynamics AX 2012

Para ello iniciaremos el programa de instalación de *Microsoft Dynamics AX 2012* desde el DVD o la ISO descargable (Figura 4), elegimos la opción *Instalar Componentes de Microsoft Dynamics AX*, y después *Instalación personalizada*, donde nos permite escoger los componentes a instalar (Figura 5).

Como ya hemos comentado, estos componentes se pueden instalar en un solo servidor, o en servidores diferentes ejecutando este instalador en cada uno de ellos. Para la instalación más sencilla (mínima) elegiremos los siguientes:

- ✓ Bases de datos

- ✓ *Application Object Server* (AOS)

- ✓ Cliente

✓ Herramientas para programadores (al marcar esta opción se marcan todos los componentes necesarios para el desarrollo). Esta parte no es necesaria para una instalación mínima, o de producción, pero sí para una instalación de desarrollo como es nuestro caso (ver Figura 5).

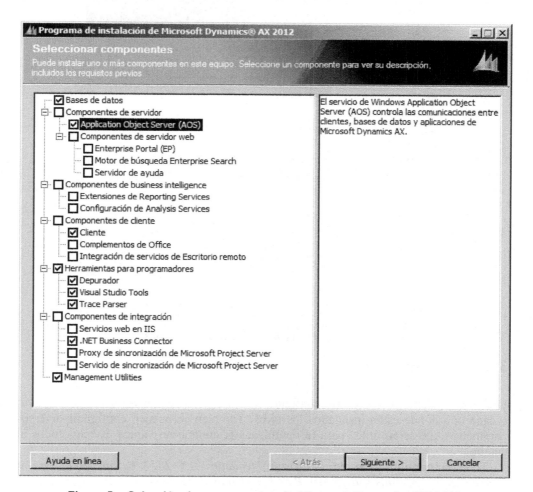

Figura 5.- Selección de componentes de Microsoft Dynamics AX 2012

Después de este paso, el instalador llega al punto más crítico y desconcertante de la instalación, que es la **validación de requisitos previos**. Desde este formulario se validan los componentes previos necesarios para que funcionen los componentes que hemos elegido en el paso anterior, por lo que la validación cambia según los componentes que vayamos a instalar, y no será necesario instalarlos todos en todos los servidores si se opta por una instalación distribuida.

Si bien este paso se ha simplificado mucho en esta versión, sigue siendo algo molesto. En cada componente, aparte de marcar si ya está instalado o no, para los componentes no instalados ofrece la posibilidad de instalarlos automáticamente o directamente un enlace que nos lleva a la página de descarga del componente concreto (ver Figura 6).

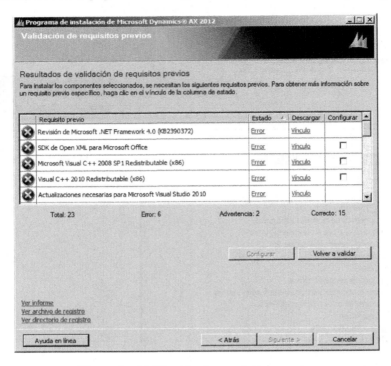

Figura 6.- Validación de requisitos previos

3.2.- Configuración

Una vez instalados, es necesario configurar los componentes, básicamente para indicar a cada uno dónde están instalados los otros. También se pueden configurar diversos parámetros que serán útiles para la optimización, aunque no vamos a verlos todos al detalle.

Toda la configuración de *Microsoft Dynamics AX 2012* se encuentra en las **Herramientas administrativas** del *Panel de Control* de Windows de cada servidor, separado en dos utilidades, dependiendo de los componentes instalados en cada uno:

- **Microsoft Dynamics AX 2012 Server Configuration**: Esta utilidad se encuentra en los servidores donde se haya instalado un AOS y sirve para configurar este servicio. Es lo que llamaremos la configuración del servidor.

- **Microsoft Dynamics AX 2012 Configuration**: Esta utilidad se encuentra en los equipos (clientes o servidores) donde se ha instalado algún cliente de *Microsoft Dynamics AX*, ya sea el cliente de Windows o el *.NET Business Connector*. Esto es lo que llamamos la configuración del cliente.

3.2.1.- Configuración del servidor (AOS)

Desde esta utilidad podemos configurar todos los servicios AOS que haya instalados en un servidor (es habitual que haya más de uno, sobre todo en entornos de desarrollo o preproducción). Contiene diversos parámetros que deciden ciertos comportamientos del servicio. Los que nos interesan, de momento, son los siguientes:

- **Application Object Server Instance**: Si en el servidor hay instalado más de un servicio, desde aquí podemos elegir cuál de ellos queremos configurar.

- **Configuration**: Podemos tener diferentes combinaciones de configuración almacenadas de manera que después las podamos elegir en este desplegable para cambiar entre ellas fácilmente. Es más útil en la configuración de cliente ya que la configuración del servidor no suele cambiarse.

- **Application Object Server**

  o **TCP/IP port** y **Services WSDL port**: Indican el puerto de escucha del AOS y de los servicios web asociados a esa instancia de AOS. Estos puertos se indican en el proceso de instalación aunque pueden cambiarse siempre que no se repitan entre instancias en ejecución en el mismo servidor.

  o **Enable breakpoints to debug X++ code running on this server**: Este parámetro nos permitirá incluir *breakpoints* desde nuestro cliente, para poder depurar código que se ejecuta en el servidor. Se debe activar siempre en servidores de desarrollo, nunca en producción.

  o **Enable global breakpoints**: Este parámetro es necesario para poder depurar el código invocado desde los *Query Services*. La mayor parte de estas llamadas son las realizadas por *Reporting Services*, de manera que este parámetro es importante para poder depurar los informes que consumen estos servicios. Se debería activar siempre en entornos de desarrollo, nunca en producción.

  o **Enable the hot-swapping of assemblies for each development session**: Este parámetro nos permitirá compilar y recompilar código en bibliotecas de .NET sin tener que reiniciar el AOS después de cada compilado (y generación de una nueva versión del ensamblado). Veremos su utilidad más adelante. Es peligroso activarlo en servidores de producción, pero necesario en entornos de desarrollo.

- **Database Connection**

  o **Server name:** Servidor *Microsoft SQL Server* donde están las bases de datos (incluida la *Model Store* a partir de *AX 2012 R2*).

  o **Database name:** Nombre de la base de datos de *Microsoft Dynamics AX*.

  o **Baseline database name:** La base de datos *baseline* se utiliza para el análisis del código durante la actualización de versiones (*upgrade*). Contiene los metadatos de versiones anteriores y sustituye a la antigua carpeta *Old*, que residía en la carpeta de la aplicación en el disco. Los datos importados se guardan en esta base de datos que tiene la misma estructura que la *Model Store* para poder compararlos antes de su integración.

El resto de opciones las dejaremos en sus valores por defecto de momento, iremos viendo algunas de ellas durante el resto del libro, aunque están más dedicadas a la administración y optimización del rendimiento que al desarrollo propiamente dicho.

3.2.2.- Configuración del cliente

Desde esta utilidad configuramos a qué servidores AOS se conecta nuestro cliente, y cómo el cliente se conecta a este AOS. En esta utilidad sí es conveniente tener diferentes configuraciones guardadas para poder cambiar rápidamente entre ellas. Por ejemplo, a qué servidor conectar (como decíamos antes, es común tener varios) o el modo en que nos conectamos a ellos (por ejemplo: para usar como un usuario normal o como desarrollador, o para conectar a una capa u otra).

En la parte superior del formulario, ***Active configuration store*** indica de dónde se está leyendo la configuración. Por defecto el valor es *[Registry]*, lo que implica que se está utilizando información del registro de Windows del usuario activo en esta sesión. Se puede cambiar este valor, para que el usuario utilice un fichero de configuración compartido, mediante la función del botón *Manage > Set Configuration Store* y seleccionando un fichero de configuración guardado previamente en una ruta de red. Si se quiere volver a la configuración propia para el usuario, se utilizará esta misma función dejando en blanco la ruta del fichero.

En ***Configuration Target*** elegimos si la configuración activa aplica al cliente Windows (*Local client*) o al *.NET Business Connector*, y en ***Configuration*** elegimos cuál de las configuraciones disponibles estará activa actualmente para los clientes que se ejecuten en la sesión. Suele haber diferentes configuraciones por servidor, entorno, capas, etc. Por ejemplo: Servidor desarrollo capa VAR; Servidor producción capa USR, etc.

En las pestañas de configuración encontramos los siguientes valores que son de nuestro interés:

- **General:** En esta pestaña configuramos las opciones generales de la conexión a una aplicación. Los más importantes son:

  o *Partition* y *Company* que indican la partición y la empresa activa al iniciar la sesión. La empresa se puede cambiar en cualquier momento desde el cliente Windows, pero la Partición sólo puede configurarse desde aquí.

  o En *Command to run at application startup* se pueden configurar parámetros que se pasarán al ejecutable y que se pueden recoger desde X++ para ejecutar acciones al inicio de la aplicación. Ver clase *SysStartupCmd* y derivadas. También se puede configurar un mensaje que se mostrará al inicio y puede servir para identificar entornos fácilmente (*Startup message*)

- **Connection:** En esta pestaña se configura la lista de AOS a los que se conectará mediante esta configuración. El cliente intentará conectar al primero, si la conexión no es posible continuará intentándolo con el siguiente, etc.

  Los datos importantes de la conexión son el **nombre del servidor** donde está instalado el AOS y los **puertos** *TCP/IP* y *WDSL* que tiene configurados ese servidor. También se especifica el nombre de la instancia que, aunque no es imprescindible para la conexión, servirá para identificar el servidor al que estamos conectados cuando estemos usando el cliente (ver Figura 7).

  También indicamos si se permite la impresión en las impresoras del servidor (*Connect to printers on the server*) y si se encripta la conexión cliente-servidor (*Encrypt client to server communication*). La primera debe activarse en servidores de producción aunque puede desactivarse en servidores de desarrollo o pruebas para mejorar el rendimiento. La segunda se suele activar en cualquier caso.

- **Developer**

  o **Enable user breakpoints to debug code in the Business Connector**: Permite la interrupción mediante *breakpoints* del código X++ ejecutado por sesiones del *.NET Business Connector*. Sólo se debe activar en entornos de desarrollo si se utiliza el .NET BC. Nunca en producción.

  o **Enable global breakpoints to debug code running in the Business Connector or client**: Permite la interrupción mediante *breakpoints* del código X++ ejecutado por sesiones del .NET BC, o del cliente Windows. Se debe activar en todos los entornos de desarrollo, pero nunca en producción. Para poder depurar las sesiones de .NET BC es necesario activar estas dos últimas opciones; para depurar el código del cliente, sólo es necesario marcar ésta.

○ **Application object layer to open**: Desde esta opción se elige la capa de objetos de aplicación (ver Figura 3) a la que se conecta esta configuración.

La capa de desarrollo no se puede cambiar durante la sesión y para conectar a varias capas, será necesario **abrir diferentes sesiones** modificando esta propiedad. Una vez abierta la sesión, cualquier modificación en los objetos del AOT se almacenará en esta capa.

○ **Development license code**: Para poder utilizar capas de objetos de la aplicación superiores a USR, es necesario indicar una **clave de licencia** (un código alfanumérico). Estas claves las proporciona Microsoft junto a la licencia de la aplicación y son distribuidas por el *partner* al cliente dependiendo de su contrato. **No es posible acceder a una capa para la que no se tiene clave de licencia.**

Suelen almacenarse aquí diferentes configuraciones por capa con sus códigos de licencia para evitar recordarlos cada vez. Esto es perfectamente normal pero cabe recordar que cualquier usuario que tenga acceso a este formulario podrá conectar con cualquiera de las configuraciones almacenadas sin conocer la clave de licencia correspondiente (que estará aquí guardado), e incluso podrá exportar la configuración y **llevársela a otro equipo**, por lo que conviene **proteger debidamente** este acceso.

Lo que hemos visto en este punto se refiere a la configuración necesaria para que el cliente de *Microsoft Dynamics AX 2012* para Windows se conecte a un servidor AOS. Esta configuración es obligatoria para empezar a trabajar, pero hay también una configuración que, como desarrolladores, es muy interesante, aunque no obligatoria. Me refiero a mostrar información relevante en la **barra de estado** del cliente (ver Figura 7).

Ya hemos comentado varias veces que es común tener diferentes entornos (para desarrollo, para pruebas, el entorno real en producción,…), hemos hablado de conectar a una u otra capa y de guardar nuestros desarrollos en un modelo. A nivel funcional, como veremos, los datos que nos muestra el cliente están asignados a una empresa, que a su vez trabaja en una divisa (euros, dólares, etc.). Toda esta información puede ser confusa, sobre todo si nuestros entornos no son iguales. Y no queremos entrar a un entorno para hacer una prueba, y borrar por accidente datos de la aplicación real. Para esto es importante tener bien configurados los datos que nos muestra la barra de estado.

Esta configuración se realiza para cada usuario, de manera que configurarla a nuestro modo no va a afectar a cómo la ven los demás. Se encuentra en el cliente para Windows, en *Archivo > Herramientas > Opciones* (o sólo *Herramientas > Opciones*, en el entorno de desarrollo), dentro de la pestaña *Barra de estado*.

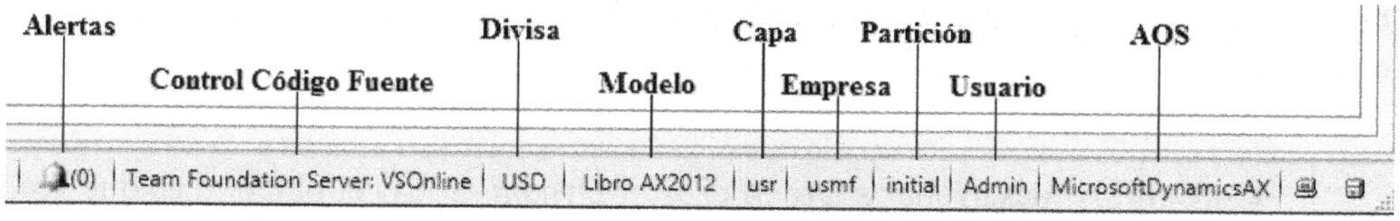

Figura 7.- Barra de estado

Opciones interesantes y recomendadas para un desarrollador son, como mínimo, las siguientes (ver Figura 7):

- **Mostrar actividad**: Indica de manera gráfica cuándo el cliente está enviando o recibiendo comunicación del servidor AOS. Es útil para ver si el cliente se ha bloqueado o está procesando algo.

- **Mostrar capa de actividad**: Revela la capa de objetos de la aplicación a la que estamos conectados (“*usr*” en la Figura 7 de ejemplo).

- **Mostrar cuenta de empresa**: Nos dice la empresa en la que estamos trabajando. Pulsando sobre ella (“*cec*” en la Figura 7 de ejemplo) podemos cambiar de empresa rápidamente.

- **Mostrar id. de usuario**: Nos informa del usuario con el que estamos trabajando. Es útil si trabajamos con varios usuarios, por ejemplo, para hacer pruebas de seguridad y permisos.

- **Mostrar el nombre de AOS**: Indica el AOS al que estamos conectados. Muy útil para saber siempre en qué entorno estamos (desarrollo, pruebas, producción,…). Se muestra el nombre que se ha indicado en la configuración del cliente.

- **Mostrar el modelo actual**: Muestra el modelo al que estamos conectados. A este modelo se asignarán por defecto todos los cambios de objetos que hagamos en la sesión. Pulsando sobre él (“*Libro AX2012*” en la Figura 7 de ejemplo) podemos cambiar el modelo seleccionado en cualquier momento.

4.- FUNCIONALIDAD BÁSICA

Como comentábamos en el capítulo anterior, una particularidad muy importante del desarrollo sobre *Microsoft Dynamics AX* para desarrolladores que vienen de otros entornos, es que las modificaciones deben convivir de manera transparente con el resto del sistema, tanto con el estándar desarrollado por Microsoft, como con modificaciones realizadas por otros desarrolladores, o incluso por otras empresas.

Es por esto que para entender el porqué de muchos de los conceptos que veremos durante el resto del libro, es importante conocer y comprender cómo funciona *Microsoft Dynamics AX* a nivel funcional, ya que estos patrones y funcionalidades genéricas se tienen que respetar y mantener en cualquier modificación o ampliación que realicemos en el sistema.

Consejo: Al desarrollar sobre *Microsoft Dynamics AX*, el objetivo es que sea imposible diferenciar, desde el punto de vista del usuario, lo que es la aplicación estándar de lo que está modificado o es nuevo.

4.1.- El cliente de Windows

El punto de entrada a la aplicación que se encuentra un usuario es siempre parecido a la figura 8. Las posibles variaciones que pueden repercutir en el entorno dependen directamente de la licencia que tenga contratada la empresa cliente, y de los módulos que tenga activos cada usuario, ya sea por licencia, por configuración o por permisos.

Figura 8.- Visión general de Microsoft Dynamics AX 2012

En este momento podemos diferenciar los componentes de más alto nivel del cliente *Microsoft Dynamics AX 2012* que se muestran en el esquema de la figura 9.

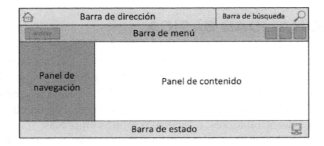

Figura 9.- Componentes del cliente Microsoft Dynamics AX 2012

- **Barra de dirección**: Muestra una *dirección* que representa la posición actual en la aplicación. Se utiliza únicamente para la navegación, de tres maneras diferentes: Se puede escribir una dirección concreta; se puede hacer *clic* en elementos de la dirección y navegar *hacia atrás* o desplegar un elemento para ver otros elementos en el mismo nivel. Ver figura 10.

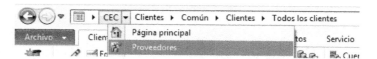

Figura 10.- Barra de dirección

- **Barra de búsqueda**: Se puede utilizar para buscar datos, elementos de menú, o en la ayuda de la aplicación. Para que funcione se debe configurar de manera específica el componente *Enterprise Search*.

- **Barra de menú**: En este espacio se encuentra el menú *Archivo*, a la izquierda, y los menús *Ventanas, Ver y Ayuda* a la derecha. Aparecen menús extra asociados a formularios específicos.

- **Barra de estado**: Muestra diferentes datos del estado de la aplicación, la conexión (ver Figura 7), y ayuda sobre los campos de los formularios al posicionarnos sobre ellos.

- **Panel de navegación**: Muestra los módulos que el cliente tiene habilitados así como el menú de cada módulo y el menú de elementos favoritos. Este panel es muy configurable desde el menú *Ver*, en la *barra de menú*.

- **Panel de contenido**: Es el espacio de trabajo de la aplicación, donde se muestran los formularios al abrirlos.

Una característica muy importante de la presentación de la aplicación a los usuarios es el concepto de *Roles*. La captura de pantalla de la figura 8 está tomada con una licencia de desarrollador por lo que se puede apreciar en el panel de navegación que tiene disponibles todos los módulos, pero cuando se configura la seguridad, cada usuario solo ve los módulos para los que tiene permiso, haciendo más sencilla la navegación. Profundizaremos sobre esto en el capítulo 10 *"Licencia, Configuración y Seguridad"*.

4.2.- Tipos de formularios

La gran mayoría de formularios del cliente para Windows siguen unos patrones de diseño determinados por el tipo de formulario que representan. Es bueno conocerlos para respetar estos patrones cuando realicemos modificaciones o cuando diseñemos nuestros propios formularios. La estructura típica de formularios según su tipo se muestra en la figura 11.

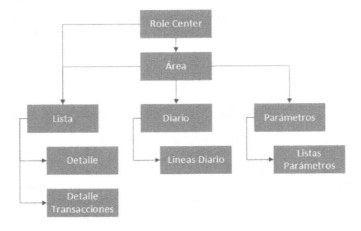

Figura 11.- Tipos de formulario

4.2.1.- Páginas de Área

Las páginas de Área se muestran al elegir un módulo funcional mediante el *Panel de navegación* o la *Barra de dirección* y son el punto de entrada a cada módulo. La página ofrece la misma información que el menú correspondiente del *Panel de navegación*.

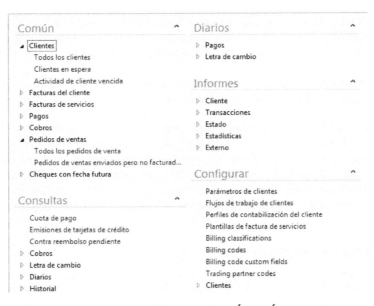

Figura 12.- Ejemplo de Página de tipo Área. Área de clientes

Las páginas de *Área* **se diseñan de forma automática** basándose en los menús definidos para cada módulo. Es importante mantener la misma estructura que los menús estándar y ubicar los nuevos elementos en el grupo apropiado. De otra manera sería imposible para el usuario encontrar un nuevo elemento dentro de la enorme cantidad de opciones que presenta el menú estándar, incluso después de verlo limitado para un *Rol* específico. Los menús de cada área se estructuran siempre en los siguientes grupos:

- **Común**: Contiene las funcionalidades más importantes de cada módulo. En algunos casos estos elementos son los que se visualizan fuera de cualquier carpeta y suelen ser los de uso más habitual.

- **Diarios**: Posee elementos de tipo diario, existentes en la mayoría de módulos. Son los formularios genéricos de introducción y registro de transacciones manuales (asientos contables, cobros, pagos, movimientos de inventario, de producción, recuentos, etc.,…).

- **Consultas**: Posee formularios normalmente de sólo lectura, para la consulta de transacciones existentes e históricas.

- **Informes**: Contiene el acceso a los informes del módulo.

- **Periódico**: Engloba elementos que realizan una función, un proceso específico sobre algunas transacciones determinadas. Por ejemplo, registrar facturas, o planificar la producción.

- **Configurar**: Incluye los elementos de configuración y parámetros de cada módulo.

4.2.2.- Páginas Role Center

La página *Role Center* es la pantalla que se abre inicialmente al ejecutar la aplicación o al elegir la opción *Página principal* en la barra de dirección y es diferente para cada *Rol*, como se puede ver en la Figura 13.

La página *Role Center* debe contener información útil para el usuario de ese *Rol*; tal como, estadísticas, gráficos, indicadores, y cualquier elemento de *Business Intelligence* que aporte valor al usuario.

Son páginas *Sharepoint*, por lo que se diseñan utilizando los diferentes *Web Parts* disponibles que se pueden configurar o desarrollar nuevos. La realización de nuevos *Web Parts* es algo propio de **Sharepoint** y excede el alcance de este libro.

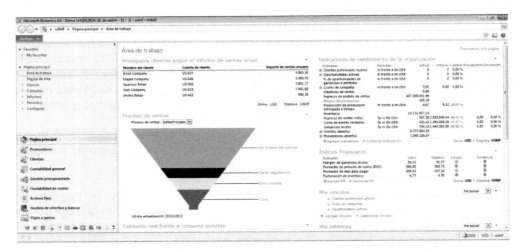

Figura 13.- Ejemplo de Página de tipo Role Center

4.2.3.- Páginas Lista y Detalle

Las páginas de *Lista* suelen ser el punto de acceso a la mayoría de tareas. Siempre que tengamos que empezar una tarea buscando un registro concreto debemos tener una lista. Contienen una lista de registros que muestran unos cuantos campos significativos, pueden incluir una pequeña vista previa en la parte inferior, filtros en la parte superior, y una barra lateral con información que es relevante para el registro seleccionado llamadas *FactBoxes* (cajas de hechos). Ver Figura 14.

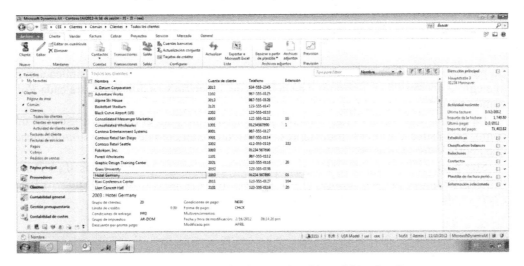

Figura 14.- Ejemplo de Página de tipo Lista. Lista de clientes

Las páginas ***Detalle*** son similares pero en vez de una lista de registros, muestran todos los campos de un sólo registro. En versiones anteriores, estos formularios se organizaban en pestañas, el nuevo diseño en *Microsoft Dynamics AX 2012* se organiza mediante áreas desplegables llamadas *FastTabs*. Estos controles actúan como pestañas, con la diferencia de que se pueden desplegar varios a la vez y de que pueden mostrar algunos elementos de resumen mientras están cerradas. Ver Figura 15.

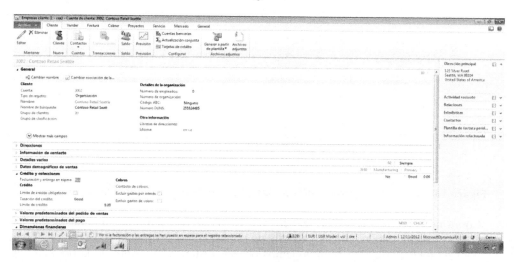

Figura 15.- Ejemplo de Página de tipo Detalle. Detalles de cliente

Se pueden editar varios registros a la vez utilizando la nueva *Vista de cuadrícula*, mediante el botón correspondiente en la barra de estado.

Las botoneras que siempre hemos tenido disponibles a la derecha en los formularios, en esta versión se han sustituido por el **panel de acciones** de la parte superior, con un diseño tipo *Ribbon* similar a otros productos de *Microsoft* como el paquete *Microsoft Office*.

Otra particularidad de *Microsoft Dynamics AX 2012* es que los formularios se abren por defecto en modo **sólo lectura**. Para editar la información es necesario cambiar a **modo edición** mediante el botón de la barra de estado, el del panel de acciones (parte superior) o mediante el atajo de teclado ***Ctrl+Shift+E***. Cada usuario puede configurar este comportamiento en las opciones de usuario, según sus preferencias.

4.2.4.- Páginas Detalle con Transacciones

Estas son las páginas con formato maestro-detalle que podemos encontrar de manera habitual en la aplicación. En la figura 16 se puede ver un formulario de pedido de ventas en modo edición, donde se aprecian los datos de la cabecera y las líneas.

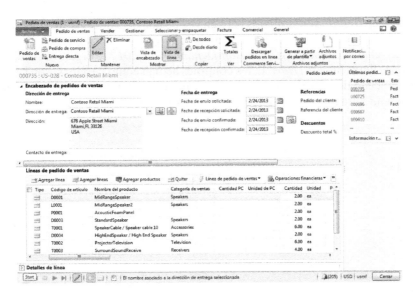

Figura 16.- Ejemplo de página de tipo Detalle con Transacciones. Pedidos de venta

Como novedad, podemos utilizar los nuevos *FastTabs* para plegar y desplegar las áreas de cabecera, lista de líneas y detalle de líneas, como se aprecia en la figura 17, sin cambiar de formulario. También podemos observar que se ha sustituido la botonera en la parte derecha de versiones anteriores, por grupos de botones localizados a nivel de línea.

Figura 17.- Ejemplo de página de tipo Detalle con Transacciones. Líneas de pedido

Al modificar o diseñar nuevas páginas Detalle con Transacciones, hay que tener en cuenta que **a menudo son los formularios más utilizados** de la aplicación. La mayoría de usuarios pasan gran parte de sus horas de trabajo utilizando formularios de este tipo y por eso tanto su usabilidad como su rendimiento es crítico.

4.2.5.- Páginas especiales

Otra novedad de *Microsoft Dynamics AX 2012* es el diseño especial que se ha llevado a cabo en muchos formularios utilizando nuevos controles, y que es de agradecer, ya que facilita la comprensión y el manejo de los datos representados. Reduce errores provocados por la dificultad que había en algunos casos para comprobar su coherencia. En su mayoría son formularios de configuración, por ejemplo, ver figura 18.

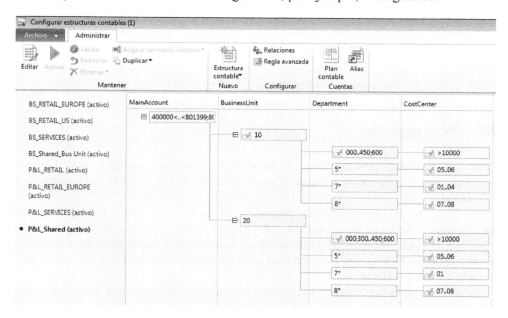

Figura 18.- Ejemplo de página especial. Configuración de estructuras contables

4.2.6.- Páginas en Enterprise Portal

No entraremos en detalle sobre el diseño para *Enterprise Portal*, pero es importante saber que casi toda la aplicación *Microsoft Dynamics AX 2012* es utilizable mediante el cliente web y por tanto existen también diferentes pantallas diseñadas especialmente para este uso, como vemos en la Figura 19.

Figura 19.- Ejemplo de página en Enterprise Portal. Pedido de ventas

A pesar de que la usabilidad del cliente *Enterprise Portal* tiene las particularidades propias de ejecutarse en un navegador, el diseño y la organización de todos los componentes debe mantenerse coherente con el diseño del cliente para Windows.

4.3.- Navegación

Otra funcionalidad general que es importante mantener siempre que hagamos modificaciones, es la navegación del usuario a través de los formularios y datos de la aplicación.

La base de la navegación en *Microsoft Dynamics AX 2012* son el **Panel de navegación** y la **Barra de dirección** que ya hemos visto. Podríamos decir que son el principio de cualquier acción, desde donde el usuario empieza el flujo de trabajo para llevar a cabo sus tareas, pero el sistema no sería tan usable si hubiera que recurrir al menú en cada acción a realizar.

Gran parte de la fluidez en el trabajo con la aplicación se basa en la navegación entre formularios permitiendo que un usuario profundice en los datos que está viendo para llegar al máximo detalle posible. Esta funcionalidad siempre se ha llamado "*Ir al formulario de la tabla principal*" en versiones anteriores, aunque en esta última se ha resumido en "*Ver detalles*". Ver figura 20.

Esta opción de menú existe en el menú contextual de cualquier campo, en cualquier formulario e incluso en muchos informes, siempre que el campo represente **la clave primaria** de una tabla. Al pulsarlo nos llevará al formulario principal que represente esta tabla. Como hemos visto en la Figura 20, si en el campo "*Cuenta de cliente*" representado en cualquier formulario utilizamos la opción "*Ver detalles*", iremos al formulario de clientes y éste se posicionará en el cliente que estábamos viendo.

Figura 20.- Ver detalles. Base de la navegación en Microsoft Dynamics AX

Esta funcionalidad existe de manera nativa en todos los objetos estándar y existirá en todos los desarrollados siempre que éstos se creen siguiendo las buenas prácticas de desarrollo al respecto, haciendo saber al sistema las relaciones entre los datos y los objetos implicados para representarlos, como veremos más adelante.

Enlace: Best Practices for Microsoft Dynamics AX Development

http://msdn.microsoft.com/en-us/library/aa658028.aspx

4.4.- Filtrado, ordenación y selección de datos

Una aplicación como *Microsoft Dynamics AX* está diseñada para manejar una gran cantidad de datos, por lo que disponer de diversas y potentes opciones para filtrar estos datos es obligatorio. Las opciones de filtrado han sido notablemente mejoradas en *Microsoft Dynamics AX 2012*.

La forma más comúnmente utilizada es emplear el menú contextual de cualquier campo, en cualquier formulario. Como se puede ver en la Figura 20, existen cuatro opciones referentes al filtrado y dos más referentes a la ordenación, que se repiten a lo largo de la aplicación. Todas estas opciones se basan en el *Query Framework* que veremos más adelante.

- **Filtrar por campo**: Muestra un diálogo de texto en el que podremos escribir una *cadena de búsqueda* sobre el campo seleccionado.

- **Filtrar por selección**: Es similar al anterior pero no muestra ningún diálogo, sino que filtra el campo seleccionado utilizando como *cadena de búsqueda* el texto que actualmente haya en el propio campo.

- **Guardar filtro como...**: Como veremos más adelante, los filtros que utilizamos en formularios e informes pueden guardarse para que el usuario pueda reutilizarlos en el futuro.

- **Quitar filtro/Ordenar**: Elimina cualquier opción de filtro y/o ordenación que actualmente esté activa en el formulario, volviendo a los datos que se muestran por defecto al ejecutarlo.

- **Orden ascendente/descendente**: Ordena los datos del formulario por el campo que esté seleccionado.

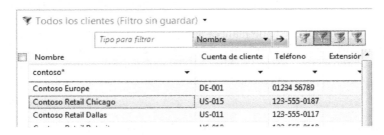

Figura 21.- Opciones de filtrado. Filtro de cuadrícula activado.

Aparte de estas conocidas opciones del menú contextual, en las páginas de lista que ya hemos visto hay un área específica para las opciones de filtrado (ver figura 21). Lo más evidente es una caja de texto donde escribir la cadena de búsqueda y un selector con los campos de filtro recomendados para ese formulario, aunque se puede elegir cualquier campo.

También vemos una pequeña botonera con cuatro opciones similares a las que ya hemos comentado:

- **Filtrar por selección**: mismo funcionamiento que en el menú contextual.

- **Filtrar por cuadrícula**: activa el filtro por cuadrícula del formulario. Ver figura 21.

    Este filtro añade una nueva fila al *grid* del formulario, permitiendo escribir una cadena de filtro en la partes superior de cada columna, y permitiendo también que se puedan ver fácilmente los filtros activos.

- **Ordenación/filtro avanzados...:** abre el formulario de opciones avanzadas de filtrado. Ver figura 22.

  Este formulario muestra la potencia de *Microsoft Dynamics AX* en cuanto al filtrado de datos. Mediante este formulario podemos consultar, desde las tablas implicadas en la consulta en la que se basa el filtro, hasta todos los filtros activos sobre cualquier campo, así como la ordenación.

  En la pestaña *Intervalo* podemos consultar los filtros y añadir nuevos. Cualquier campo de las tablas que se muestran en el árbol de la consulta se puede agregar para filtrar por él y también para ordenar. En la pestaña *Ordenación* tenemos los campos por los que se ordena el resultado, y en la pestaña *Opciones de fecha* tenemos una novedad de *Microsoft Dynamics AX 2012* para mostrar sólo datos vigentes en un rango de fechas. Todo esto lo veremos en detalle en capítulos sucesivos.

  También disponemos del menú *Modificar* que incluye opciones de guardado de filtros. Mediante estas opciones podemos guardar diferentes configuraciones de filtrado para la consulta en cuestión, de manera que podamos reutilizarlos más adelante simplemente eligiéndolos en el desplegable **Seleccionar consulta**.

- **Quitar filtro/Ordenar**: mismo funcionamiento que en el menú contextual.

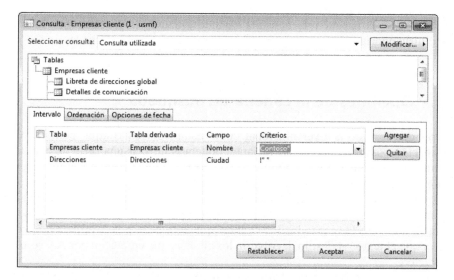

Figura 22.- Opciones de filtro avanzadas

Otra opción es el menú contextual de filtros que aparece al pulsar el texto en color verde que describe el filtro activo en el formulario (ver Figura 23).

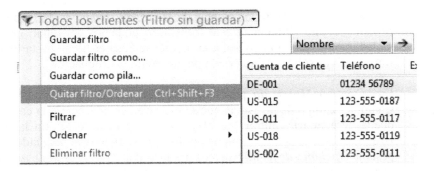

Figura 23.- Opciones de filtrado completas

Todas las opciones que se incluyen en este menú referentes a filtros, a ordenación y al guardado de filtros ya las hemos visto y su funcionamiento es el mismo, aunque este punto de menú puede ser más accesible en algunos casos.

Consejo: Toda esta funcionalidad es uno de los puntos fuertes de la usabilidad de *Microsoft Dynamics AX*, por lo que hemos de respetarla en todos los desarrollos que hagamos que requieran de una selección de datos, como procesos, informes o formularios de tipo lista.

El usuario espera una consulta cuando ejecuta un proceso, por lo que no incluirla podría inducirlo a error o a confirmar acciones no deseadas.

4.4.1.- Opciones de la cadena de búsqueda

Al filtrar datos, tanto a nivel funcional como estamos viendo aquí, como a nivel de programación como veremos más adelante, podemos utilizar una serie de comodines y estructuras para realizar filtros complejos sobre los campos, similares a una especie de *SQL simplificado* o incluso expresiones regulares sencillas.

Los **comodines** son los típicos, a saber, asterisco (*****) y signo de interrogación (**?**) que representan a cualquier texto, el primero, y a cualquier carácter (sólo uno) el segundo. De esta forma, para buscar todos los clientes que empiecen por A utilizaremos el texto "*A**", ya que el texto "*A?*" sólo devolvería los clientes que empiecen por A y sólo tengan dos caracteres.

Aparte de esto, podemos utilizar dos puntos normales seguidos (**..**) para representar **rangos**. Estos rangos aplican a cualquier tipo de dato, desde números, textos, hasta cadenas y fechas. Así, la cadena de texto "*A*..C**" representa todos los clientes que empiecen por A, B o C, la cadena "*01/01/2013..31/01/2013*" representa todos los días del mes de enero de 2013 y la cadena "*120..150*" representa todos los números entre 120 y 150, ambos inclusive. El rango puede estar abierto por alguno de sus lados, por ejemplo para mostrar todos los registros desde principios de 2013 hasta hoy, usamos la cadena *"01012013.."*. El sistema es capaz de **interpretar y convertir** fechas sin utilizar las barras inclinadas para representarlas, incluso es capaz de **corregir algunas fechas** erróneas. Por ejemplo, si en un campo de tipo fecha escribimos 300213 el sistema se dará cuenta de que no existe el 30 de febrero y resolverá la fecha 29 de febrero de 2013 como el último día del mes indicado.

Otra posibilidad es que queramos mostrar varios valores que no representen un rango continuo, sino una lista de **valores discretos** o de otros rangos. Para eso usaremos varios filtros separados por comas **(,)**. Por ejemplo, para mostrar solamente los clientes *C2* y *C4* usamos la cadena *"C2,C4"* y para buscar los clientes que empiezan por *X* y los que terminan en *J* usamos la cadena *"X*,*J"*.

Por último, podemos utilizar el símbolo de exclamación **(!)** para negar el resultado de un rango, esto es, para mostrar los registros que **no lo cumplen**. Por ejemplo, para obtener los artículos que no empiezan por *A*, usamos la cadena *"!A*"*.

Resumen: Opciones básicas de la cadena de búsqueda

✓ Caracteres comodín: * y ? (cualquier carácter o un solo carácter)

✓ Rangos: **X .. Y** (dos puntos)

✓ Unión de conjuntos: **R1, R2** (coma)

✓ Negación: ! (exclamación)

Estas cadenas de búsqueda se convierten en sentencias *where* de SQL que se envían al servidor de base de datos. Las podemos aplicar en cualquier campo de cualquier formulario, y en cualquier combinación de cualquiera de los campos de cualquier tabla. Es muy importante reflexionar sobre la afirmación anterior. Abusar de los filtros en tablas grandes y/o en campos no indexados puede tener consecuencias graves en el rendimiento de la aplicación.

4.4.2.- Selección de registros

La selección de registros en *Microsoft Dynamics AX* sigue las directivas de usabilidad generales de Windows. Esto es, se pueden seleccionar rangos de registros consecutivos utilizando el ratón y la tecla de mayúsculas (*Shift*) y también se pueden seleccionar registros de manera no consecutiva utilizando el ratón y la tecla *Control*.

Hasta aquí todo normal. Aparte de esto, una novedad de *Microsoft Dynamics AX 2012* es la nueva sección izquierda de las listas de registros, que al pulsarlas activarán un *check* en cada registro el cual posibilita su selección sin necesidad de usar la tecla *Ctrl*. Esto nos permite algunas selecciones que no se podían realizar anteriormente, como por ejemplo seleccionar un rango con la tecla de mayúsculas, y luego eliminar algunos registros de la selección a discreción mediante estos *checks*. Ver figura 24.

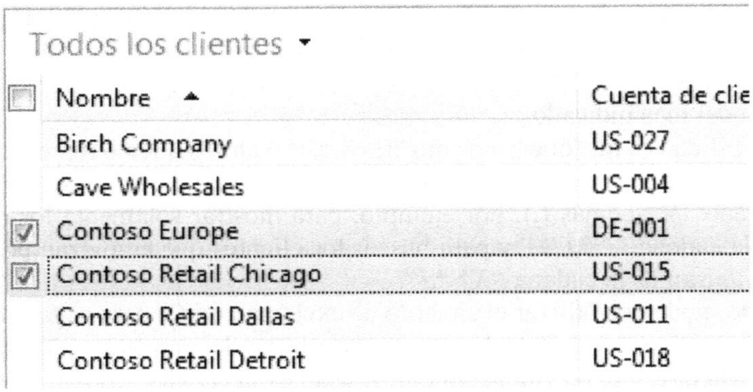

Figura 24.- Selección múltiple de registros

También se ha añadido un *check* en la esquina superior-izquierda de las listas, donde antes estaba el cuadrado de *Seleccionar todo* que selecciona **todos los registros que se están visualizando** en este momento en el *Grid*. No se marcarán los registros que no cumplan el filtro actual. Si se eliminan los filtros actuales se volverán a mostrar todos los registros, aunque la selección realizada previamente se conservará.

Podemos conseguir unas selecciones de registros muy flexibles combinando todas estas opciones de selección, con las múltiples opciones de filtrado que ya hemos visto.

Herramientas de desarrollo

El entorno de desarrollo de *Microsoft Dynamics AX*, llamado **MorphX**, incluye multitud de herramientas diseñadas para facilitar las tareas de desarrollo en sus diferentes fases. Algunas de estas herramientas son las típicas de cualquier IDE pero otras son específicas de tareas propias de este producto. En este capítulo daremos un repaso a la mayoría de ellas, dedicando más detalle a las más importantes y más utilizadas.

1.- ESPACIO DE TRABAJO DE DESARROLLO

Aunque hubo un pequeño intento en la versión 2009, el espacio de trabajo de desarrollo dedicado es una novedad de *Microsoft Dynamics AX 2012*. Es un espacio de trabajo separado y totalmente diferente del entorno de trabajo normal que utilizan los usuarios. Este entorno no dispone de acceso a la funcionalidad de negocio de la aplicación, sino a las herramientas de desarrollo. Esto es una notable mejora respecto a versiones anteriores ya que aumenta el rendimiento y permite tener todas las herramientas en un entorno centralizado y accesible. Ver figura 1.

Como ya comentamos en el capítulo anterior, hay diferentes formas de iniciar este entorno (desde el menú inicio, con el atajo de teclado *Ctrl+Shift+W*, o desde el menú *Ventanas*), aunque lo que haremos habitualmente será crear un **acceso directo** para poder iniciar sesión directamente en el entorno de desarrollo sin pasar por el cliente de trabajo normal. Para esto podemos copiar un acceso directo del cliente que ya tengamos, y añadir el parámetro *-development* al ejecutable *Ax32.exe* que quedaría más o menos así:

```
" … \Microsoft Dynamics AX\60\Client\Bin\Ax32.exe" -development
```

Este capítulo va a ser un resumen de las opciones de menú más importantes de este entorno. Veremos también las primeras utilidades del lenguaje *X++* y del entorno de desarrollo integrado en *Microsoft Dynamics AX* llamado **MorphX**.

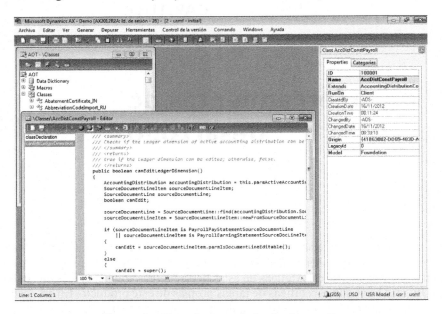

Figura 1.- Espacio de trabajo de desarrollo

Salvo que se indique lo contrario, siempre que hagamos alusión a una opción de menú o a cualquier cosa relativa al cliente *Microsoft Dynamics AX* durante este capítulo, estarán referidas a este entorno de desarrollo, y no al cliente que ven los usuarios.

2.- APPLICATION OBJECT TREE (AOT)

El árbol de objetos de la aplicación, *Application Object Tree* o **AOT** como lo llamaremos a partir de ahora (no confundir con el AOS -*Application Object Server*- que vimos en el capítulo anterior) es la herramienta de desarrollo principal de *Microsoft Dynamics AX* y la más característica. Como desarrolladores, pasaremos la mayor parte de nuestro tiempo trabajando entre el AOT y el *Editor X++*.

En el entorno de desarrollo, accedemos al AOT mediante el icono correspondiente de la barra de herramientas, o con el atajo de teclado ***Ctrl+D***. A primera vista el AOT es un formulario pequeño que muestra un árbol compuesto por nodos de diferentes tipos (ver Figura 2). Su aspecto simple no debe engañarnos, ya que en estos nodos se almacenan todos los objetos que componen la aplicación estándar así como los desarrollos propios o de terceros instalados en nuestra aplicación.

Vamos a dar un repaso por los tipos de nodos del AOT, lo que nos llevará a recorrer los diferentes objetos en los que se descompone una aplicación *Microsoft Dynamics AX*, su funcionamiento y recomendaciones acerca de su correcta utilización.

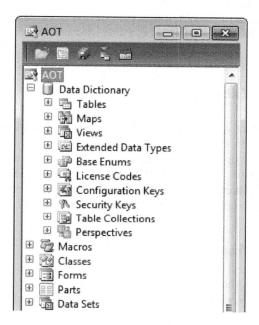

Figura 2.- Application Object Tree

Todos los objetos tienen propiedades que se pueden ajustar para modificar su comportamiento. Estas **propiedades** son diferentes para cada tipo de objeto y dependiendo del tipo y del estado de éste, hay algunas que se pueden editar y otras no. La cantidad de propiedades disponible es bastante extensa, iremos viendo las más importantes para cada objeto en los capítulos siguientes. Para acceder a las propiedades podemos usar clic derecho sobre el objeto o el atajo de teclado *Alt+Enter*. Se muestra un ejemplo del panel de propiedades en la figura 1.

Enlace: Properties of AOT Elements [AX 2012]

http://msdn.microsoft.com/en-us/library/gg731856.aspx

Entre los nodos del árbol del AOT se puede navegar usando las **flechas** del teclado (arriba y abajo para moverse entre nodos; derecha e izquierda para abrir y cerrar niveles). También se puede **buscar** un nodo simplemente escribiendo su nombre con el cursor situado en cualquier otro nodo del mismo nivel.

2.1.- Diccionario de Datos (Data Dictionary)

Este nodo es un contenedor de los elementos que componen el diccionario de datos de la aplicación, incluyendo tanto los objetos propios de la base de datos *Microsoft SQL Server* subyacente, como objetos particulares necesarios para el funcionamiento de *Microsoft Dynamics AX*.

2.1.1.- Tablas (Tables)

Representan los elementos principales de la base de datos relacional que almacena los datos de la aplicación: Las tablas.

La mayoría de los cambios que se realizan en estos nodos tienen una consecuencia directa en la base de datos *Microsoft SQL Server*. Por este paralelismo, la mayoría de los nodos internos de los objetos de tipo *Tabla* tienen también su equivalente en la base de datos. Más información acerca de las tablas en el capítulo 5 *"El modelo de datos"*.

2.1.2.- Mapas (Maps)

Los mapas son un mecanismo que agrupa cierta lógica de negocio necesaria en varias tablas con uno o varios conjuntos de campos comunes entre ellas que comparten un determinado comportamiento. Ver figura 3.

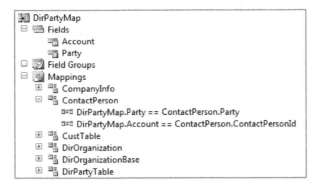

Figura 3.- Mapas en el AOT

Creando un mapa con determinados campos y asignando este mapa a diferentes tablas que contengan esos campos, se puede aislar y reutilizar el código que procesa la lógica necesaria utilizando los campos del mapa, evitando repetir esta lógica en cada una de las tablas.

También se emplean mapas para representar ese conjunto de campos de una única manera y utilizar estos campos en clases que realizan la lógica asociada, evitando así tener que crear clases específicas para cada tabla que hagan la misma tarea.

Existen varios ejemplos claros de utilización de mapas (aunque existen muchos más de manera estándar) como son las direcciones postales, los campos de precio y cantidades en las líneas de pedido, etc. Más información acerca de los mapas en el capítulo 5 *"El modelo de datos"*.

2.1.3.- Vistas (Views)

Las vistas son combinaciones **de solo lectura** que representan consultas sobre una o varias tablas y se emplean básicamente para facilitar la creación de informes, aunque se pueden utilizar en cualquier parte sustituyendo a una tabla. Por ejemplo, como origen de datos de formularios o en código X++. Más información acerca de las vistas en el capítulo 5 *"El modelo de datos"*.

2.1.4.- Tipos de datos Extendidos (Extended Data Types)

Son tipos de datos que heredan de los tipos de datos primarios de *MorphX* ampliando su funcionalidad. Los *Tipos de Datos Extendidos* (en adelante, **EDT**) pueden heredar de cualquiera de los tipos primarios, de contenedores o de otros EDT.

A diferencia de los tipos de datos primarios, que representan datos comprensibles por el compilador X++ y la base de datos, los EDT representan **entidades del mundo real**, por ejemplo, un código de cliente, una cuenta contable o una fecha de vencimiento.

Esto es posible porque disponen de más propiedades que nos permiten personalizar su funcionamiento con más detalle que los tipos de datos primarios de los que extienden, facilitando la presentación de una misma entidad en toda la aplicación.

Ampliaremos a fondo los detalles acerca de los *EDT* en los capítulos *4 "El lenguaje X++"* y *5 "El modelo de datos"*.

2.1.5.- Enumerados Base (Base Enums)

Son elementos que definen una lista fija de elementos asociados a un numeral. Se llama ***Base Enum*** a este elemento, y sólo ***Enumerado*** (*Enum*) a los tipos de datos extendidos que se basan en un *Base Enum*. Ampliaremos a fondo todos los detalles acerca de los enumerados en el capítulo *4 "El lenguaje X++"*.

2.1.6.- Códigos de Licencia (License Codes)

Los códigos de licencia definen qué licencia es necesario tener para acceder a una funcionalidad concreta. Más información acerca de licencias en el capítulo 10 *"Licencia, Configuración y Seguridad"*.

2.1.7.- Claves de Configuración (Configuration Keys)

Las claves de configuración permiten a los administradores de la aplicación activar y desactivar módulos o funcionalidades específicas según las necesidades de la empresa. Más información acerca de la configuración de licencia en el capítulo 10 *"Licencia, Configuración y Seguridad"*.

2.1.8.- Claves de Seguridad (Security Keys)

En versiones anteriores se utilizaban claves de seguridad para controlar los permisos de acceso a los objetos de la aplicación, pero **han sido sustituidos en *Microsoft Dynamics AX 2012* y no deben utilizarse**. Más información acerca de la configuración de seguridad en el capítulo 10 *"Licencia, Configuración y Seguridad"*.

2.1.9.- Colecciones de Tablas (Table Collections)

Las colecciones de tablas se utilizan para definir qué tablas se van a compartir entre varias empresas si se emplean empresas virtuales. Una tabla puede pertenecer a varias colecciones y cada colección almacena varias tablas que se comparten entre una o varias empresas.

La creación y modificación de colecciones de tablas puede tener repercusiones en los datos que almacena la base de datos, ya que la empresa asociada a los registros (el campo *DataAreaId* en la tabla) puede cambiar de una empresa real a una empresa virtual, provocando datos incoherentes si se manipula incorrectamente.

Aunque las colecciones de tablas están en el AOT, estos objetos se utilizan sobre todo a nivel de parametrización del sistema por parte del equipo de consultoría, por lo que no profundizaremos mucho en este tema.

2.1.10.-   Perspectivas (Perspectives)

Las perspectivas se utilizan para organizar tablas en la creación de cubos de *Microsoft SQL Analyisis Services* lo que desde *Microsoft Dynamics AX 2012* también se puede hacer mediante *Vistas*. Cada perspectiva corresponde a un **cubo,** aunque se pueden configurar perspectivas como contenedores de **dimensiones** que se podrán compartir entre diferentes cubos. Las perspectivas tienen una función muy específica relacionada con la funcionalidad de *Business Intelligence* integrada en *Microsoft Dynamics AX.*

2.2.- Macros

Las macros contienen **directivas del preprocesador** que se procesan antes de generar el código X++ que se envía al compilador. Tras esta descripción técnica encontramos, por ejemplo, la definición de multitud de constantes que ayudan a la legibilidad del código, utilidades de código para manejar fácilmente valores gestionados por los *frameworks* internos, como las dimensiones de inventario (*InventDims*), y un largo etcétera. Ampliaremos a fondo todos los detalles acerca de las macros en el capítulo *4 "El lenguaje X++".*

2.3.- Clases

Las clases son la base de la funcionalidad de *Microsoft Dynamics AX*. Toda la lógica de negocio alrededor de la aplicación está modelada mediante programación orientada a objetos sobre una vasta jerarquía de clases que controlan desde el más básico acceso a la base de datos o servicios web hasta el funcionamiento de formularios e informes. Más información sobre clases e interfaces en el capítulo 4 *"El lenguaje X++".*

2.4.- Formularios (Forms)

Los formularios conforman la interfaz gráfica de *Microsoft Dynamics AX* y constituyen la unidad mínima de presentación de información al usuario. La tecnología *IntelliMorph* facilita enormemente el diseño de formularios, automatizando gran parte del trabajo y dejando al programador concentrarse en la funcionalidad que realmente es importante, haciendo totalmente transparentes tareas como el filtrado, paginación, caché, acceso a datos, etc. Ampliaremos los detalles acerca de formularios en el capítulo *6 "La interfaz de usuario".*

2.5.- Partes (Parts)

Los *Partes* son unos controles introducidos en *Microsoft Dynamics AX 2012*, diseñados para recopilar y mostrar información en los *paneles de hechos (Fact Boxes)* de los formularios. Son objetos generados únicamente mediante la configuración de propiedades y a partir de ellas se generan dinámicamente los controles tanto para el cliente de *Microsoft Dynamics AX 2012* como para *Enterprise Portal*. Ver figura 4.

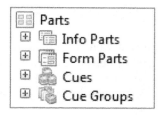

Figura 4.- Parts en el AOT

Ampliaremos acerca del uso y configuración de *Parts* en el capítulo *6 "La interfaz de usuario"*.

2.6.- Data Sets

Los *Data Sets* existen en *Microsoft Dynamics AX 2012* como capa de acceso a datos para su uso desde **Enterprise Portal**. Se configuran de una forma similar a las *Vistas*, pero generan los metadatos necesarios para que sean accesibles desde el modelo de objetos de los controles ASP.NET utilizados en *Enterprise Portal*.

2.7.- SSRS Reports

Este nodo contiene los metadatos de los informes *Microsoft SQL Server Reporting Services* que se entregan con la aplicación. Estos informes se desarrollan utilizando las herramientas habituales en *Visual Studio*, pero los metadatos se almacenan en el AOT para facilitar su edición y despliegue. Ver figura 5.

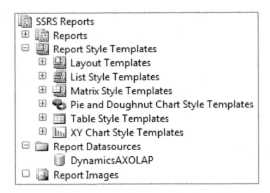

Figura 5.- Microsoft SQL Reporting Services en el AOT

Profundizaremos sobre el *framework* de informes en el capítulo *7 "Informes"*.

2.8.- Reports

Contiene los informes de la aplicación en su formato de informes nativo. Este formato se ha descontinuado en esta versión del producto a favor de los informes basados en *Microsoft SQL Reporting Services* vistos en el punto anterior; por lo que este nodo se entrega vacío y se mantiene por compatibilidad con versiones anteriores durante la migración.

2.9.- Visual Studio Projects

Contiene los metadatos de los proyectos para *Visual Studio* que se han creado desde el AOT o que se han asociado al mismo mediante la herramienta ***Application Explorer*** de *Visual Studio*. Ver figura 6.

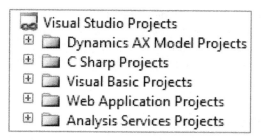

Figura 6.- Proyectos Visual Studio en el AOT

Existen carpetas para cada uno de los tipos de proyectos que se pueden almacenar en el AOT. Profundizaremos sobre este nodo en el capítulo 8 *"Integración con .NET y Servicios Web"*.

2.10.-Report Libraries

En este nodo aparecen informes de *Microsoft SQL Reporting Services* desarrollados para *Microsoft Dynamics AX 2009*, que han sido actualizados para su utilización en el nuevo sistema de conexión en *Microsoft Dynamics AX 2012*. Se puede encontrar más información sobre la actualización de informes en el siguiente enlace:

Enlace: Report Project Upgrade [AX 2012]

http://technet.microsoft.com/en-us/library/hh292607.aspx

2.11.-Consultas (Queries)

Las consultas pueden utilizarse como origen de datos para informes y formularios y también en procesos realizados en X++. El uso de consultas siempre ha sido importante en *Microsoft Dynamics AX*, constituyendo el *Query Framework* una parte muy importante del desarrollo de soluciones y modificaciones, pero cobran una especial importancia en esta nueva versión con la inclusión de los *Query Services*. Se detalla este *framework* en el capítulo 5 *"El modelo de datos"*.

2.12.-Jobs

Los *Jobs* son pequeños fragmentos de código que se ejecutan de manera aislada y puntual. Se utilizan mucho durante el desarrollo para probar fragmentos de código de manera controlada, durante el testeo de la aplicación o para ejecutar procesos o consultas sobre los datos de manera aislada.

No deben formar parte de los desarrollos. Durante la instalación de *Microsoft Dynamics AX* no se entrega ningún *Job* y no se deben entregar como parte de ninguna funcionalidad por problemas de seguridad y mantenimiento.

A pesar de esto, resultan de gran importancia y utilidad y son ampliamente utilizados durante el proceso de desarrollo.

2.13.-Menús (Menus)

Aquí se almacenan todos los menús que ven los usuarios finales, tanto en el *Panel de navegación* como en las páginas de área, tal como vimos en capítulos anteriores.

Los objetos de tipo *Menú* son referencias a *elementos de menú* (ver siguiente punto) ordenados y agrupados en carpetas siguiendo una estructura conocida para facilitar la navegación.

2.14.-Elementos de menú (Menu Items)

Los elementos de menú (*Menu Items*) son los puntos de inicio de la ejecución de formularios, informes y procesos. Prácticamente cualquier acción de un usuario se inicia mediante un *Menu Item* que puede estar situado en un formulario (en forma de botón o de menú) o en un menú, tal como hemos visto en el punto anterior.

Salvo contadas ocasiones, siempre que se desarrolla un nuevo formulario, informe o proceso, será necesario también crear un *Menu Item* para poder ejecutarlo, y también colocar ese *Menu Item* en uno o varios puntos accesibles de la interfaz para que el usuario pueda encontrarlo, ya sea en un menú o en otro formulario. Recordemos que los usuarios no tienen acceso al AOT.

La aplicación estándar incluye unos 10.000 *Menu Items*, por lo que es necesario definir una estructura homogénea y previsible de organización.

2.15.-Web

Este nodo y sus sub-nodos contienen toda la información relativa al desarrollo de modificaciones para el cliente web (*Enterprise Portal*). Ver figura 7.

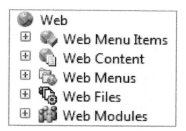

Figura 7.- Elementos Web en el AOT

2.16.-Servicios (Services)

Contiene los servicios web que *Microsoft Dynamics AX 2012* está exponiendo al exterior. Estos nodos son un mapeo de las operaciones que expone el servicio con la clase que gestiona la funcionalidad.

2.17.-Grupos de servicios (Service Groups)

Contiene grupos de servicios funcionalmente relacionados de manera que se publiquen o consuman juntos para solucionar una funcionalidad común. Ver figura 8.

Figura 8.- Grupos de servicios en el AOT

Los servicios de un grupo se comparten un solo fichero **WSDL** (*Web Services Description Language*), que describe los *endpoints* disponibles. Profundizaremos sobre este nodo y el anterior en el capítulo 8 "*Integración con .NET y Servicios Web*".

2.18.-Flujo de trabajo (Workflow)

Este nodo y sus sub-nodos contienen todos los objetos que componen el *framework* de flujos de trabajo integrado en *Microsoft Dynamics AX,* basado en *Microsoft Workflow Foundation*. Estaba presente en versiones anteriores del producto, pero ha mejorado notablemente su integración y configuración en esta última versión. Ver figura 9.

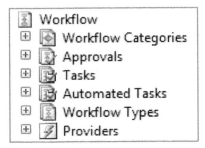

Figura 9.- Workflow Foundation en el AOT

2.19.-Seguridad (Security)

Este nodo y sus sub-nodos contienen los objetos que componen el nuevo *framework* de seguridad de *Microsoft Dynamics AX 2012*, tales como **Roles, Tareas, Permisos**, etc. Este *framework* ha sido totalmente remodelado en esta versión y estos nodos sustituyen a los antiguos **Security Keys**. Ver figura 10.

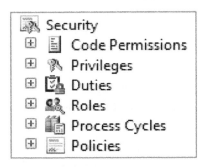

Figura 10.- Security Framework en el AOT

Profundizaremos sobre el *framework* de seguridad en el capítulo el capítulo 10 *"Licencia, Configuración y Seguridad"*.

2.20.-Recursos (Resources)

Este nodo contiene referencias a recursos incrustados tales como imágenes, iconos y animaciones utilizadas durante los diálogos de progreso y en formularios.

Se puede pre-visualizar el objeto incrustado en cada nodo haciendo *clic* derecho sobre él > *Abrir*. Pero si se quiere buscar un recurso en concreto es más sencillo buscarlo en el formulario que se encuentra en **Herramientas > Recursos incrustados**. Ver figura 11.

Figura 11.- Explorador de recursos incrustados

2.21.-Archivos de Etiquetas (Label Files)

Este nodo contiene los ficheros de etiquetas y sustituye a los ficheros **ALD** que en versiones anteriores se almacenaban en el disco, en la carpeta de la aplicación. En esta nueva versión se encuentran en el AOT y se almacenan en la base de datos. Profundizaremos sobre este nodo en el punto 3 de este capítulo.

2.22.-Referencias (References)

Este nodo, tal como ocurre en los proyectos de *Visual Studio*, contiene referencias a bibliotecas de ensamblado. Por defecto se incluyen referencias a bibliotecas comunes como las del *.NET Framework*: será necesario incluir manualmente una referencia a ensamblados externos antes de poder utilizarlas desde código X++, que pueden estar en una carpeta del disco o en la biblioteca de ensamblados de Windows (***Assembly***). Lo veremos más adelante en el capítulo 8 "*Integración con .NET y Servicios Web*".

2.23.-Documentación de ayuda (Help Documentation)

Los objetos que incluye este nodo no son objetos de desarrollo normales como los que hemos visto hasta ahora, sino referencias al contenido del servidor de ayuda (*Help Server*) de la aplicación.

2.24.-Documentación del Sistema (System Documentation)

Contiene una *réplica* de **solo lectura** de los objetos de sistema que se puede utilizar para analizar la estructura, los campos, los tipos de datos, etc. de los objetos internos de la aplicación (Tablas, Clases, *EDT y Base Enums*). Ver figura 12.

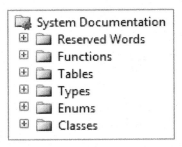

Figura 12.- **Documentación del sistema en el AOT**

A pesar de que los sub-nodos tienen una forma parecida al AOT, estos no son objetos reales sino representaciones de estos objetos con objeto documental y, lógicamente, de sólo lectura. Sin embargo, en el caso concreto del sub-nodo *Tables*, podremos ir al menú contextual *Complementos > Examinador de tablas* y ver (y editar) el contenido de los registros, a pesar de ser tablas del sistema. Debe entenderse lo peligroso de manipular datos del sistema manualmente.

Los sub-nodos *Reserved Words* y *Functions* nos dan una referencia completa de todas las palabras clave y funciones del lenguaje X++. Si intentamos abrir uno de estos elementos nos llevará a la página correspondiente de la ayuda. Hablaremos sobre ellas en el capítulo *4 "El lenguaje X++"*.

3.- ETIQUETAS Y TRADUCCIÓN

Microsoft Dynamics AX es una aplicación multi-lenguaje de forma estándar. La aplicación dispone de un *framework* para realizar traducciones y se entrega traducida en multitud de idiomas, se pueden agregar nuevos, y realizar su traducción. Por supuesto este *framework* permite que nuestras modificaciones o desarrollos nuevos sean traducidos, y esto se consigue mediante la utilización de lo que llamaremos *Etiquetas*.

3.1.- ¿Qué son las etiquetas?

Las etiquetas propiamente dichas son marcadores que representan un texto. Se reconocen por comenzar por el símbolo arroba (@) seguido por el código del fichero donde se almacenan (3 letras), y un número que se incrementa al generar etiquetas nuevas.

Para conseguir el objetivo de que toda la aplicación se pueda traducir, se debe utilizar una etiqueta para cada texto que sea visible a los usuarios, ya sea en formularios, informes, menús, etc. En todas partes.

Best Practice: No es un problema crear demasiadas etiquetas en un fichero, la aplicación estándar se entrega con miles de ellas y es normal que se generen tantas como sea necesario. Lo que **no se recomienda es concatenar** varias etiquetas para formar nuevos textos, o incluir marcadores en el texto para luego **sustituirlos** con nuevas etiquetas. Lo recomendable es generar **una etiqueta para cada texto** diferente, ya que la concatenación o sustitución de cadenas podría no ser coherente en todos los idiomas.

Cuando nos posicionamos sobre una propiedad que espera un texto visible al usuario, si el texto proviene de una etiqueta nos la mostrará (ver figura 13). Si no se muestra la etiqueta es que la propiedad contiene el texto directamente y esto provocará un *warning* del compilador de buenas prácticas. En este caso podemos pulsar el botón con tres puntos que aparece junto al texto para generar una etiqueta nueva con ese texto.

Properties	Categories	
ID	7456	
Name	AccountingEvent	
Label	@SYS132687	...

Figura 13.- Etiqueta al posicionarse en una propiedad

No hay que olvidar que también debemos utilizar etiquetas para cualquier texto que se presente al usuario desde código X++, como diálogos, mensajes de error, etc. Como se puede ver en la figura 14, el editor de código muestra el texto de la etiqueta para el idioma actual al posicionarnos encima de la misma.

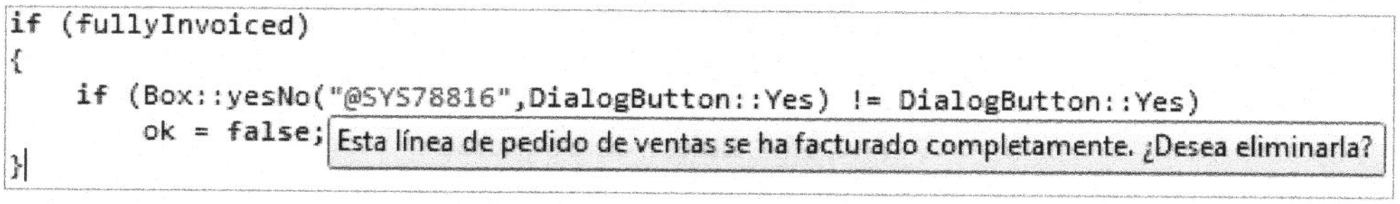

```
if (fullyInvoiced)
{
    if (Box::yesNo("@SYS78816",DialogButton::Yes) != DialogButton::Yes)
        ok = false; Esta línea de pedido de ventas se ha facturado completamente. ¿Desea eliminarla?
}
```

Figura 14.- Etiqueta incrustada en código X++ estándar

Best Practice: Al presentar textos al usuario desde X++ se recomienda utilizar siempre etiquetas y representarlas entre comillas dobles. NO se deben crear etiquetas para representar cadenas de texto del sistema, tales como rutas a ficheros, extensiones, etc. Las cadenas de texto del sistema se representan con comillas simples y se recomienda almacenarlas en macros para facilitar su reutilización.

3.2.- Crear un fichero de etiquetas

Para crear un nuevo fichero de etiquetas, utilizamos el asistente situado en *Herramientas > Etiqueta > Asistente para archivos de etiquetas*. También es posible ejecutar este asistente desde el menú contextual del nodo *Label Files* en el AOT.

Desde este asistente podemos realizar básicamente dos acciones: **Crear un nuevo** fichero de etiquetas o **añadir un idioma** a un fichero de etiquetas existente. El asistente es realmente sencillo y lo único a tener en cuenta es el nombre del fichero de etiquetas, que debe ser una cadena de 3 letras mayúsculas.

3.3.- Manejo de etiquetas

La herramienta principal que nos permite trabajar con etiquetas es el ***Editor de etiquetas***. Se puede acceder a él desde el menú *Herramientas > Etiqueta > Editor de etiquetas*, desde el botón que aparece al posicionarse sobre cualquier campo donde se utiliza una etiqueta y también desde el botón "*Lookup Label/Text*" del editor de X++. Ver figura 15.

Figura 15.- Editor de etiquetas

El manejo básico del editor es sencillo: Al posicionarnos sobre una propiedad que acepta una etiqueta, o al seleccionar un texto que queremos sustituir por una etiqueta en el código X++, podemos abrir el editor. Escribimos el texto que queremos insertar en el campo **Buscar** y pulsamos el botón de búsqueda. Si la etiqueta existe en el idioma seleccionado, aparecerán las coincidencias en las listas inferiores; si no existe nos lo indicará. Si nos sirve alguna etiqueta, simplemente la seleccionamos y pulsamos el botón *Pegar etiqueta*; si no nos sirve ninguna, pulsamos el botón *Nuevo*, lo que genera un nuevo ID de etiqueta, y luego el botón *Pegar etiqueta*, que llevará el código de etiqueta al lugar de origen, sustituyendo al texto que seleccionamos al principio.

Las nuevas etiquetas se generan en el fichero de etiquetas seleccionado en la pestaña *Configurar*, por lo que conviene configurar este campo cuando se generan nuevos ficheros. En esta pestaña también activamos los idiomas con los que estamos trabajando, que se mostrarán en la pestaña *Etiqueta* del editor de etiquetas como líneas del panel inferior. Ver figura 15.

Best Practice: Aunque no trabajemos en inglés, es una buena práctica generar las etiquetas en inglés (*en-us*) además de en el idioma activo. Esto es obligatorio para certificar desarrollos en Microsoft, y facilita el trabajo de los traductores si los vamos a necesitar.

De la misma forma, es una buena práctica incluir una descripción en el campo correspondiente que indique la utilización y el motivo por el que la etiqueta fue creada. Esta descripción facilitará a futuros desarrolladores averiguar si deben reutilizarla o crear una nueva, ya que el mismo texto puede tener diferentes interpretaciones en otros idiomas.

Para buscar si una etiqueta existe, se pueden utilizar diversos símbolos en el campo de búsqueda muy parecidos a los utilizados en expresiones regulares. Ver tabla 1.

Tabla 1.- Expresiones de búsqueda de etiquetas

Carácter	Descripción
\	Indica un carácter concreto. Ej: Tip\o devuelve sólo *Tipo*.
< o ^	Indica el comienzo de una línea. Ej: <Tipo devuelve *Tipo 1* y *Tipo 2* pero no *El Tipo*.
> o $	Indica el fin de la línea. Funciona igual que el caso anterior.
? o .	Indica un carácter y sólo uno. Ej: Ti?o Devuelve *Tipo* y *Tiro* pero no *Tipos*.
:a	Indica un carácter alfabético. Ej: Tip:a devuelve *Tipo* pero no *Tip8* o *Tip$*.
:d	Indica un carácter numérico. Ej: Tip:d devuelve *Tip8* pero no *Tipo* o *Tip$*.
:n	Indica un carácter alfanumérico. Ej: Tip:n devuelve *Tipo* y *Tip8* pero no *Tip$*.
*	Indica cualquier parte de una cadena cuando se utiliza al final de una cadena de búsqueda.
+	Busca una cadena que contenga la cadena indicada. Ej: Ti+ devuelve *Ti*, *Tip* y *Tipo* pero no *T* o *i*.
-	Busca una cadena que contenga el primer carácter, y cero o más caracteres en la secuencia indicada. Ej: Ti- devuelve *T* y *Ti* pero no *i*.

[]	Devuelve cualquier carácter de la cadena que no es una combinación de los caracteres indicados. Ej: [Tipo] devuelve *T* y *I* pero no *Ti*.
' o "	Devuelve la frase exacta indicada entre comillas.
ID	Devuelve las etiquetas que empiezan por el **ID de etiqueta** especificado.

Cuando tenemos seleccionada una etiqueta, podemos emplear el botón ***Utilizado por*** para ver dónde se está utilizando esta etiqueta y obtener así más información sobre el motivo por el que fue creada en caso de duda. También podemos utilizar el ***Registro de etiqueta*** para ver más información sobre las modificaciones que una etiqueta ha sufrido con el tiempo.

4.- PROYECTOS

Los proyectos nos permiten **agrupar y organizar** objetos del AOT según nuestras necesidades. Se pueden utilizar para diversos fines pero el más típico es agrupar los objetos que estamos creando y modificando para una determinada funcionalidad o requerimiento. Ver figura 16.

Figura 16.- Lista de proyectos y detalle de un proyecto concreto

Un objeto puede pertenecer a muchos proyectos, o a ninguno. Lo que incluye el proyecto es simplemente una referencia a los objetos pero sólo existe una versión de cada objeto. Por lo tanto, al eliminar un elemento de un proyecto se nos pregunta qué deseamos hacer: eliminar el objeto del proyecto (se mantendrá en el AOT) o eliminarlo definitivamente (eliminarlo del AOT, esté o no en otros proyectos).

Los proyectos pueden ser privados o públicos. Los proyectos privados sólo son visibles por el usuario que los creó, los proyectos públicos son accesibles por todos los usuarios. Esto tiene limitada utilidad, ya que aunque un usuario no pueda ver un proyecto, sí podrá ver todos los objetos y las modificaciones que el propietario de ese proyecto haya realizado. Es por esto que los proyectos privados casi no se utilizan, salvo algunos proyectos especiales que crea el propio sistema en los procesos de actualización de versiones. Puesto que sólo son visibles por el usuario que los crea, no tiene sentido utilizarlos en entornos de producción. En una instalación inicial no existe ningún proyecto privado.

Se puede configurar un proyecto inicial en las opciones del usuario, de manera que se abrirá automáticamente al iniciar la aplicación. Funcionalidad muy útil si utilizamos proyectos actualizados automáticamente o trabajamos durante mucho tiempo en un mismo desarrollo.

4.1.- Importar y exportar proyectos

Los proyectos han sido históricamente la unidad principal de exportación e importación de objetos, funcionalidad utilizada para mover objetos y modificaciones de un entorno a otro (del entorno de desarrollo al utilizado en producción, por ejemplo). Habitualmente tienen la extensión *.xpo* aunque al ser ficheros de texto plano se pueden utilizar con cualquier extensión.

Los proyectos exportados también sirven para compartir objetos con compañeros, como copias de seguridad de objetos del AOT individuales, para guardar diferentes versiones de los objetos y un largo etcétera. Por lo que es importante conocer las opciones al respecto:

Para **exportar** proyectos hacemos clic derecho en el proyecto a exportar, o también podemos seleccionar **varios proyectos** de la lista, y hacer *clic derecho > Exportar*. Ver figura 17.

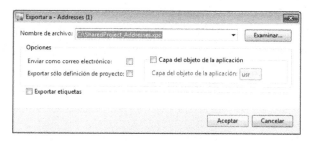

Figura 17.- Exportar proyectos a ficheros XPO

Debido a los cambios en el almacenamiento interno de los objetos en la *Model Store*, las opciones de exportación e importación se han simplificado notablemente. En esta versión se ofrecen las siguientes opciones:

- **Enviar como correo electrónico:** Adjunta el fichero exportado a un nuevo correo electrónico.

- **Exportar sólo definición de proyecto:** Esta opción sólo está disponible cuando se exportan proyectos. Si se activa se exportará únicamente el propio proyecto como objeto, y no su contenido.

- **Capa del objeto de la aplicación:** Permite exportar los objetos de una capa concreta. Se puede exportar la capa completa si se marca esta opción después de exportar el nodo raíz del AOT.

- **Exportar etiquetas:** Si se marca, se incluirán en el fichero las etiquetas utilizadas en el resto de objetos exportados. Como consecuencia, al importarlos, si no existen en la aplicación de destino, se crearán las etiquetas en el fichero activo. Si no se marca no se exportarán, por lo que al importar los objetos si éstos utilizan etiquetas que no existen en la aplicación de destino, éstas no se crearán.

  Al marcar esta opción se activará una lista de **idiomas** de los cuales se exportarán las etiquetas. Exportar etiquetas aumenta notablemente el espacio ocupado por el fichero XPO generado, así como el tiempo que dura el proceso de exportación.

Al **importar** objetos en la aplicación de destino, las opciones disponibles son las siguientes. Ver figura 18.

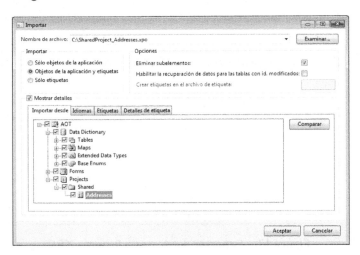

Figura 18.- Importar proyectos desde ficheros XPO

- **Importar**

  o **Sólo objetos de la aplicación:** Importa los objetos ignorando las etiquetas, si las hubiera en el fichero.

○ **Objetos de la aplicación y etiquetas:** Importa los objetos y las etiquetas, si existen en el fichero. Activar esta opción o la siguiente, activa las pestañas relativas a etiquetas.

○ **Sólo etiquetas:** Se importan sólo las etiquetas asociadas a los objetos seleccionados, pero no se importan los propios objetos. No es la mejor manera de exportar e importar un fichero de etiquetas, como veremos más adelante.

• **Opciones**

○ **Eliminar subelementos**: Elimina los subelementos de los objetos importados que existen en la aplicación de destino pero no existen en la versión que se importa desde el fichero. Esto permite que si se elimina, por ejemplo, un método de clase o un campo de una tabla (subelementos), éste se elimine en la aplicación destino al importar el objeto. Si no se marca esta opción, el subelemento se mantendrá en el destino aunque no exista en la versión del objeto que se está importando, pudiendo generar incoherencias entre ambas versiones.

○ **Habilitar la recuperación de datos para las tablas con id. modificados:** Si se importan tablas desde diferentes capas, marcando esta opción se realiza una sincronización extendida para evitar pérdidas de datos al cambiar el ID de los campos producido por el cambio de capa.

• **Mostrar detalles**

○ **Importar desde:** Elige los objetos que se desean importar de los que existen en el fichero. Al seleccionar un objeto se activará el botón **Comparar** con lo que podremos comparar el objeto existente en el AOT con la versión del objeto que se está importando desde el fichero, permitiendo importar sólo algunos cambios en vez del objeto completo. Veremos la herramienta Comparador más adelante en este capítulo.

○ **Idiomas:** Permite seleccionar los idiomas de etiquetas que se desean importar, de los que existen en el fichero.

○ **Etiquetas:** Muestra las etiquetas que se van a importar, y permite realizar diferentes acciones sobre ellas dependiendo de si la etiqueta se ha encontrado en la aplicación destino o es nueva. Ver figura 19.

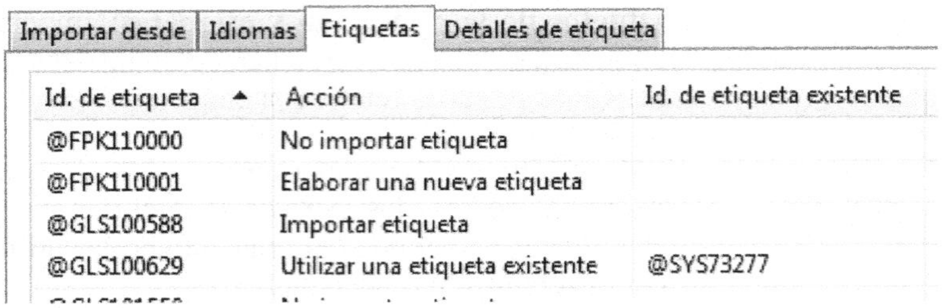

Id. de etiqueta ▲	Acción	Id. de etiqueta existente
@FPK110000	No importar etiqueta	
@FPK110001	Elaborar una nueva etiqueta	
@GLS100588	Importar etiqueta	
@GLS100629	Utilizar una etiqueta existente	@SYS73277

Figura 19.- Resolución de conflictos al importar etiquetas

o **Detalles de etiqueta**: Muestra información sobre la etiqueta seleccionada así como el código de la etiqueta, el texto de la etiqueta, el fichero donde está almacenada, etc.

Consejo: Aunque los objetos se pueden ordenar en grupos (carpetas) en un proyecto, a la hora de importarlos esta estructura no se reproduce en el formulario de importación. **Conviene no suponer** que la persona que importará un fichero sabe cómo están agrupados los objetos en el proyecto para su correcta importación, ya que no podrá saberlo hasta que el proceso haya finalizado y pueda abrir el proyecto ya importado.

4.2.- Generación automática de proyectos

Una funcionalidad interesante que se nos ofrece es la posibilidad de mantener los objetos de un proyecto de manera automática.

La primera opción para esto es utilizar **grupos de objetos**. Los grupos son carpetas que podemos crear en el proyecto para agrupar objetos según nuestro criterio. Estos grupos pueden contener inicialmente cualquier clase de objetos aunque podemos ajustar la propiedad *ProjectGroupType* de un grupo para que incluya sólo objetos de un determinado tipo (simulando al AOT).

Hasta aquí no hay nada automático, pero podemos utilizar la propiedad *GroupMask* del grupo para introducir una **máscara a aplicar a los nombres de los objetos** del tipo indicado por la propiedad anterior. Si incorporamos una máscara, garantizamos que sean incluidos en el grupo todos los objetos que cumplen la máscara, aunque se hayan creado directamente sobre el AOT o en otro proyecto. Esta funcionalidad es muy útil si, como se recomienda, se utiliza el mismo prefijo para los objetos de una empresa, un determinado cliente, etc. generándose de manera automática un proyecto con todos los objetos que hemos creado en una instalación con ese prefijo.

La otra opción es **incluir en un proyecto una serie de objetos** basándose en una *Query* ejecutada sobre los *metadatos* de la aplicación. Esta funcionalidad se lanza desde el botón *Ordenación/Filtro avanzados* de la ventana de proyecto. Ver figura 20.

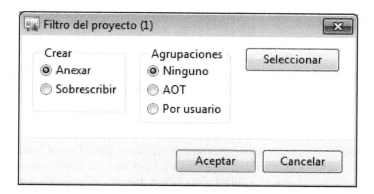

Figura 20.- Ordenación/Filtro avanzados de proyecto

Lo que nos muestra es un diálogo con un par de opciones bastante intuitivas, y sobre todo acceso a una *Query* (desde el botón *Seleccionar*) sobre unas determinadas tablas del sistema. Mediante esta *Query* podemos incluir en un proyecto, por ejemplo, todos los objetos con determinado formato de nombre, que estén en una determinada capa, que se hayan modificado después de un momento preciso o por un usuario en concreto, objetos que se modificaron un determinado día o semana y un infinito etcétera que podemos configurar y agregar libremente. Ver figura 21.

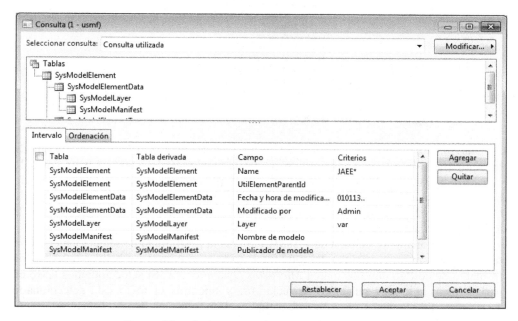

Figura 21.- Query para obtener objetos del AOT

5.- EDITOR X++

El editor de X++ ha sufrido muchos cambios en *Microsoft Dynamics AX 2012*, la mayoría de ellos para adoptar funcionalidades del editor de *Visual Studio*. El más llamativo es la gran mejora en *IntelliSense* y en la integración con .NET.

Como la mayoría de editores de código, es un editor de texto con coloreado de código, *IntelliSense*, marcado de errores, etc. Como particularidad, tiene un panel a la izquierda que muestra los métodos que componen el objeto con el que estamos trabajando (en vez de mostrar todos los métodos en el mismo editor, como hace *Visual Studio*) y una serie de botones de acción que facilitan el acceso a opciones de acceso común durante la escritura de código, como el control de código fuente, el compilador, *breakpoints*, herramienta de buenas prácticas, etc.), el editor de etiquetas, etc. Ver figura 22.

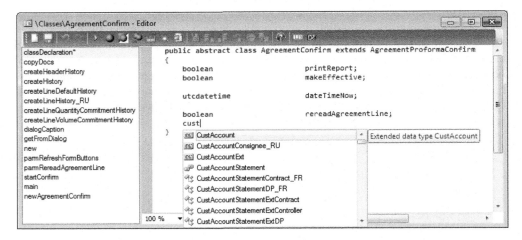

Figura 22.- Editor de X++ en vista de clase con autocompletar

Una funcionalidad muy interesante importada de *Visual Studio* es la **búsqueda incremental** (*Ctrl+I*), que nos permite encontrar en el método actual un texto con sólo escribirlo. Para ello pulsamos el atajo *Ctrl+I* y simplemente escribimos el texto a buscar. El editor se posicionará directamente sobre la primera ocurrencia encontrada, y pulsando *Ctrl+I* otra vez podremos pasar a la siguiente (*Ctrl+Shift+I* nos permite volver a la anterior).

Otra funcionalidad recibida de *Visual Studio* es la posibilidad de seleccionar y editar **texto en columnas**, lo que resulta muy interesante si seguimos las buenas prácticas de formateo de código que nos marca *Microsoft Dynamics AX*. Si seleccionamos texto en varias líneas mientras pulsamos la tecla *Alt*, y mientras el texto está seleccionado escribimos directamente, el código se actualizará en todas las líneas al mismo tiempo. Ver figura 23.

```
CustVendInvoiceJour lastInvoice(CustVendInvoiceJour    _custVendInvoiceJour,
                                NoYes                  _invoiceCustomer = NoYes::Yes)
{
    ;
    select firstonly _custVendInvoiceJour
        order by InvoiceDate desc , InvoiceNum desc
        where (_custVe.InvoiceAccount  == this.AccountNum && _invoiceCustomer) ||
              (_custVe.OrderAccount    == this.AccountNum && !_invoiceCustomer) &&
              _custVe.InvoiceNum;

    return _custVendInvoiceJour;
}
```

Figura 23.- Edición de código en columnas

5.1.- Scripts de código y extensiones del editor

Los *scripts de código,* también llamados *Code Snippets*, son una funcionalidad que ya existía en versiones anteriores, aunque sus posibilidades se han ampliado en esta nueva versión.

Para comprobar su utilidad se puede, por ejemplo, crear un nuevo método en una clase, reemplazar todo el código existente por la palabra *main*, y pulsar la tecla *Tab*. El editor utilizará un script predefinido para sustituir esa palabra por el esqueleto de un método *main* estándar, siguiendo las buenas prácticas de *Microsoft Dynamics AX*.

Esta funcionalidad es lo bastante potente para mostrar diálogos y obtener información sobre el contexto en el que se ejecuta. Ver figuras 24 y 25. Por ejemplo: no tiene sentido crear un método *find* en una clase ya que este método es propio de las tablas. Igual que no tiene sentido crear un método de tipo *parámetro* en una tabla, ya que esto es propio de las clases. Esta información acerca del contexto en el que se ejecuta el script es accesible para que se pueda tener en cuenta y actuar en consecuencia en el código.

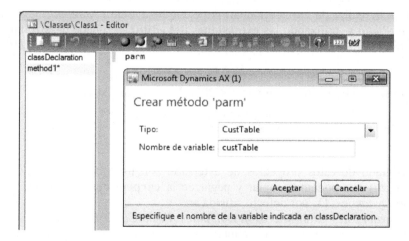

Figura 24.- El script "parm"+TAB solicita los parámetros necesarios

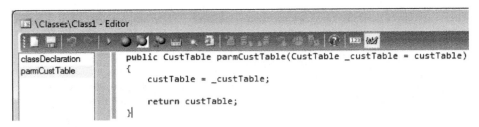

Figura 25.- Con el resultado de los parámetros, el script genera código válido

Los scripts existentes son accesibles y se pueden agregar, modificar o ampliar a voluntad, editando la clase *EditorScripts*. Puede ser útil echar un vistazo también a la clase *xppSource* que se encarga del manejo correcto del código fuente.

Para cuando los scripts de código se quedan cortos, otra capacidad que el editor de X++ ha heredado de *Visual Studio*, es el acceso al *Managed Extensibility Framework*. Éste nos permite desarrollar pequeñas **extensiones** que podemos reutilizar en diferentes editores, incluyendo el de X++. Esto quiere decir que podemos utilizar la tecnología que permite extender el editor de *Visual Studio* para extender también el editor de X++ aunque con algunas limitaciones, ya que la compatibilidad de este *framework* con el editor de X++ todavía no es completa.

Enlace: Managed Extensibility Framework (MEF):

http://msdn.microsoft.com/en-us/library/dd460648.aspx

Como ejemplo, una funcionalidad que se echa en falta del editor de X++ es que al posicionarse en una palabra nos marque otras apariciones de la misma palabra en el editor. Esto lo realiza de forma estándar, por ejemplo, el editor *Notepad++* y también el de *Visual Studio* y, utilizando las **extensiones del editor**, se puede desarrollar también para el editor X++ como se muestra en el siguiente proyecto liberado en *CodePlex*:

Enlace: Microsoft Dynamics AX 2012 X++ Editor Extensions

http://ax2012editorext.codeplex.com

El resultado de estos proyectos de extensión son unas bibliotecas (ficheros con extensión *.dll*) que podemos copiar y pegar en la **carpeta de extensiones** del cliente *Microsoft Dynamics AX*, por defecto situada en:

C:\Program Files (x86)\Microsoft Dynamics AX\60\Client\Bin\EditorComponents

A partir de este momento, la biblioteca será cargada en la siguiente ejecución del cliente y tendremos instalada nuestra extensión. Ver figura 26.

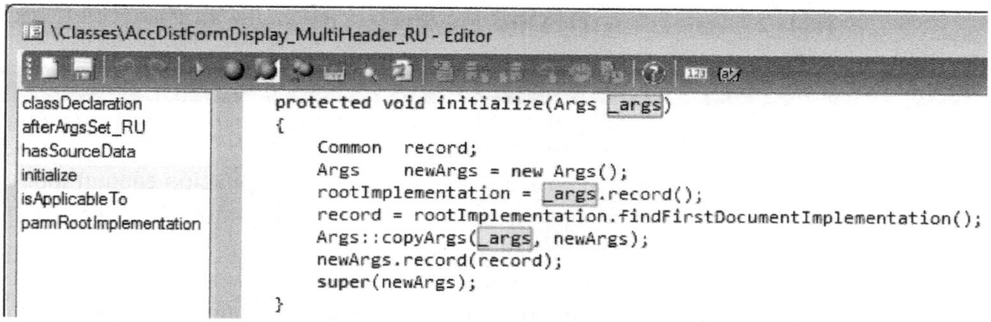

Figura 26.- Extensión del editor para resaltar palabras iguales en el código

Otra extensión muy útil que se encuentra en el mismo proyecto de *CodePlex*, es que el editor nos marque las parejas de símbolos de bloque (paréntesis, llaves, etc.) al seleccionar uno de ellos, como muestra la figura 27 con las llaves del bloque *if*.

```
if (this.lateSelection())
{
    this.resetParmListCommonCS();
    this.transDate(systemDateGet());
}
else
{
    this.transDate(salesParmTable.Transdate);
}
```

Figura 27.- Extensión del editor para señalar los bloques de código

5.2.- Atajos de teclado

Los atajos de teclado son una herramienta indispensable para maximizar la productividad mientras se trabaja con el editor de X++. Existen tareas como la depuración de código que resultan algo tediosas si se realizan con el ratón, por lo que conviene tener a mano una lista con los atajos más utilizados. Ver tabla 2.

Nota: Algunos atajos de teclado han cambiado desde la versión *Microsoft Dynamics AX 2012* para equipararse a los existentes en *Visual Studio 2010*.

Tabla 2.- Atajos de teclado más importantes del editor de X++

Teclas	Descripción
F1	Muestra la **ayuda** en línea de la aplicación en el contexto en el que se encuentra el usuario, si es posible.
F4	Se posiciona en el siguiente **error** de compilación encontrado.
F5	**Ejecuta** el objeto actual (Job, Formulario, Informe, Clase,...).
F7	**Compila** el objeto actual (y sólo éste).
F9	Alterna un ***breakpoint*** en la posición actual.
F10 y F11	Manejan la **depuración** paso a paso, el primero ejecuta un método sin entrar en él; el segundo ejecuta el método paso a paso.
F12	Va a la **implementación** del método seleccionado (*drill down*).
Ctrl+I	Inicia una **búsqueda incremental** o navega a la siguiente ocurrencia de una búsqueda incremental activa.
Ctrl+Tab	Cambia al **siguiente método** del objeto actual.
Ctrl+Shift+Tab	Cambia al **método anterior** del objeto actual.
Ctrl+Alt+Espacio	Abre el editor de **etiquetas** buscando el texto seleccionado.
Ctrl+E+C	**Comenta** las líneas seleccionadas.
Ctrl+E+U	**Quita los comentarios** de las líneas seleccionadas.
Alt+selección	Selecciona un bloque de **texto en columnas**.
///	Añade una cabecera de **comentarios XML**.
script+Tab	Ejecuta un **script** del editor.

Enlace: Estos son sólo algunos de los atajos de teclado disponibles. La lista completa y actualizada para todas las versiones, se encuentra en el siguiente enlace:

http://msdn.microsoft.com/en-us/library/aa865357.aspx

6.- COMPILADOR Y BUENAS PRÁCTICAS

Cada vez que se guarda algún cambio en un objeto, se cierra el editor de X++ o se pulsa la tecla **F7** (Compilar) en el editor de código o el AOT, se realiza una compilación del objeto activo. El compilador funciona igual que en la mayoría de lenguajes y, mediante la ventana de salida dedicada a ello, nos muestra los resultados en diferentes listas, dependiendo del tipo de mensaje. Ver figura 28:

- **Errores:** Los errores de compilación no permiten que el objeto se ejecute y deben ser corregidos obligatoriamente para evitar errores a los usuarios.

- **Avisos (*warnings*):** Los *warnings* de compilación señalan problemas en el diseño del código que, si bien no evitan que el objeto se ejecute, introducen una situación en el código que puede provocar resultados inesperados. Están catalogados en una escala de severidad de manera que se puede configurar el compilador para que ignore algunos niveles (ver menú *Configurar*, figura 28). Se debe intentar eliminar o al menos gestionar todos los *warnings* para asegurar un código estable.

- **Tareas (*task* o *to-dos*):** El compilador entiende cualquier línea de código que empiece por el texto *TODO* como una tarea que se ha pospuesto por el desarrollador. Es una herramienta interesante durante el desarrollo pero nunca se debe entregar código a producción que contenga tareas sin resolver.

- **Desviaciones de buenas prácticas:** El compilador de buenas prácticas ejecuta un análisis muy exhaustivo del código para señalar desviaciones del estricto código de buenas prácticas de Microsoft.

Figura 28.- Formulario de salida del compilador

El contenido de la **salida del compilador se puede exportar** a un fichero HTML. Este fichero puede ser revisado por un compañero en cualquier explorador, y también puede ser **importado en la sesión de otro programador** para facilitar el acceso a los objetos que están dando errores, e incluso se nos facilita una opción para crear un proyecto que contenga todos los objetos que contienen errores. También se puede configurar un *Log* que se guardará en disco con información de los resultados del compilador, muy útil cuando este proceso se lanza desatendido o por línea de comandos.

Haciendo doble clic en cada una de las líneas de la salida del compilador se nos lleva al punto exacto donde está el error indicado, aunque esto tiene limitaciones cuando el error viene dado por propiedades de objetos, y no por código X++. Conviene *Restablecer* la ventana de salida antes de cada compilación para asegurarnos de que los mensajes de salida están actualizados.

Cuando se ejecuta la función *Compilar* desde los diferentes lugares que hemos comentado, se compila sólo el objeto seleccionado. Esto es perfectamente válido en la mayoría de casos y ahorra mucho tiempo durante el desarrollo, pero en algunos casos no es suficiente. Por ejemplo, si se cambia el nombre de una clase o un método de clase y se compila sólo ese objeto el resultado será correcto en esa ejecución del compilador, pero cuando se ejecuten otros objetos que dependan de la clase modificada se producirá un error de ejecución, cuando aparentemente el compilador no había avisado de ello. Es por esto que cuando se realicen modificaciones que afectan a otros objetos es conveniente compilarlos todos ellos o, para estar seguros, compilar todo el AOT. Existe una funcionalidad específica en las clases, que compila una clase y también todas las que heredan de ella. De esta manera se garantiza la integridad de todas las clases heredadas al realizar modificaciones en clases intermedias de una jerarquía de herencia. Esta función está en el *menú contextual de las clases > Complementos > Compilar hacia adelante.*

La herramienta de buenas prácticas analiza tanto el código como los objetos del AOT para asegurar un nivel de calidad en los desarrollos, francamente, difícil de alcanzar. Cumplir todas las buenas prácticas es obligatorio para conseguir el certificado de soluciones para *Microsoft Dynamics* pero, siendo realista, en la mayoría de los casos no vale la pena cumplirlas todas ya que en muchos casos son detalles poco relevantes y en ocasiones son directamente imposibles de cumplir. Dicho esto, es una **herramienta fundamental para el aprendizaje** de cualquier desarrollador y recomiendo siempre configurarlo al máximo detalle posible para programadores nuevos, ya que intentando cumplir todas las buenas prácticas se adquieren una buena cantidad de buenos hábitos necesarios para desarrollar correctamente sobre *Microsoft Dynamics AX*. Cuando se adquiere más experiencia lo normal es bajar el nivel de exigencia de estas prácticas, que podemos configurar con bastante detalle en el formulario de la figura 29. Accedemos él desde el menú *Configurar* de la salida del compilador.

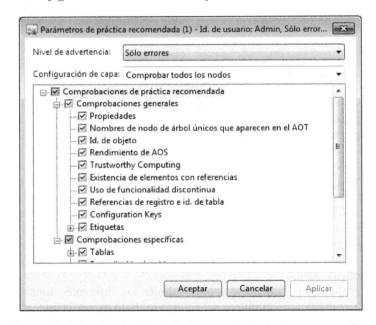

Figura 29.- Configuración de la herramienta de buenas prácticas

Existen una serie de errores, avisos y mensajes de buenas prácticas que se pueden suprimir de la salida del compilador. Esto se suele hacer cuando sabemos que nuestro código no cumple una buena práctica aparentemente, pero estamos seguros de que lo hemos desarrollado para que sea totalmente seguro, por ejemplo en el uso de *APIs* externas, o posibles infracciones de seguridad. Para ello, justo antes del código que supone esta desviación añadimos el siguiente comentario:

```
//BP Deviation Documented
```

De esta manera el compilador sabe que la desviación que va a encontrar a continuación está debidamente controlada (se lo cree, no lo comprueba) y muestra este desvío como una información y no como error o aviso. De esta manera podemos localizar las desviaciones que ya hemos tratado.

Por otro lado, podemos añadir nuestras propias reglas de buenas prácticas para asegurar normas específicas de nuestro departamento de desarrollo que se puedan validar mediante código X++. Estas reglas pueden analizar tanto los objetos como el código y se desarrollan mediante las clases que comienzan por *SysBPCheck*.

Como ya hemos visto, **compilar la aplicación de desarrollo de manera frecuente** es la única garantía de detectar posibles errores ocultos y asegurar la consistencia de la aplicación. Compilar la aplicación completa es un proceso lento y muy exigente con el *hardware* del servidor por lo que parece buena idea realizar este proceso de manera programada y desatendida. Para ello podemos programar la ejecución del siguiente comando:

```
ax32.exe -StartupCmd=CompileAll -development
```

Añadir el parámetro –*development* no tiene ninguna utilidad a nivel funcional (ya que no vamos a utilizar la aplicación realmente) pero el cliente de desarrollo es más ligero que el cliente de usuario, por lo que ahorraremos algo de tiempo y memoria durante el proceso, que nunca viene mal. Si lo hemos configurado tal y como acabamos de ver, cuando el proceso termine (desde 30 min. hasta varias horas, dependiendo del hardware) tendremos un *Log* con el resultado de la compilación en la carpeta:

```
%userprofile%\Microsoft\Dynamics AX\Log\AxCompileAll.html
```

De esta forma podemos programar ejecuciones periódicas del compilador e incluso algún tratamiento para el fichero de log, tal como copiarlo a una carpeta determinada para tener un histórico de errores, enviarlo por correo, subirlo a una lista de *Microsoft Sharepoint*, adjuntarlo al control de código fuente, y un largo etcétera.

Todo lo que hemos hablado se refiere a la compilación de objetos del AOT, tanto los nuevos como los objetos del sistema modificados y esta compilación se realiza a su vez **mediante clases situadas en el AOT**. Tras una actualización de versión, o si aparecen errores inesperados al compilar, se puede realizar un compilado de todo el AOT utilizando el *kernel* del sistema (que también compila las clases del propio compilador). Este proceso se realiza siempre una vez al menos cuando se instala la aplicación, y se puede repetir pasando un parámetro a la línea de comandos que inicia el cliente *Microsoft Dynamics AX*:

```
ax32.exe -StartupCmd=KernelCompileAll
```

Es una mala práctica dejar código con errores de compilación en la aplicación, incluso en objetos que nunca se utilizan. El proceso de compilación completa se realiza realizando pasadas de compilado de todos los objetos. Si una pasada termina correctamente, el proceso termina. Pero si durante la pasada actual se produce cualquier error, el proceso fuerza la ejecución de otra pasada. Si por segunda vez se detecta un objeto erróneo, el proceso termina con errores. Mantener errores en el código va a forzar a que nuestro proceso de compilado completo lleve siempre una pasada extra innecesaria, lo que supondrá un tiempo que nos podríamos ahorrar.

6.1.- Herramienta AxBuild

En la actualización acumulativa *CU7* para *Microsoft Dynamics AX 2012 R2* se incluyó una nueva herramienta para mejorar el rendimiento cuando se requiere un compilado completo de la aplicación llamada *AxBuild*. Esta herramienta, mediante una estrategia de procesado en paralelo, va a instanciar un número variable de instancias del AOS (por defecto serán 1.4 por procesador) para que procesen conjuntos de objetos por separado.

Este procesado en paralelo mejora el tiempo total del proceso de manera exponencial incluso en instalaciones con hardware no demasiado potente, por lo que si tenemos acceso a ella (si trabajamos con una versión igual o superior a *AX 2012 R2 CU7, build 6.2.1000.4051*) es muy interesante utilizarla.

Es una aplicación de consola que se encuentra en la carpeta donde se instalan los binarios del servidor, por defecto en la carpeta:

```
C:\Program Files\Microsoft Dynamics AX\60\Server\{Nombre AOS}\bin
```

Requiere tres parámetros opcionales: El literal *xppcompileall* (parece pensado para posibilitar futuras ampliaciones de esta utilidad); el **número del AOS** que se quiere compilar (este número se encuentra en la herramienta de configuración del servidor); y la ruta a los binarios del cliente, que por defecto es:

```
C:\Program Files (x86)\Microsoft Dynamics AX\60\Client\bin
```

Un ejemplo válido de utilización para compilar un AOS instalado con todos los parámetros por defecto es la siguiente:

```
axbuild.exe xppcompileall /s=01
    /altbin="C:\Program Files (x86)\Microsoft Dynamics AX\60\Client\bin"
```

La herramienta tiene más parámetros que se pueden utilizar para optimizar el proceso, la documentación oficial se encuentra en el siguiente enlace:

Enlace: AxBuild.exe for Parallel Compile on AOS of X++ to p-code

http://msdn.microsoft.com/EN-US/library/dn528954.aspx

7.- DEPURADOR

Como no podía ser de otra forma, *MorphX* incluye un depurador muy similar al de otras plataformas (ver figura 30). El depurador es la única herramienta de desarrollo de *Microsoft Dynamics AX* consistente en un ejecutable independiente. Permite depurar código X++ ejecutado en el cliente X++, en el AOS o mediante el *.NET Business Connector*. Para depurar código en otras plataformas como *Microsoft SQL Server Reporting Services, Enterprise Portal*, etc. necesitaremos *Visual Studio*.

La depuración debe ser activada en cada uno de estos componentes: tanto en el cliente de *Microsoft Dynamics AX* como en el *BC.NET* mediante la herramienta de configuración del cliente que vimos en capítulos anteriores, como en el AOS mediante la herramienta de configuración del servidor que vimos en el mismo capítulo. Si en un AOS no está activado el depurador, no será posible depurar el código que ejecuta y la ejecución no se detendrá a pesar de encontrar puntos de interrupción. Esto es lo recomendable para evitar mostrar el depurador a usuarios finales en el servidor de producción. En este caso, si la ejecución da un error no controlado se detendrá, como el resto de aplicaciones, mostrando un error de Windows.

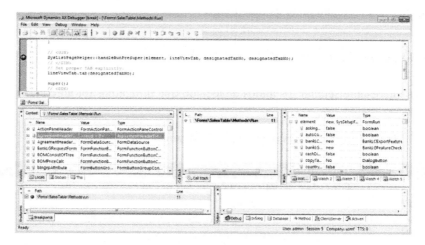

Figura 30.- Depurador con todas las ventanas activas

No entraremos en mucho detalle sobre las vistas que ofrece el depurador, ya que son las mismas que ofrecen la mayoría de depuradores:

- Podemos ver (**no editar**) el código que se va ejecutando y ejecutarlo paso a paso mediante los controles de la barra de acciones o atajos de teclado.

- Ver los *breakpoints* incluidos en el código o en la ventana dedicada a ellos.

- Ver **el estado de todas las variables** en diferentes ámbitos (pestañas: *Locals, Globals, This*) en cada paso de la ejecución que podemos revisar hacia atrás mediante la pila de llamadas (*Call Stack*)

- Añadir algunas variables a las pestañas *Watch* para tenerlas más a mano.

Mediante la ventana de salida (*Output*) podemos revisar la salida y el tráfico que genera la aplicación con la base de datos y entre cliente y servidor durante la ejecución. Para que estas ventanas muestren información, se deben activar las trazas en el formulario de opciones del usuario en *Archivo > Herramientas > Opciones > Desarrollo > Seguimiento* (ver figura 31). Existen algunos métodos en la clase *Debug* que podemos utilizar durante el desarrollo para enviar texto a estas ventanas del depurador. Por ejemplo:

```
Debug::printDebug(…) // envía un mensaje a la pestaña Debug.
Debug::PrintTab(…)   // envía un mensaje a la pestaña indicada.
```

No entraremos en más detalle sobre este tema. Este último párrafo es lo único propio de *Microsoft Dynamics AX* respecto a lo que podemos encontrar en depuradores de otros lenguajes, y su funcionamiento es muy intuitivo.

7.1.- Atajos de teclado

Sí que es interesante señalar los atajos de teclado que utilizamos durante la depuración. Ver tabla 3.

Tabla 3.- Atajos de teclado más importantes del Depurador de X++

Teclas	Descripción
F5	**Ejecutar**. Continuar con la ejecución.
Shift+F5	**Detener** la ejecución.
F9	Añade o elimina un punto de interrupción (*breakpoint*).
Ctrl+F9	Activa o **desactiva** un punto de interrupción.
Ctrl+Shift+F9	Elimina **todos** los puntos de interrupción.
F10	Ejecuta la **siguiente** instrucción y pasa a la siguiente.

Ctrl+F10	Ejecuta hasta el **cursor**.
F11	Ejecuta la siguiente instrucción, **entrando** al método ejecutado si es posible (si el método existe en X++).
Shift+F11	Continua la ejecución hasta **salir** del método actual (es lo opuesto a F11)

En mi opinión, realizar la depuración utilizando el teclado es casi obligatorio si se quiere realizar a una velocidad aceptable. Es una tarea a la que se suele dedicar mucho tiempo y vale la pena invertir un momento en aprender estos atajos de teclado. Depurar utilizando los botones de la barra de acciones es perfectamente posible, pero siempre será más lento y menos ágil.

> **Enlace**: Estos son sólo algunos de los atajos de teclado disponibles. La lista completa y actualizada para todas las versiones, se encuentra en el siguiente enlace:
>
> http://msdn.microsoft.com/en-us/library/aa569646.aspx

8.- MODELOS Y MODEL STORE

Ya hemos visto por encima el concepto de *Modelos* en *Microsoft Dynamics AX 2012*. Un modelo es una agrupación de objetos en una capa que puede ser exportado e importado en una aplicación, permitiendo el despliegue y la integración de modificaciones de diferentes fabricantes.

Se han eliminado los antiguos ficheros *.aod,* (existentes hasta la versión 2009), moviendo todo su contenido a tablas que forman un modelo relacional y se almacenan en una base de datos *Microsoft SQL Server*. El conjunto de tablas que almacenan los modelos es lo que llamamos ***Model Store*** y a partir de la versión *AX 2012 R2* se almacenan en una base de datos separada de la que recoge las tablas de datos de negocio, llamada igual que ésta pero con el subfijo *_model*. En *AX 2012* previo a *2012 R2* las tablas de la *Model Store* y las tablas de datos de la aplicación están mezcladas en una sola base de datos, dificultando ciertas tareas administrativas.

Como *Model Store* nos referiremos indistintamente a este conjunto de tablas o a la base de datos dedicada a almacenarlas, se debe entender correctamente el concepto según el contexto y la versión específica del producto que se está utilizando.

Puede haber varios modelos en una capa (Ver figura 32). Un objeto siempre se crea asignado a un modelo y una capa. El mismo objeto puede existir varias veces en el mismo modelo, pero el mismo objeto **sólo puede existir una vez en un modelo y en la misma capa.** Se puede mostrar el modelo al que está asignado cada elemento del AOT configurando esta opción en *Herramientas > Opciones > Desarrollo > AOT*. Ver figura 31.

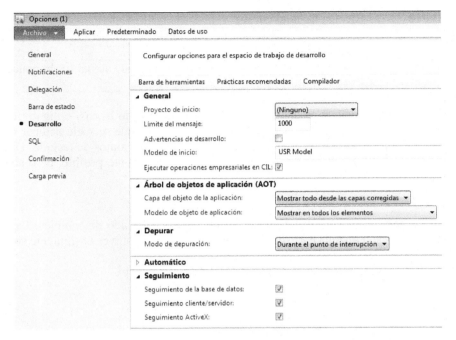

Figura 31.- Opciones del usuario, pestaña Desarrollo

Por este motivo cobra especial importancia la buena práctica (muy extendida) de utilizar **prefijos en los nombres** de objeto para diferenciarlos según su origen (según la empresa que lo desarrolla, el *partner*, el cliente, la funcionalidad, etc.). De esta manera, objetos nuevos no tendrán nunca un mismo nombre evitando conflictos entre modelos. Aunque, inevitablemente, dichos conflictos se producirán cuando varios desarrollos modifiquen un mismo objeto estándar en la misma capa, ya que a estos objetos no les podremos cambiar el nombre y aparecerán en diferentes modelos. Como veremos más adelante, en esta versión se han introducido nuevas técnicas (como los *Eventos*) para modificar lo mínimo posible los objetos estándar reduciendo así al mínimo el número de colisiones entre modelos.

Se pueden tener tantos modelos como sea necesario en cada capa. Se pueden hacer modelos para desarrollos concretos, para soluciones horizontales reutilizables, para segmentar la aplicación y en general siempre que tenga sentido instalar y desinstalar un grupo de objetos como un conjunto. En nuestra aplicación tendremos varios modelos estándar, nuestros propios modelos, y los recibidos por nuestros proveedores. Podemos ver los modelos instalados en el entorno de desarrollo menú *Herramientas > Administración de modelos > Modelos instalados*. La figura 32 muestra una instalación de *AX 2012 R2 CU6* con unos cuantos *hotfixes* instalados.

Id. de...	Capa	Nombre de modelo	Publicador de modelo	Versión	Firmado	Descripción de modelo ▲
19	syp	Update for Foundation	Microsoft Corporation	6.2.1000.1437	Sí	Cumulative update for Microsoft Dynamics AX 2012 application framework, a
20	syp	SYP Labels	Microsoft Corporation	6.2.1000.1750	Sí	Cumulative update of labels added by software updates within the SYP layer.
22	syp	Hotfix-KB2863182-Foundation	Microsoft Corporation	6.2.1000.1750	Sí	Hotfix for Microsoft Dynamics AX 2012 R2 (KB2863182)
18	sys	Foundation Labels	Microsoft Corporation	6.2.158.0	Sí	Microsoft Dynamics AX 2012 application labels for the foundation model.
17	sys	Foundation	Microsoft Corporation	6.2.158.0	Sí	Microsoft Dynamics AX 2012 R2 base model, which includes the application fr
23	usr	Libro AX 2012	José Antonio Estevan	0.1.0.0	No	Modelo de ejemplo del libro sobre desarrollo en Microsoft Dynamics AX 2012
15	usr	USR Model		1.0.0.0	No	System generated model for USR layer for Microsoft Dynamics AX

Figura 32.- Modelos instalados

También se pueden ver todos los elementos asignados al modelo actual desde el entorno de desarrollo, menú *Herramientas > Administración de modelos > Elementos del modelo*.

8.1.- AXUtil, PowerShell y AXUtilLib para la gestión de modelos

Al instalar *Microsoft Dynamics AX 2012* también se instalan dos herramientas que resultan imprescindibles para el manejo de modelos. Se trata de la utilidad de línea de comandos *AXUtil* y la extensión de *PowerShell* llamada *Microsoft Dynamics AX Management Shell* a la que se puede acceder desde el icono que se instala en las *Herramientas Administrativas*, dentro del *Panel de Control*.

Es importante comentar que muchas de las funciones que nos permiten estas dos utilidades **funcionan con el AOS detenido**, ya que realizan tareas directamente contra la *Model Store* en la base de datos. Esto es importante para realizar algunas tareas de mantenimiento desasistido y recuperación de desastres. Por ejemplo, en el caso de tener un AOS que no consigue arrancar, podremos exportar algún modelo o la *Model Store* e importarlos en otro AOS sin que el primero consiga arrancar.

Aunque veremos los comandos básicos, no vamos a entrar en todos los detalles de estas dos herramientas. Se pueden encontrar todas las opciones en las páginas de referencia de Microsoft:

Enlace: AxUtil and Windows PowerShell Commands for Deploying Models:

http://technet.microsoft.com/en-us/library/hh456294.aspx

La herramienta *AXUtil* es necesaria para el manejo de modelos por lo que conviene familiarizarse con ella cuanto antes. Se encuentra en la carpeta de utilidades, que por defecto es:

```
%ProgramFiles%\Microsoft Dynamics AX\60\ManagementUtilities
```

Podemos ver una descripción completa de los comandos disponibles ejecutando el comando siguiente (Ver resultado en la figura 33).

```
axutil /?
```

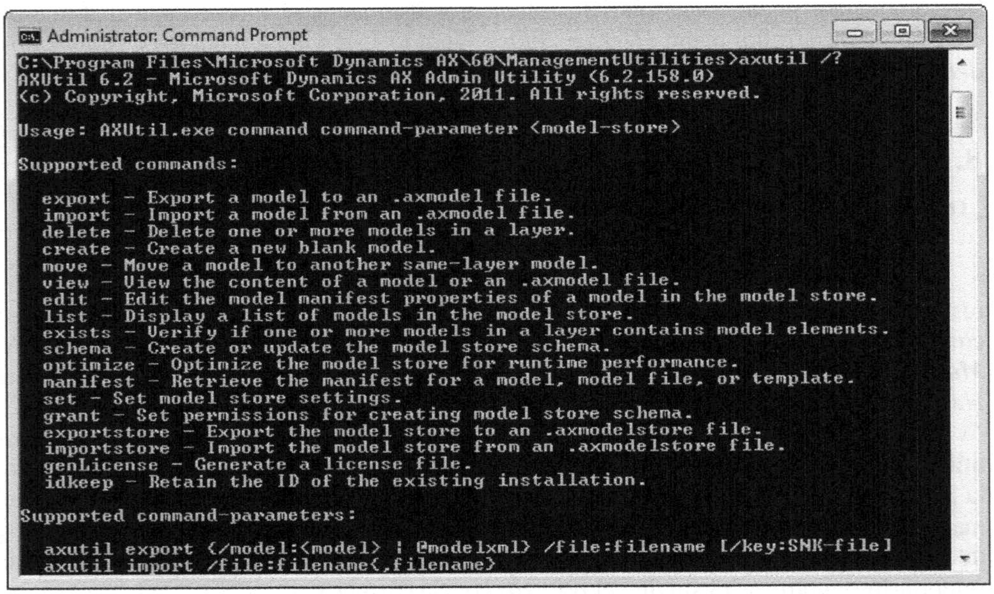

Figura 33.- Ayuda de la herramienta AXUtil

La nueva extensión de *PowerShell* nos permite realizar numerosas operaciones de administración del sistema, incluyendo el manejo de modelos aunque no limitándose a ello. De la misma manera que con *AXUtil*, podemos obtener ayuda sobre las diferentes opciones con el comando siguiente (resultado en la figura 34):

```
PS> Get-Help
```

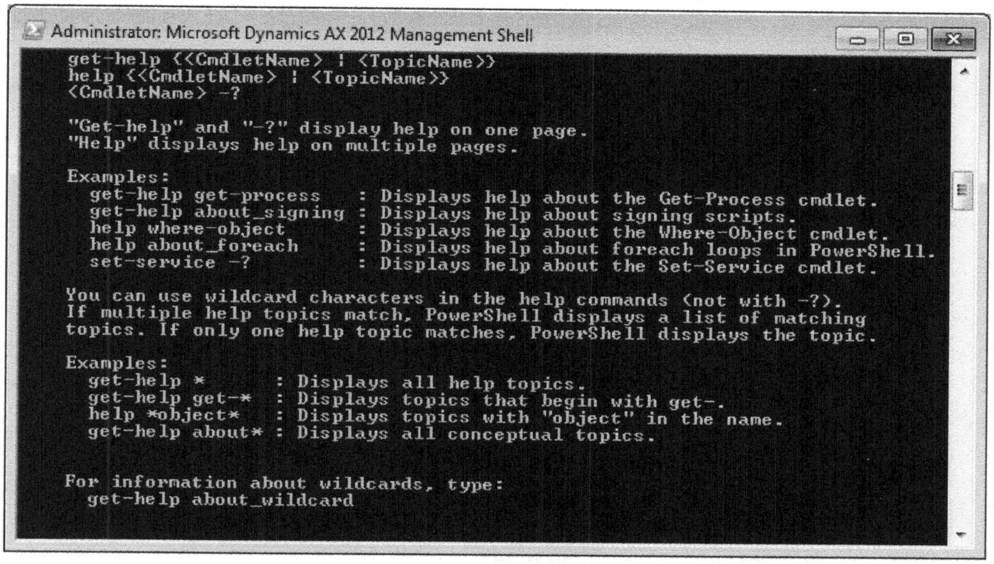

Figura 34.- Ayuda de la extensión Management Shell

Estas dos herramientas de gestión de modelos utilizan internamente el ensamblado *AXUtilLib.dll* (llamado **Model Store API**) que se entrega con la aplicación. Este ensamblado se puede utilizar también desde desarrollos propios en .NET para automatizar tareas administrativas del sistema, por ejemplo mediante un *Script Task* de *Microsoft SQL Server Integration Services (SSIS)* o en un plan de mantenimiento de *Microsoft SQL Server* (implementados sobre *SSIS*).

Esta biblioteca es referenciada por el propio código X++ de *Microsoft Dynamics AX 2012* y se puede utilizar en desarrollos personalizados. Para ver ejemplos de su utilización, revisar la clase estándar **SysModelStore**.

8.2.- Crear un nuevo modelo

Existe un modelo predefinido para cada capa, donde se crearán nuevos objetos si no se selecciona un modelo concreto. Es muy recomendable **crear nuevos modelos** para nuestros desarrollos, ya que los modelos por defecto tienen restricciones que resultarán en problemas a la hora de desplegar estos cambios.

Crear un nuevo modelo es muy sencillo. Para ello, en el entorno de desarrollo vamos a *Herramientas > Administración de modelos > Crear modelo* y completamos el formulario con los datos que nos solicita como se puede ver en la Figura 35.

Figura 35.- Crear nuevo modelo

También podemos crear un modelo mediante *AXUtil*:

```
axutil create /model:"Libro AX 2012 AXU" /layer:USR
```

O mediante *PowerShell*:

```
PS> New-AXModel -Model "Libro AX 2012 PS" -layer USR
```

Una vez creado el nuevo modelo, es necesario seleccionarlo para que se asocien a él las modificaciones y objetos creados. Para ello, hacemos clic en el campo *Modelo* de la barra de estado y seleccionamos el modelo deseado. Ver figura 36.

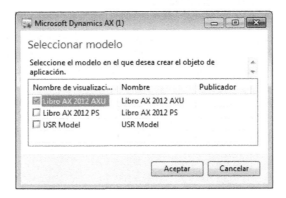

Figura 36.- Seleccionar modelo al hacer clic en la barra de estado

Los modelos que podemos seleccionar para trabajar no son los mismos (no son todos) que hemos visto en la figura 32. Iremos viendo que esto es habitual y es por estas limitaciones por lo que se recomienda crear siempre algún modelo de trabajo en vez de utilizar los modelos estándar.

Podemos mover objetos existentes a nuestro nuevo modelo haciendo clic *derecho* sobre el elemento y pulsando ***Mover a modelo***. Se nos presenta un diálogo para elegir el modelo de destino similar a la figura 36.

8.3.- Modificar y exportar modelos (Publicar)

Mover un modelo de un entorno a otro (del entorno de desarrollo al de producción, por ejemplo) sustituye la antigua tarea de exportar e importar ficheros XPO. Estos ficheros siguen siendo compatibles con *Microsoft Dynamics AX 2012* pero sólo para tareas de desarrollo. En esta versión, el despliegue de modificaciones debe realizarse mediante modelos, ya que evita muchos de los problemas que teníamos con los XPO (sobre todo los **conflictos de ID**) y también con el movimiento de ficheros *.aod* entre entornos. Ya no es necesario mover la capa entera, puesto que ahora está dividida en varios modelos que podemos desplegar por separado.

Una de las ventajas de utilizar modelos sobre ficheros *XPO* o *AOD* es la posibilidad de describir claramente el contenido del modelo en su contenedor, en lo que llamaremos su ***manifiesto***. Ya hemos visto en la figura 35 los datos que podemos incluir en el manifiesto de nuestros modelos, pero si los hemos creado desde línea de comandos posiblemente no estén completados todos ellos. La forma más sencilla de modificar el manifiesto de un modelo es **exportarlo a un fichero XML** y modificarlo con un editor de texto cualquiera:

```
axutil manifest /model:"Libro AX 2012"
axutil manifest /model:"Libro AX 2012" /xml
axutil manifest /model:"Libro AX 2012" /xml >> fichero.xml
```

El primer comando muestra la información en consola; El segundo muestra la información en consola en formato XML; El tercero exporta la salida XML a un fichero que podremos editar.

Los equivalentes en *PowerShell*:

```
PS> Get-AXModelManifest -Model "Libro AX 2012 PS"
PS> Get-AXModelManifest -Model "Libro AX 2012 PS" -Xml
PS> Get-AXModelManifest -Model "Libro AX 2012 PS" -Xml >> fichero.xml
```

Modificamos el fichero generado para incluir la información necesaria, por ejemplo:

```xml
<?xml version="1.0" encoding="utf-8"?>
<ModelManifest SchemaVersion="1.9" ModelFileVersion="18"
        ElementCount="1" ModelBuildVersion="">
  <Name>Libro AX 2012</Name>
  <DisplayName>Libro AX 2012</DisplayName>
  <Description>Modelo de ejemplo Libro AX 2012 @jaestevan</Description>
  <Publisher>José Antonio Estevan</Publisher>
  <Signed>false</Signed>
  <Category>Standard</Category>
  <InstallMode>Conflict</InstallMode>
  <Version>0.1.0.0</Version>
  <Layer>Usr</Layer>
  <DependencyState />
</ModelManifest>
```

Es interesante comentar la propiedad *InstallMode*, que describe cómo se comportará el modelo al importarlo en una aplicación, y que puede tener los valores siguientes:

- *Standard*:Si existen conflictos entre objetos de la misma capa, la instalación se detiene.

- *Overwrite:* Reemplaza los objetos que ya existan con los del modelo.

- *Conflict*:Al importar se genera un modelo nuevo en la **capa de parche** de la capa destino, conteniendo los objetos que han causado conflictos durante el proceso.

También es interesante la propiedad *Category*, que tendrá el valor *Standard* (un modelo normal) o *Hotfix* (un modelo que contiene correcciones de objetos que existen en otro modelo y que usualmente se instalará en la **capa de parche** del modelo original). Además existen, aunque no los utilizaremos directamente, los valores *Virtual* (modelos que se generan automáticamente para resolver los conflictos de instalación tipo *Conflict*) y *Temporary* (modelos utilizados internamente durante la importación que serán eliminados automáticamente al finalizar el proceso).

Una vez retocado nuestro manifiesto, volvemos a importarlo al *Modelo*:

```
axutil edit /model:"Libro AX 2012" @fichero.xml
```

O con *PowerShell*:

```
PS> Edit-AXModelManifest -Model "Libro AX 2012 PS"
    -ManifestFile fichero.xml
```

Ahora que tenemos nuestro modelo correctamente especificado es hora de **exportarlo** para poderlo llevar al nuevo entorno, o entregar a nuestro cliente

```
axutil export /model:"Libro AX 2012" /file:"Libro AX 2012.axmodel"
```

O con *PowerShell*:

```
PS> Export-AXModel -Model "Libro AX 2012 PS"
    -File "Libro AX 2012 PS.axmodel"
```

Por último, una funcionalidad muy importante que incorporan los modelos para entregar objetos a nuestros clientes es la posibilidad de ***firmarlo digitalmente*** desde su generación, para asegurar al destinatario que el fichero no ha sido modificado. Se puede firmar el fichero al exportarlo, especificando un fichero de *certificado digital* (*.snk*) o se puede firmar utilizando la herramienta *SignTool*. Al importar modelos firmados, el sistema es capaz de reconocer al *Publicador* y reconocerlo como publicador de confianza o solicitar autorización si no lo es. No entraremos en más detalle sobre este tema ya que las opciones están disponibles en el enlace de documentación de las herramientas que se encuentra al principio de este capítulo.

Comentar brevemente que los ficheros *.axmodel* exportados son realmente ***managed assemblies***, por lo que se pueden analizar con herramientas de terceros desarrolladas para tal fin, pero no se puede ver su contenido con un editor de texto como hacíamos con los ficheros *XPO*.

8.4.- Importar modelos (Instalar)

En principio consideraremos el mismo proceso **instalar** un nuevo modelo y **actualizar un modelo instalado** con una nueva versión; ya que si la utilidad detecta un modelo con el mismo nombre y publicador que el que estamos importando, ejecutará un proceso de actualización de objetos sin eliminar los anteriores para garantizar la consistencia.

Lo habitual, y lo que vamos a ver en los ejemplos siguientes, será importar modelos en la ***Model Store*** activa de una aplicación para utilizar directamente sus objetos. Con los parámetros adecuados también se pueden importar modelos en la base de datos ***Baseline*** para utilizar la herramienta de comparación con versiones antiguas (esta tarea se realiza sobre todo en la actualización de versiones). Esta base de datos sustituye a la antigua **carpeta *Old*** en la aplicación, y su utilidad es la misma. Hablaremos sobre la herramienta Comparador más adelante en este capítulo.

Para importar un modelo utilizamos el comando:

```
axutil import /file:"Libro AX 2012"
axutil import /file:"Libro AX 2012" /conflict:overwrite
axutil import /file:"Libro AX 2012" /conflict:push
```

O con *PowerShell*:

```
PS> Install-AXModel -File "Libro AX 2012"
PS> Install-AXModel -File "Libro AX 2012" -Conflict Overwrite
PS> Install-AXModel -File "Libro AX 2012" -Conflict Push
```

Los tres comandos para cada utilidad corresponden a los tres modos de tratamiento de conflictos que nos ofrece la importación: El primero (llamado **Reject**), en caso de producirse un conflicto **detendrá** la importación; el segundo sobrescribirá los objetos existentes con los importados desde el fichero; y el último caso (**Push**) generará un **nuevo modelo virtual** donde situará los objetos con conflictos para su tratamiento manual en la capa de parche de la capa donde se instala el modelo. Por ejemplo: si estamos instalando un modelo en capa VAR, se crearía un nuevo modelo virtual con el mismo nombre en la capa VAP. Este comportamiento se puede cambiar, de forma que si no se tiene acceso a la capa de parche se puedan importar los objetos a una capa adecuada. Lo recomendable será, una vez solucionados los conflictos, mover manualmente los objetos desde este modelo virtual a la capa correcta (exportando e importando los objetos de la capa mediante XPO).

Como ya hemos dicho, el sistema está preparado para actualizar los modelos importados a nuevas versiones, y también para mezclar y separar modelos en operaciones puntuales de mantenimiento que se pueden producir en el ciclo de vida de la aplicación. Por ejemplo: en caso de que nuestra aplicación crezca en tamaño podemos decidir separar los objetos en varios modelos para facilitar su mantenimiento individual. En ese caso tendremos que importar los nuevos modelos pequeños a la vez, para indicar al sistema que sustituyen a un solo modelo existente y que en la *Model Store* se actualice la información necesaria. Estos casos están detallados en la documentación de las herramientas cuyo enlace está al principio de este punto.

Después de la instalación de un modelo es recomendable (casi obligatorio) **reiniciar el AOS, compilar y sincronizar la aplicación**. En el primer arranque después de la instalación se muestra la *checklist* de instalación que nos permitirá completar el proceso de compilación y corrección de conflictos si los hubiera, etc.

8.5.- Eliminar modelos (Desinstalar)

Eliminar un modelo supone **eliminar todos los objetos** que contiene, incluyendo tablas y por extensión los datos de esas tablas. Este **borrado de datos es irreversible**, por lo que se debe tener cuidado al eliminar modelos ya que supone desinstalar la funcionalidad por completo. Para desinstalar un modelo debemos hacerlo mediante *AXUtil*:

```
axutil delete /model:"Libro AX 2012"
```

O mediante *PowerShell*:

```
PS> Uninstall-AXModel -Model "Libro AX 2012 PS"
```

El proceso de desinstalación de modelos pide confirmación en ambos casos, antes de realizar definitivamente el borrado. Después de la eliminación de un modelo y como las propias herramientas nos recuerdan, es recomendable reiniciar el AOS, compilar y sincronizar la aplicación.

8.6.- Exportar e importar la Model Store (Desplegar desarrollos)

En versiones anteriores podíamos mover capas enteras moviendo directamente los ficheros *.aod* que ya hemos comentado. Esto tenía algunas ventajas como la de mantener los IDs de objetos o evitar tener que compilar los objetos después de la importación (en el fichero ya estaban compilados).

Con el cambio al entorno basado en modelos y la eliminación de estos ficheros no se ha perdido esta posibilidad. Para mover todos los objetos en una sola operación y generar dos entornos iguales limitando el tiempo de inactividad, la manera recomendada de hacerlo es **exportar e importar la *Model Store* completa** (incluyendo sus objetos, capas y modelos):

```
axutil exportstore /file:"ModelStore.axmodelstore"
```

O con *PowerShell*:

```
PS> Export-AXModelStore -File "ModelStore.axmodelstore"
```

Este proceso requiere permisos de administrador en *Microsoft Dynamics AX* y ser miembro del role *securityadmin* en el servidor *Microsoft SQL Server* y del rol *db_owner* en la base de datos.

El fichero *.modelstore* exportado es un archivo binario, comprimido, que contiene una copia exacta de los *metadatos* originales y del código compilado (también el código CIL, hablaremos sobre él más adelante), por lo que también resulta ideal como formato de *backup* rápido de la aplicación (no de los datos) que se puede generar de forma automática y desatendida. El fichero resultante puede tener un tamaño considerable, conviene tenerlo en cuenta para elegir la ubicación antes del proceso.

Importar la *Model Store* resulta básicamente igual de fácil que exportarla:

```
axutil importstore /file:"ModelStore.axmodelstore"
```

O con *PowerShell*:

```
PS> Import-AXModelStore -File "ModelStore.axmodelstore"
```

Este proceso sólo se puede realizar **con el servicio AOS detenido,** por lo que el tiempo de inactividad para los usuarios durante la importación puede ser significativo. Puede que esto no sea un problema a la hora de preparar entornos de prueba, pero para minimizar este tiempo de parada en entornos de producción, el proceso de importación se puede realizar en dos pasos minimizando el tiempo que los usuarios no pueden utilizar la aplicación.

El primer paso importa la *Model Store* a un **nuevo esquema** de la base de datos. Este proceso puede tardar algún tiempo y afectará al rendimiento de la base de datos, pero se puede realizar mientras los usuarios están trabajando sobre la aplicación. Para crear un nuevo esquema (si no existe ya) e importar la *Model Store* a este nuevo esquema ejecutamos los siguientes comandos:

```
axutil schema /schemaname:"Esquema Temporal"
axutil importstore /file:"ModelStore.axmodelstore"
  /schema:"Esquema Temporal"
```

PowerShell:

```
PS> Initialize-AXModelStore -SchemaName "Esquema Temporal"
PS> Import-AXModelStore -File "ModelStore.axmodelstore"
    -SchemaName "Esquema Temporal"
```

Una vez los objetos están importados en la base de datos hay que detener el AOS y aplicar los cambios, **sustituyendo el esquema temporal por el esquema activo.** Este proceso dura sólo unos pocos segundos por lo que el tiempo de parada del sistema será mínimo.

```
axutil importstore /apply:"Esquema Temporal" /backupschema:"Anterior"
```

PowerShell:

```
PS> Import-AXModelStore -Apply "Esquema Temporal"
    -BackupSchema "Anterior"
```

Es recomendable especificar un nombre de esquema que se utilizará para mantener los objetos originales como *backup*. De esta manera se puede **recuperar el estado anterior** rápidamente si algo sale mal y cuando todo esté comprobado, este esquema puede eliminarse, liberando el espacio de la base de datos:

```
axutil schema /drop:"Anterior"
```

PowerShell:

```
PS> Initialize-AXModelStore -Drop "Anterior"
```

Después de esto se puede iniciar el AOS y será necesario sincronizar la base de datos (no compilar, como ya hemos dicho) para tener lista la aplicación X++. Es posible que sean necesarios pasos adicionales para restaurar un entorno completo respecto a aplicaciones externas, como pueden ser cubos OLAP, servicios web, *workflows*, etc. Todos los detalles están en el siguiente documento:

White Paper: Deploying Customizations Across Microsoft Dynamics AX 2012 Environments

http://www.microsoft.com/en-us/download/details.aspx?id=26571

8.7.- Etiquetas y Modelos

En versiones anteriores de *Microsoft Dynamics AX*, los ficheros de etiquetas se guardaban en ficheros físicos dentro de la carpeta de la aplicación (con extensión *.ald*, *Axapta Label Data*), junto al resto de ficheros de metadatos.

Igual que estos otros ficheros, en *Microsoft Dynamics AX 2012* las etiquetas ya no se almacenan en el disco sino que se han convertido en objetos dentro del AOT, por lo que se almacenan en la *Model Store*. Ver figura 37.

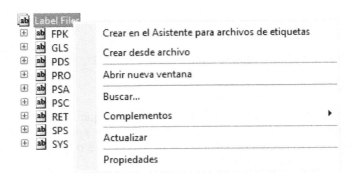

Figura 37.- Ficheros de etiquetas, ahora en el AOT

Las etiquetas se agrupan en lo que llamamos *ficheros de etiquetas*, que simulan la estructura de los antiguos ficheros *.ald (*que siguen existiendo en el disco y su contenido es el mismo de siempre).Esto es, un **Label File** en el AOT por cada *fichero de etiquetas* y por cada idioma, conteniendo en cada fila un ID de etiqueta (un entero de 32 bits) seguido del texto que corresponde a esa etiqueta en el idioma que representa el propio fichero.

Los actuales ficheros *.ald* (que siguen existiendo en la carpeta del servidor) se generan automáticamente a partir de los datos de la *Model Store*, aunque se pueden utilizar, por ejemplo, para pasarlos por un corrector ortográfico o para mandarlos a un traductor externo para traducir los textos a otros idiomas. Para esto, se pueden utilizar los ficheros existentes en la carpeta de la aplicación o se puede forzar su exportación a disco, utilizando el menú **Exportar a archivo de etiquetas** en cada uno de ellos. Ver figura 38.

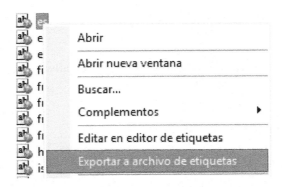

Figura 38.- Exportar etiquetas a ficheros de disco

La aplicación viene con ficheros de etiquetas para las capas estándar, pero se pueden (y deben) **crear tantos como sean necesarios**. Es común que se generen etiquetas para separar las generadas por diferentes proveedores, para desarrollos horizontales, separar las etiquetas creadas por el propio cliente de las de sus proveedores, etc.

Es recomendable generar un fichero de etiquetas para cada funcionalidad que se pueda instalar por separado e incluirlo en el modelo de la solución para su distribución. Si es necesario generar un fichero de etiquetas para varias soluciones, se recomienda crear **un modelo que contenga sólo este fichero de etiquetas** para poder distribuir las soluciones y el fichero *maestro* de etiquetas por separado. De esta forma será sencillo exportar e importar los modelos y las etiquetas, sin causar conflictos con el resto de objetos.

Como se puede ver en la figura 37, se puede **crear un nuevo fichero** de etiquetas utilizando el *Asistente para archivos etiquetas*, o se puede importar un fichero de etiquetas desde la opción *Crear desde archivo*. Esto nos permite cargar ficheros desde versiones anteriores. Añadir un nuevo fichero de etiquetas requiere reiniciar el AOS para poder utilizarlo.

Como el resto de objetos situados en el AOT, y tal como ya hemos visto en este punto, los ficheros de etiquetas están asociados a un modelo y se les aplican las mismas condiciones que al resto, incluyendo la posibilidad de ser movidos entre modelos. Ver figura 39.

Figura 39.- Mover fichero de etiquetas a otro modelo

Una función poco intuitiva respecto al manejo de ficheros de etiquetas es que no existe una opción explícita para **eliminarlos**. El proceso para eliminar un fichero de etiquetas también está muy relacionado con las acciones de gestión de modelos, y se debe realizar mediante los siguientes pasos:

- Crear un **nuevo** modelo para almacenar el fichero de etiquetas que queremos eliminar (si no está en un modelo dedicado para ese fichero).

- **Mover** el fichero de etiquetas a este modelo utilizando la opción *Mover a modelo* sobre el nodo del fichero. Ver figura 39.

- **Eliminar** el modelo que acabamos de crear, eliminando con él el objeto correspondiente al fichero de etiquetas que contiene.

Para **importar** ficheros de etiquetas de versiones anteriores, no se deben copiar los ficheros a la carpeta de la aplicación, sino **importar el fichero** al AOT utilizando el comando ***Crear desde archivo***, disponible en el nodo raíz de los ficheros de etiquetas. Ver figura 37.

9.- CONTROL DE VERSIONES (VCS) Y CÓDIGO FUENTE

Utilizar algún sistema de control de versiones del código fuente (*Version Control System* o *VCS*) es más que recomendable, casi obligatorio, en cualquier equipo por pequeño que sea. El entorno de desarrollo *MorphX* es compatible con varios sistemas y su elección depende de diversos factores relacionados con las necesidades y limitaciones de cada entorno y de cada equipo. Es posible extender esta funcionalidad para añadir la integración con sistemas de terceros.

Trabajar con un sistema de control de versiones nos ofrece diferentes ventajas, las más importantes son las siguientes:

- Permite guardar, consultar y comparar un **historial con las diferentes versiones** que ha tenido un objeto a lo largo del tiempo y volver a versiones anteriores en caso de necesidad. Esto permite revisar qué modificaciones se produjeron, en qué momento, y por qué (si se añaden comentarios a los cambios, cosa muy recomendable).

- Permite a cada programador tener **un entorno de desarrollo aislado** del resto del equipo. De manera que las modificaciones de unos y otros no interfieran en el trabajo del resto. Por ejemplo, características que no funcionan porque hay un trabajo inacabado por otro miembro del equipo no nos impedirán probar nuestro propio trabajo. Los cambios se ponen a disposición del resto del equipo cuando ya están terminados, evitando estados intermedios inestables y facilitando las pruebas.

- Se pueden configurar medidas que aseguren la **calidad de las modificaciones**, no permitiendo, por ejemplo, incluir en el entorno modificaciones que contengan errores de compilación, tareas inacabadas (*TODO's*) o violaciones de las buenas prácticas recomendadas.

En las opciones del control de versiones (*Entorno de desarrollo > Control de la versión > Parámetros de control de versión, o Ctrl+Shift+V*) tenemos para elegir cuatro sistemas de control de versiones diferentes por defecto. Ver figura 40:

Figura 40.- Sistemas de control de versiones disponibles

Source depot es un sistema utilizado internamente por Microsoft (ya han anunciado que **están migrando a TFS**) por lo que no es una opción real. Dado que no utilizar ninguno de ellos es también una opción, en la práctica tenemos 4 posibilidades para elegir. En la tabla 4 se comparan algunas características.

Tabla 4.- Comparativa de sistemas de control de versiones

	Ninguno	*MorphX*	*VSS*	*TFS*
Nº de AOS y bases de datos necesarias	1	1	1 por desarrollador	1 por desarrollador
Requiere proceso de integración	No	No	Sí	Sí
Entorno de desarrollo aislado entre programadores	No	No	Sí	Sí
Descripción e historial de los cambios	No	Sí	Sí	Sí
Requerimientos de calidad asegurados	No	Configurable	Configurable	Configurable
Branching (Ramas)	No	No	No	Sí
Integración con Work Items	No	No	No	Sí
Soporte para etiquetas	No	No	Sí	Sí

Parece obvio que utilizar un control de versiones supone una cantidad variable de trabajo extra para los desarrolladores (integración, *branching, check-ins*, resolver conflictos, etc.) y por eso es importante la elección del mejor gestor de versiones para nuestro equipo, ya que una buena elección ahorrará más tiempo del que supone su gestión.

El entorno integrado en *MorphX* es el más sencillo de configurar y por tanto el que menos trabajo extra requiere (prácticamente nada), pero también es el que menos ventajas ofrece. Únicamente nos permite guardar un historial de versiones con una descripción de los cambios y configurar algunos requisitos de calidad antes de guardar los objetos. Su principal ventaja es que no es necesaria ninguna instalación ni parametrización extra. Lo único necesario para su utilización (recomendado incluso para un solo desarrollador) es activarlo en las opciones, por lo que resulta ideal para equipos de trabajo muy pequeños que comparten un mismo AOS para el desarrollo.

Nota: Los datos relativos al control de versiones del VCS integrado en *MorphX* se guardan en la misma base de datos que el resto de tablas de *Microsoft Dynamics AX* por lo que hay que tener cuidado al sobrescribir la base de datos de desarrollo, por ejemplo, para refrescar datos desde el entorno de producción. De hacerlo, se perderían todos los datos del control de versiones, ya que éste no estará activo en el entorno de producción, y aunque lo estuviera las versiones no serán las mismas.

El software *Microsoft Visual Source Safe (VSS)* es el siguiente nivel. Es un sistema antiguo y personalmente no recomiendo su utilización salvo que ya se tenga instalado desde versiones anteriores. Si se requieren las ventajas que ofrece, conviene pasar directamente a TFS.

Microsoft Visual Studio Team Foundation Server (TFS) es sin duda la opción recomendable para equipos que requieren un control de versiones más allá de lo que ofrece el sistema integrado en *MorphX*. En el momento de escribir estas líneas, el producto existe en diferentes versiones, gratuitas y de pago, *on premise* o en la nube (este último llamado *Team Foundation Service*) por lo que se puede instalar en cualquier tipo de entornos grandes o pequeños facilitando un nivel de escalabilidad asombroso. Utilizando ese sistema, toda la gestión del código X++ y los objetos del AOT se realizarán desde *MorphX*, mientras que las tareas relativas a la gestión propia del control de versiones (como *ramas, merges, builds*, etc., lo veremos a continuación) se realizarán desde el *addin* de *Visual Studio* llamado **Visual Studio Team Explorer**.

La integración de TFS con *Microsoft Dynamics AX 2012* contempla **un solo** espacio de trabajo (**Workspace**) privado, por lo que para poder utilizar esta integración se requiere que en cada entorno trabaje sólo un desarrollador. Hablaremos sobre este problema más adelante en este capítulo.

En cualquier caso, sea cual sea nuestra elección, utilizar un control de versiones es sólo una herramienta que debe soportar una metodología bien definida y conocida por todos los miembros del equipo. Un gestor de versiones por sí solo, como la mayoría de herramientas, no soluciona problemas de organización o de equipo si no es junto al trabajo de las personas que lo componen. Cualquiera que sea la decisión, llevará un tiempo de implantación y aprendizaje pero lo que es obvio que **cualquiera que sea el elegido será una mejor opción que no utilizar ninguno**.

9.1.- Funcionamiento del control de versiones

La sincronización con un sistema de control de versiones externo en *Microsoft Dynamics AX 2012* funciona igual que se esperaría de cualquier otro sistema de este tipo. Un desarrollador trabaja en su entorno de desarrollo aislado (esto es, dedicado sólo para un programador) que puede ser su PC, un portátil o una máquina virtual, por ejemplo.

Dado que los sistemas de control de versiones trabajan intercambiando y comparando **ficheros de texto**, el AOS del entorno de desarrollo se encarga de exportar **ficheros XPO** tradicionales de todos los objetos que se deben enviar al servidor VCS desde este entorno aislado. Por ejemplo objetos nuevos o renombrados, objetos creados en una nueva capa o modelo, etc. A su vez, el servidor VCS envía hacia el repositorio del entorno de desarrollo los objetos creados o modificados por otros desarrolladores en sus propios entornos aislados. Ver esquema en la figura 41.

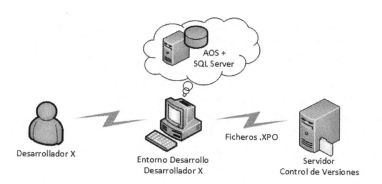

Figura 41.- Integración con el control de versiones

Los ficheros locales de cada entorno de desarrollo se almacenan en una carpeta del disco que llamaremos *Repositorio*. Esta carpeta simulará el funcionamiento de otros editores de código al sincronizarse con un servidor VCS, actualizando los XPO y cambiando sus propiedades para indicar al VCS que están en edición por un desarrollador y que éste se indique al resto del equipo. Esta carpeta de repositorio debe dedicarse exclusivamente a la gestión de *MorphX*. Si se quieren sincronizar con el VCS otros desarrollos fuera de *Microsoft Dynamics AX* (como informes o bibliotecas de .NET) debe utilizarse otra carpeta de repositorio o una subcarpeta dentro de ésta.

Nota: A diferencia de versiones anteriores, ya NO hace falta tener un servidor dedicado a la **gestión de IDs** de objetos cuando se trabaja con TFS. Tampoco hay que realizar ninguna tarea adicional para **trabajar desconectado** del servidor TFS en un momento dado. Se deben desproteger los objetos que se quieren modificar y, al protegerlos, se tendrán que solucionar posibles conflictos si los ha habido durante la desconexión, tal como ocurriría estando conectado. Tampoco es necesario un servidor ni trabajo adicional para trabajar con etiquetas.

Se puede integrar el control de versiones de *MorphX* con sistemas **VCS de terceros** creando clases nuevas implementando el interfaz *SysVersionControlFileBasedBackEnd*. Este interfaz ya incluye la parte de la sincronización que es responsabilidad de *MorphX*, por lo que sólo se debe implementar la comunicación con el servidor VCS externo para cada una de las operaciones que realiza el control de versiones, que el propio interfaz nos va a indicar.

9.2.- Configurar el control de versiones

De las diferentes opciones que ya hemos analizado en el punto anterior, no vamos a hablar de la configuración de *Visual Source Safe (VSS)* ya que se trata de una opción en desuso; el control de versiones integrado de *MorphX* no necesita ninguna configuración en absoluto, por lo que detallaremos aquí la configuración de TFS para poder empezar a trabajar, que es la opción más interesante y la recomendada.

La instalación del propio servidor TFS o VSS queda fuera del alcance de este libro. Se podría dedicar un libro entero a este tema, y de hecho los hay. Sólo comentar que prácticamente todos los pre-requisitos que se necesitan para instalarlo ya existen en una instalación típica de *Microsoft Dynamics AX 2012* (*Sharepoint, Reporting Services, etc.*) y el único componente a instalar en los equipos de desarrollo de cada programador es *Visual Studio 2010 Team Explorer*, el cliente de TFS que nos permitirá conectarnos al servidor donde esté instalado, que se puede descargar de manera gratuita en el siguiente enlace:

Enlace: Microsoft Visual Studio Team Explorer 2010 (Download Center)

http://www.microsoft.com/es-es/download/details.aspx?id=329

En el momento de escribir estas líneas, *Microsoft Dynamics AX 2012* es compatible con *Team Foundation Server 2010 y 2012* (que es, actualmente, la versión de TFS instalada en la versión *cloud* llamada *Team Foundation Service*). Para que funcione la conexión entre *Microsoft Dynamics AX* y TFS se deben instalar las versiones y parches necesarios para poder conectar a TFS desde *Visual Studio 2010*, aunque estos requerimientos pueden cambiar en el futuro.

Suponiendo que ya tenemos nuestro servidor TFS funcionando, *Visual Studio Team Explorer* instalado en la máquina de desarrollo con *Microsoft Dynamics AX 2012* y la estructura de proyectos inicial generada, podemos ir a las opciones del control de versiones en *Microsoft Dynamics AX* (*Entorno de desarrollo > Control de la versión > Parámetros de control de versión, o Ctrl+Shift+V*) que muestra la figura 42.

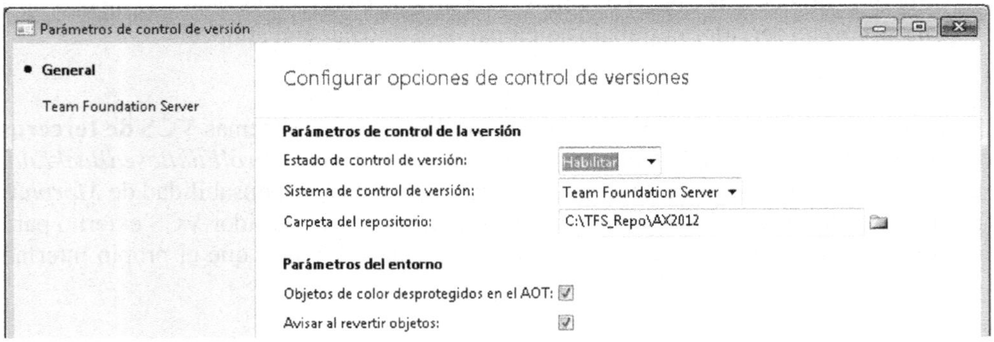

Figura 42.- Configurar opciones de control de versiones

Lo primero que necesitamos para utilizar TFS (también VSS) es preparar una carpeta del disco local donde se guardarán los ficheros XPO que se intercambian entre el servidor TFS y nuestro cliente de desarrollo de *Microsoft Dynamics AX 2012*. Esta carpeta contendrá una jerarquía de directorios parecida a la siguiente:

```
X:\Proyecto\Rama\Aplicacion\Modelo\Classes\ClaseXXX.xpo
```

En el campo *Carpeta del repositorio* de las opciones incluiremos sólo la parte relativa al proyecto. Podemos tener diferentes aplicaciones en el mismo entorno de desarrollo por lo que configuraremos cada una de ellas en una carpeta de proyecto diferente. En mi caso tengo una carpeta raíz *C:\TFS_Repo* que utilizo para todos los proyectos sincronizados con TFS, y dentro de ésta una carpeta *AX2012* para los proyectos propios de *Microsoft Dynamics AX* (ver figura 42).

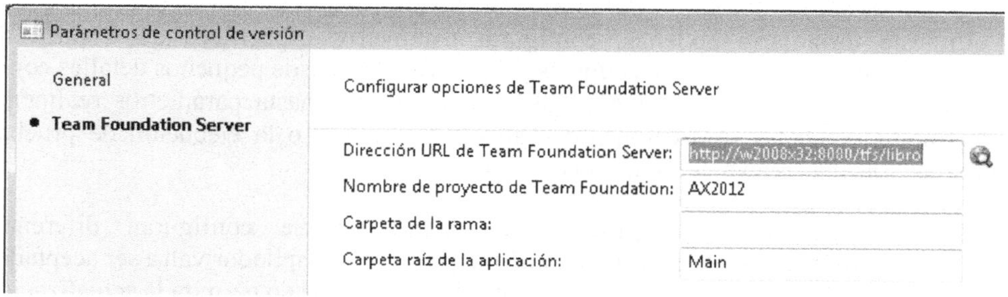

Figura 43.- Configurar opciones de Team Foundation Server

En las opciones propias de TFS (ver figura 43), tenemos que configurar la *URL* donde está la **colección de proyectos** que queremos utilizar, el **Nombre del proyecto** en TFS y el nombre de la **rama** dentro de ese proyecto (este parámetro es opcional, puede quedar vacío si no utilizamos ramas). Estos datos los obtenemos de la *Consola de administración de TFS*, en el nodo *Colecciones de proyectos de equipo*. También indicamos la carpeta raíz donde guardaremos esta aplicación dentro de la carpeta del repositorio local, que ya configuramos antes.

Si todo va bien, al aceptar este formulario el control de versiones TFS estará activado y funcionando. Se habrá creado una carpeta *Definition* en la carpeta de la aplicación del repositorio, que contendrá un fichero de configuración de TFS con las opciones por defecto.

Las opciones de este fichero se pueden configurar fácilmente si vamos al menú *Control de la versión > Configuración del sistema* (que está activo ahora que hemos configurado la integración con TFS) que se muestra en la figura 44.

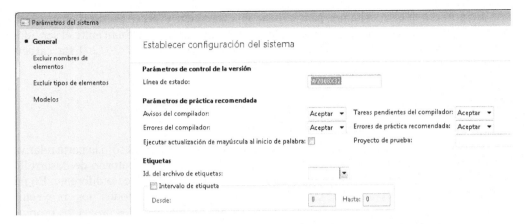

Figura 44.- Configuración del sistema de control de versiones

En este formulario podemos configurar parámetros específicos del control de versiones activo. Comentaremos aquí las propias de TFS, desde pequeños detalles como el nombre del control de versión en la barra de estado, hasta parámetros realmente importantes como las restricciones de calidad del código o la ejecución de pruebas unitarias. Las más relevantes son estas:

- **Parámetros de práctica recomendada**: Se configuran diferentes parámetros que especifican qué mensajes del compilador van a ser aceptados para subir código al código fuente, de manera que no permita la actualización del código si no se eliminan los mensajes deseados. También se puede configurar la ejecución automática de la *Herramienta de actualización de mayúscula al inicio de palabra,* y un *Proyecto de pruebas* que ejecute pruebas unitarias en cada *check-in*. Hablaremos sobre pruebas unitarias más adelante.

- **Excluir nombres de elementos**: Aquí se configuran reglas para no permitir añadir al control de versiones objetos con determinados nombres. Por ejemplo, es una buena práctica evitar los nombres por defecto (Class1, Table1, etc.) y también prefijos como *DEL_, OLD_, CopyOf,* etc. De esta manera nos aseguramos de que no se suban objetos al código fuente que no se están utilizando, y que se cumplen las normas de nomenclatura de objetos que hayamos impuesto en nuestro equipo. Para indicar los nombres a excluir se utiliza la sintaxis de expresiones regulares (ver la Tabla 1, vista anteriormente en este mismo capítulo).

- **Excluir tipos de elementos**: Esta lista funciona como la anterior pero se refiere a tipos completos de objetos. Por ejemplo, es una buena práctica no dejar subir *Jobs* al control del código fuente ya que éstos son una herramienta de desarrollo que no se debe entregar al cliente. También se pueden prohibir otros tipos de objetos, como los *proyectos privados* (*PrivateProject*), etc.

- **Modelos**: En esta lista aparecen los modelos gestionados por el control de código fuente (ver a continuación). Aquí se puede configurar la carpeta donde se almacenan en el repositorio y especificar también, opcionalmente, una subcarpeta para almacenar el fichero de etiquetas asociado al modelo. Estas carpetas se tendrán en cuenta también para almacenar los proyectos de Visual Studio creados en el AOT.

Por último y para terminar la configuración inicial del control de versiones, tenemos que añadir el modelo de trabajo a TFS. Hay que repetir este paso una vez para cada modelo creado. Asegurándonos de que estamos trabajando en un modelo creado por nosotros (no el modelo por defecto de la capa, como vimos en el punto anterior), vamos al menú *Control de la versión > Agregar modelo a control de versión* (ver figura 45). Añadimos una descripción para el *check-in* inicial y especificamos la carpeta donde se guardará el modelo en la carpeta local de repositorio. Lo normal es incluirla dentro de la carpeta general de la aplicación, pero se puede organizar de otra forma según las necesidades de cada caso, por ejemplo, si el modelo es reutilizable y no está asociado a una aplicación concreta.

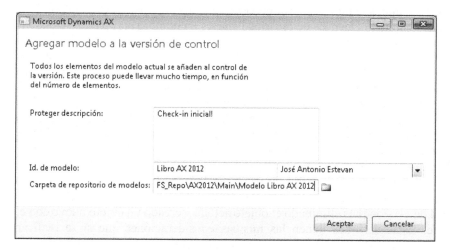

Figura 45.- Agregar modelo al control de versiones

Como bien indica el diálogo al aceptarlo, este proceso puede ser muy costoso ya que se agregarán al control de versiones todos los objetos que contiene el modelo. Será rápido si es un modelo nuevo, como en este caso.

9.3.- Sincronizar tu repositorio con el control de versiones

Este proceso se ejecuta desde el menú *Control de la versión > Sincronizar* y lo que hace es obtener la última versión de todos los objetos almacenados en el control de versiones. Este proceso obtiene los ficheros XPO desde el control de versiones, importa los ficheros en el AOT y los compila, dejando el entorno listo para empezar a trabajar. El proceso no afecta a objetos que se hubieran creado o desprotegido en el entorno actual. Si se selecciona el *check* **Forzar** se descargarán todos los objetos, incluso los que no se hayan modificado, importándolos y compilándolos.

Es recomendable realizar este proceso de manera periódica para ir recibiendo en nuestro entorno de desarrollo el trabajo que realizan otros desarrolladores del equipo. Es un paso obligatorio al instalar un nuevo entorno de desarrollo para descargar la versión inicial con el estado actual de la aplicación.

En el menú *Control de la versión > Registro de sincronización* se almacena un log del historial y el estado de las sincronizaciones. En el caso de que una sincronización falle (usualmente por no poder importar algún objeto), el sistema quedará en un estado de importación parcial. Desde este formulario se puede reiniciar la sincronización pulsando el botón *Proceso*.

9.4.- Añadir, renombrar y eliminar objetos

Cuando trabajamos con un control de versiones, los objetos se deben añadir al AOT de la manera habitual. Después de crearlos y darles un nombre apropiado, se deben **añadir al control de versiones** para que éste empiece a tenerlos en cuenta haciendo *botón derecho* en el objeto > *Añadir a control de versión*. Si no se ejecuta esta función, el objeto recién creado no se tendrá en cuenta en próximos *check-in*, por lo que conviene hacerlo justo después de crear cualquier objeto para que no se nos olvide.

El proceso de **eliminación de objetos** también se realiza de la manera habitual. Al eliminar un objeto del AOT, éste se marca como pendiente de eliminación en el control de versiones. El borrado definitivo del objeto que podrán ver el resto de usuarios se realizará cuando se haga el *check-in* de esta acción de borrado.

Renombrar un objeto tiene algunos requerimientos si este objeto está sujeto al control de versiones. Con el fin de mantener la integridad del repositorio, para poder renombrar un objeto éste debe estar protegido. Una vez cambiado el nombre, en el control de versiones es eliminado el objeto actual, y creado un objeto nuevo con el nuevo nombre. Estas acciones tienen las mismas consideraciones que si se realizaran por separado, salvo que el objeto mantendrá el historial de cambios completo tras el cambio de nombre. Hablaremos de esto más adelante.

Como ya hemos visto, en *Microsoft Dynamics AX 2012* se pueden incluir en el AOT proyectos de *Visual Studio*. Como objetos del AOT, pueden ser gestionados mediante el mismo mecanismo que cualquier otro objeto, sin necesidad de configuración extra. Lo único a tener en cuenta es que un proyecto de *Visual Studio* gestionado de esta manera sólo puede ser modificado por un usuario a la vez. Esto es debido a que la copia del repositorio se comparará con el objeto del AOT y no se realizará fichero a fichero, como haría un proyecto normal en *Visual Studio*. Si esto fuera un problema para algún proyecto en concreto, se pueden adjuntar a TFS proyectos que no formen parte de los objetos de *Microsoft Dynamics AX*, mantenerlos ordenados, y gestionarlos directamente utilizando las herramientas de *Visual Studio*.

9.5.- Proteger y desproteger (Check In/Check Out)

Proteger y desproteger objetos en el gestor de código fuente (llamado comúnmente **check-in** y **check-out**) es la base del trabajo con este tipo de aplicaciones.

Para poder modificar un objeto que está bajo el control del código fuente, antes hay que *desprotegerlo*. Esta acción de desprotección marca en exclusiva el objeto para el usuario que la realiza, de manera que si otro desarrollador intenta desproteger el objeto para su edición, el sistema indicará que el objeto está siendo modificado por otro usuario. Hasta que éste no vuelva a *protegerlo*, el objeto no será editable por el resto de desarrolladores que recibirán un aviso si intentan modificarlo. Esta interferencia puede evitarse si cada desarrollador utiliza un entorno aislado del resto con TFS, como veremos más adelante, aunque será inevitable si utilizamos el VCS integrado en *MorphX*.

Los objetos desprotegidos se muestran de color azul y en negrita en el AOT (ver figura 46). Se puede ver una lista de los objetos desprotegidos desde el menú *Control de la versión > Objetos pendientes*, desde donde podremos protegerlos directamente y también crear un proyecto que incluya todos estos objetos para su revisión. En este formulario también se muestran los objetos eliminados cuya **acción de borrado siga pendiente**. Estos objetos no se muestran en el AOT, por lo tanto, éste es el lugar para proteger esa acción de eliminación y suprimirlos de manera definitiva.

Si después de desproteger un objeto, incluso después de realizar algún cambio, decidimos que queremos cancelar esas modificaciones, podemos hacer *clic derecho > Deshacer desprotección* para **recuperar la última versión** protegida del objeto desde el gestor de versiones y deshacer los cambios.

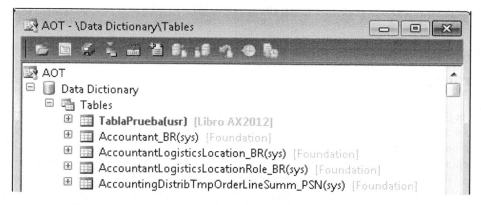

Figura 46.- Los objetos desprotegidos se marcan en el AOT

Para hacer **check-in** de objetos, lo hacemos desde el menú *Control de la versión > Proteger*. Para que este menú se active, hay que posicionarse sobre un objeto desprotegido previamente. Ver figura 47.

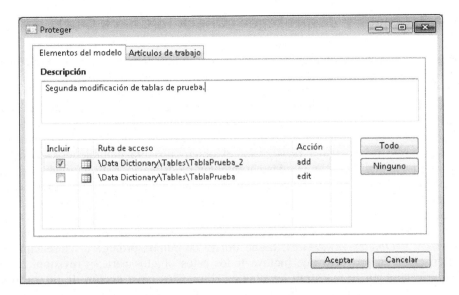

Figura 47.- Proteger objetos desprotegidos

En el formulario de *check-in* se muestran todos los objetos desprotegidos por el usuario actual. Se puede elegir cuales formarán parte del **conjunto de cambios** que se enviará al gestor de código fuente y es obligatorio indicar una descripción de los cambios que sea útil para identificar este conjunto de cambios en el futuro y también para que otros desarrolladores puedan entenderlo.

9.6.- Asociar un conjunto de cambios a elementos de trabajo

En la pestaña *Artículos de trabajo* del formulario de *check-in* (figura 47) se muestran los *Work Items* de *Team Foundation Server*. Estos elementos (traducido en TFS con el término más apropiado: ***Elementos de trabajo***), son la base de las herramientas de TFS orientadas a la gestión de tareas, equipos y proyectos. ***Work Item*** es un término genérico que TFS utiliza para determinar elementos de diferentes tipos (casos de prueba, errores, tareas, consultas, etc.). No entraremos en mucho detalle sobre este aspecto de gestión, sólo comentar que vale la pena echarle un vistazo en bibliografía especializada, la cual es abundante.

Lo que nos interesa aquí es que se pueden asociar **conjuntos de cambios** a estos elementos (por ejemplo, para indicar qué objetos se han modificado en *Microsoft Dynamics AX* para solucionar una incidencia creada y gestionada desde TFS).

Por ejemplo, creamos una tarea en TFS mediante el acceso web (*Team Web Access*), ver figura 48:

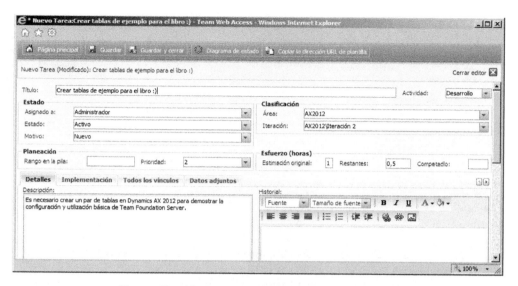

Figura 48.- Nueva tarea desde Team Web Access

Después de crear la tarea, al proteger cambios desde *Microsoft Dynamics AX* podemos seleccionarla desde la pestaña *Artículos de trabajo*. Ver figura 49. También podemos elegir la acción a realizar con esa tarea tras las modificaciones, que puede ser simplemente **asociar** el código al elemento, o también marcar el elemento como **resuelto**. En este caso, se marcará como *Cerrada* en *Team Foundation Server*.

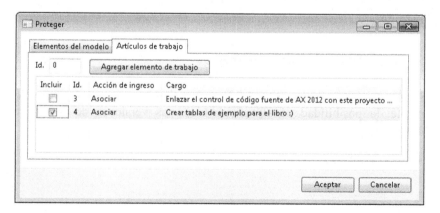

Figura 49.- Asignar un conjunto de cambios a Artículos de trabajo

De esta manera podemos ver en TFS las modificaciones de objetos relacionadas con los diferentes elementos de trabajo. Ver figura 50.

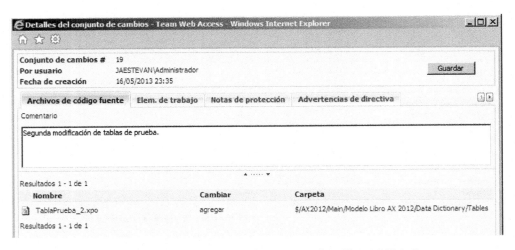

Figura 50.- Detalles del conjunto de cambios. Team Web Access

Los elementos de trabajo son una herramienta fundamental si se quiere utilizar *Team Foundation Server* como herramienta de gestión de proyectos y tareas. Para más información, consultar la documentación oficial:

Enlace: Working with Team Foundation Work Items

http://msdn.microsoft.com/en-us/library/ms181314(VS.90).aspx

9.7.- Ver el historial de versiones

Una de las ventajas más obvias y básicas de utilizar un control de versiones es, precisamente, la posibilidad de almacenar todas las versiones de los objetos para consultar estos cambios. Ver figura 51.

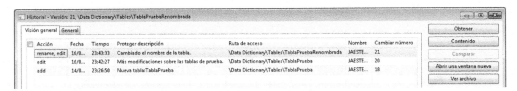

Figura 51.- Historial de versiones

Desde este formulario podemos realizar diferentes acciones sobre cada una de las versiones.

- **Obtener**: Descarga esta versión desde el sistema de gestión de versiones y **sobrescribe** la versión actual del objeto. De esta forma podemos volver a versiones anteriores.

  Para descargar la última versión del objeto, es más sencillo hacer clic derecho sobre él y utilizar la opción *Obtener más reciente*. De esta manera obtendremos la última versión desde el código fuente, que puede haber sido modificada por otros desarrolladores.

- **Contenido**: Muestra el contenido del conjunto de cambios en el que se incluye esta versión. Si se modificaron diferentes objetos a la vez para crear esta versión del objeto, desde aquí podemos ver todos los que se protegieron juntos. Es útil para comprender por qué se realizó un determinado cambio, analizando el conjunto de cambios completo.

- **Comparar**: Si se seleccionan dos versiones, este botón se activa permitiendo compararlas y detectar diferencias. Veremos la herramienta Comparador más adelante.

- **Abrir una ventana nueva**: Abre una ventana del AOT con esta versión del objeto. Desde aquí podremos ver esta versión del objeto y consultarlo completamente, aunque no sea la versión que realmente está en el AOT, salvo que sea la última.

- **Ver archivo**: Descarga y muestra el fichero XPO que representa a esta versión almacenada en el sistema de control de versiones. Como ya hemos comentado, toda la gestión del control de versiones se basa en el intercambio y comparación de estos ficheros, aunque no es habitual manipularlos directamente.

9.8.- Etiquetas y el control de versiones

Ya hemos visto que en esta versión los ficheros de etiquetas se almacenan en nodos del AOT como el resto de objetos, y por tanto el manejo de estos objetos en el control de versiones también es el mismo que para los demás, salvo por una diferencia: Los ficheros de etiquetas permiten que **varios usuarios desprotejan el fichero a la vez**. De esta manera varios desarrolladores pueden crear etiquetas simultáneamente en el mismo fichero sin bloquearse entre ellos.

¿Cómo se las arregla el sistema para llevar la cuenta de los ID de etiqueta si no hay un repositorio común? En esta nueva versión, se incluye un mecanismo que asigna ID de etiquetas **temporales** con los que cada desarrollador puede trabajar de manera normal durante el desarrollo. Se pueden identificar estas etiquetas temporales porque empiezan por los símbolos @$ y siguen su propia numeración. Ver figura 52.

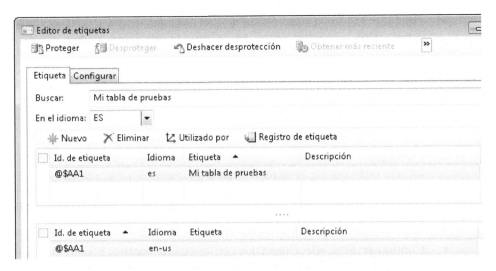

Figura 52.- Creación de etiqueta con ID temporal

El *Editor de etiquetas* (figura 52) está preparado para trabajar con el control de versiones y añade botones en la parte superior para realizar las acciones necesarias sobre el fichero de etiquetas que se está utilizando, tal como **proteger/desproteger** el fichero, **obtener la última versión**, etc.

Cuando se protege el fichero de etiquetas, el sistema se encarga de reemplazar las **etiquetas temporales** (tanto en propiedades como en el código) por los **ID permanentes** definitivos y coherentes con la versión maestra del fichero almacenada en el control de versiones. En el mensaje que muestra el resultado del *check-in* se indican los objetos que han sido modificados para actualizar las nuevas etiquetas.

Este mecanismo evita la anterior necesidad de mantener un servidor *Team Server* centralizado para asignar ID de etiquetas, aunque hay que tener cuidado de hacer siempre el *check-in* de los ficheros de etiquetas **junto a los objetos que las utilizan**, ya que de otra manera el resultado podría ser incoherente. Si se protege el fichero de etiquetas y se queda algún objeto sin proteger que utiliza etiquetas temporales no será corregido en posteriores *check-in*. En este caso será necesario actualizar las etiquetas temporales por las definitivas manualmente.

9.9.- Branches, Merges, Builds, etc...

Una de las ventajas de utilizar *Team Foundation Server* como gestor del código fuente frente al integrado en *MorphX* es la posibilidad de utilizar **Ramas** (*Branches*). Mediante ramas podemos crear copias del estado actual del proyecto para poder continuar con varias líneas de desarrollo separadas, que se fusionarán cuando estén finalizadas. La idea principal se ilustra en la figura 53.

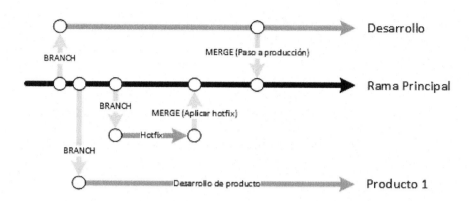

Figura 53.- Ilustración de las ramas de un proyecto

Llamamos *Merge* al proceso de integración de una rama con su padre (la rama desde donde se copió originalmente), integrando las modificaciones de la rama hija sobre la rama padre y resolviendo los conflictos que pudieran generarse por objetos modificados en ambas ramas a la vez. Todo el manejo de ramas y *merges* se realiza de manera externa a *Microsoft Dynamics AX,* en **Visual Studio Team Explorer**.

El equipo de colaboradores llamado *Visual Studio ALM Rangers* ha publicado un documento muy completo y didáctico sobre la teoría y el manejo de ramas que vale la pena repasar de vez en cuando. Se ocupan de mantenerlo actualizado con el paso de las versiones.

Enlace: Visual Studio Version Control Guide (*Visual Studio ALM Rangers*)

http://vsarbranchingguide.codeplex.com/

Otra funcionalidad de *Team Foundation Server* que podemos utilizar desde *Microsoft Dynamics AX* es la posibilidad de realizar lo que llamamos *Builds*.

Enlace: Team Foundation Build Activities

http://msdn.microsoft.com/en-us/library/gg265783.aspx

Esto es, de manera automatizable y desatendida recopilar todos los cambios confirmados en el control de código fuente y realizar la actualización sobre un entorno de *Microsoft Dynamics AX*, normalmente sobre un entorno de pruebas o pre-producción. Esta tarea, que puede llevar varias horas, se puede automatizar para conseguir actualizaciones periódicas que realicen las tareas de exportar la *Model Store*, integrar los desarrollos desde el control código fuente, importar la *Model Store*, compilar, etc., creando un entorno de integración continua.

La solución liberada oficialmente para ejecutar estos scripts automáticos es la siguiente:

> **Enlace**: Build and deploy scripts for Microsoft Dynamics AX 2012
>
> http://gallery.technet.microsoft.com/scriptcenter/Build-and-deploy-for-b166c6e4

Aunque vale la pena comentar este otro proyecto, publicado por la comunidad, que ha obtenido muy buenos resultados:

> **Enlace**: Dynamics AX Build Scripts
>
> http://dynamicsaxbuild.codeplex.com/releases/view/93869

Tanto la estrategia de *branching* elegida, como el número y la utilidad de los proyectos que se creen, van a determinar la estructura de nuestro *repositorio local*. Hablaremos sobre ello más adelante en este capítulo.

9.10.-Control de versiones en la nube

Todo lo hablado en este capítulo sobre *Team Foundation Server* también es válido en su versión *cloud* llamada actualmente **Visual Studio Online** (¡incluida la versión gratuita!).

La compatibilidad va mejorando con el paso de las versiones, pero desde *Microsoft Dynamics AX 2012* se puede conectar prácticamente a cualquier versión de TFS, incluyendo **Visual Studio Online**. A pesar de que no todas las combinaciones de versiones están certificadas, en la práctica se puede conectar a **prácticamente cualquier versión** de TFS desde *Microsoft Dynamics AX 2009* en adelante; siempre que se tenga la versión apropiada *Team Explorer* en la máquina donde está instalado el cliente de *Microsoft Dynamics AX* de desarrollo.

En la figura 54 se muestra una estructura de repositorio creada en **Visual Studio Online** consistente en una **rama** llamada *Main* que incluye un **Modelo** llamado *LibroAX2012*.

Este repositorio externo me permite mover fácilmente el código de ejemplo de este libro, por ejemplo, cuando aparece una nueva versión de la máquina virtual demo de Microsoft que utilizo para las pruebas. Ya que me permite descargar todos los objetos en una máquina nueva con sólo disponer de conexión a internet, **sin necesidad de instalar** ningún componente extra.

Figura 54.- Estructura de proyecto en Visual Studio Online

10.- PRUEBAS UNITARIAS (UNIT TESTING)

Microsoft Dynamics AX 2012 incluye en su entorno de desarrollo un *framework* de **Pruebas Unitarias (Unit Testing)**. Estos test se crean en el AOT en forma de clases, se pueden ejecutar desde diferentes puntos que vamos a ver a continuación.

Aunque todavía no hemos profundizado en el lenguaje X++, es necesario para explicar este tema una clase de ejemplo que podamos probar, y también algunas clases que conformarán los casos de prueba. La sintaxis necesaria para esto es muy sencilla y nos servirá de introducción.

El punto de inicio de la documentación sobre este tema se encuentra, como de costumbre, en MSDN:

Enlace: Unit Test Framework [AX 2012]

http://msdn.microsoft.com/en-us/library/aa874515.aspx

En varias ocasiones, desarrolladores de Microsoft han admitido que utilizan un completo juego de pruebas unitarias para probar la aplicación durante el desarrollo. En otras tantas ocasiones, desde la comunidad se ha preguntado al equipo de producto por qué no se liberan estas pruebas, que serían de gran valor para que las empresas que modifican el estándar puedan asegurar el correcto funcionamiento del producto base tras los cambios. La respuesta nunca ha sido muy contundente y se ha basado en que el código de las pruebas no cumple los estándares de calidad del código liberado por Microsoft; aunque el verdadero motivo intuido por todos es que no se liberan porque, de hacerlo, sería necesario mantenerlas con un determinado nivel de calidad, lo que resultaría muy costoso.

Sin duda éste sería un gran paso que impulsaría definitivamente el uso de pruebas unitarias por parte de las empresas implantadoras de *Microsoft Dynamics AX*, pero todavía tendremos que esperar.

10.1.-Parámetros de pruebas unitarias

La configuración del *framework* de *Unit Testing* resulta bastante sencilla. Se encuentra en *Herramientas > Prueba de unidad > Parámetros.* Ver figura 55.

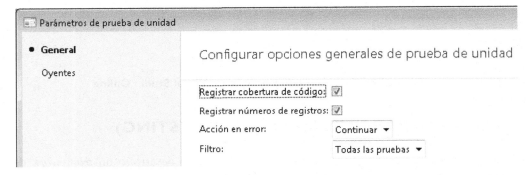

Figura 55.- Parámetros de pruebas unitarias

- **Registrar cobertura de código**: Almacena la información necesaria para el análisis de cobertura de código. Ver más adelante.

- **Registrar números de registros**: Almacena información del número de registros afectados durante la ejecución de las pruebas.

- **Acción en error**: Cómo actuar en caso de excepciones (Continuar o detenerse)

- **Filtro**: Qué pruebas se ejecutarán dependiendo de este filtro. Se pueden añadir nuevos elementos a este filtro para organizar mejor las pruebas, en caso de ser necesario.

- **Oyentes**: Configura las diferentes maneras de mostrar la información del resultado de las pruebas. Desde guardar el resultado en la base de datos (por defecto) a guardarlo en ficheros de texto, XML, mostrar mensajes, etc. Se pueden añadir nuevos *Oyentes* para integrar el *framework* con sistemas externos (implementando el interfaz *SysTestListener*)

White Paper: Microsoft Dynamics AX 2012 Testing Best Practices

http://www.microsoft.com/en-us/download/details.aspx?id=27565

10.2.-Crear pruebas unitarias

Lo primero que necesitamos para ejecutar pruebas unitarias es, obviamente, una clase que podamos probar. Aunque éste será el caso más frecuente, ya que como veremos es una buena práctica desarrollar la lógica de negocio en clases, se pueden probar otros tipos de objetos como formularios o tablas. Esta es la clase que usaremos como ejemplo en este capítulo.

```
class JAEECalculo
{
    real valor1, valor2;
}

public void new(real _valor1, real _valor2)
{
    valor1 = _valor1;
    valor2 = _valor2;
}

public real sumar()
{
    return valor1 + valor2;
}

public real restar()
{
    return valor1 - valor2;
}

public real multiplicar()
{
    return valor1 * valor2;
}

public real dividir()
{
    if (valor2 == 0)
        throw error("No se puede dividir por 0");

    return valor1 / valor2;
}
```

Vamos a añadir una clase nueva que será la clase de pruebas. La convención es que esta clase se llame igual que el objeto que está probando y terminado con el sufijo *Test*. También se incluyen algunos atributos para definir su funcionamiento:

```
[SysTestTargetAttribute(classStr(JAEECalculo),
                        UtilElementType::Class)]
class JAEECalculoTest extends SysTestCase
{
    JAEECalculo calculo_a, calculo_b;
}

public void setUp()
{
    calculo_a = new JAEECalculo(125, 5);
    calculo_b = new JAEECalculo(125, 0);
}

class SysTestSuite createSuite()
{
    // Crea una empresa limpia en cada ejecución de las pruebas
    return new SysTestSuiteCompanyIsolateClass(this);
}

[SysTestMethodAttribute]
public void testSuma1()
{
    this.assertEquals(130, calculo_a.sumar());
}

[SysTestMethodAttribute]
public void testDividir()
{
    this.assertEquals(25, calculo_a.dividir());
}

[SysTestMethodAttribute]
public void testDividirPor0()
{
    this.parmExceptionExpected(true, "No se puede dividir por 0");
    this.assertEquals(25, calculo_b.dividir());
}
```

Como se puede ver, esta clase incluye una serie de *atributos* que definen el funcionamiento del código a través del *framework* de pruebas. Los atributos más comunes se muestran en la Tabla 5.

Tabla 5.- Atributos del Unit Test framework

Atributo	Aplica a …	Descripción
SysTestMethodAttribute	Métodos	Indica que el método es una prueba unitaria.
SysTestCheckInAttribute	Métodos o Clases	Conlleva que la prueba debe ejecutarse cuando se protege código en el control de código fuente.

SysTestNonCheckInAttribute	Métodos	Indica que el método no debe ejecutarse al proteger código.
SysTestTargetAttribute	Clases	Indica el objeto que es probado por la clase de pruebas.
SysTestInactiveTestAttribute	Métodos	Indica que la prueba está inactiva (desactivada).

También se puede confirmar en los *métodos de pruebas (aserciones)*, que se realizan comprobaciones de valores esperados frente a los valores actuales. Existen diferentes métodos para realizar estas comprobaciones. Ver tabla 6.

Tabla 6.- Métodos de pruebas

Método	Descripción
assertTrue	Comprueba que el valor es verdadero.
assertFalse	Verifica que el valor es falso.
assertNull	Constata que el valor es nulo.
assertNotNull	Confirma que el valor no es nulo.
assertSame	Comprueba que los objetos son iguales.
assertNotSame	Revisa que los valores no son iguales.
assertRealEquals	Verifica que el valor real es diferente en la cantidad especificada.
assertExpectedInfologMessage	Comprueba un valor esperado en el *InfoLog*.
fail	Permite definir validaciones personalizadas.

También se puede comprobar la ejecución correcta de excepciones con el método *parmExceptionExpected*, tal como se muestra en la clase de ejemplo.

Por último, también se puede ver en la clase de ejemplo la utilidad del método *setUp*. Este método se complementa con *tearDown* para definir la funcionalidad que se va a ejecutar una sola vez antes y después de la ejecución de cada método de pruebas (o de la colección de pruebas, como veremos más adelante). Esto permite generar datos o instanciar objetos que son necesarios para el correcto funcionamiento de la prueba, y deshacerlos cuando ésta acaba. Los métodos *setUp* y *tearDown* se ejecutan antes y después de cada método de prueba, y los métodos *setUpTestCase* y *tearDownTestCase* se ejecutan antes y después de la ejecución de la clase completa.

10.3.-Ejecutar pruebas unitarias

Una vez creadas las clases de pruebas, existen diferentes maneras de ejecutarlas para analizar los resultados:

- **Manualmente desde el menú contextual**: En la clase de prueba, *clic derecho > Complementos > Nueva Prueba*.

- **Manualmente desde la barra de herramientas**: Esta barra de herramientas se muestra desde el menú *Herramientas > Prueba de unidad > Mostrar barra de herramientas* y permite ejecutar las pruebas con un solo clic. También se puede acceder a los **detalles** de cada ejecución en caso de problemas y a los **parámetros** de configuración de las pruebas. Ver figura 56.

Figura 56.- Barra de herramientas para pruebas unitarias

- **Al proteger código en el control de versiones**: En el punto *Configurar el control de versiones*, anteriormente en este capítulo vimos un parámetro donde configurar un proyecto de pruebas, que se ejecutará automáticamente después de cada protección de código en el VCS para asegurar la calidad de todas las actualizaciones.

10.4.-Cobertura de código

Controlar la cobertura del código es importante para mantener la calidad de los propios *Test Unitarios*. Si un fragmento de código nunca es ejecutado por las pruebas no podremos asegurar que es correcto, ya que ninguna prueba lo está comprobando. Lo deseable es que el nivel de cobertura de código sea lo más cercano posible al 100%, si no es posible conseguir el 100%.

En los detalles de la ejecución de cada test (botón *Detalles* en la barra de herramientas de pruebas), podemos analizar tanto la cobertura de código al ejecutar un caso de pruebas completo (una clase), como la cobertura de cada uno de los métodos de prueba.

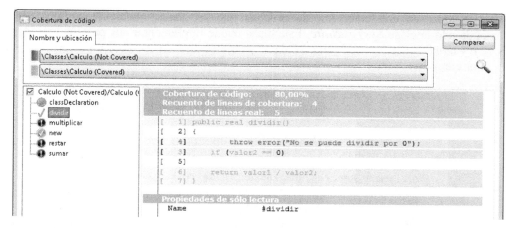

Figura 57.- Cobertura de código en pruebas unitarias

En nuestro ejemplo (ver figura 57), podemos comprobar mirando las líneas en diferentes colores (aunque en la imagen no se aprecie) que en la ejecución de la prueba *testDividir*, no se está pasando por la línea 4 del método *dividir* (lo que es correcto, en este caso) por lo que para lograr una cobertura del 100% del código será necesario un nuevo método de pruebas que sí ejecute esta parte.

10.5.-Organizar y configurar casos de pruebas

El número de clases necesarias para una buena estrategia de pruebas puede ser elevado. Por eso es importante ordenarlas y organizarlas de una manera óptima para su utilización y mantenimiento.

En primer lugar, es una buena práctica incluir las clases de prueba en un **modelo dedicado** para cada desarrollo, que se mantiene de manera paralela al propio desarrollo. Así será posible instalar las pruebas en el entorno de producción y, mediante este modelo, desinstalarlas después de su ejecución.

Aparte de este agrupamiento, digamos, físico, las pruebas se organizan de forma lógica en el AOT en lo que llamaremos *proyectos y suites de pruebas*.

Un proyecto de pruebas funciona igual que un proyecto normal del AOT y se muestra en la lista de proyectos junto al resto, aunque con un icono ligeramente diferente. Para crearlos hacemos clic derecho en el nodo *Proyectos > Nuevo > Proyecto de prueba*. De esta manera se pueden ejecutar a la vez todas las clases de pruebas que contiene el proyecto ejecutando el propio proyecto desde la barra de herramientas de pruebas que ya hemos visto.

Una *suite* es una colección de pruebas que se genera mediante código X++ extendiendo la clase *SysTestSuite*. Esta clase puede implementar sus propios métodos *setUp* y *tearDown* para configurar los datos y objetos de toda la colección de pruebas.

Por ejemplo:

```
[SysTestTargetAttribute(classStr(JAEECalculo))]
public class JAEECalculoSuite extends SysTestSuite
{
}

public void new()
{
    // Primero se crea una instancia de TestSuite para la clase
    // de pruebas
    SysTestSuite suiteCalculoTest =
                    new SysTestSuite(classStr(JAEECalculoTest));
    ;

    super();

    // Y se añaden las diferentes pruebas a la Suite
    this.add(suiteCalculoTest);
}
```

10.6.-Nivel de aislamiento de las pruebas

Microsoft Dynamics AX está desarrollado de una manera enormemente acoplada. Existen multitud de *frameworks* y funcionalidades que se referencian entre sí, no desarrolladas siguiendo los patrones recomendados para facilitar el desarrollo de pruebas unitarias. Además de esto, en un sistema que sirve básicamente para manejar datos empresariales es prácticamente imposible probar ninguna parte importante del sistema sin que entren en juego cierto número de tablas de la base de datos.

Por ejemplo: Si una prueba realiza la facturación de un pedido (esto no sería, en rigor, una prueba unitaria), la siguiente prueba ya no podrá facturarlo de nuevo, haciendo inútil las pruebas unitarias que por definición deben ejecutarse numerosas veces con resultados controlados.

Para facilitar en lo posible esta tarea, el *framework* de *Unit Testing* dispone de mecanismos para facilitar un entorno más o menos controlado a la ejecución de las pruebas en cuanto a datos y situación inicial de los objetos a probar. Una parte de este mecanismo son los métodos *setUp* y *tearDown* que ya hemos visto, y la otra parte es especificar un nivel de aislamiento de la prueba de los que tenemos disponibles.

Para modificar el **nivel de aislamiento** hay que sobrecargar el método *createSuite* de las clases de pruebas y devolver un objeto de uno de los tipos que se muestran en la tabla 7. Ver el código de la clase de ejemplo.

Tabla 7.- Clases de niveles de aislamiento

Clase	Descripción
SysTestSuite	Valor por defecto. Ningún tipo de aislamiento.
SysTestSuiteCompanyIsolateClass	Crea una empresa nueva para cada clase de pruebas. Se ejecutan todos los métodos de la clase sobre esta empresa y luego se elimina.
SysTestSuiteCompanyIsolateMethod	Crea una empresa nueva y la elimina al terminar la ejecución de cada método.
SysTestSuiteTTS	Agrupa cada método de pruebas en una transacción que se cancela al terminar la ejecución. Con este nivel no se puede probar código que necesite hacer *commit* ni el método *parmExceptionExpected*, aunque la ejecución es más rápida.
SysTestSuiteCompIsolateClassWithTTS	Combinación de *SysTestSuiteTTS* y *SysTestSuiteCompanyIsolateClass*.

A pesar de que asegurar el entorno en el que se ejecutan las pruebas es un aspecto muy importante a la hora de afrontar una estrategia de definición, este tema no está lo suficientemente documentado de manera formal. Curiosamente, la mejor fuente de información sobre el tema es un blog que el equipo de desarrollo de producto publicó cuando se incluyó este *framework* en el sistema por primera vez (en la versión 4).

Enlace: David Pokluda's blog

http://blogs.msdn.com/b/dpokluda/

El *framework* ha avanzado mucho desde entonces pero prácticamente toda la información publicada en ese blog sigue siendo vigente y está muy bien explicado.

11.- CICLO DE VIDA DE LAS MODIFICACIONES (ALM)

Siempre que hablamos de programación o desarrollo de software en general, diseñar una buena estrategia para la gestión del ciclo de vida de los cambios (*Application Lifecycle Management o ALM*) es fundamental para cualquier empresa y equipo. Debido a las necesidades totalmente diferentes de cada equipo afectado por una instalación de *Microsoft Dynamics AX*, se debe diseñar esta estrategia de manera personalizada para tener en cuenta los casos y necesidades particulares en cada una, y las restricciones en cuanto a servidores y licencias de las que dispongamos.

Intentaremos hacer un resumen de las diferentes posibilidades y la manera comúnmente aceptada de solucionar ciertos problemas que se suelen dar por las particularidades propias de la instalación *Microsoft Dynamics AX* y los integrantes típicos de los equipos de proyecto y desarrollo. De esta manera podremos barajar la mejor opción para nuestro caso particular o al menos una aproximación inicial válida.

El siguiente documento es una lectura obligatoria, que describe varios de los problemas que afrontaremos en este punto.

> **Enlace**: Change management and TFS integration for multi developer projects
>
> http://go.microsoft.com/fwlink/?LinkId=264935

11.1.-Mover desarrollos entre entornos

Cualquiera que sea la arquitectura que diseñemos, tarde o temprano va a estar compuesta por varios entornos (esto es, varias copias de la misma aplicación). Los mecanismos que tenemos disponibles para mover o copiar objetos entre estos entornos, básicamente son 3: utilizar los antiguos ficheros XPO, exportar e importar modelos, o exportar e importar la *Model Store.* Ver tabla 8.

Tabla 8.- Tipos de fichero que permiten el transporte de objetos

	XPO	Modelo	Model Store
Herramienta de instalación	*MorphX*	*AXUtil* ó *Powershell*	*AXUtil* ó *Powershell*
¿Se puede desinstalar?	No	Sí	No
¿Se puede firmar?	No	Sí	No
¿Se mantienen los ID de objeto?	Si los elementos ya existen al importar y se indica durante el proceso	Si los elementos ya existen al importar	Siempre
¿Requiere compilar?	X++ y CIL	X++ y CIL	No

El antiguo sistema de ficheros **XPO no debe utilizarse** nunca para pasar objetos a producción y debe reservarse para su uso durante el proceso de desarrollo, en el entorno dedicado a tal fin. Esto evitará conflictos de ID entre objetos y entornos.

El procedimiento de **exportar e importar modelos** es el recomendado para entregar desarrollos a terceros (clientes, *partners*, etc.) ya que se pueden **firmar** digitalmente y consultar su contenido antes de importarlos. También lo utilizaremos para cargar desarrollos **terminados** en entornos de pruebas o *staging* (entornos utilizados para preparar el entorno de producción, también llamados *pre-producción*) ya que solucionan el antiguo problema de conflictos con los ID de objetos. También utilizaremos modelos para mover objetos que necesiten ser **desinstalados** o entregados por **separado**, como los ficheros de etiquetas que ya hemos comentado o, por ejemplo, conjuntos de clases para *Unit Testing* que podremos desinstalar una vez ejecutadas las pruebas. Hablaremos sobre esto más adelante.

Por último, para el despliegue de soluciones a entornos de **producción** la recomendación es exportar e importar la *Model Store* completa. Dependiendo de las limitaciones de tiempo y posibilidades de automatización de las que dispongamos puede ser más recomendable hacerlo en un solo paso o en dos, como ya hemos visto en el punto *Exportar e importar la Modelo Store*, anteriormente en este capítulo. Los objetos se copian ya compilados por lo que **no se requiere compilar** de nuevo en el entorno de destino.

> **Best Practice**: Si un entorno se está manteniendo mediante la exportación e importación de modelos o *Model Store*, se recomienda no utilizar el proceso de exportar e importar XPOs para evitar conflictos de ID.

11.2.-¿Cuántos entornos necesito?

Una de las primeras decisiones a las que nos enfrentamos al diseñar una arquitectura es cuántos entornos debemos tener. Es una decisión importante aunque no determinante, ya que en cualquier momento se pueden añadir nuevos entornos o descartar los que ya tenemos, aunque no sin algo de trabajo extra.

Una buena práctica, recomendada para cualquier equipo de desarrollo (incluso los más pequeños), es mantener al menos tres entornos. Tres servidores AOS diferentes como mínimo (ver figura 58) o, en el mejor de los casos, tres entornos completos incluyendo AOS, *SQL Server*, *SharePoint*, etc. en máquinas virtuales diferentes, por ejemplo.

Se necesita un **entorno de desarrollo** donde están las modificaciones sin terminar y al que conectan los desarrolladores. Un **entorno de pruebas** (también llamado *Test, Staging, Preproducción, UAT –User Acceptance Testing–, etc.*), que será una copia reciente del entorno en producción, donde se instalan los desarrollos terminados validando la integración con el resto de modelos y donde se realizarán las pruebas. Y por último el **entorno de producción** que utilizarán los usuarios para su trabajo y cuya manipulación ha de limitarse al mínimo.

El proceso para realizar esta integración de los desarrollos y los mecanismos para llevar a cabo cada paso se ilustran en la figura 58:

- En primer lugar se exporta la *Model Store* de **producción al entorno de pruebas**. De esta manera tendremos una copia exacta del entorno real con la que probar (si no lo teníamos ya).

- En segundo lugar se exportan los modelos a **traspasar del entorno de desarrollo**, uno a uno, y se importan en el nuevo entorno de pruebas, resolviendo cualquier conflicto que pudiera producirse, compilando finalmente la aplicación completa incluyendo el código CIL y sincronizando la base de datos.

  En este estado, este entorno de pruebas es una **copia exacta** de lo que será el entorno de producción tras la instalación de las modificaciones, por lo que se pueden hacer **pruebas de todo tipo** tanto para validar las nuevas modificaciones como para comprobar que no se han introducido comportamientos indeseados de la funcionalidad que ya existía previamente. En este punto se pueden importar y ejecutar modelos de pruebas unitarias, y desinstalarlos tras su ejecución. Ya hemos hablado sobre esto en el tema anterior de este capítulo.

- Cuando las pruebas finalizan, se exporta la *Model Store* del entorno de pruebas y se **importa directamente en producción**. Como hemos visto en el punto anterior, este proceso está optimizado para minimizar el tiempo de parada de este entorno y, por tanto, el tiempo en que todo este proceso afectará a los usuarios finales y a su trabajo.

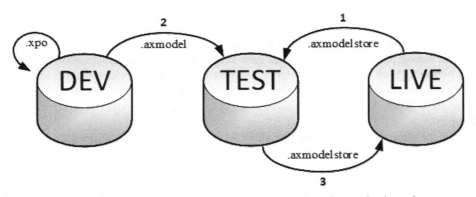

Figura 58.- Actualizaciones mediante un entorno de staging/pruebas

Este es el procedimiento básico más sencillo para la gestión de modificaciones y pruebas separadas del entorno de producción. No se recomienda una arquitectura más pequeña que ésta, pero como veremos a continuación se puede ampliar y distribuir de diferentes maneras, según los requerimientos.

White Paper: Deploying Customizations Across AX 2012 Environments

http://www.microsoft.com/en-us/download/details.aspx?id=26571

11.3.-¿Servidores propios o de terceros?

Si nuestro negocio se basa en el desarrollo de software redistribuible (desarrollos verticales, *addins*, etc.) no tendremos más remedio que tener servidores propios. Pero si trabajamos en un *partner* que da servicio a muchos clientes, habitualmente nos encontraremos con la necesidad, más o menos negociable, de que nuestro equipo de desarrollo funcione con servicios hardware propiedad del propio cliente, fuera de nuestra red y nuestro control. Esto tiene ventajas e inconvenientes, pero en líneas generales supondrá más dolores de cabeza que ventajas:

- **Pros**

    o Ahorro de costes, al no tener que adquirir y mantener tanto los recursos hardware como las licencias del entorno de desarrollo.

    o Ahorro en ciertos procedimientos ya que como todos los objetos están en la misma instalación, no serán necesarias instalaciones remotas (con posibles cuellos de botella en la red). Esto facilita las pruebas con datos reales ya que se pueden actualizar más a menudo.

- **Contras**

    o Hay que llegar a un acuerdo con el cliente para el control y acceso de nuestros usuarios que tendrán acceso a los datos personales y de negocio en sus instalaciones.

    o El cliente pondrá limitaciones a una inversión en *hardware* y licencias que no le reporta un beneficio directo (si no tiene un equipo de desarrollo propio), lo que a menudo nos obliga a trabajar en entornos infra-dimensionados con la consiguiente pérdida de tiempo.

    o Será un problema si en algún momento hay picos de trabajo y necesitamos ampliar los recursos disponibles para, por ejemplo, añadir desarrolladores al equipo de manera temporal o implementar entornos extra para pruebas, etc.

    o Se producirán conflictos en cuanto a la seguridad. El cliente puede (acertadamente) tener reservas para conceder al equipo de desarrollo los permisos necesarios para el correcto mantenimiento de los entornos (manejar servicios, crear y eliminar bases de datos, copias de seguridad, acceder a los objetos de la base de datos, etc.).

o Resultará prácticamente imposible conectar un servidor en las instalaciones del cliente con un servidor TFS de nuestra propiedad. Es posible que esto se pueda conseguir con la versión *cloud* de TFS llamada (actualmente) *Team Foundation Service*, pero a día de hoy su compatibilidad con *Microsoft Dynamics AX* no está certificada.

o Resultará en conflictos si su propio equipo de desarrollo está modificando objetos mientras nosotros los modificamos a su vez. El sistema no responde correctamente con varios desarrolladores trabajando a la vez en diferentes capas y en el mismo servidor, como vamos a ver a continuación.

11.4.-¿Cuántos servidores necesito?

Una instalación con limitaciones en los recursos físicos (servidores) va a suponer problemas e imprevistos para cualquier equipo de desarrollo. Es obvio que los recursos de máquina son siempre limitados, pero conviene planificar un despliegue completo desde el principio, incluyendo los componentes necesarios para el desarrollo, para así no perjudicar el rendimiento del equipo de personas que lo utilizarán durante varios meses.

Cuando hablamos de servidores, en general, no nos referimos específicamente a máquinas físicas sino a servidores virtuales, ya que gran parte de los entornos actualmente están virtualizados y ello conlleva numerosas ventajas. Principalmente el aprovechamiento de los recursos, manteniendo apagados los entornos que no estemos utilizando, y repartiendo todos los recursos físicos entre los entornos con más actividad.

Idealmente tendremos un servidor para cada cliente (si tenemos varios clientes) y para cada producto (si desarrollamos productos redistribuibles). Esto nos permitirá instalar en el servidor de cada cliente (o producto) las versiones de *Microsoft Dynamics AX* correspondientes y también del software externo para simular exactamente la infraestructura real. Esto nos permitirá hacer migraciones, instalar software de terceros, etc. sin afectar a las instalaciones de desarrollo que tengamos para otros clientes.

Además de esto, tendremos un servidor de desarrollo para cada programador, si optamos por un entorno de desarrollo aislado por desarrollador (lo veremos en el próximo punto). Este es el escenario donde más servidores se necesitan.

En el otro extremo, podremos limitar el número de servidores instalando, por ejemplo, sólo uno por versión del software agrupando en cada servidor, según la versión, todos los clientes que actualmente la utilicen, o una estrategia intermedia similar.

Lo que ocurre en la mayoría de los casos es un híbrido entre estos puntos, un término medio como instalar los servidores necesarios para mantener un nivel de aislamiento idóneo entre instalaciones, pero agrupar servicios reutilizables como el servidor *SQL Server*, *IIS*, etc. en servidores compartidos con el resto.

Lo que sin duda no es recomendable es delegar todo el entorno de trabajo a una sola máquina con recursos escasos. Esto provocará retrasos y problemas en el equipo de desarrollo mucho más costosos que los recursos hardware necesarios para evitarlos.

11.5.-AOS compartido o entorno de desarrollo aislado

Esta es una decisión que tiene repercusiones en otros componentes de la instalación. La duda es si utilizar un solo servicio AOS por cliente (o por producto) y que todos los desarrolladores implicados se conecten a él, o por el contrario instalar un servicio AOS para cada desarrollador. En el primer caso todos los desarrolladores pueden compartir un servidor, o una instalación. En el segundo caso es necesario un servidor dedicado por desarrollador que, al menos, contenga un servicio AOS y una base de datos dedicada. El problema y las recomendaciones oficiales para solventarlo están recogidas en este documento:

> **White Paper**: Developing Solutions for Microsoft Dynamics AX in a Shared AOS Development Environment
>
> http://www.microsoft.com/download/en/details.aspx?id=26919

A priori, lo que puede parecer más intuitivo es utilizar un solo AOS y que varios desarrolladores se conecten a él. El sistema es perfectamente capaz de trabajar de esta manera, pero supone ciertas ventajas trabajar con entornos de desarrollo aislados:

- **Pros (Ventajas de un servidor aislado)**

    o Los entornos aislados son la única posibilidad de utilizar *Team Foundation Server* para la gestión del código fuente siguiendo la configuración recomendada.

    Hay desarrolladores y proyectos extraoficiales que han publicado posibles soluciones para utilizarlo con un solo entorno compartido, solucionando, por ejemplo el problema del *workspace* compartido optando por diferentes espacios privados, o un solo *workspace* público. En cualquier caso, esta configuración no está soportada por Microsoft de manera oficial.

    o El entorno de desarrollo aislado permite a cada desarrollador trabajar de forma independiente con los objetos y los datos, no viéndose afectado por las modificaciones, errores o desarrollos no terminados, cambios en los datos, etc. que pueda estar realizando otro miembro del equipo.

o Se evitan caídas o paradas en el equipo de desarrollo por bloqueos del AOS que pueden ser inesperados por algún tipo de fallo o saturación durante el desarrollo, como al poner *breakpoints* en el código CIL, etc.

o Si se quiere utilizar ramas, habrá que instalar un entorno aislado para cada rama. Si se trabaja en entornos aislados no hay manera de que cada desarrollador trabaje sobre una rama diferente en su propio entorno.

- **Contras**

  o El más obvio es el aumento de recursos necesario para montar la infraestructura y también para mantener máquinas con instalaciones y sistemas operativos diferentes, actualizaciones del sistema, etc.

  o Si en nuestra empresa trabajamos para muchos clientes y tenemos muchos desarrolladores, el número de máquinas necesarias para esta combinación puede ser enorme.

    Los sistemas actuales de virtualización nos permiten mantener fácilmente máquinas desactivadas, e incluso eliminar máquinas cuando no se necesiten para liberar espacio y volver a generarlas cuando sea necesario, por ejemplo, haciendo una copia de otra máquina para el mismo cliente desde discos externos.

  o Será necesario un sistema de integración de las modificaciones realizadas en cada entorno aislado. Durante esta integración es frecuente que se produzcan conflictos (objetos modificados por varios desarrolladores) que se tendrán que resolver de manera manual.

Como en el resto de casos, la mejor estrategia aquí será también un planteamiento mixto. Se pueden utilizar entornos aislados para desarrollos grandes o para el desarrollo inicial de un proyecto, y después del arranque dejar sólo una máquina para este proyecto que se utilizará de manera compartida durante el soporte. Pudiendo crear una copia de ésta si fuera necesario realizar un gran desarrollo en el futuro o una nueva rama.

Lo cierto es que, históricamente, el problema del trabajo concurrente de varios desarrolladores existe desde las primeras versiones del producto. Se han mejorado muchas cosas como la integración con *VCS* externos. Pero esta integración sigue sin ser fina, y se elija la opción que se elija requerirá algún trabajo extra y tiempo de formación y pruebas para encontrar el método que encaje perfectamente.

Probablemente esta es la causa de que en la mayoría de *partners* no se emplee ningún *VCS* y se siga trabajando de la manera "*tradicional*", instalando un solo servidor compartido para todo el equipo y, con suerte, utilizando el *VCS* de *MorphX*. La excusa de que el resto de opciones no es perfecta es demasiado fácil. Esperemos que Microsoft siga avanzando en esta línea ahora que han confirmado utilizar TFS para el desarrollo interno del propio *Microsoft Dynamics AX*.

11.6.-¿TFS sólo como VCS o también gestión de proyectos?

Si se utiliza el control de versiones (VCS) de *MorphX* esto no es una opción, ya que no incluye funcionalidad de gestión de tareas. Pero si utilizamos *Team Foundation Server* como gestor del código fuente, también podemos elegirlo como herramienta de control del proyecto, tareas, requerimientos, etc.

- **Pros**

  o Una sola herramienta supondrá un ahorro de tiempo y trabajo en la burocracia necesaria para la correcta gestión de los recursos y los tiempos del proyecto, limitando los lugares donde se tendrá que reportar una tarea.

  o Una sola herramienta supone un nivel de transparencia total, permitiendo a todos los miembros del proyecto tener acceso a toda la información generada en el proceso. Esto sólo es una ventaja si el equipo está preparado para ser tan transparente sin roces interdepartamentales.

- **Contras**

  o El hecho de utilizar la herramienta para varias gestiones y equipos implicará que se añadan a la vez requerimientos y limitaciones que harán el proceso menos ágil. Comentarios útiles para los desarrolladores no querrán ser vistos por el equipo de proyecto. Y a su vez el equipo de proyecto incluirá procesos y métricas que no serán útiles durante el desarrollo.

  o El desglose de tareas de desarrollo no siempre va a coincidir con el desglose de las tareas de proyecto. Los procesos de desarrollo no coincidirán con los hitos del proyecto y con esto perderemos la efectividad de utilizar un solo sistema.

Enlace: Visual Studio Online Guidance for Consulting Teams and System Integrators

http://www.microsoft.com/en-us/download/details.aspx?id=42283

11.7.-¿Un proyecto de TFS para cada cliente/producto?

Si utilizamos *Team Foundation Server* como gestor de proyectos y tareas, además de para gestionar el código fuente, es importante definir bien las estructuras que albergarán tanto el código, como las tareas.

Lo más obvio sería crear un proyecto para cada cliente/producto, y dentro de estos proyectos crear tantas ramas como sean necesarias para las diferentes versiones y parches. Este es un punto de partida correcto, pero obligará a los desarrolladores a buscar las tareas pendientes para cada proyecto. Si se quiere centralizar la gestión de tareas para todos los proyectos, será necesario utilizar estructuras menos evidentes de *Team Foundation Server* como las *Áreas*.

Este tema como muchos otros, no tiene nada que ver con *Microsoft Dynamics AX* sino que es propio de TFS y sus posibilidades. Si se opta por esta opción, es recomendable la lectura de bibliografía propia de TFS para poder valorar y aprovechar todas las oportunidades que ofrece.

> **Enlace:** When should I use Areas in TFS instead of Team Projects in Team Foundation Server
>
> http://nakedalm.com/when-should-i-use-areas-in-tfs-instead-of-team-projects-in-team-foundation-server-2010/

Como ya hemos comentado, tanto la estrategia de *branching* elegida, como el número de proyectos que se cree, va a determinar la estructura a configurar, también, para nuestro *repositorio local* (las carpetas donde se almacenan los ficheros que maneja el VCS).

12.- OTRAS HERRAMIENTAS

En este capítulo hemos visto las herramientas más importantes en tamaño y utilidad de todo el conjunto de herramientas que componen el entorno *MorphX*. Es habitual que no se utilice alguna, por ejemplo el *Unit Testing* si en la empresa no se realizan pruebas, pero en general todas ellas deben ser conocidas para lograr una buena calidad y rendimiento en el desarrollo sobre *Microsoft Dynamics AX*.

Vamos a ver ahora otras herramientas que componen *MorphX* que, aun siendo importantes, son pequeñas y concretas y no necesitan una gran explicación, ya que su funcionamiento es en la mayoría de casos bastante evidente.

12.1.-Examinador de tablas

El examinador de tablas es una sencilla aunque fundamental herramienta durante el desarrollo en *MorphX* que, como su nombre indica, nos permite **examinar los datos** de las tablas desde el AOT. Para utilizarlo, *clic derecho > Abrir* sobre cualquier *Tabla, Vista o Data Source* (presentes en formularios, consultas o *DataSets*). Ver figura 59.

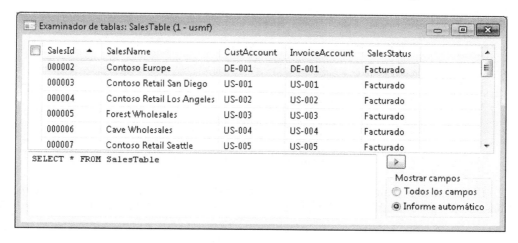

Figura 59.- Examinador de tablas

Los datos que se muestran se pueden filtrar utilizando la caja de texto inferior donde se puede introducir SQL en el formato de X++ que veremos más adelante.

Por defecto los datos siempre están filtrados para la empresa actual (si la tabla está configurada de esta manera) que se muestra en el título, por lo que el explorador puede no mostrar ciertos datos que sí existen en la tabla para otra empresa. Que el *Examinador de tablas* no muestre datos en una empresa no implica que la tabla subyacente esté totalmente vacía (esto es importante al configurar ciertos índices, etc.)

12.2.-Buscador

Desde prácticamente cualquier menú contextual del AOT se accede a la opción *Buscar*. Esta herramienta permite buscar en los elementos del AOT y el código X++ de estos elementos. Se pueden utilizar multitud de filtros disponibles en las diferentes pestañas.

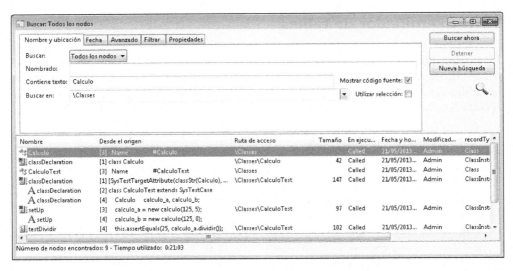

Figura 60.- Herramienta Buscador

El buscador es realmente útil, por ejemplo, para ver dónde se utilizan ciertos objetos, buscar ejemplos de utilización de código en el estándar, etc. Ver figura 60.

12.3.-Comparador

La herramienta de comparación sirve, como su nombre indica, para **comparar las diferentes versiones** de un objeto en el AOT. Existen multitud de puntos desde donde se puede invocar el comparador y, dependiendo de este contexto, las versiones a comparar tendrán diferente sentido.

Por ejemplo, al importar un fichero XPO, podemos comparar la versión de los objetos que se están importando desde el fichero, con todas las versiones disponibles en el AOT del mismo objeto. Pero también se pueden comparar dos objetos cualesquiera, seleccionándolos directamente en el AOT.

Los usos más habituales que se puede hacer de esta herramienta, y las versiones que comparan en cada caso son las siguientes:

- **Comparar capas**: Al utilizar la herramienta con un solo objeto del AOT, se comparan las diferentes versiones de ese mismo objeto en diferentes capas. Solo se muestran las capas donde el objeto haya sido modificado.

- **Importar ficheros**: Durante el proceso de importación de objetos al AOT desde ficheros XPO se compara la versión del objeto que ya existe en el AOT con la que se va a importar desde el fichero. La herramienta permite aplicar sólo algunos de los cambios de la versión del fichero, en vez de sobrescribir el objeto completo.

- **Comparar versiones**: Si está activado algún sistema de control de versiones (VCS), se pueden comparar diferentes versiones protegidas de un objeto para ver los cambios que se realizaron en cada *check-in* respecto a la versión anterior.

- **Comparar capas antiguas**: Si se guardan las versiones antiguas de los objetos durante las migraciones (en versiones anteriores se guardaban en la **carpeta *Old***, ahora en la **base de datos *Baseline***, como ya hemos comentado) podremos comparar la versión actual del objeto con las versiones anteriores del mismo objeto en la misma capa antes de la actualización.

- **Actualización de versión**: Durante el proceso de actualización de versiones del producto se utiliza esta herramienta para analizar los cambios que la nueva versión ha introducido en los objetos que se habían modificado previamente, para integrar esos cambios en la nueva versión de los objetos.

En la figura 61 se muestran dos versiones de un mismo objeto a comparar. La primera versión en rojo y la segunda en azul. En el editor de código se marcarán los objetos modificados, indicando en estos colores cuál es el código de cada versión. Se muestran botones con forma de pequeñas flechas que permiten aplicar o descartar cambios de cada versión para aceptar o rechazar las diferencias según sea necesario.

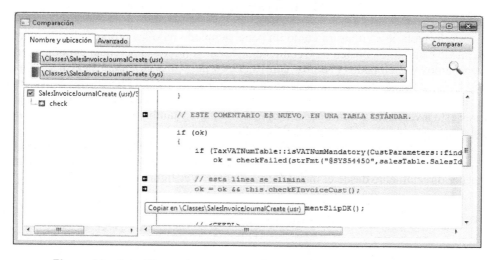

Figura 61.- Las diferencias entre versiones se muestran en rojo y azul

Esta herramienta utiliza un *framework* interno de comparación que se puede extender para utilizarlo en nuestros desarrollos. Se puede ver un ejemplo de comparación de clientes buscando en el AOT la clase *Tutorial_Comparable* que implementa el interfaz *SysComparable* .

Enlace: Compare Tool [AX 2012]

http://msdn.microsoft.com/en-us/library/aa849010.aspx

12.4.-Contexto de jerarquías y Explorador de jerarquías

Microsoft Dynamics AX está construido sobre un enorme árbol de herencia de clases. Existen diferentes herramientas para facilitar la comprensión de este árbol: El panel *Contexto de jerarquías de tipo*, que podemos abrir desde la correspondiente opción en el menú *Herramientas*. Ver figura 62.

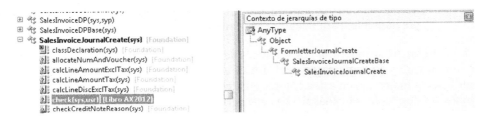

Figura 62.- Contexto de jerarquías de tipo

Este formulario se muestra como un panel acoplado bajo las propiedades de objetos (se puede cambiar de posición) y contiene un árbol con toda la herencia del objeto en el que estamos posicionados (*Tablas, Clases, Tipos de Datos Extendidos, Vistas, Mapas, etc.*) hasta el objeto que ocupa la primera posición en el árbol de herencias. Si hacemos clic derecho sobre alguno de estos nodos, se nos ofrecen opciones para compilar el objeto desde este nivel hacia arriba (*Regresivo*) o hacia abajo, y también el menú *Complementos* que aparecería al hacer clic en ese mismo objeto en el AOT.

La otra herramienta de análisis que nos interesa, se abre haciendo clic normal sobre los nodos de este árbol > *Explorador de jerarquías de tipo*, al que también podemos acceder directamente desde el menú *Herramientas*. Ver figura 63.

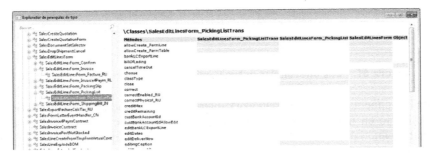

Figura 63.- Explorador de jerarquías de tipo

Este formulario nos muestra también el árbol de herencia del objeto seleccionado, pero además nos muestra en el panel de la derecha todos los elementos hijos (por ejemplo en una tabla serían los campos; en una clase los métodos, etc.) que han sufrido cambios en cada nivel de la herencia respecto al objeto del que heredan, permitiendo localizar rápidamente los cambios que especializa cada versión.

Enlace: Type Hierarchy Browser and Type Hierarchy Context [AX 2012]

http://msdn.microsoft.com/en-us/library/gg864119.aspx

12.5.-Referencia cruzada

Con referencia cruzada, en *MorphX* nos referimos a las referencias de uso entre elementos de desarrollo. Si un elemento utiliza (referencia) a otro elemento, esta referencia se almacena en los dos sentidos en la base de datos. Por tanto, siempre podemos saber qué elementos son referenciados por un elemento; y también por qué elementos es referenciado un elemento. Dicho de otra forma, tenemos un "*Quién utiliza a quién*".

El tamaño de esta información es bastante importante y el tiempo de procesado necesario para generarla también. Por este motivo no se mantiene actualizado automáticamente salvo que se configure específicamente en el compilador (lo que aumenta el tiempo de compilación notablemente). Por lo tanto, sobre todo en entornos de desarrollo con frecuentes cambios, es imprescindible programar periódicamente su actualización mediante el proceso que se encuentra en *Herramientas > Referencia cruzada > Periódico > Actualizar*. También se pueden actualizar las referencias cruzadas sólo de un proyecto de desarrollo para limitar el tiempo de proceso, haciendo clic derecho en el *proyecto > Referencia cruzada > Actualizar*.

Best Practice: Para que la herramienta pueda almacenar correctamente las referencias, no se recomienda utilizar nunca nombres de objetos en cadenas de texto o *macros*. Siempre que se referencie a un objeto desde el código X++, se debe hacer utilizando las funciones específicas para esta tarea, llamadas funciones *intrínsecas*, como *classStr* o *tableStr* que sí mantendrán la referencia de utilización correctamente. Las veremos en el siguiente capítulo.

Las referencias cruzadas son una herramienta imprescindible para consultar dónde se está utilizando un objeto y encontrar, por ejemplo, ejemplos de utilización de dicho objeto y aprender su funcionamiento, o valorar las consecuencias que tendría realizar un cambio sobre un objeto teniendo en cuenta todos los casos en los que se utiliza.

Dependiendo del tipo de elemento, nos permitirá realizar una, ninguna o las dos acciones de referencia cruzadas que podemos consultar y también cambiará el punto de acceso a la consulta, aunque siempre estará en el submenú *Complementos > Referencia Cruzada* del menú contextual (clic derecho) de los elementos compatibles:

- **Utilizado por**: Nos muestra todos los elementos donde se ha utilizado el elemento actual. En la figura 64 podemos ver una lista de los objetos que referencian a la tabla *CustTable*, desde donde se ejecutó la consulta.

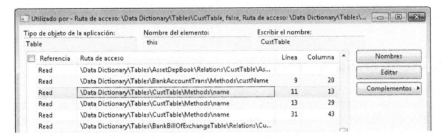

Figura 64.- Referencia Cruzada: Utilizado por...

- **En uso (vista inmediata)**: Muestra los elementos que son utilizados por el elemento actual. En la figura 65 vemos todos los objetos que son referenciados desde la tabla *CustTable*, desde donde se ejecutó la consulta.

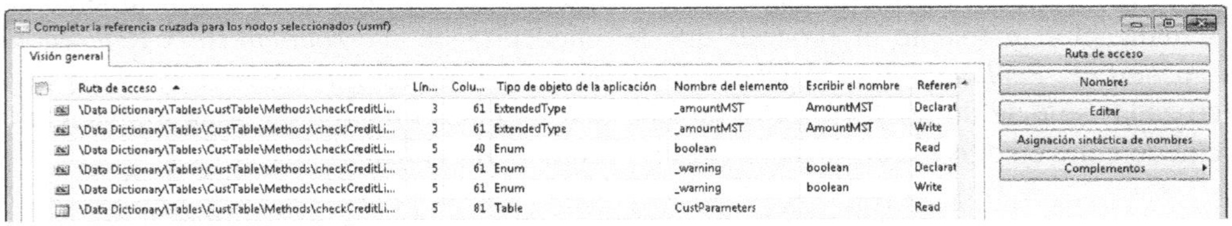

Figura 65.- Referencia Cruzada: En uso...

Desde ambas consultas se pueden realizar diferentes acciones y consultas sobre los objetos encontrados, como editarlos o realizar otra consulta de referencias cruzadas sobre ellos.

Enlace: Cross-reference Tool [AX 2012]

http://msdn.microsoft.com/EN-US/library/aa626961.aspx

12.6.-Ingeniería inversa

La herramienta de ingeniería inversa nos permite obtener, a partir de los metadatos almacenados en el AOT, esquemas del modelo de datos y del modelo de objetos. Esta funcionalidad obtiene los datos creados por las referencias cruzadas que ya hemos visto, por lo que si las referencias están actualizadas, el proceso se completará más rápidamente.

Esta herramienta es muy útil para averiguar las relaciones entre tablas y hacernos una idea del modelo de datos o de objetos de determinada funcionalidad para poder afrontar con garantías una modificación o ampliación de esa funcionalidad.

Al ejecutar la herramienta desde el menú *Herramientas > Utilizar técnicas de ingeniería inversa* obtenemos el diálogo de la figura 66. Lo primero que tenemos que seleccionar es el tipo de modelo que queremos obtener, siendo posible elegir el modelo de datos (se obtendrá desde las tablas) o de objetos (se obtiene desde tablas y clases) en *Visio*, o un modelo *Entidad-Relación* en el formato estandarizado *ERX*. Para poder utilizar las dos primeras, necesitamos tener **Microsoft Office Visio 2007 o superior** instalado en la máquina desde donde se va a ejecutar el proceso y es necesario que la versión de *Visio* instalada sea compatible con el modelo elegido (*Professional o Enterprise, 2007 o 2010*). Esta funcionalidad se ha eliminado en *Visio 2013* por lo que, por el momento, no se puede utilizar esta versión.

De no tener *Visio* instalado o una versión compatible (lo que es habitual en servidores), siempre se puede ejecutar el proceso con la última opción, que generará un fichero perfectamente importable en *Visio* desde otra sesión, aunque esta opción sólo está disponible para el modelo de datos, no para el de objetos.

Figura 66.- Herramienta de Ingeniería inversa

Lo siguiente que debemos especificar al proceso es qué objetos incluir en el diagrama (un diagrama de todos los objetos es inviable por su enorme tamaño), para lo cual nos permite elegir diferentes agrupaciones de objetos como proyectos privados o compartidos y perspectivas. Tendremos que tener preparada esta agrupación de objetos antes de ejecutar el proceso. Una muestra de modelo *UML* de objetos se muestra en la figura 67.

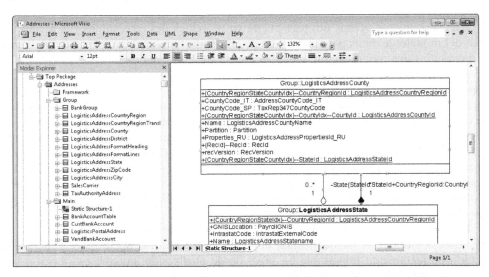

Figura 67.- Modelo UML de objetos en Microsoft Office Visio 2007

Enlace: Reverse Engineering Tool [AX 2012]

http://msdn.microsoft.com/EN-US/library/aa499193.aspx

12.7.-Trazas de código (Code Profiler)

Mediante la captura y análisis de trazas de código podemos medir el tiempo que tarda en ejecutarse el código X++. Es una métrica fundamental para medir el rendimiento de nuestras aplicaciones y detectar posibles cuellos de botella que introduzcamos con nuestras modificaciones. Por eso es interesante realizar una medición inicial antes de tocar nada, que usaremos como referencia, y volver a medir al completar la modificación para ver si el rendimiento se ha visto afectado.

Para utilizar esta herramienta vamos al menú *Herramientas > Trazas de código* y se nos abre un pequeño formulario con un botón *Inicio*, que pulsaremos para empezar a guardar la traza. Mientras se está grabando la traza podemos utilizar otra sesión con el cliente normal de *Microsoft Dynamics AX* para ejecutar la funcionalidad que queremos medir. Al finalizar la tarea que deseamos medir, volvemos a la traza y pulsamos el botón *Detener*, lo que guardará los datos en la base de datos y nos pedirá un nombre identificativo de esta grabación. Ver figura 68.

Desde este mismo formulario podemos pulsar el botón *Ejecución de la traza* para ver las grabaciones que tenemos almacenadas.

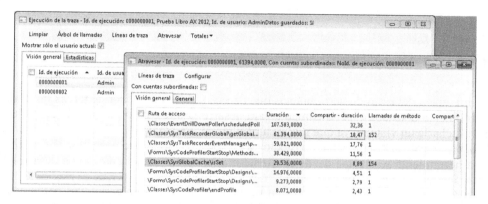

Figura 68.- Detalles de trazas de código

Desde el detalle de la ejecución de traza es desde donde podremos consultar toda la información que se ha recopilado, utilizando los botones situados en la parte de arriba del formulario:

- **Árbol de llamadas**: Jerarquía de las llamadas a métodos.

- **Líneas de traza**: Líneas ejecutadas con su tiempo de ejecución.

- **Atravesar**: Muestra el tiempo empleado en la ejecución de cada método comparado con el tiempo total. Quizás una traducción más acertada de *Traverse* sería **Cruzar** o *Recorrer*. Muy útil para encontrar cuellos de botella en el código. (ver figura 68).

- **Totales**: Muestra información agregada (las anteriores muestran detalle) sobre el tiempo empleado por línea, método, etc.

Y por último, también es posible ejecutar la traza de código desde el propio código X++ utilizando un par de macros diseñadas para ello. Esto sólo lo haremos durante el desarrollo, nunca debemos usar estas macros en el código de producción ya que perjudicaría seriamente el rendimiento:

```
Private void codigoTrazado()
{
    ...
    ;

    #profileBegin("Nombre de la traza")
```

```
        // ...
        // Código que se incluirá en la traza
        // ...

        #profileEnd

        ...
    }
```

12.8.-Grabador de tareas

A diferencia del resto de herramientas que hemos visto, el grabador de tareas no es una herramienta diseñada específicamente para desarrolladores, pero por su utilidad vale la pena echarle un vistazo, ya que nos va a resultar de gran ayuda a la hora de documentar pruebas o realizar documentación funcional de nuestras modificaciones. Por este motivo, esta herramienta se ejecuta desde el cliente normal (no desde el entorno de desarrollo) en el menú *Archivo > Herramientas > Grabador de tareas*.

Al ejecutarlo, sólo nos mostrará un pequeño diálogo con unos botones parecidos a los de un dispositivo de grabación de video o audio. Para utilizarlo solo tenemos que pulsar el botón de grabación (el círculo rojo) y después realizar tareas en el cliente de *Microsoft Dynamics AX* de manera normal. Todos los clics que hagamos se guardarán en la base de datos hasta que pulsemos el botón de detener la grabación (el cuadrado azul). Si queremos guardar alguna imagen extra podemos hacer clic manualmente en el icono de captura de pantalla. Después de parar la grabación se nos pregunta si queremos guardar la tarea, y en caso afirmativo se solicita un nombre para la grabación. Así de fácil. Ver figura 69.

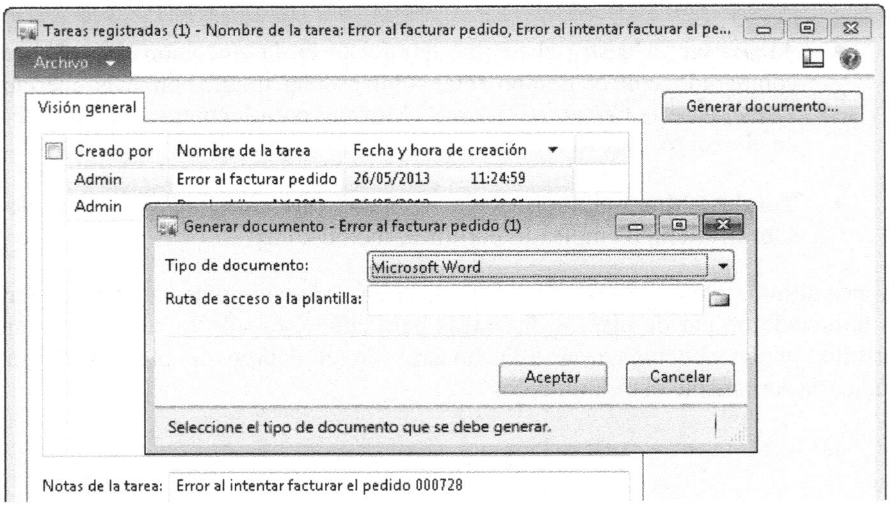

Figura 69.- Grabador de tareas. Ver tareas registradas y generar documento

Si pulsamos el último botón (ver y mantener las tareas registradas) accedemos al registro de tareas guardadas y se nos muestra un botón con el que podremos generar un documento de *Microsoft Office Word, PowerPoint o Visio* con los pasos realizados durante la grabación. Incluso se puede generar el documento sobre una plantilla creada anteriormente con un diseño base. El documento que se genera no tiene exactamente el mismo formato, dependiendo de la aplicación de destino: En *Word* es una secuencia paso a paso de capturas de pantalla y descripción de las acciones realizadas; en *PowerPoint* es una presentación con una captura de pantalla por diapositiva; en *Visio* es un diagrama de flujo que ilustra los pasos realizados durante la captura. Ver figura 70.

De la misma manera que en la herramienta de ingeniería inversa, para que esta opción funcione deben estar instaladas las aplicaciones *Microsoft Office* correspondientes.

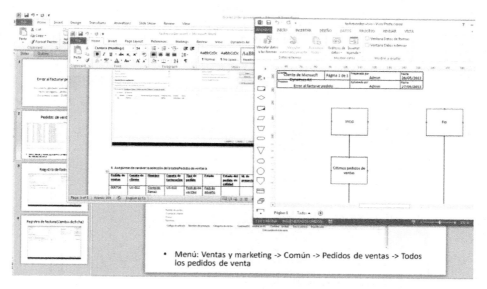

Figura 70.- Documentos generados por el grabador de tareas

Enlace: Use Task recorder to create documents and training quickly

http://technet.microsoft.com/en-us/library/jj683224.aspx

12.8.1.- Gestor de tareas avanzado y Lifecycle Services

Existe una actualización del *Grabador de tareas* para facilitar la integración con los llamados **Microsoft Dynamics Lifecycle Services (LCS)**. Estos servicios pretenden ser una plataforma en la nube para la integración de todo el proceso de implantación de los sistemas *Microsoft Dynamics*, de manera que sea accesible para todas las partes implicadas (Clientes, *Partners*, Desarrolladores, etc.).

Enlace: Business process modeler (Lifecycle Services) [AX 2012]

http://technet.microsoft.com/en-us/library/dn268623.aspx

Una de las herramientas integradas en estos servicios es el ***Business process modeler***, que permite importar ficheros generados en la nueva versión del *Grabador de tareas* a modo de demostraciones o manuales de cómo realizar tareas en la aplicación.

Aparte de esto, la herramienta ha sufrido numerosas actualizaciones que permiten, por ejemplo, que pueda guardar trazas de *Microsoft Word* sin tener instalado *Microsoft Office* en la misma máquina, o que permita la grabación de los pasos realizados directamente en formato **vídeo**, que se podrá visualizar en cualquier reproductor. Ver figura 71.

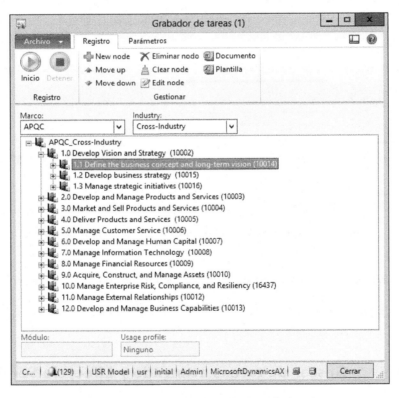

Figura 71.- Nueva versión del Task Recorder

Esta nueva versión está disponible para todas las versiones de *Microsoft Dynamics AX 2012* en el ***KB2863182***, y viene incluido desde la actualización *Cumulative Update 6 (CU6)* para *Microsoft Dynamics AX 2012 R2*. Todos los detalles acerca de su configuración y uso y las limitaciones acerca de las nuevas funcionalidades se detallan en el siguiente *white paper*:

Enlace: Microsoft Dynamics AX 2012 White Paper: Task Recorder Update

http://www.microsoft.com/en-us/download/details.aspx?id=39353

El lenguaje X++

Microsoft Dynamics AX está desarrollado en un lenguaje propio llamado X++, incluyendo tanto el desarrollo de la lógica de negocio estándar como cualquier modificación realizada por terceros. Es muy parecido a C# y *Java* por lo que su aprendizaje básico es sencillo, aunque será necesario conocer sus particularidades para sacarle el máximo rendimiento.

1.- INTRODUCCIÓN

El hecho de que éste sea un libro de programación y hayan pasado tantas páginas sin entrar a ver el lenguaje no es casual. El entorno de desarrollo *MorphX* permite que una gran parte de la creación y personalización de objetos de todo tipo se realice de forma visual utilizando técnicas conocidas de arrastrar y soltar y ajustar propiedades. Si algo puede hacerse de esa manera, esa es la mejor manera de hacerlo. **Solamente** utilizaremos la programación mediante código para las tareas **que no se puedan realizar utilizando** *MorphX*. Seguir esta buena práctica facilitará el trabajo de mantenimiento de los desarrollos y la actualización a nuevas versiones.

X++ es un lenguaje **orientado a objetos** y forma parte del entorno de desarrollo *MorphX* que ya conocemos. La sintaxis es parecida a C# y *Java* aunque con algunas particularidades orientadas sobre todo a hacerlo un mejor lenguaje de **manejo de datos**. Por lo tanto para profesionales que ya estén habituados a lenguajes similares, el aprendizaje del lenguaje y la sintaxis resultará evidente.

Siguiendo con la buena práctica anterior, el lenguaje X++ queda relegado en *MorphX* a la ejecución de **procesos sobre los datos** para ejecutar y garantizar la lógica de negocios. No hay que perder de vista que todo el entorno *MorphX* está orientado a desarrollar una aplicación de gestión empresarial y todas las herramientas están diseñadas para este fin, lo que lleva en la mayoría de casos al procesado de datos.

En X++ no es necesario destruir los objetos (la memoria se libera en función del ámbito de la ejecución), no hay punteros, y se permite un gran nivel de reflexión. Esto es, los objetos del AOT pueden crearse, modificarse y destruirse entre ellos. De hecho lo hacen, y es común que objetos comprueben el estado de otros objetos mediante código.

Puesto que X++ existe exclusivamente dentro de *Microsoft Dynamics AX* (es un lenguaje propietario) se integra perfectamente con las particularidades de este producto, tales como la arquitectura cliente-servidor (código que se ejecuta en el cliente, y código que se ejecuta en el AOS), la empresa activa en el momento de la ejecución, permisos y toda la configuración de seguridad, etc.

Todo el código generado (incluido el código CIL de .NET) en las diferentes capas se almacena en la base de datos (en la *Model Store*), incluyendo el código intermedio generado durante la compilación, y es interpretado finalmente en tiempo de ejecución. Es importante entender este modelo de ejecución para optimizar el rendimiento de nuestros desarrollos y comprender ciertos errores que se muestran habitualmente. Profundizaremos sobre el nuevo proceso de compilado en el capítulo 8 *"Integración con .NET y Servicios web"*.

Como vimos en el capítulo anterior, en *MorphX* tenemos los objetos del AOT llamados *Jobs* para probar y ejecutar código aislado y de manera manual. El código que escribamos en un *Job* se ejecutará de manera independiente y aislada y será de gran utilidad para probar código durante el desarrollo. También nos servirá para practicar e investigar sobre el lenguaje durante el aprendizaje. Es recomendable ejecutar los pequeños trozos de código que ilustran este capítulo, recorriéndolos paso a paso con el depurador para comprobar los resultados.

2.- NOMBRAR OBJETOS, VARIABLES Y MÉTODOS

El lenguaje X++ no distingue mayúsculas y minúsculas, aunque existen una serie de **buenas prácticas** para nombrar objetos y variables que es bueno conocer y seguir de manera rigurosa. De esta forma mejoramos la **legibilidad** de nuestro código, facilitamos el **mantenimiento** tanto por nosotros mismos como por otros profesionales y hacemos que nuestro código se integre de manera **transparente** en el código estándar:

- Por norma general para nombres compuestos por varias palabras se escriben juntas en formato *CamelCase* y se utilizan nombres en **inglés** americano. (*en-US*). Esto es fundamental para poder certificar desarrollos en Microsoft, por lo que se recomienda hacerlo así en cualquier caso.

- Los **tipos de datos primarios** se referencian siempre en minúsculas. Ej: *str*.

- Los nombres de **objetos** del AOT (Tablas, Clases, EDT, etc.) empiezan siempre por mayúsculas. Ej: *CustTable, CustAccount, NoYes*.

- Los nombres de **variables, métodos y funciones** empiezan siempre por minúsculas. Ej: *custTable, construct, typeOf* y nunca se incluye el tipo de datos. Ej: ~~intCount~~.

- Los **parámetros** de métodos y funciones empiezan siempre por el carácter guion bajo seguido de minúsculas. Ej: *private void find(RecId _recId)*.

La buena práctica es utilizar siempre tipos de datos extendidos, que son objetos creados en el AOT. Para crear variables de estos tipos se utiliza **el mismo nombre** del EDT pero en minúsculas, salvo que esto provoque problemas de legibilidad si se manejan varias variables del mismo tipo.

> **Enlace**: Top Best Practices to Consider [AX 2012] (Naming)
>
> http://msdn.microsoft.com/EN-US/library/cc967435.aspx#Name

En la aplicación estándar se sigue una estructura de nombres que debe mantenerse para poder encontrar fácilmente los objetos creados. Esta estructura es básicamente: **Área funcional + Elemento funcional + Acción o Tipo**. A esta estructura se suele añadir un **prefijo** que aísle los objetos creados para un determinado cliente o solución de los objetos estándar, para evitar posibles conflictos de nombres en el futuro.

Por ejemplo: Tabla *CustInvoiceTable* (*Cust* = Clientes, *Invoice* = Factura, *Table* = Tipo), Clase *PriceDiscAdmCopy* (*PriceDisc* = Acuerdos Comerciales (Precios), *Adm* = Administración, *Copy* = Acción Copiar).

Es necesario conocer y utilizar el nombre de los módulos y sus abreviaturas. Por ejemplo: *Cust* = Clientes, *WMS* = Gestión de almacenes (*Warehouse Management System*), *BOM* = Lista de materiales (*Bill Of Material*).

Existen algunas excepciones a este formato, como el prefijo *DEL_* o los subfijos propios de países (*_ES, _BR, _PT*, etc.) para indicar que los objetos se van a eliminar en la próxima versión o que pertenecen únicamente a la localización de un país; o el prefijo especial *Sys*, que no hay que utilizar y se reserva para objetos del sistema.

Si no se siguen estas buenas prácticas, será prácticamente imposible para un desarrollador encontrar objetos en la jerarquía que no haya creado él mismo, lo que dificultará la reutilización de objetos y, por extensión, el mantenimiento y coherencia de los desarrollos.

3.- TIPOS DE DATOS

En X++, como en todos los lenguajes, existen diferentes tipos de datos básicos. Lo que no es tan común es la funcionalidad de *tipos de datos extendidos* (*EDT, Extended Data Type*) y también tenemos algunos tipos de datos *compuestos*. Unos resultarán más familiares que otros para los programadores que vengan de otras plataformas.

Enlace: Data Types in X++ [AX 2012]

http://msdn.microsoft.com/en-us/library/aa853792.aspx

3.1.- Tipos de datos primarios

Los tipos de datos primarios son los tipos de los que descienden todos los demás. A continuación veremos que en X++ se pueden definir multitud de tipos complejos, pero todos ellos derivan en su origen de uno de estos tipos primarios, que son los que se almacenan en la base de datos. Ver Tabla 1.

Los tipos de datos primarios se representan siempre en minúsculas, incluyendo los valores *true, false y null*.

En X++ los tipos de datos **no son *nullables***, por lo que al crear una variable automáticamente se inicializa a su valor inicial, que depende de cada tipo concreto. Sólo los objetos (instancias de clase) pueden contener un valor nulo cuando no se han instanciado.

Tabla 1.- Tipos de datos primarios

Tipo	Descripción
anytype	Tipo de datos genérico.
boolean	Tipo de datos booleano (*true* o *false*)
str	Cadena variable de caracteres.
int	Número entero de 32 bits.
int64	Número entero de 64 bits.
real	Número con decimales.
date	Fecha (día, mes, año)
timeOfDay	Hora (horas, minutos, segundos)
utcDateTime	Fecha y Hora (día, mes, año, hora, minutos, segundos)
guid	Identificador global único.

Existe un tipo de datos propio de X++ que podríamos considerar primario, dependiendo del punto de vista, que llamamos ***Enumerado (Base Enum)***. Lo veremos a continuación.

Cabe mencionar como caso especial el tipo primario *anytype*, que nos permite representar en una variable un valor de cualquier tipo. Cuando se asigna un valor a la variable por primera vez, se le asignará el tipo de datos de ese valor y ya no podrá cambiarse. No hace falta recordar que esta práctica se debe evitar siempre que sea posible, aunque el estándar lo utiliza en algunas funciones que pueden recibir parámetros de diferentes tipos. Se puede obtener el tipo de una variable utilizando la función ***typeOf***, que devuelve un valor del enumerado ***Types***.

3.2.- Tipos de datos extendidos

Los **Tipos de Datos Extendidos** (*EDT, Extended Data Types*) representan tipos más orientados a la funcionalidad que los tipos de datos primarios de los que extienden. Representan entidades del **mundo real** con sus particularidades. Por ejemplo un tipo de datos extendido es el *código de cliente* (*CustAccount*), que extiende de un *str 20* por defecto. Los EDT pueden, además, heredar de otros EDT y de tipos de datos primarios incluyendo *Base Enums*. De esta manera el tipo de datos *Fecha de vencimiento (DueDate)* hereda del tipo *Fecha de transacción (TransDate)* que a su vez hereda del tipo primario *date*.

En nuestro código X++ utilizaremos siempre tipos de datos extendidos, que previamente deben haberse creado en el AOT (**Data Dictionary > Extended Data Types**). La utilización de EDT frente a tipos primarios tiene multitud de ventajas que iremos viendo, sobre todo la mejora en la **legibilidad del código** y la facilidad de mantenimiento que supone modificar un tipo de datos y que el sistema **actualice automáticamente todas las referencias** de ese tipo a la nueva configuración. Por ejemplo, si se amplía el código de cliente (de tipo *CustAccount*) a 30 dígitos, el sistema actualizará todas las tablas para reflejar este cambio, incluyendo la sincronización de las tablas de la base de datos en *Microsoft SQL Server*, actualizará los formularios para adaptar el campo al nuevo tamaño, y también actualizará los informes que tengan un diseño automático para acomodar el nuevo tamaño.

Se deben reutilizar los EDT estándar siempre que sea posible, para lo cual es necesaria cierta experiencia para conocer los que existen y cómo buscarlos, aunque se deben crear EDT nuevos siempre que sea necesario para **representar entidades funcionalmente nuevas**. Por ejemplo si trabajamos en un desarrollo que represente camiones, no hay ningún EDT que sirva para esto. Aunque sea un *str 20* como el código de cliente, no representa la misma entidad y por tanto hay que crear un EDT nuevo. Pero si para ese camión queremos almacenar el precio de coste podemos utilizar el EDT que ya representa un precio de coste, o si decidimos que vale la pena crear uno nuevo por otros motivos, conviene heredar de éste para que tenga la misma forma y herede sus propiedades comunes.

Los tipos de datos extendidos añaden a los tipos primarios de los que heredan multitud de propiedades con las que podemos afinar al máximo la entidad que representan. Desde ajustes obvios como el tamaño del texto, el número de decimales, etc. hasta detalles sencillos pero importantes como el nombre que se mostrará a los usuarios cuando vean este campo (*Label*), el texto de ayuda que se muestra en la barra de estado (*Help Text*), etc. Ver figura 1.

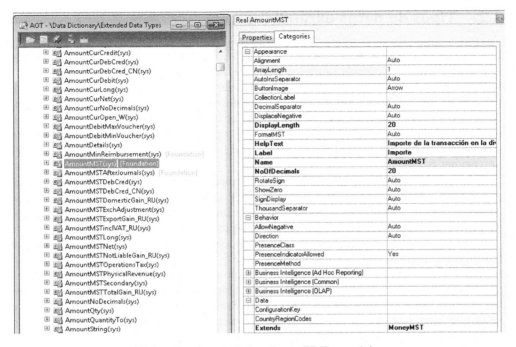

Figura 1.- Propiedades de un EDT numérico

3.3.- Enumerados Base (Base Enums)

Los enumerados son tipos de datos que definen una lista fija de elementos asociados a un numeral. Se llama **Base Enum** a este elemento, y sólo **Enumerado** (**Enum**) a los tipos de datos extendidos que se basan en un *Base Enum*.

El *Base Enum* propiamente dicho, sólo tiene un nombre y una *Label* asociada. Cada uno de los elementos que componen la enumeración contiene **un valor entero** que se asigna automáticamente comenzando en 0, aunque se puede cambiar; **un nombre**, que será utilizado desde el código X++ y se debe nombrar siguiendo las buenas prácticas de nomenclatura de variables (sin espacios, acentos, etc.) y **una *Label*** que será el valor que se muestre a los usuarios.

Los *Base Enums* deben crearse en el AOT antes de poder utilizarse, en el nodo **Data Dictionary > Base Enums**. La manera de referenciar un valor de enumerado en X++ es **BaseEnum::Nombre**, donde *Nombre* es el nombre que hemos asignado a ese valor (no debe confundirse con la *Label*, que es el texto que ve el usuario; ni con el *ID*, que es el valor numérico que representa). Ver figura 2.

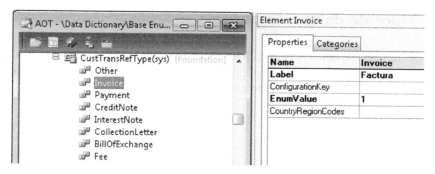

Figura 2.- Base Enum en el AOT

Al representar el enumerado en formularios se nos mostrará la lista de valores como un desplegable, y en informes se mostrará sólo el valor actual como texto. Internamente y en la base de datos se maneja el valor entero que representa al elemento de la lista por lo que, a efectos prácticos, la variable contiene un valor entero.

Best Practice: Es una buena práctica crear un EDT basado en un *Base Enum* y utilizar este EDT en lugar del *Base Enum* tanto en el diccionario de datos como en código. Esto facilita la reutilización y posterior herencia.

Best Practice: Es una buena práctica crear un elemento del enumerado en primer lugar, con **valor *0*, nombre *Blank* y dejando la *label* en blanco** que representará el valor vacío por defecto del enumerado.

Si no se hace así no se podrá representar un valor vacío. Los componentes gráficos permiten ocultar este valor en formularios si es necesario, y de esta forma hacer el campo obligatorio.

Los enumerados se utilizan en multitud de ocasiones en la aplicación estándar y su uso es más que aconsejable cuando se manejan listas de opciones limitadas y no variables, ya que su almacenamiento, manejo y mantenimiento son muy eficientes. Por ejemplo, se utilizan en la herencia de tablas para discriminar el tipo exacto de registro creado en la tabla maestra, etc.

Truco: Existe el enumerado estándar *NoYes* (y el EDT *NoYesId*) que, como su nombre indica, representa un valor booleano *Sí/No*. Se utiliza este enumerado en vez del tipo base ***boolean*** porque este EDT es representable gráficamente por un *CheckBox* en formularios, y por sus *labels* traducibles *Sí/No* en informes.

Una variable de tipo *NoYes* (o *NoYesId*) se puede asignar directamente a otra de tipo *boolean* y viceversa, ya que existe una conversión implícita entre el tipo primario *boolean* y los valores 1 y 0 del enumerado.

3.4.- Tipos de datos compuestos

Aparte de los tipos de datos primarios y los extendidos, disponemos de una serie de tipos de datos compuestos. Son tipos de datos que nos permiten combinar los tipos vistos anteriormente para formar colecciones y estructuras más complejas.

3.4.1.- Matriz (Array)

Una matriz es una colección de variables del mismo tipo, que se define en su declaración. X++ sólo soporta **matrices** con **un solo índice, que empieza en 1**. El índice 0 se utiliza para reiniciar los valores de todos los elementos a la vez.

Tenemos matrices **de longitud fija**, que se declaran con un tamaño determinado que no se puede modificar durante la ejecución; matrices **de longitud variable**, que se declaran sin especificar un tamaño de manera que la variable va añadiendo valores durante la ejecución; y por último tenemos matrices *"parcialmente en disco"* que se declaran con tamaño fijo o variable, pero especificando cuántos elementos se van a guardar en memoria, almacenando los que sobrepasen esta cantidad en el disco. Este último caso sólo es útil cuando se carga un número muy elevado de elementos.

```
// Matriz de enteros de longitud fija (10 elementos)
int arrayEnteros[10];

// Matriz de cadenas de texto de longitud variable
str arrayStrings[];

// Matriz de variables del enumerado NoYes
// Longitud variable aunque sólo 5 se guardan en memoria
NoYes arrayEnums[, 5];
// Se cargará en memoria de forma dinámica
arrayEnums[12] = NoYes::Yes;

// El índice 0 reinicia los valores de la matriz
arrayEnteros[0] = 0;
```

Las matrices son el tipo de datos compuesto más primitivo. A pesar de eso, en X++ se utilizan en contadas ocasiones, ya que habitualmente hay otros tipos de estructuras más apropiados para la mayoría de situaciones.

Existe la posibilidad de crear un **campo de una tabla como** *matriz*, generando de esta manera varios campos iguales en la tabla que se gestionarán de forma sencilla. Este es el caso habitual de uso de matrices en *MorphX*.

3.4.2.- Contenedor (Container)

Un contenedor es una colección de longitud variable de valores de cualquier tipo primario, que puede ser diferente en cada elemento. Los contenedores son ampliamente utilizados en X++ como **colecciones genéricas**, y también se pueden utilizar como tipo de un **campo de tabla**, permitiendo almacenar varios valores en un mismo campo (internamente se guardan serializados), aunque los usos prácticos de esta posibilidad se limitan a casos concretos. Por ejemplo, es la manera de declarar campos de tipo *Blob o Bitmap* en la base de datos, se utilizan en *frameworks* internos (como las *dimensiones*) y como mecanismo de serialización y deserialización de objetos (*pack y unpack*).

A pesar de que los contenedores son estructuras que permiten una gran flexibilidad mediante el uso de funciones específicas, en su implementación interna son estructuras fijas, por lo que para añadir y eliminar valores el sistema crea un nuevo contenedor e inserta en esta nueva versión los valores resultantes de la operación. Por tanto esta flexibilidad tiene un coste en el **rendimiento** si se abusa de ellos. Es por esto que los contenedores son ideales para funcionalidades que no supongan grandes modificaciones en el tamaño o el contenido de sus elementos. Para operaciones que necesiten insertar gran cantidad de datos es mejor utilizar **Listas**.

Como muestra el siguiente código, los contenedores se pueden manejar utilizando una sintaxis sencilla y conocida ya que a pesar de ser un tipo compuesto, el compilador los considera un tipo primario.

```
RecId        recId; // int64
str          texto, empresa;
real         pi;
date         fecha;
container    con1, con2, con3;

// Se pueden asignar valores directamente ...
con1 = ["Primero", recId, 3.1416];

// ... y también añadirlos.
con2 += curext();

// Se pueden sumar contenedores
con3 = con1 + con2 + systemDateGet();

// Y utilizarlos como destino de una asignación
[texto, RecId, pi, empresa, fecha] = con3;

conView(con3);
```

Existen una serie de funciones predefinidas para el manejo específico de contenedores (como curiosidad, son métodos estáticos de la clase *Global*), que se muestran en la Tabla 2.

Tabla 2.- Funciones para el manejo de contenedores

Función	Descripción
conIns	Inserta un valor al contenedor. Sólo debe usarse para insertar valores en posiciones que no sean la última. Para añadir un elemento al final es más eficiente el operador +=
conDel	Elimina un valor del contenedor.
conPeek	Lee un valor del contenedor. Devuelve un valor de tipo *anytype*.
conPoke	Sustituye un valor del contenedor.

Hay funciones dedicadas a convertir valores de otros tipos a contenedores y viceversa: *containerFromXMLNode, con2Str, str2Con, con2ArraySource, con2Buf, con2List*, etc.

También disponemos de la función *conView* que muestra un formulario dinámico con el contenido del contenedor. Esta función se utiliza sobre todo durante el desarrollo para tareas de pruebas y depuración. No es recomendable utilizarla para presentar datos al usuario.

3.4.3.- Colecciones

Existen diferentes estructuras en X++ que, en rigor, no son tipos de datos sino implementaciones de clases del sistema, pero puesto que se utilizan como tipos de datos se han incluido en esta sección para facilitar la referencia.

Las **listas** (*List*) son colecciones de valores de un mismo tipo y de acceso secuencial. No son tan flexibles como los contenedores pero su rendimiento es mucho mejor cuando se desea almacenar grandes listas añadiendo valores en bucle. Su utilización es muy similar a la implementación en otros lenguajes:

```
List                list = new List(Types::Integer);
ListEnumerator      lenum;
int                 element;

// Añadir elementos
list.addEnd(7);
list.addEnd(5);
list.addStart(82);

// Es necesario un iterador para recorrerla
lenum = list.getEnumerator();
while (lenum.moveNext())
{
    // Obtiene el elemento actual
    element = lenum.current();

    info(int2str(element));
}
```

Además de listas podemos encontrar otras estructuras de uso menos frecuente como **conjuntos** (*Set*), grupos de valores únicos no ordenados; y **pilas** (*Stack*), que sólo permiten recuperar el último elemento (*LIFO*). No entraremos en detalle sobre ellas ya que en líneas generales su implementación y utilización es la misma que las Listas y es bastante intuitiva.

Otra estructura que vale la pena tener en cuenta son los **Mapas** (*Map*). Son estructuras del tipo *clave-valor* muy útiles para hacer agrupaciones. Su utilización es parecida a la vista para Listas, pero con alguna particularidad:

```
Map             mapa;
MapIterator     mapIt;
real            num;
```

```
mapa = new Map(Types::String, Types::Real);

mapa.insert('uno', 1);   // String, Real
mapa.insert('dos', 2);

//num = mapa.lookup('tres'); // ERROR! La clave no existe!
num = mapa.exists('tres') ? mapa.lookup('tres') : 0;

mapIt = new MapIterator(mapa);
while (mapIt.more())
{
    info(strFmt("Clave: %1, Valor: %2", mapIt.key(), mapIt.value()));
    mapIt.next();
}
```

Por último, aunque en rigor no podamos considerarla una colección, tenemos la clase **Struct**, que permite almacenar diferentes valores que se pueden leer y asignar mediante un nombre y pueden ser de cualquier tipo. Se puede utilizar para hacer que un método devuelva varios valores, aunque lo más habitual en este caso es utilizar contenedores.

```
Struct        struct;
CustTable     custTable; // por ejemplo...

struct = new Struct('str codigo; Common tabla');
struct.value('codigo', 'C1');
struct.value('tabla',  custTable);

custTable = struct.value('tabla');
```

Puesto que estos tipos internamente son clases, se pueden generar nuevas clases que las extiendan o especialicen y los objetos que instancian se pueden utilizar como parámetros de métodos y funciones y como valores de retorno, igual que cualquier otro tipo de datos.

3.4.4.- Clases y Tablas como tipos de datos

Todas las clases, tanto las que existen en el AOT como las del sistema, se pueden tratar en X++ como tipos de datos. Se pueden crear variables con esos tipos, que serán objetos que instancian la clase. Una variable creada pero no instanciada contiene el valor *null*. Nada nuevo respecto a cualquier otro lenguaje orientado a objetos.

Es más interesante la utilización de tablas como tipos de datos. Podemos declarar una variable con una tabla como tipo y esta variable podrá ser utilizada como un objeto. Desde este objeto se podrá acceder a los **campos de la tabla** (como propiedades del objeto) y a los **métodos públicos**. Un objeto de este tipo representa **un solo registro** de la tabla, por eso se las suele llamar variables de tipo registro (*record* o *buffer*).

Podemos entender las tablas como una especialización de una clase *tabla genérica*, de la que heredan el resto. Esta implementación genérica se representa con la tabla de sistema **Common**, que podemos entender como la tabla de la que heredan todas las demás. Esta tabla se utiliza siempre que sea necesario referenciar una tabla cualquiera, sin especificar una en concreto, e implementa una serie de propiedades y métodos presentes en todas las tablas. Ampliaremos las afirmaciones anteriores más adelante.

Para ver las posibilidades que ofrece esta capacidad de X++, a continuación se muestra un ejemplo de utilización de ciertas funciones de reflexión para manejar tablas como objetos genéricos:

```
SalesPool    table;
DictTable    dictTable;
int          i, id;
;

// Obtenemos el primer registro de la tabla
select firstOnly table;

// Todas las tablas tienen un TableId único
dictTable = new DictTable(table.TableId);

// Se pueden recorrer los campos de la tabla
for(i = 1; i <= dictTable.fieldCnt(); i++)
{
    // Obtenemos el ID del campo
    id = dictTable.fieldCnt2Id(i);

    // Podemos referenciar los campos por ID
    print strFmt("%1 = %2", dictTable.fieldName(id), table.(id));

}

pause;
```

3.4.5.- Referenciar elementos. Funciones intrínsecas

En X++ es habitual referenciar tipos y objetos del AOT directamente desde el código. Un elemento del AOT puede ser referenciado por su nombre o por su ID. Para asegurar la estabilidad de este código que referencia a objetos, **nunca debe utilizarse directamente el nombre como texto o el ID como un valor numérico absoluto**.

Para ello se nos ofrece una lista de funciones que nos devuelven el nombre o el ID actual de cualquier elemento de una manera dinámica (el ID puede cambiar entre diferentes entornos). De esta forma, si el nombre del elemento cambia, el **compilador** podrá reconocer este cambio y mostrar el error en el código dependiente. Si se utiliza una cadena de texto para indicar el nombre de un objeto y este nombre cambia, el compilador no podrá enterarse de este cambio y no podremos encontrar estas dependencias. Además estas funciones se incluyen en los datos de **Referencias Cruzadas** de los que ya hemos hablado.

Como la lista de funciones intrínsecas es extensa, incluimos un enlace a la lista oficial, que se mantiene actualizada:

Enlace: Intrinsic Functions [AX 2012]

http://msdn.microsoft.com/EN-US/library/aa626893.aspx

Es muy habitual el uso de estas funciones en el manejo de consultas, como veremos, para referenciar tablas y campos, índices, etc.:

```
Query                   q;
QueryBuildDataSource    qbds;
QueryBuildRange         qbr;

q = new Query();

qbds = q.addDataSource(tableNum(CustTable));

qbr = qbd.addRange(fieldNum(CustTable, AccountNum));
qbr.value('4005');
```

En este ejemplo, si la tabla *CustTable* cambia de ID el código seguirá funcionando, y si cambia de nombre el código dará un error de compilación, de manera que su utilización es segura en cualquier caso.

4.- FUNCIONES

Como todos los lenguajes, X++ dispone de una vasta colección de funciones del sistema que facilitan el trabajo con la aplicación y los datos. No vamos a definir con detalle todas las funciones, pero sí vale la pena comentar brevemente los tipos de funciones que podemos encontrar, para hacernos una idea de su alcance.

- **Funciones de negocio**: Funciones que realizan cálculos financieros o relacionados con operaciones empresariales. Ejemplos: *intvNo, pv o sln*.

- **Funciones de conversión (*casteo*)**: Funciones que realizan la conversión de unos tipos de dato a otros. Ejemplos: *any2Int, num2Char o str2Time*.

- **Funciones matemáticas**: Funciones que realizan cálculos matemáticos. Ejemplos: *abs, logN o power*.

- **Funciones de cadena (*strings*)**: Funciones para el manejo y manipulación de cadenas de texto. Ejemplos: *strFmt, strLen o subStr*.

- **Funciones de fechas**: Funciones para el manejo y manipulación de fechas. Ejemplos: *dayOfWk, nextYr o timeNow*.

- **Funciones de enumerados**: Funciones para el manejo y manipulación de enumerados. Ejemplos: *enum2Str, enumCnt o any2Enum*.

- **Funciones de contenedores**: Funciones para el manejo y manipulación de contenedores. Las hemos visto en el epígrafe anterior de este capítulo.

- **Funciones intrínsecas**: Funciones para el manejo de objetos mediante tipos validados por el compilador. Las hemos comentado en un punto anterior. Ejemplos: *tableNum, classStr o evalBuff.*

- **Funciones de reflexión**: Funciones para el manejo y manipulación de los metadatos del sistema y los objetos. Ejemplos: *typeOf, tableName2Id o fieldId2Name.*

- **Funciones de sesión**: Funciones que modifican o leen información acerca de la sesión de ejecución actual. Ejemplos: *curUserId* (Usuario), *curExt* (Empresa) o *getCurrentPartition* (Partición).

- **Otras funciones**: Existen otras funciones que no tienen un tipo específico pero resuelven casos concretos. Ejemplos: *beep, dimOf, o newGuid.*

Un enlace que debe estar siempre en nuestros *Favoritos* es la **referencia completa** y actualizada a las funciones de X++:

Enlace: Functions [AX 2012]

http://msdn.microsoft.com/EN-US/library/aa856741.aspx

La clase *Global* tiene diferentes métodos estáticos de mucha utilidad en X++, ya hemos visto multitud de ellos. De manera excepcional, se pueden utilizar omitiendo la parte *Global::* propia de llamadas a métodos estáticos de clase, dejando sólo el nombre de la función. Estos métodos también pueden considerarse funciones del sistema, con la particularidad de que podemos ver y modificar el código X++ de su implementación.

5.- SINTAXIS

La sintaxis de X++ es similar a la de otros lenguajes como C# o Java, se utilizan llaves (*{}*) para acotar bloques de código y *punto y coma (;)* para indicar el final de las instrucciones. Buenas prácticas sobre el formato del código en X++ son, por ejemplo, las siguientes:

- **Una sola instrucción por línea.**

- Las **llaves se escriben en su propia línea** al mismo nivel donde se genera el bloque, añaden un nivel de indentación (4 caracteres). Aunque no es obligatorio, se recomienda utilizar llaves incluso para bloques de una sola línea, lo que facilita el uso de la herramienta Comparador que ya hemos visto.

- Instrucciones complejas se pueden **romper en varias líneas** para mejorar su legibilidad.

- Utilizar **líneas en blanco** para separar bloques de código.

- Añadir un **espacio en blanco** antes de expresiones que empiezan por paréntesis. Ejemplo: *if (expresión)*. Salvo que se refiera a la llamada a una función o método. Ejemplo: *strFmt("...")*.

- Declaraciones de variables y asignaciones consecutivas se suelen escribir en columnas si comparten formato durante varias líneas seguidas.

Quizás la única particularidad respecto a otros lenguajes sea que todas las variables deben declararse al principio de cada bloque de código, antes de la primera instrucción del bloque que no sea una declaración.

> **Nota**: El *famoso* **punto y coma extra** de versiones anteriores ya **no es necesario** en *Microsoft Dynamics AX 2012*. Sólo hay una pequeña excepción, donde todavía sigue siendo obligatorio, si la primera instrucción de un bloque es una llamada a un método estático del *.NET Framework*.

5.1.- Comentarios y documentación XML

Para escribir **comentarios** en el código X++ se utilizan las expresiones // para comentarios de una sola línea, y */* */ para comentarios de varias líneas.

> **Best Practice**: Es una buena práctica comentar siempre el código línea por línea (con //) y dejar una línea comentada y en blanco antes y después del bloque comentado.
> Esto facilita notablemente la utilización de la herramienta de comparación durante las actualizaciones de código y la detección de código comentado en bloque durante la comparación. Si se utiliza el comentario multi-línea, el comparador sólo resaltará como modificadas las dos líneas que incluyen estos símbolos. Si se comentan todas las líneas, aparecerán todas como modificadas, como se espera. Ejemplo:
> //
> // Esto es un comentario de varias líneas
> // Siguiendo las buenas prácticas de X++
> //

En cualquiera de los dos casos, si la primera palabra del comentario es *TODO*, se incluirá el resto del comentario en la pestaña *Tareas* de la salida del compilador. Aunque

X++ no distingue mayúsculas y minúsculas, la convención es escribirlo siempre en mayúsculas si se quiere utilizar de esta forma.

En X++ también está soportada la **documentación XML** de los métodos. Una versión inicial de esta documentación se agrega automáticamente escribiendo tres barras (///) al principio de un método. La información descrita en esta documentación se muestra en el *IntelliSense* del editor X++ facilitando la comprensión y la utilización de los objetos, por lo que es muy recomendable utilizarlo.

```
/// <summary>
/// Instancia un nuevo objeto de la clase Calculo
/// </summary>
/// <param name="_valor1">
/// Primer valor que se utilizará para calcular
/// </param>
/// <param name="_valor2">
/// Segundo valor que se utilizará para calcular
/// </param>
public void new(real _valor1, real _valor2)
{
    valor1 = _valor1;
    valor2 = _valor2;
}
```

En el ejemplo anterior se muestra un comentario que facilita la utilización un método en *IntelliSense*. Ver figura 3.

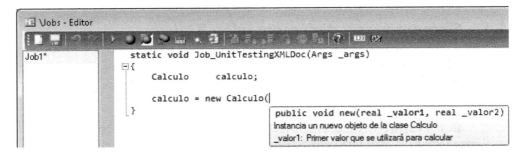

Figura 3- IntelliSense muestra la documentación XML de los métodos

Se puede extraer la documentación de todos los objetos de un proyecto a un fichero XML haciendo *clic derecho sobre el > Complementos > Extraer documentación XML*.

Enlace: XML Documentation Tags [AX 2012]

http://msdn.microsoft.com/EN-US/library/cc607340.aspx

Existe otra posibilidad que podríamos considerar como comentarios, en el sentido de que están diseñados para facilitar el trabajo a futuros programadores que utilicen nuestro código, que son las **aserciones**. Por ejemplo:

```
private void copyRecord(Common _common)
{
    Debug::assert(_common.RecId != 0);

    // ...
}
```

En este código, el desarrollador ha querido dejar claro que la ejecución de este método no es válida si no se indica un registro existente en la base de datos. De otra manera, el código ofrecerá un error de ejecución no controlado. A pesar de formar parte de la clase global *Debug*, las aserciones **no se consideran código de depuración**, sino de **validación de la consistencia** de la implementación tras eventuales cambios en el futuro. Es una manera de garantizar (*assert*) que determinada coherencia seguirá existiendo si en el futuro se producen cambios, y puede entenderse como un comentario del programador original, escrito en lenguaje X++.

Esta estructura debe utilizarse para realizar validaciones de implementación que, de no cumplirse, denoten un **error en la implementación** de una clase u otro objeto. No deben tenerse en cuenta valores de entrada o acciones del usuario sino valores que no deberían darse en ningún caso en el punto actual de la ejecución. Deben controlar condiciones sencillas de valores del propio objeto, pero no tan sencillas como para resultar obvias. La aserción no debe ejecutarse bajo ninguna circunstancia si la implementación del objeto es correcta.

5.2.- Variables

Es necesario **declarar** todas las variables antes de su utilización, y estas declaraciones deben preceder siempre a cualquier instrucción en un bloque de código, antes de cualquier instrucción no declarativa.

Los **nombres de variable** deben ser, como siempre, descriptivos del valor que representan. Pueden contener letras (mayúsculas y minúsculas, recordemos que X++ no las distingue), dígitos numéricos y el guion bajo (_), aunque el primer carácter no puede ser un número.

Las **buenas prácticas** son que los nombres de variable comiencen siempre por minúsculas; si extienden a un tipo de dato (EDT, *Base Enum*, Tabla, Clase,...) que se llamen igual que éste tipo, comenzando en minúsculas; y si son parámetros de un método o función, que comiencen por guion bajo y seguido de minúsculas. Si se declara más de una variable o un método recibe más de un parámetro, se suele formatear la declaración en columnas.

El siguiente código muestra una correcta utilización de la nomenclatura de variables y del formato en columnas siguiendo estas buenas prácticas.

```
static void JAEE_Libro_4_Xpp_Variables(Args _args)
{
    CustTable       custTable;
    CustGroupId     custGroup   = "CG";

    select custTable
        where custTable.CustGroup == custGroup;

    // ...
}
```

Se pueden declarar varias variables del mismo tipo en la misma línea, y también se pueden inicializar variables directamente en su declaración. Pero si se declaran varias variables en la misma línea se tendrán que inicializar una por una.

Todas las variables tienen como **ámbito** el mismo en el que fueron declaradas. Si se declaran en el *classDeclaration* de una clase, formulario, informe, etc. serán accesibles desde todos los métodos que estén dentro de ese objeto. Si se declaran en un método, sólo serán accesibles en ese método. La buena práctica es que se declaren cuanto más local posible, limitando su ámbito al mínimo imprescindible.

5.3.- Expresiones y Operadores

Llamamos expresiones a las diferentes combinaciones posibles de operadores y operandos. Los operandos serán casi siempre variables, y en casos justificados, valores absolutos como fechas, números, cadenas de texto, etc.

Los operadores de X++ son los mismos que en la mayoría de lenguajes con sintaxis similar, por lo que no entraremos mucho detalle en ellos. Los comentamos brevemente en las siguientes tablas:

Tabla 3.- Operadores de asignación

Operador	Descripción
=	Asigna a la variable de la izquierda, el valor de la derecha.
+=	Añade a la variable de la izquierda, el valor de la derecha.
-=	Resta de la variable de la izquierda, el valor de la derecha.
++	Añade uno a la variable de la izquierda
--	Resta uno a la variable de la izquierda.
as	Fuerza la asignación de una variable con un tipo concreto. Ej: MiClase miObjeto = objeto as MiClase;

Tabla 4.- Operadores lógicos

Operador	Descripción
==	Verdadero si las expresiones son iguales.
!=	Verdadero si las expresiones son diferentes.
&&	Verdadero si las dos expresiones son verdaderas.

‖	Verdadero si alguna de las expresiones es verdadera.
!	*Negación.* Verdadero si la expresión es falsa. Falso si la expresión es verdadera.
> y <	Verdadero si la primera expresión es mayor (o menor) que la segunda.
>= y <=	Verdadero si la primera expresión es mayor o igual (o menor o igual) que la segunda.
like	Permite comparar dos cadenas de texto utilizando los comodines * (cualquier carácter) e *?* (cualquier carácter, pero sólo uno). Similar al operador homónimo en SQL.
is	Verdadero si la variable es exactamente del tipo indicado. Ej: boolean b = object is MiClase;
x ? y : z	*Operador ternario.* Devuelve Y si la expresión X es verdadera, o Z si es falsa.

Tabla 5.- Operadores aritméticos

Operador	Descripción
+ - * /	Suma, resta, multiplicación y división
div	División entera
mod	Resto de la división entera
& | ^ ~	AND, OR, XOR y Complemento a nivel de bits (Casi nunca se utilizan en X++)
<< y >>	Desplazamiento de bits a la izquierda y a la derecha (Casi nunca se utilizan en X++)

5.4.- Estructuras de control de ejecución

Las estructuras de control de X++ también son las típicas de cualquier lenguaje de sintaxis parecida, excepto las propias del manejo de datos integrado en el lenguaje (*while select,* básicamente):

5.4.1.- Bucles

```
for (i = 0; i < len; i++)
{
    info(i);
}


while (i < len)
{
    info(i);
}

do
```

```
{
    info(i);
}
while (i < len)

while select custTable
    where custTable.CustAccount like "000*"
{
    info(custTable.Name);
}
```

5.4.2.- Condicionales

La buena práctica es utilizar siempre **lógica positiva** en expresiones condicionales. Esto es, se evalúa una instrucción que será verdadera en el *if*, y falsa en el *else* (*if X, verdadero; else, falso*) También está aceptado utilizar lógica negativa si es para lanzar un error (*if no X, error*). Esto es lo recomendable siempre que su uso no suponga que la expresión resulte difícil de comprender.

```
if (i > 0)
{
    info("Mayor que cero");
}
else
{
    info("Menor que cero");
}

// Aunque no es obligatorio, es habitual utilizar la estructura
// switch para evaluar valores de un enumerado
switch (custTable.Blocked)
{
    case NoYes::Yes:
        info("Cliente bloqueado");
        break;

    case NoYes::No:
        info("Cliente no bloqueado");{
        break;

    default:
        throw error("Valor no válido");
}
```

Si no se especifica la instrucción *break* después de cada caso en una estructura *switch*, la ejecución continuará con el siguiente *case*. En este caso se recomienda poner el comentario *//Fall through* en la posición donde debería estar el *break*, para indicar que este comportamiento es deliberado y no se trata de un error.

En un mismo caso se pueden especificar varios valores separados por comas. Las siguientes dos estructuras son equivalentes:

```
// Varios casos por separado, omitiendo el break.
case 1:
case 2:
case 3:
    print "De uno a tres";
    break;
default:
    print "Otro valor";

// Varios valores separados por comas
case 1, 2, 3:
    print "De uno a tres";
    break;
default:
    print "Otro valor";
```

5.4.3.- Modificadores del flujo de ejecución

Tabla 6.- Modificadores del flujo de ejecución

Modificador	Descripción
break	Detiene la ejecución del bucle actual. La ejecución continúa con la siguiente instrucción después del bucle.
continue	Detiene la iteración actual del bucle. La ejecución continúa al comienzo de la siguiente ejecución del bucle.
return	La ejecución vuelve a la función que ejecutó el método actual, o termina si la función es la última en la pila de llamadas.
retry	En una estructura *try..catch*, si se hace *retry* dentro del *catch*, la ejecución vuelve al principio del *try*.
throw	Lanza una excepción que, si no es capturada dentro de una estructura *try..catch*, detendrá la ejecución. Sólo se debe utilizar para el manejo de errores, nunca como mecanismo de control de la ejecución.
breakpoint	Detiene la ejecución y muestra el depurador posicionado en el punto de la ejecución donde se encuentra. **Nunca se debe utilizar en código de producción**, sólo durante el desarrollo.
changecompany	Permite ejecutar un fragmento de código que tiene acceso a datos de otras empresas (se puede seleccionar una lista de empresas o todas las empresas), y no sólo de la empresa activa como ocurre siempre en la ejecución normal de X++.
window f,c at x,y	Modifica el tamaño y la posición de una ventana de salida. F y C son las filas y columnas que tendrá la ventana, X e Y es la posición inicial respecto al cliente *Microsoft Dynamics AX*. Se utiliza junto a los dos siguientes.

print	Muestra un texto por la ventana de salida. No es recomendable utilizarlo en código de producción, sólo para depuración durante el desarrollo. Convierte cualquier parámetro en texto automáticamente.
pause	Pausa la ejecución. Normalmente se utiliza junto a *print* en tareas de depuración. No tiene sentido utilizarlo en código de producción.

Ejemplos:

```
int i;

// Break
for (i = 1; i <= 5; i++)
{
    if (i == 3)
        break;

    print "Break: ", i;

}
// Salida: 1 2

// Continue
for (i = 1; i <= 5; i++)
{
    if (i == 3)
        continue;

    print "Continue: ", i;
}
// Salida: 1 2 4 5

window 50,5 at 20,5;
print "Terminado";
pause;
```

6.- MACROS

Las *Macros* son directivas del pre-compilador que se procesan antes de enviar el código X++ al compilador, de manera que éste nunca recibirá una de estas macros, sino el texto que resulte de ellas. Se pueden añadir macros en funciones y métodos y en declaraciones de clases, el valor resultante de la macro tendrá que ser coherente con esa ubicación. Una macro puede estar definida con valor vacío. En ese caso su valor será una cadena vacía y por tanto no supondrá ningún cambio en el código X++ después del pre-procesado. El nombre de las macros se suele definir **en mayúsculas**.

Curiosidades: Aparte de su utilidad *formal*, desde *Microsoft* hacen usos muy creativos de las macros para fines de lo más variopinto. Por ejemplo, la macro del AOT *#InventDimDevelop* no sirve para nada en cuanto al código X++. Es un simple marcador situado en todas partes donde se usan dimensiones para poder localizar todo este código fácilmente utilizando el buscador. Existen muchas macros en el *framework* de dimensiones de inventario que facilitan notablemente su utilización desde X++.

Es interesante revisar las macros del AOT para detectar todos los usos que hace de ellas el estándar. Por ejemplo: *#WinErrors* o *#WinAPI*.

Las Macros en *MorphX* **se declaran localmente o se referencian** desde el AOT, se identifican comenzando por almohadilla (**#**), y se utilizan básicamente como **constantes** (aunque no lo son, en X++ no hay constantes), para almacenar **textos fijos** del sistema como extensiones de ficheros, etc. y para facilitar el manejo de *frameworks* del sistema (como la gestión de dimensiones de inventario) creando pequeños trozos de código **reutilizable** que permiten generar código de uso común de manera sencilla.

Antes de utilizar una macro, ésta debe declararse o referenciarse. Una macro puede utilizar en su valor a otras macros, pero antes deberán estar declaradas todas las que intervengan en ese momento de la ejecución. Esto no suele hacerse ya que no funciona bien con el resto de directivas que vamos a ver.

Existen muchas maneras de declarar macros, aunque básicamente se limitan a tres casos. La primera es declarar una macro sencilla que contendrá un valor sencillo como un número o una cadena de texto. Esta es la manera en la que declaramos macros para simular constantes.

No hay que utilizar punto y coma tras la declaración porque, recordemos, las macros **no forman parte del X++** que se enviará al compilador, sino que serán totalmente reemplazadas y la declaración, eliminada.

```
#define.Pi(3.1415926)
```

Para estas declaraciones utilizamos la directiva *#define*. Para casos muy particulares también puede utilizarse *#globalmacro* y *#globaldefine*, pero puesto que su utilidad es muy concreta, en general debe evitarse.

La segunda manera de declarar una macro está pensada para usar con macros que tienen que almacenar valores más complejos, trozos de código X++, texto en varias líneas, etc.

```
#localmacro.Mensajes
    info("Aquí podemos incluir paréntesis sin errores");
    print "Segunda línea";
#endmacro
```

Se puede utilizar la directiva **#macro** en vez de **#localmacro**, pero ésta última es la forma recomendada. La macro será sustituida por todas las líneas directamente, por lo que debe diseñarse de manera coherente con este funcionamiento, como veremos a continuación.

La última manera de declarar una macro es crearla en el AOT (en el nodo **Macro**) y después referenciarla desde código. Esta forma es habitual en el estándar, lo que facilita su reutilización. Para referenciar una *Macro* que existe en el AOT podemos utilizar la directiva **#macrolib**, aunque lo más habitual es utilizar la forma abreviada que consiste en omitir esta directiva y escribir directamente el nombre de la *Macro* precedida de almohadilla. Las siguientes líneas son equivalentes:

```
#macrolib.InventDimSelect    /* versión "formal"  */
#InventDimSelect             /* versión abreviada */
```

Si la *Macro* guardada en el AOT contiene un único valor sustituible, puede utilizarse directamente. Si en la *Macro* del AOT se almacenan varias macros (llamada entonces **biblioteca de macros**), será necesario referenciar a la biblioteca antes de poder utilizar cualquiera de las macros que contiene. Por tanto, si se encuentra una macro en el código que no está definida de manera local, o bien existe una declaración de biblioteca de macros que la contiene, o bien esta macro existe en el AOT con el mismo nombre.

Sea cual sea la manera de declararlas, se puede recuperar su valor utilizando **su nombre precedido de almohadilla**.

```
#define.Pi(3.1415926)
print #Pi;
```

O para valores de varias líneas:

```
container   con;
str         variable1;

#localmacro.Variables
    variable1,
    %1,
    %2
#endmacro

// la macro contiene dos variables separadas por comas
con = [#Variables("Texto", 25)];

// después del pre-procesado el código queda así ...
con = [variable1,
    "Texto",
    25];

// ... lo cual es totalmente válido, aunque no muy legible...
print con;
```

Como hemos visto en este ejemplo, las macros pueden **recibir parámetros**, que se pueden utilizar para embeberlos en el código resultante tras el procesado. La macro utiliza los parámetros mediante comodines (%1, %2, etc.) y los recibe en el momento de su utilización entre paréntesis. Si a la macro no se le pasa ningún parámetro, los paréntesis se pueden omitir.

Se puede eliminar la definición de una macro, de manera que no será utilizable hasta que se vuelva a definir, con la directiva **#undef**. También se puede comprobar que una macro está definida o contiene cierto valor, para lograr un funcionamiento de compilado condicional, con las directivas **#if** e **#ifnot**. Esto sólo funciona para macros definidas con *#define*. Por ejemplo:

```
#define.MiMacro("Valor")

#if.MiMacro
    print "Se imprimirá, porque la macro está declarada";
#endif

#if.MiMacro("Otro valor")
    print "No se imprimirá, porque el valor comparado no coincide");
#endif

#undef.MiMacro

#if.MiMacro
    print "No se imprimirá, porque la macro ya no está declarada";
#endif
```

Este comportamiento no debe confundirse con funciones en X++. Las macros **no pueden recibir** ni manipular objetos, sólo valores de texto que puedan devolverse como tal en forma de fragmentos de código X++.

7.- REGISTRO DE INFORMACIÓN (INFOLOG)

El *registro de información*, llamado comúnmente **InfoLog**, es la herramienta principal para mostrar información a los usuarios acerca del progreso y el resultado de los procesos que se ejecutan en *Microsoft Dynamics AX*. La información mostrada en el registro de información puede ser fácilmente exportada para revisar más tarde o enviada a alguien para su revisión.

Es necesario ofrecer la información relevante al usuario para que comprenda lo que ocurre durante su trabajo, pero no se debe abusar de estos mensajes interrumpiéndole innecesariamente con mensajes triviales.

Para enviar mensajes al *InfoLog* disponemos básicamente de cuatro funciones de la clase *Global*, que vemos en el siguiente ejemplo. El resultado se muestra en la figura 4.

```
static void Job_InfoLog(Args _args)
{
    CustTable    custTable = CustTable::find('US-001');
    boolean      ok;

    setPrefix("Ejemplos");

    info("Información");
```

```
warning("Cuidado");
error("Error");

// Ejemplo de uso directo de una macro del AOT
setPrefix(#preFixField(CustTable, AccountNum));

ok = checkFailed("Validación fallida");
}
```

- **info**: Esta función se utiliza para mostrar el resultado de acciones completadas correctamente y que no requieren acción posterior. Se utiliza ampliamente en toda la aplicación.

- **warning**: Se utiliza para avisar al usuario cuando ocurren situaciones que se deben corregir, por ejemplo cuando no se cumplen las validaciones previas para realizar una acción y por tanto ésta no va a completarse.

- **error**: Muestra errores graves en la ejecución, que requieren una acción inmediata. En este caso la acción sí se ha ejecutado, con resultado erróneo. Es común que se produzca un error que finalice la ejecución después de algún *warning* que indique una validación que no se ha cumplido (ver siguiente punto).

- **checkFailed**: Esta función es un *helper* que mejora la sintaxis de las validaciones previas de los procesos. El resultado es parecido a *warning*, pero, además, devuelve siempre un valor booleano *false*. Se pueden realizar diferentes validaciones, ejecutando esta función varias veces para mostrar todos los errores a la vez al usuario, en vez de detener la ejecución en el primer error.

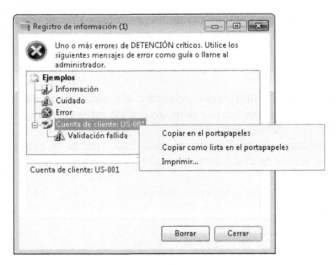

Figura 4.- Visión general del registro de información

Las funciones que hemos visto reciben dos parámetros opcionales, aparte del mensaje a mostrar. El primer parámetro es una dirección de ayuda. Si se indica, el icono del *InfoLog* mostrará un símbolo de interrogación para indicar que se puede acceder a la ayuda desde el mensaje mostrado:

```
error("Revise el cliente", 'ApplDoc:\\Forms\CustTable');
```

El último parámetro representa una acción. El estándar trae de serie unas cuantas (ver todas las clases que empiezan por *SysInfoAction*) y se pueden crear nuevas acciones construyendo nuevas clases que hereden de **SysInfoAction**. Al seleccionar una línea que tenga asociada una acción (el icono muestra una pequeña flecha), aparece un botón nuevo en la ventana para ejecutarla.

La acción utilizada habitualmente es abrir un formulario donde se pueda subsanar el error, como se muestra a continuación (ver resultado en la figura 5).

```
CustTable custTable = custTable::find('US-001');

info(strFmt("Revise el cliente: %1", custTable.name(), '',
    SysInfoAction_TableField::newBuffer(custTable)));
```

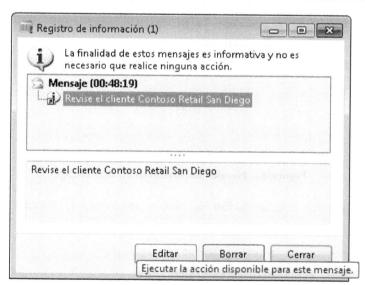

Figura 5.- Nuevo botón en el InfoLog para ejecutar la acción

Los resultados del *InfoLog* se pueden organizar en niveles utilizando la función **setPrefix** (ver ejemplo anterior) para asignar un prefijo al contexto actual. Esta función utiliza la pila de llamadas de la ejecución para obtener el contexto de ejecución actual, de manera que si se utiliza en diferentes funciones o a diferentes niveles, los resultados aparecerán anidados de forma natural. Ejemplo (ver figura 6):

```
static void Job_InfoLog_Prefix(Args _args)
{
    int i, j;

    setPrefix("Contexto general");

    for (i = 1; i <= 2; i++)
    {
        setPrefix(strFmt("Primer nivel: %1", i));

        for (j = 100; j <= 102; j++)
        {
            info(strFmt("Segundo nivel: %1", j));
        }
    }
}
```

Figura 6.- Niveles de contexto en el InfoLog

Se puede simular esta anidación de niveles utilizando la sintaxis del ejemplo siguiente:

```
static void Job_InfoLog_Prefix2(Args _args)
{
    setPrefix(funcName());

    info("Primer nivel: 1\tSegundo nivel: 100");
    info("Primer nivel: 1\tSegundo nivel: 101");
    info("Primer nivel: 2\tSegundo nivel: 100");
    // etc ...

    print getPrefix();
    pause;
}
```

Por último, si en alguna circunstancia es necesario guardar el resultado del *InfoLog* (por ejemplo, para guardar un log de errores en procesos desasistidos), se puede almacenar utilizando un campo de tipo *container* y el método *infolog.export()*. Después se podrá mostrar en su ventana utilizando el comando *infolog.view(contenedor)*. No conviene manipular manualmente este contenedor, es preferible utilizar las funciones disponibles en el objeto global *infolog*.

8.- EXCEPCIONES Y CONTROL DE ERRORES

En general, X++ está diseñado para no necesitar un control de errores explícito en la mayoría de los casos. Veremos que la mayoría del código estándar dispone de **validaciones defensivas** para evitar que se produzcan excepciones. La buena práctica es comprobar los valores al inicio de cualquier funcionalidad y devolver los errores cuanto antes para reducir el tiempo de respuesta al mínimo.

En algunos casos esto no es posible y es necesario estar preparado para gestionar posibles errores. Es importante reconocer estos casos y actuar en consecuencia, ya que a menudo se encuentran errores no gestionados que pueden provocar resultados inesperados, hacer inestable la ejecución del cliente e incluso del AOS.

El control de errores en X++, como en el resto de los lenguajes con los que se compara, se basa en *Excepciones* que se pueden capturar con estructuras *try...catch*, aunque veremos que se ha simplificado y tiene algunas particularidades. Si una excepción lanzada no es capturada, será gestionada por el *InfoLog*, que **no mostrará ningún mensaje** al usuario explicando el error acontecido. No hace falta decir que esto debe evitarse.

Una excepción es siempre de un tipo del enumerado *Exception*, y se lanza utilizando la sentencia *throw*. Por ejemplo:

```
throw Exception::Error;
```

Esta instrucción **detiene la ejecución**, por lo que cualquier mensaje que queramos mostrar al usuario debemos hacerlo antes del *throw*. Para evitar este trabajo extra, existen unas funciones globales que facilitan esta tarea:

```
throw error("Mensaje que describe el error");
```

Si se analiza el código de estos métodos (están en la clase del sistema *Global*), se comprueba claramente su utilidad. Disponemos de los métodos *error()*, *warning()* e *info()* para facilitar la tarea de mostrar información al usuario según su nivel de severidad. Se pueden combinar o utilizar de manera independiente para asegurar que la información necesaria llega al usuario desde cualquier punto de la ejecución. Por ejemplo:

```
error("Podemos mostrar un mensaje de error, sin throw");
error("Estos mensajes aparecerán en el InfoLog …");
error("… aunque la ejecución continúa");

// Como el mensaje ya se ha mostrado,
// no es necesario especificarlo en el throw.
throw Exception::Error;
```

La estructura *try..catch* se puede anidar, y utilizar en diferentes niveles de ejecución. Si una excepción es capturada por un *catch*, no seguirá propagándose.

```
try
{
    // Intentamos ejecutar código susceptible de fallar

    try
    {
        // Intento de ejecutar otro código
    }
    catch
    {
        // Gestionamos una posible excepción particular.
    }
}
catch // Opcionalmente se puede indicar un tipo de excepción
{
    // Gestionamos una posible excepción del primer código.
}
```

Es importante señalar que este anidamiento de *try..catch* **no funcionará dentro de transacciones de la base de datos**. Profundizaremos sobre el manejo de datos más adelante, pero para asegurar siempre una correcta integridad de los datos si se produce un error dentro de una transacción (entre las instrucciones *ttsBegin* y *ttsCommit*), se cancelará esta transacción (*ttsAbort*) haciendo caso omiso de cualquier *try..catch* que hubiera dentro, y se capturará la excepción en el primero de ellos que se encuentre fuera de ésta, si hay alguno. Esto hace que, en la práctica, sea innecesario utilizar gestión de excepciones para las operaciones de base de datos, que se tratarán automáticamente utilizando la información proporcionada por las transacciones. Así mismo no se recomienda utilizar *ttsAbort*, sino indicar el error con un ***throw error()***. Ver figura 7.

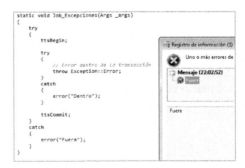

Figura 7.- Gestión de excepciones en una transacción

Sólo hay dos excepciones a esta regla, que son los dos únicos tipos de excepción que sí pueden darse dentro de una transacción: **UpdateConflict** y **DuplicateKeyException**. Estos se producen, respectivamente, cuando hay un error de concurrencia al intentar escribir y cuando se intenta insertar una clave duplicada en una tabla. Estas dos excepciones se pueden capturar de manera específica dentro de la transacción, pudiendo utilizar la sentencia **retry** en el **catch** para volver a intentar el guardado de datos. Si después de un número de intentos (que se debe controlar manualmente) la ejecución sigue fallando, se pueden lanzar respectivamente las excepciones **UpdateConflictNotRecovered** y **DuplicateKeyExceptionNotRecovered** para indicar que no se ha podido finalizar la operación. Esta estructura de control se encuentra en numerosas clases del sistema, sobre todo al final de procesos que realizan actualizaciones sobre muchos registros, que son una fuente potencial de bloqueos en las tablas, por ejemplo en el método *run()* de la clase *LedgerJournalCheckPost* (que registra los diarios contables).

Otra excepción en el manejo de excepciones (valga la redundancia), son las lanzadas por el *.NET Interop*. Esto es, como veremos en el capítulo 8 "*Integración con .NET y Servicios Web*", cuando desde X++ ejecutamos código de clases del *.NET Framework* o código manejado en general. Estos objetos no tienen un control de excepciones implícito como suele ocurrir en las clases gestionadas por el intérprete de X++, por lo que siempre hay que utilizarlas dentro de estructuras *try...catch* y capturar de manera explícita sus excepciones. El problema es que desde X++ lo único que recibimos es una excepción CLR genérica que no ofrece ninguna información. Se debe utilizar la clase de ayuda **CLRInterop** para obtener los datos de la última excepción recibida, de esta forma:

```
System.Exception e;

try
{
    // No se puede convertir un texto en Int!
    System.Int16::Parse("JAEE");
}
catch(Exception::CLRError)
{
    e = CLRInterop::getLastException();
    error(CLRInterop::getAnyTypeForObject(e.ToString()));
}
```

Esta es la manera más sencilla de capturar un error CLR, el problema es que nos muestra la pila de llamadas (de .NET) completa, lo que puede ser de utilidad para el programador, pero desde luego no es muy amigable para un usuario de la aplicación. Por eso, lo que se suele hacer es profundizar en la jerarquía de excepciones hasta llegar al error inicial.

El siguiente ejemplo muestra la estructura que solemos utilizar siempre que tengamos llamadas al *.NET Framework*. Como se puede comprobar este método es totalmente reutilizable por lo que se suele almacenar en alguna clase global para no duplicarlo.

```
System.Exception e;

try
{
    // No se puede convertir un texto en Int!
    System.Int16::Parse("JAEE");
}
catch(Exception::CLRError)
{
    e = CLRInterop::getLastException();
    while (!CLRInterop::isNull(e.get_InnerException()))
    {
        interopException = e.get_InnerException();
    }
    // Mostramos sólo la última excepción
    error(CLRInterop::getAnyTypeForObject(e.get_Message()));
}
```

En el caso de que no se quiera hacer nada ante una excepción, el compilador de buenas prácticas dará un *warning* ante un **bloque catch vacío**. Para evitar el *warning* se puede utilizar el método global *exceptionTextFallThrough()* que no realiza ninguna acción, está diseñado únicamente para evitar este aviso de BP.

9.- CLASES E INTERFACES

La mayor parte de *Microsoft Dynamics AX* está desarrollada mediante *MorphX* y X++ siguiendo la filosofía de *Programación Orientada a Objetos*, y por tanto se sustenta sobre una vasta colección de **interfaces y clases**.

Gran parte de nuestro trabajo como desarrolladores de una nueva funcionalidad o para adaptar la existente, será modificar estas clases o crearlas nuevas, por lo que es importante conocer las posibilidades y el funcionamiento de este mecanismo tan básico.

9.1.- Declaración de clases

En primer lugar, las clases son objetos del AOT y por tanto se crean como cualquiera de ellos, haciendo clic derecho sobre el nodo *Classes > Nueva clase*. En este nuevo nodo del AOT que representa a la clase podemos desplegar sub-nodos que representan sus métodos. Si hacemos *doble* clic sobre un método se abrirá en el editor de X++, si hacemos *doble* clic sobre la clase se abrirá el editor de X++ mostrando todos sus métodos. En el editor se revelan todos los métodos a la izquierda en forma de lista y al seleccionar uno de ellos se mostrará en el editor a la derecha, pudiendo cambiar entre ellos sin necesidad de guardar la clase completa.

Puesto que el editor X++ no enseña el texto de la clase completa, como hacen otros editores, existe un elemento especial en esa lista que representa la declaración de la propia clase llamado *classDeclaration*. Éste es el único elemento que contiene una clase recién creada. Ver figura 8.

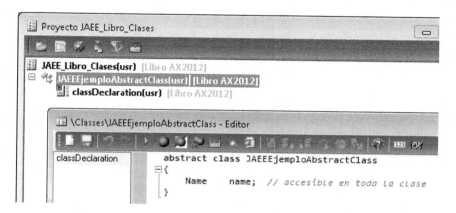

Figura 8.- Nueva clase abstracta en el editor de X++

En el *classDeclaration* es donde declaramos las variables globales a la clase, que son siempre privadas, esto es, son accesibles por todos los métodos no estáticos de la clase, pero no desde fuera de ella. Deben corresponderse a las **propiedades** que definen *el estado actual* del objeto. No se deben declarar variables aquí si no es para ese propósito, el resto de variables se deben pasar a cada método por parámetros. Mediante las técnicas que ya hemos visto referentes a macros, podemos definir *constantes* o referenciar bibliotecas de macros que se utilizarán en diferentes lugares dentro de la clase.

Aquí también declaramos la herencia de la clase. Una clase puede **heredar de otra clase e implementar uno o varios interfaces**, aunque en X++ no existe la herencia múltiple. No se puede heredar de varias clases a la vez. Se puede declarar una clase como *final*, de manera que no podrá heredarse, o como *abstract*, para no permitir instanciar una clase directamente, obligando a crear clases derivadas para poderla utilizar. Esto se especifica en la declaración de la clase en el nodo *classDeclaration*. Si intentamos crear una instancia de la clase que acabamos de crear en la Figura 8, el compilador dará un error ya que se trata de una clase abstracta.

Todas las clases incluyen por defecto un **constructor** llamado *new*. Es una buena práctica hacerlo *protected* y no incluir ningún parámetro en él, aunque es posible hacerlo. En su lugar, se recomienda crear un constructor estático llamado *construct* o, si existen diferentes maneras de construir el objeto, con diferentes parámetros de entrada, crear métodos *new estáticos* con los parámetros deseados y hacer privado el *construct* genérico. Estos métodos devolverán una instancia nueva del objeto con los parámetros de entrada en cada caso.

El seguimiento de estas buenas prácticas facilita la ampliación y herencia de la clase, minimizando su mantenimiento en el futuro y facilitando su utilización a otros desarrolladores. Una clase construida siguiendo todas estas buenas prácticas tiene la estructura inicial siguiente:

```
classDeclaration JAEEClaseBuenasPracticas
{
    CustTable    custTable; // propiedad de ejemplo
}
```

```
    // BP: Hacer protected el new estándar
    protected new()
    {
        super();
    }

    // BP: Crear un método construct estático y privado que devuelva
    //     una nueva instancia del objeto sin parámetros
    private static JAEEClaseBuenasPracticas construct()
    {
        return new JAEEClaseBuenasPracticas();
    }

    // BP: Usar métodos de tipo parm para el acceso a las variables
    public CustTable parmCustTable(CustTable _custTable)
    {
        custTable = _custTable;
        return custTable;
    }

    // BP: Crear tantos new estáticos como sea necesario para crear
    //     objetos con los parámetros de entrada requeridos.
    public static newFromCustTable(CustTable _custTable)
    {
        JAEEClaseBuenasPracticas    claseBP;

        claseBP = JAEEClaseBuenasPracticas::construct();
        claseBP.parmCustTable(_custTable);

        return claseBP;
    }
```

Los objetos se **destruyen** automáticamente cuando ya no hay referencias que los utilicen. La manera más sencilla de destruir un objeto es asignarle el valor *null*, aunque también se puede utilizar el destructor *finallize*. Este destructor no se ejecuta nunca automáticamente, por lo que si se decide implementarlo en alguna clase hay que llamarlo de manera explícita cuando sea necesario. No suele hacerse.

9.2.- Interfaces

Una **interfaz** se puede entender como un **contrato**, que las clases que lo implementan deben cumplir. De esta manera es posible homogeneizar funcionalidades similares sin necesidad de crear relaciones entre clases. Los nombres de las interfaces siguen las buenas prácticas del resto de clases, salvo la recomendación de usar la letra **I** (i mayúscula) después del prefijo en el nombre de la clase para indicar que se trata de una interfaz, por ejemplo: Vend**I**Nombre para una interfaz del módulo de proveedores.

Una interfaz declara su herencia (puede heredar de otra interfaz) y una serie de métodos sin implementación, de manera que cuando una clase lo implemente, estará obligada a implementar también todos sus métodos. Los métodos de una interfaz deben ser **públicos**, lo que fuerza a que también sean públicos en las clases derivadas.

Por ejemplo, en el capítulo en el que hablábamos de los sistemas de control de versiones (VCS), decíamos que se puede añadir compatibilidad con nuevos VCS implementando la interfaz ***SysVersionControlFilebasedBackEnd***. Al hacerlo, estamos obligados a implementar todos los métodos de este *contrato*, lo que nos llevará a implementar todas las acciones que *MorphX* necesita para funcionar con uno de estos sistemas (qué hacer al modificar un objeto, qué hacer al hacer *check-in*, etc.). Es un patrón muy utilizado en el estándar para permitir la ampliación de funcionalidades.

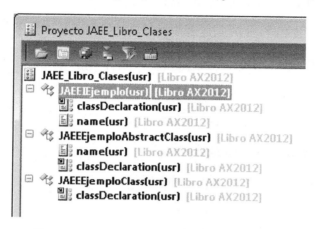

Figura 9.- Declaración de clases e interfaces

En la situación que ilustra la figura 9 tenemos una interfaz (*JAEEIEjemplo*) que obliga la implementación de un método *name*. Tenemos una clase abstracta (*JAEEEjemploAbstract*) que implementa un método *name*. La clase *JAEEEjemploClass* hereda de la clase abstracta, e implementa la interfaz, sin embargo la utilización de esta clase causará un error, ya que aunque la superclase implementa el método obligado por la interfaz, éste debe estar declarado en la propia clase que lo implementa. Bastaría con *anular* el método y dejar la versión por defecto que sólo ejecuta el método ***super***, para poder compilar la clase correctamente:

9.3.- Métodos de clase

Ya hemos visto como declaramos clases y las variables globales que almacenan el estado del objeto. El siguiente paso lógico es implementar los métodos que realizan **acciones** sobre esas variables para hacer que el objeto tenga funcionalidad. Los métodos se pueden crear para cada clase, o bien, se pueden sobrecargar los métodos existentes en la superclase, en el caso de clases heredadas. En este caso se dispone del método ***super*** para llamar al mismo método de la superclase.

Dentro de cualquier método de clase se puede utilizar el objeto ***this*** para referirse a la instancia actual del objeto. A veces su uso puede omitirse, aunque facilita la lectura del código y el uso de *IntelliSense* en el editor.

Un método puede devolver una variable de cualquier tipo (incluyendo *anytype*). Si el método no devuelve nada el tipo de devolución debe ser ***void***.

Los nombres de los métodos comienzan por minúscula y su nombre debe describir la acción que realizan (una y sólo una acción por método). Existen una serie de prefijos que se suelen utilizar para facilitar la comprensión de ciertos métodos usados habitualmente como:

- ***checkXX o validateXX***: devuelven *true* o *checkFailed*

- ***exist***: devuelven *true* o *false*), ***find*** (devuelven un registro

- ***initFromXX***: asigna varios parámetros desde un origen

- ***isXX***: devuelve *true* o *false*

- ***parmXX***: asignan y devuelven el parámetro XX

- ***setXX***: asigna el parámetro XX,

- ***getXX***: devuelve el parámetro XX,

- ***initXX***: inicializa el parámetro XX,

- etc.

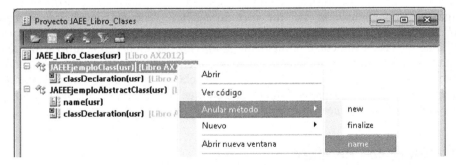

Figura 10.- Anular método (sobrecargar) de una superclase

Para sobrecargar un método (*MorphX* lo llama ***Anular***) de una clase superior, y por extensión de cualquier elemento en *MorphX* (tablas, formularios, informes, etc.) hacemos clic *derecho sobre la clase (sobre el nodo Métodos en el resto de objetos) > Anular método > Método existente*. En la figura 10 se muestra cómo podemos sobrecargar el método *name* que existe en la superclase abstracta, pero no en la actual.

Siempre que sobrecargamos un método existente en una clase superior, el editor presenta una primera versión del método que contiene una llamada al método ***super***. Éste es el punto en el que el método actual ejecuta la funcionalidad del mismo método en la superclase, y por tanto es importante tener en cuenta si nuestra funcionalidad se debe ejecutar antes o después de esta llamada, y también las consecuencias de eliminar la propia llamada. Por ejemplo, si se elimina la llamada a *super* en un método *delete* de una tabla, será imposible eliminar registros en esta tabla.

Los métodos pueden incluir uno o varios **modificadores**, que alteren aspectos de su funcionamiento. Ver tabla 7.

Tabla 7.- Modificadores de parámetros

Modificador	Descripción
abstract	El método se declara pero no se implementa. Se debe implementar obligatoriamente en clases derivadas. Indica a los creadores de clases derivadas lo que se deben implementar como mínimo. Habitualmente un método abstracto pertenece a una clase abstracta.
final	La clase no permite ser heredada.
static	Un método estático se puede ejecutar sin necesidad de una instancia de la clase o tabla. Los métodos estáticos no tienen acceso a las variables de clase (incluido el objeto *this*). Se ejecutan utilizando el nombre de la clase seguido de :: (doble dos puntos).
display	Tipo de método especial que sirve para mostrar información en formularios e informes, se suelen crear en tablas. En formularios e informes que utilicen esta tabla, podrán referenciarse directamente como un campo más. Los veremos en el capítulo 6 *"La interfaz de usuario"*.
edit	Tipo de método especial que permite mostrar un campo en un formulario, siendo este valor editable. El método controla manualmente las acciones de obtener y asignar el valor del campo. Los veremos en el capítulo 6 junto a los anteriores.
public	El método es accesible desde cualquier parte de la clase y sus derivadas. Puede ser sobrecargado y utilizado manualmente desde una instancia del objeto.
private	El método sólo es accesible desde métodos de la clase donde se declara.
protected	El método sólo es accesible desde métodos de la clase donde se declara y sus derivadas.
client	Indica que el método debe ejecutarse en el cliente. Sólo es válido para métodos estáticos de clase, el resto de métodos se ejecutarán automáticamente en el mismo nivel donde se ejecute la propia clase.
server	Indica que el método debe ejecutarse en el servidor (AOS). Sólo es válido para métodos estáticos de clase, el resto de métodos se ejecutarán automáticamente al mismo nivel donde se ejecute la propia clase.

Para el uso eficiente de estos modificadores, se deben tener en cuenta las siguientes buenas prácticas:

- Los modificadores *client y server* se deben utilizar para optimizar el **tráfico entre cliente y servidor** que se produce cuando la ejecución cambia de nivel. En cada cambio de nivel se debe **serializar y deserializar** el estado del objeto para transmitirlo de una a otra, lo que requiere tráfico de red y capacidad de procesado que debe minimizarse.

  Por ejemplo, la ejecución de informes y formularios se realiza siempre en el cliente, pero la ejecución de clases puede realizarse en el cliente o en el servidor. La ejecución en el servidor es más eficiente, aunque si requiere de muchos cambios cliente-servidor, o si un proceso afecta gravemente al rendimiento del servidor por su exigencia de recursos, puede ser ventajoso ejecutarlo completamente en el cliente.
  Estos modificadores sólo tienen sentido en métodos **estáticos de clase**. Los métodos de instancia de objeto se ejecutan siempre en el mismo nivel donde se haya instanciado la clase. Pueden tener un impacto severo en el rendimiento por lo que en caso de duda es mejor omitirlos y dejar al sistema la gestión del nivel de ejecución.

- Sólo deben ser públicos los métodos que tenga sentido utilizar por el usuario del objeto. El resto de métodos de uso interno deben declararse *protected o private*, dependiendo de las necesidades.

- No se debe abusar de los métodos **estáticos**. Deben utilizarse cuando sea necesario forzar la capa de ejecución (cliente o servidor) o cuando se necesite crear una funcionalidad que, aun teniendo relación con la clase o tabla en la que se crea, no requieren de una instancia de objeto para ser ejecutados y nunca van a necesitar ser sobrecargados.

Los parámetros de métodos se nombran siguiendo las buenas prácticas de nomenclatura de variables, pero comenzando por un **guion bajo** (_). Si el método recibe más de un parámetro, se puede indicar un **parámetro por línea** y alinear los tipos y las variables en columnas. Si el significado sigue teniendo sentido, se suele omitir el prefijo de módulo del tipo de datos y existen algunas abreviaciones utilizadas comúnmente. Por ejemplo: *Cust (Customer), Jnl (Journal)*, etc.

Como buenas prácticas que faciliten la legibilidad y el mantenimiento, se recomienda que cada método tenga **un solo punto de retorno** correcto siempre que sea posible, normalmente al final. También se recomienda no **modificar el valor de las variables** que vienen por parámetros, suponemos que estas variables siempre tienen el valor que el método recibe inicialmente.

Nunca debe haber parámetros sin utilizar. Ni siquiera en métodos heredados o implementados de interfaces. Se recibirá un mensaje de buenas prácticas si esto ocurre y debe solucionarse, ya que este parámetro puede ser necesario en alguna clase derivada y de otra manera su valor se perdería.

Se pueden declarar **parámetros opcionales**, asignándoles un **valor por defecto** en la definición del método. Los parámetros opcionales deben agruparse al final, después de los parámetros obligatorios.

También se pueden declarar **funciones locales**. Esto es, métodos declarados dentro de otro método, que sólo pueden ser ejecutados dentro de éste. Deben declararse en el área de declaraciones del método contenedor, después de las variables, y al mismo nivel de indentación y no pueden utilizarse modificadores (*public, static, etc.*) ya que sólo son accesibles en el contexto en el que se declaran. Estas funciones tienen acceso a las variables del método contenedor.

```
public void JAEE_Libro_FuncionLocal(Args _args)
{
    // Declaraciones (variables + funciones)

    CustTable    custTable;

    // Funciones al final de la declaración
    Name name()
    {
        // La función local tiene acceso a las
        // variables de su función contenedora
        return custTable.name();
    }

    // Cuando empieza el código ya no se permiten
    // más declaraciones...

    custTable = CustTable::find('CT-001');

    print name(); // llamada a la función local (sin this)

    // ...
}
```

Como ya hemos comentado, las variables creadas a nivel de clase son siempre *privadas*. Esto es, se puede acceder a ellas desde cualquier método de instancia de clase, pero no desde fuera. Para que esto sea posible es necesario desarrollar métodos de acceso, en otros lenguajes llamados *getters y setters*. Aunque en X++ se pueden desarrollar estos métodos sin ningún problema, existe una estructura para facilitar estas acciones que llamamos *métodos parámetro*, métodos *parm* (por su prefijo) o simplemente **parámetros**. Tienen la siguiente estructura:

```
public ItemId parmItemId(ItemId _itemId = itemId)
{
    ;
    itemId = _itemId;
    return itemId;
}
```

Esta estructura asigna el valor que viene por parámetros (si viene alguno) a la variable de clase, y luego la devuelve. Si no se pasa ningún parámetro se utilizará como *getter*, si se pasa algún parámetro se utiliza como *setter* y también se puede utilizar a la vez como *setter* y *getter*. Esta es la estructura habitual, aunque si el objeto que maneja el método es demasiado grande como para hacer esta asignación en cada ejecución (normalmente si se reciben objetos complejos o contenedores), se puede utilizar esta otra estructura.

```
public container parmCode(container _code = code)
{
    if (!prmIsDefault(_code))
    {
        code = _code;
    }

    return code;
}
```

De esta forma se comprueba si el valor recibido por parámetros es el valor por defecto (esto es, si se ha recibido algún parámetro o no) y de ser así lo devuelve sin modificar el valor de la clase. Esta versión evita la asignación innecesaria de la variable, aunque introduce una llamada extra a un método externo, lo que es menos eficiente que la asignación de variables de tipos básicos. Se debe elegir la mejor opción según el caso.

9.4.- Atributos en clases y métodos

Desde la versión *Microsoft Dynamics AX 2012* se pueden agregar atributos a interfaces, clases y métodos. Los atributos *decoran* una clase o un método con **metadatos** y pueden usarse las funciones de reflexión del sistema (clases **DictClass y DictMethod**) para recuperar y utilizar su valor.

El sistema incluye diferentes atributos para uso interno que son utilizados, por ejemplo, por la herramienta de migración y el *framework* de *Unit Testing* que ya conocemos, y en el **SysOperation Framework** y sus derivados, como veremos en el capítulo 7 "*Frameworks*". Podemos agregar nuestros propios atributos creando nuevas clases que hereden de **SysAttribute**, que después podremos incluir en nuestros desarrollos.

9.5.- Ejecutar clases desde Menu Items

Para que una clase pueda ser **ejecutada directamente** desde un punto de menú, y también haciendo F5 en el editor de código o pulsando el botón *Ejecutar* del editor, la clase debe contener un método abstracto llamado **main**, que siempre es **estático**, recibe un parámetro de la clase de sistema **Args** y tiene tipo de retorno **void**. Por ejemplo:

```
static void main(Args _args)
{
    // ...
}
```

El código del método dependerá de lo que deba ejecutar la clase o el *framework* que utilice. Lo habitual es que este método instancie una clase y la ejecute, pasándole los valores de entrada mediante el objeto *Args*.

El objeto de tipo *Args* recibido por parámetros puede enviar a la clase un registro de una tabla, un parámetro de texto, un parámetro de tipo enumerado (con su tipo), etc. Este objeto está diseñado para solucionar casi todas las necesidades para un uso normal de la aplicación, si todos los objetos están desarrollados según las buenas prácticas o los *frameworks* de desarrollo que veremos.

Si la clase requiere un parámetro de entrada, en el método *main* se puede comprobar que los parámetros se reciben correctamente u ofrecer un error apropiado. Si estos parámetros requieren algún tratamiento debe hacerse aquí para pasarlos a la clase una vez instanciados de la manera correcta.

Arrastrando una clase sobre el nodo del ***AOT > Menu Items > Action*** se crea un elemento de menú de tipo acción que apuntará a nuestra clase. Poniendo ese elemento de menú en menús o formularios se creará un botón que ejecutará este método *main*. Si al poner el *MenuItem* en un formulario se completa la propiedad ***DataSource***, el registro activo en ese origen de datos en el momento de pulsar el elemento de menú (el registro activo en el formulario) se pasará a la clase en el objeto.

```
public static void main(Args _args)
{
    // ...
    if (!_args.record())
        throw error("La clase requiere un almacenaje activo");

    if (_args.dataset() == tableNum(CustTable))
        custTable = _args.record();
    // ...
}
```

10.- MANEJO DE DATOS

Como ya hemos visto, X++ integra un sistema de **manejo de datos basado en variables de tipo *buffer*** (en otros lenguajes serían algo parecido a un *DataRow* tipado). Estas variables representan **una sola fila** de una tabla (o de una **Vista**), los campos de la tabla son propiedades siempre **públicas** del objeto y existen sentencias dedicadas a la selección y manipulación de datos con una sintaxis muy similar al SQL tradicional.

Si la variable no contiene un registro de la tabla a la que representa, el campo *RecId* de la variable estará vacío. Este campo recibirá un valor de manera automática después de la inserción del registro en la base de datos. Si se usa una variable de tipo tabla de manera *booleana* (verdadero o falso) lo que se evalúa es si el campo *RecId* de esta variable es diferente de 0 (esto es, si existe el registro en la tabla).

Puesto que *Microsoft Dynamics AX* es una aplicación basada en el manejo transaccional de datos empresariales, es importantísimo conocer todos los detalles del manejo de datos para asegurar la correcta integridad y rendimiento del sistema. El uso inadecuado de estas estructuras provocará errores o inconsistencias en los datos difíciles de detectar.

En este punto detallaremos las particularidades del manejo de datos respecto al lenguaje X++. En el capítulo siguiente entraremos más en detalle en el propio modelo de datos de la aplicación, su diseño y configuración.

10.1.-Selección de datos

Hay que insistir en que una variable de tipo tabla **sólo almacena un registro** de la tabla, por lo que además de la clásica instrucción *select* (que lee un registro de la tabla y lo almacena en la variable) disponemos de la estructura *while select* para recorrer un conjunto de datos, asignándose a la variable un registro diferente en cada iteración.

```
CustTable        custTable; // Variable buffer de tipo CustTable (tabla)

// No importa cuántos registros devuelva esta select ...
select custTable
    where custTable.AccountNum like 'US-01*';

// ... la variable sólo contiene el primero de ellos.
print custTable.AccountNum;
pause;
```

De esta manera podemos seleccionar un solo registro y operar con los valores de sus campos. Si queremos recorrer **todos los registros** que devuelva la *select*, utilizamos la estructura *while select*, que pondrá un registro en la variable en cada iteración.

```
CustTable        custTable; // variable buffer de tipo CustTable (tabla)

// Recorre todos los registros devueltos por la select
while select custTable
    where custTable.AccountNum like 'US-01*'
{
    // En cada iteración la variable contiene el siguiente registro
    print custTable.AccountNum;
}
pause;
```

La sintaxis de la instrucción *select*, aunque parecida, no es igual que en el SQL estándar. Por ejemplo, se omite el típico literal * (se puede incluir una lista de campos, pero si no se hace no es necesario indicar el asterisco); la cláusula *from,* aunque se puede incluir, no suele hacerse, y la cláusula *group by* se sitúa antes que el *where*. Además, incluye multitud de **modificadores** que se pueden utilizar para optimizar su rendimiento. La página oficial de ayuda con la **sintaxis completa** se encuentra en el siguiente enlace.

Enlace: Select Statement Syntax [AX 2012]

http://msdn.microsoft.com/EN-US/library/aa656402.aspx

En general, la instrucción *select* de X++ soporta **ordenación**, **multiples joins** (no soporta *sub-selects*) y funciones de **agregado**. Por su similitud con SQL no entraremos en más detalles porque es preferible ahondar en conceptos propios de *Microsoft Dynamics AX*, aunque iremos viendo casos concretos más adelante.

Para facilitar su legibilidad y mantenimiento, las instrucciones *select* (y también las de actualización masiva, que veremos más adelante) deben seguir las buenas prácticas de sintaxis que ya hemos visto sobre variables además de algunas propias:

- *index, where, order by* y *group by* se escriben en líneas nuevas, a un nivel de indentación superior a *select* o *while select*, y en minúsculas.

- El *where* se estructura en forma de **columna**. Una condición por línea, y el operador lógico al principio de la línea.

- Con la estructura *while select* se utilizan siempre llaves, incluso si el bloque contiene una sola línea. Las llaves se escriben al mismo nivel de indentación que el *while*.

- Cada *join* añade un nivel de indentación para sus propios *index, where, order by* y *group by*. Las condiciones de cada *join* se incluyen en su *where*, no existen las cláusulas *ON* ni *HAVING* (éste último se puede usar mediante el *Query Framework*, si es necesario).

Por ejemplo, la *select* que se muestra en la figura 11 está extraída del método *checkServiceTariffNumber* de la clase estándar *SalesFormLetter_Invoice*.

```
while select TableRefId, ParmId from salesParmTableLocal
    where salesParmTableLocal.ParmId == this.salesParmUpdate().ParmId
join SalesId, ItemId, TaxGroup from salesLineLocal
exists join salesParmLineLocal
    where salesParmLineLocal.TableRefId      == salesParmTableLocal.TableRefId
    && salesParmLineLocal.ParmId             == salesParmTableLocal.ParmId
    && salesParmLineLocal.InventTransId      == salesLineLocal.InventTransId
exists join taxGroupHeading
    where taxGroupHeading.TaxGroup == salesLineLocal.TaxGroup
    && taxGroupHeading.IsMandatoryServiceTariff_PL == 1
notexists join taxServiceTariff
    where taxServiceTariff.ParentTableId     == salesLineLocal.TableId
    && taxServiceTariff.ParentRecId          == salesLineLocal.RecId
{
    ret = ret & checkFailed(
        strFmt("@GLS115888", salesLineLocal.SalesId, salesLineLocal.ItemId);
}
```

Figura 11.- Sintaxis y formato de una instrucción select compleja

En la estructura *where* se pueden realizar comprobaciones lógicas con otros campos y también con variables y valores discretos (cadenas de texto, números, fechas,…). Los operadores lógicos válidos son los habituales de SQL, incluido el operador **like** que se puede utilizar con los comodines * (asterisco, comodín) e ? (interrogante, comodín de un solo carácter).

Cabe destacar, por su relevancia en la optimización, la pareja de modificadores *forcePlaceholders* y *forceLiterals*. Sólo puede utilizarse uno de ellos a la vez. Si se usa el primero (por defecto, si no se indica nada), las sentencias SQL generadas para enviar finalmente a la base de datos incluirán cada parámetro como un comodín y se pasarán los parámetros aparte. Esto facilita la reutilización de índices y el plan de acceso y mejora el rendimiento en la mayoría de los casos. Si se utiliza *forceLiterals* los valores de los parámetros serán incluidos en la propia sentencia SQL. Esto puede mejorar el rendimiento en algunos casos pero no debe utilizarse si no se ha estudiado que su uso será una mejora respecto al anterior.

También es importante el modificador ***firstOnly***. Cuando desde *Microsoft Dynamics AX* se leen registros de la base de datos, se obtienen siempre bloques de datos para minimizar la cantidad de peticiones y respuestas entre la aplicación y la base de datos. Si la instrucción va a devolver una sola fila (o va a devolver más pero sólo se va a utilizar la primera), es una buena práctica indicar *firstOnly* para desactivar esta lectura en bloques y minimizar tanto el tiempo de respuesta como la cantidad de datos transferida. Se debe usar siempre, por ejemplo, en los métodos ***find*** que veremos más adelante.

Por último, no hay que olvidar, en cuanto a rendimiento de la base de datos, una buena configuración de la ***cache de datos*** que implementa *Microsoft Dynamics AX*. Esta caché guarda los datos recuperados desde la base de datos en la memoria del cliente o el servidor, evitando sucesivas lecturas del dato dependiendo de la configuración. El punto principal para esta configuración es la propiedad ***CacheLookup*** de las tablas (un gran olvidado), que puede tomar los siguientes valores:

- **None**: No se utiliza **para nada** la caché. Todas las lecturas se realizarán contra la base de datos. Se emplea en tablas que se leen muy a menudo o cuando es crítico que los datos estén actualizados.

- **NotInTTS**: Si se utilizan los datos de la tabla **fuera de una transacción** se pueden recibir datos desde la caché. Si los datos se utilizan dentro de una transacción siempre se realizará la consulta contra la base de datos. De esta manera se toleran datos de la caché en todos los casos salvo cuando la tabla se utilice para modificar o generar nuevos datos. Por ejemplo: *Clientes*.

- **Found**: Se utiliza la caché en todos los casos **después de leer** un registro en la base de datos. Sólo en el caso de que se realice un ***select forupdate*** el *buffer* se actualizará volviendo a leer el registro desde la base de datos. Es habitual en tablas de parametrización donde los datos no suelen modificarse y siempre existen al ser leídos. Por ejemplo: *Divisas o Almacenes*.

- **FoundAndEmpty**: Funciona de manera similar al anterior pero también guarda en la caché las lecturas que **no encuentran** ningún registro. Si el registro se vuelve a buscar, se devolverá desde la caché que no existe en vez de volver a intentarlo. Es útil en tablas donde se buscan registros que habitualmente **no** existen.

- **EntireTable**: Almacena la **tabla entera** en la **caché del servidor** cuando se lee cualquier registro sobre ella y se **comparte esta caché** para todas las conexiones existentes en el AOS. Este funcionamiento puede mejorar el rendimiento de tablas que se utilizan muy a menudo, pero no hay que utilizarlo en tablas grandes ya que cuando la caché supere los 128 KB se almacenará en disco, haciendo las lecturas mucho más lentas. Se puede simular este funcionamiento para un conjunto de filas mediante la clase *RecordViewCache*.

Por defecto la instrucción *select* siempre está filtrada, de manera transparente tanto para el programador como para el usuario final, por la empresa actual. Esto es, el sistema añade automáticamente un *where* a la consulta que se envía finalmente a la base de datos para filtrar por el *DataAreaId* activo. Este es el funcionamiento habitual, pero si se desea hacer una consulta que afecte a varias empresas es necesario indicar el modificador *crossCompany* en la consulta, o utilizar la función de contexto *changecompany* (ver el método *findByCompany* de la tabla *CustTable*, por ejemplo).

Si durante el desarrollo o depuración necesitamos ver la consulta utilizada para devolver los datos en una variable de tipo registro, se puede utilizar el método *getSQLStatement* en la variable.

10.1.1.- Método find

Como buena práctica ampliamente aceptada, se suele crear uno o varios métodos llamados *find* para obtener fácilmente un registro de la tabla pasándole los valores de la clave primaria. Si se decide crear varios métodos, porque hay varias maneras de buscar registros en una determinada tabla, es común que el método *find* llamado así literalmente sea el que busca por clave primaria, y el resto se llamen *findByXXX* dependiendo de su utilidad.

Es muy recomendable crear siempre estos métodos, aunque a priori no vayan a utilizarse, para indicar a futuros desarrolladores la mejor manera de buscar en nuestras tablas. En cualquier caso la estructura de los métodos será siempre la siguiente:

```
static CustTable find(CustAccount   _custAccount,
                      boolean       _forUpdate = false)
{
    CustTable    custTable;
    ;

    if (_custAccount)
    {
        if (_forUpdate)
        custTable.selectForUpdate(_forUpdate);

        select firstonly custTable
            index hint AccountIdx
            where custTable.AccountNum == _custAccount;
    }

    return custTable;
}
```

Éste es el método *find* de la tabla estándar *CustTable* (clientes) y cumple a la perfección con el esquema.

- Recibe por parámetros el código de cliente, que es la **clave primaria**, y siempre se añade el parámetro *booleano _forUpdate* que indicará si se quiere seleccionar el registro para actualización o no, por defecto es *false*.

- Declara una variable del mismo tipo que la **tabla** donde se encuentra. Este es el valor que devuelve el método, que siempre es **estático**.

- Si se pasa algún parámetro en la clave primaria, se utiliza para filtrar el *select*. Normalmente se indica un índice recomendado para la búsqueda por los parámetros seleccionados (**index hint**) y el *select* será **firstonly**. Estos métodos siempre devolverán un registro de la tabla, y sólo uno, aunque sea el registro vacío si el registro buscado no se encuentra.

- Si el parámetro *_forUpdate* es *true*, se activa el registro para actualización. Esto facilita notablemente la **legibilidad** del código que hace uso de estos métodos, como veremos.

10.1.2.-   Método exist y Expresión select

La instrucción *select* se puede utilizar como una **expresión** de manera excepcional y con limitaciones. De esta manera no es necesario declarar una variable *buffer* para almacenar el registro leído; en su lugar se emplea únicamente el nombre de la tabla y la expresión entre paréntesis. No es habitual hacerlo, ya que dificulta la legibilidad del código y no es realmente una mejora notable de rendimiento, salvo algunos casos concretos como por ejemplo, los métodos **exist**, que tienen una estructura como la siguiente (ejemplo para la tabla *VendTable*):

```
static boolean exist(VendAccount _vendAccount)
{
    return (select firstonly RecId
            from VendTable
            where VendTable.AccountNum == _vendAccount).RecId;
}
```

Esta sintaxis resulta un poco extraña a simple vista, aunque es perfectamente válida:

- Utiliza una **expresión select** para buscar un registro en la tabla, cuya clave primaria se recibe por parámetros. Esta expresión no almacena el registro obtenido en una variable de tipo tabla sino que la propia expresión entre paréntesis es el *buffer*, del que se selecciona el campo *RecId*.

- Devuelve el *RecId* del registro obtenido, convertido de manera implícita en booleano. Esto es: Si el registro no existe el *RecId* será 0, lo que equivale al booleano *false*.Si el registro existe el *RecId* será un entero mayor que 0, equivalente al booleano *true*.

10.2.-Insertar, Actualizar, Eliminar

Una vez seleccionado un registro de la base de datos con una instrucción *select* (o un método *find*, como acabamos de explicar) la variable que lo almacena puede realizar acciones sobre el registro tales como modificar los datos que almacena o eliminarlo. Si el *buffer* contiene un registro vacío o que todavía no se ha insertado en la base de datos, también puede insertarlo.

Para ilustrar estos ejemplos hemos creado una nueva tabla muy sencilla que sólo contiene el campo *Num (EDT: Num, str 20)* y *Name (EDT: Name, str 60)*. La clave primaria y única es el campo *Num*, representada por el índice *NumIdx*.

La estructura típica para la **inserción** de un registro en una tabla es la siguiente:

```
static void Job_ManejoDatos_Ins(Args _args)
{
    JAEETablaEjemploXpp ejemplo;

    ttsBegin;

    ejemplo.clear();
    ejemplo.initValue();
    ejemplo.Num     = "E101";
    ejemplo.Name    = "Estevan";

    if (ejemplo.validateWrite())
        ejemplo.insert();
    else
        throw Exception::Error;

    ttsCommit;
}
```

Lo más relevante de este código son los siguientes puntos:

- Se utiliza el método ***clear*** para limpiar cualquier cambio que se hubiera hecho en el *buffer* antes de comenzar el proceso de inserción. En este ejemplo no era necesario, pero suele utilizarse por convención. Si la variable *buffer* no se ha inicializado contiene el valor por defecto *null*, utilizando *clear* se inicializa el objeto a sus valores por defecto.

- Se utiliza el método ***initValue*** para inicializar los valores por defecto de la tabla. Debe utilizarse siempre, aunque actualmente no tengamos ningún valor por defecto, ya que si en un futuro desarrollo se debe incluir alguno, se hará en este método.

- Después de esto se **asignan los datos** necesarios a los campos de la tabla. Es común diseñar métodos ***initFromXXX*** para realizar actualizaciones masivas de datos desde otras *Tablas, Clases, Mapas*, etc. y así reutilizar y centralizar las asignaciones, facilitando la tarea de añadir nuevos campos a la tabla.

- Si la **validación** de la tabla es correcta, se inserta en la base de datos; si no, se lanza una excepción. Veremos esto a continuación.

- Toda la operación se realiza dentro de una **transacción**. Las inserciones pueden ejecutarse sin especificar ninguna transacción. El sistema utilizará una transacción sólo para esta operación de manera automática.

Esta estructura básica se encuentra a lo largo de la aplicación con algunos cambios, según las necesidades de cada desarrollo. Lo importante es comprender que, el método *insert* de las variables de tipo tabla inserta un nuevo registro en la base de datos, incluso si este registro ya está en la base de datos. En este caso se creará un nuevo registro, igual que el que ya había, si es posible. Como ya hemos comentado, se puede saber si el registro ya existe en la tabla evaluando el campo *RecId*. Para asegurar que el registro no existe, se emplea el método *clear* antes de la asignación, lo que también limpia el campo *RecId*.

Si lo que queremos es **actualizar** un registro, la estructura básica que utilizaremos es muy parecida a la inserción, tal como la siguiente:

```
static void Job_ManejoDatos_Upd(Args _args)
{
    JAEETablaEjemploXpp ejemplo;

    ttsBegin;

    select firstOnly forUpdate ejemplo
        where ejemplo.Num == "E101";

    ejemplo.Name = "José Antonio";

    if (ejemplo.validateWrite())
        ejemplo.update();
    else
        throw Exception::Error;

    ttsCommit;
}
```

- Para poder actualizar un registro, éste debe haberse **seleccionado para actualización**, generando un bloqueo dependiendo del tipo de concurrencia configurado. Esto puede hacerse directamente en la *select*, como en este caso, o utilizar el método *forUpdate* antes de la actualización, tal como hemos visto en el ejemplo del método *find*.

- Se deben **validar** las actualizaciones, además de las inserciones, para garantizar que se cumple cualquier validación de negocio que se haya impuesto en esta tabla tras los cambios que se pretenden aplicar. Si la validación no se cumple, se lanza una excepción genérica, ya que el mensaje concreto de error lo dará el método de validación correspondiente.

- En este caso la **transacción es obligatoria**. A diferencia de las inserciones, no se pueden realizar actualizaciones fuera de una transacción declarada de manera explícita.

En cuanto a la eliminación, resulta muy parecida a la actualización, la estructura es la siguiente:

```
static void Job_ManejoDatos_Del(Args _args)
{
    JAEETablaEjemploXpp ejemplo;

    ttsBegin;

    ejemplo = JAEETablaEjemploXpp::find('E101', true); // forUpdate

    if (ejemplo.validateDelete())
        ejemplo.delete();
    else
        throw Exception::Error;

    ttsCommit;
}
```

- Para ilustrar el mecanismo de los métodos *find*, se ha utilizado uno en este ejemplo. Aunque cualquier selección del registro *para actualización* funcionará igualmente.

- Para validar la eliminación se utiliza el método *validateDelete* del *buffer*.

- En las eliminaciones también es obligatoria una **transacción** explícita.

10.3.-Validaciones y actualizaciones en cascada

En el punto anterior hemos visto dos funcionalidades que vale la pena extender: Por un lado, la validación previa a cualquier modificación de datos; por otro lado, los métodos *insert, update y delete* de las variables de tipo *buffer*.

Para crear nuestros propios métodos de validación, debemos heredar los métodos que ya existen. Por defecto realizan validaciones básicas (como comprobar los campos obligatorios), pero forman parte de la clase del sistema de la que heredan todas las tablas (*xRecord*) y por tanto están disponibles para su especialización. Un ejemplo de validación es la siguiente:

```
public boolean validateWrite()
{
    boolean ret;

    ret = super();

    if (ret)
```

```
{
    if (!this.Num)
        ret = checkFailed("Debe indicar un Código.");

    if (strLen(this.Name) < 5)
        ret = checkFailed("El Nombre es demasiado corto.");
}

return ret;
}
```

- Se suelen realizar después de **super**, para devolver un valor lo más rápidamente posible si no se cumplen las validaciones mínimas (por ejemplo, algún campo marcado como obligatorio en la tabla no se ha rellenado).

- Se utiliza siempre la función **checkFailed** con un mensaje claro de la validación incumplida, asignado a una **variable única de devolución**. De esta manera si sólo una de las validaciones no se cumple, la validación devolverá *false*. Pero se pueden seguir evaluando las siguientes validaciones para mostrar todos los mensajes de una vez, además se mantiene una estructura uniforme en métodos con muchas validaciones, y persiste el principio de **punto único de retorno** de los métodos, que es una buena práctica.

El resultado del incumplimiento de esta validación se muestra en la figura 12.

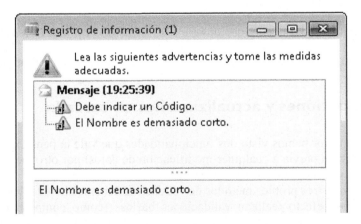

Figura 12.- Validación de tabla incumplida

De la misma forma se pueden utilizar los métodos *validateWrite* para validar inserciones y actualizaciones, *validateDelete* para validar eliminaciones y *validateFieldValue* para validar valores de un campo en concreto. Estas validaciones se ejecutan, lógicamente, antes de la propia acción que validan, por tanto si no se cumplen, la transacción debe ser cancelada como ya hemos visto en los ejemplos anteriores. Omitir la llamada a estos métodos antes de modificar los datos supondrá un riesgo grave en la integridad de la información, ya que será posible insertar valores que no cumplan la lógica de negocio que se exige en la tabla.

Aparte de sobrecargar los métodos de validación, también se pueden especializar los propios métodos *insert, delete* y *update* de las tablas para modificar el comportamiento de estas acciones. Esto es útil si se quieren realizar acciones extra siempre que se inserten, modifiquen o eliminen registros de una tabla, por ejemplo, para mantener datos en otras tablas derivadas o actualizar campos que acumulan valores de varios registros, etc. No se debe usar esta funcionalidad para realizar validaciones, éstas deben situarse en los métodos de validación que ya hemos visto, y que se ejecutan antes que los métodos de actualización

Por defecto en estos métodos existe una llamada a *super* que es la ejecución de la actualización en sí misma. Se debe tener en cuenta si nuestras actualizaciones deben realizarse antes o después de la operación actual para ubicar el código adecuadamente. Si en estos métodos no se ejecuta *super*, la acción nunca se realizará, por lo que se puede dejar la tabla en un estado inestable.

El estado actual del objeto en el método *update* contiene los valores nuevos que se van a actualizar. Si se quiere comparar estos valores con los que había antes de la actualización, se dispone del objeto *this.orig()* que es una copia del estado original de los campos antes de la actualización que se está validando. Podemos utilizarlo para verificar cuáles son los cambios que la presente actualización va a realizar y esto nos permitirá desarrollar acciones sólo cuando cambie uno o varios campos de la tabla, etc. Este objeto existe pero no tiene sentido en los métodos *insert* (donde no existe versión anterior) y *delete* (donde la versión anterior es el propio objeto hasta la llamada a *super*).

En cualquier caso, por regla general, **no se deben usar transacciones** explícitas dentro de estos métodos ya que esto sería una fuente potencial de errores de tipo *deadlock* (dos transacciones causan un bloqueo esperando a que la otra se confirme, bloqueándose entre ellas indefinidamente). Las actualizaciones que realizan estos métodos deben incluirse **en la misma transacción** que originó la acción inicial.

Complicar demasiado estos métodos en una tabla que se modifica a menudo puede ralentizar el rendimiento del sistema. Por lo tanto conviene optimizar y minimizar este código para que se ejecuten **lo más rápidamente posible** y afecten al menor número de registros de la base de datos posible, minimizando la cantidad de bloqueos generados en las tablas derivadas. Si al actualizar tablas se ejecutan actualizaciones sobre la misma tabla u otras que a su vez modifican la actual, se puede dar lugar a actualizaciones circulares que produzcan grandes cantidades de bloqueos, incluidos *deadlocks*, la caída del servidor AOS, o resultados inesperados sobre el servicio *Microsoft SQL Server* como un crecimiento desproporcionado del registro de transacciones. En resumen, es una funcionalidad muy útil, pero que debe ser utilizada con cuidado.

Tanto las validaciones de la tabla como los citados métodos *insert, update* y *delete* que estén personalizados pueden ser evitados si para realizar las actualizaciones se utilizan los métodos especiales *doInsert, doUpdate* o *doDelete*. La utilización de estos métodos no debe generalizarse salvo situaciones muy controladas, ya que puede provocar incoherencias en los datos almacenados.

10.4.-Actualizaciones masivas

Las funciones que hemos visto en el punto anterior realizan la inserción, actualización o borrado de un solo registro en una tabla. Este es un funcionamiento habitual en X++, aunque existe la posibilidad de hacer actualizaciones masivas de una manera mucho más eficiente, con limitaciones.

La instrucción *insert_recordset* se utiliza para insertar conjuntos de registros en una tabla, que provienen de una *select* que puede obtener los datos de otras tablas. Ejemplo:

```
static void Job_ManejoDatos_InsRSet(Args _args)
{
    JAEETablaEjemploXpp    tablaEjemplo;
    InventTable            inventTable; // Artículos

    insert_recordset tablaEjemplo (Num, Name)
        select ItemId, NameAlias
        from inventTable
        where inventTable.ItemId like "D*";
}
```

El conjunto de campos entre paréntesis representan la tabla destino. Tendrán que ser coherentes con la lista de campos seleccionados de todas las tablas incluidas en la *select*, que también pueden ser variables locales o valores discretos. El ejemplo anterior inserta, en nuestra tabla de pruebas, todos los artículos que empiezan por *D*. Ver figura 13.

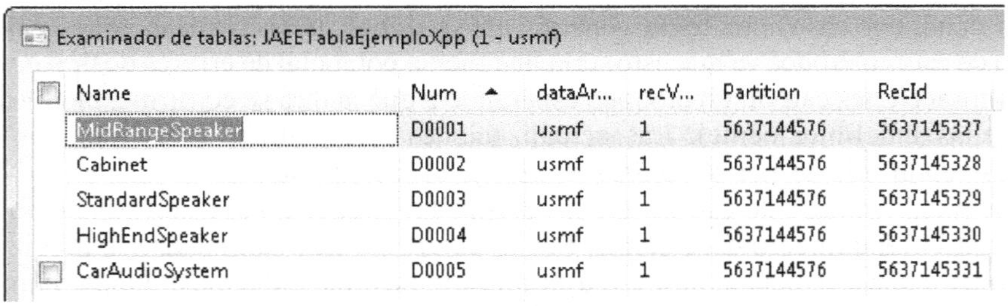

Figura 13.- Resultado de inserción masiva

Esta manera de insertar registros es mucho más eficiente que la que vimos en el punto anterior, ya que todas las inserciones se realizan en la base de datos **con una sola instrucción**. Sin embargo, este método ofrece poca flexibilidad, ya que la instrucción *insert_recordset* en X++ no es demasiado dinámica. Para solucionar esto, en la versión *AX 2012 R3* se ha añadido un nuevo método que permite ejecutar una inserción de registros masiva **en base al resultado de una *Query***. Lo veremos en el capítulo siguiente.

La segunda opción de inserción masiva es la llamada *Array Insert*. Este mecanismo consiste en almacenar un conjunto de registros en una colección (*RecordInsertList* o *RecordSortedList*) y después enviar todos los registros de la colección a la base de datos en una sola operación. Este método no es tan rápido como un *insert_recordset*, pero es mucho más flexible que éste y mucho más eficiente que insertar fila a fila. Por ejemplo:

```
static void Job_ManejoDatos_ArrayIns(Args _args)
{
    JAEETablaEjemploXpp       ejemplo;
    RecordInsertList          insList;

    insList = new RecordInsertList(ejemplo.TableId,
                                   false, // skipInsertMethod,
                                   false, // skipDatabaseLog,
                                   false, // skipEvents,
                                   false, // skipAosValidation,
                                   false  // skipRLSValidation
                                  );

    ejemplo.clear();
    ejemplo.initValue();
    ejemplo.Num  = "100001";
    ejemplo.Name = "Primer registro masivo";
    insList.add(ejemplo);

    ejemplo.clear();
    ejemplo.initValue();
    ejemplo.Num  = "100002";
    ejemplo.Name = "Segundo registro masivo";
    insList.add(ejemplo);

    insList.insertDatabase();
}
```

La clase recibe un primer parámetro que indica la tabla donde se va a insertar, veremos más adelante el resto de parámetros. A partir de ahí podemos insertar en la lista diferentes instancias de registros de esa tabla que serán enviadas a la vez a la base de datos cuando se ejecute *insertDatabase*. Si se requiere que los registros se inserten en un orden determinado, utilizar la clase *RecordSortedList*.

Para la actualización masiva, disponemos de la instrucción **update_recordset**:

```
static void Job_ManejoDatos_UpdRSet(Args _args)
{
    JAEETablaEjemploXpp       tablaEjemplo;

    update_recordSet tablaEjemplo
      setting Num = tablaEjemplo.Num + '+'
      where tablaEjemplo.Name like 'C*';
}
```

Observamos pequeñas diferencias con el SQL estándar, aunque es muy similar. También ocurre con la eliminación masiva *delete_from*:

```
static void Job_ManejoDatos_DelRSet(Args _args)
{
    JAEETablaEjemploXpp       tablaEjemplo;

    delete_from tablaEjemplo
      where tablaEjemplo.Num like '*+';
}
```

Todas estas instrucciones de actualización masiva (*insert_recordset, update_recordset, delete_from y array inserts*) operan a priori con conjuntos de datos, y de ahí la mejora en su rendimiento. Sin embargo, hay circunstancias en el que estas instrucciones son forzadas a operar registro a registro, lo que puede afectar a su rendimiento. En la Tabla 8 se muestran las situaciones en las que esto ocurre:

Tabla 8.- ¿Cuándo se convierten las instrucciones masivas en registro a registro?

	delete from	update recordset	insert recordset	Array Insert
Delete Actions [1]	Sí	No	No	No
Registro de base de datos [2]	Sí	Sí	Sí	No
Métodos sobrecargados [3]	Sí	Sí	Sí	Sí
Alertas en la tabla [4]	Sí	Sí	Sí	Sí
ValidTimeStateFieldType [5]	Sí	Sí	Sí	Sí

[1 y 5] Veremos los **Delete Action** y las **tablas con validez en el tiempo** en el siguiente capítulo.

[2] El registro de base de datos almacena una **auditoría** completa con todos los cambios que se realizan en las tablas (inserciones, actualizaciones y borrados), guardando el estado antes y después de cada actualización.

[3] Hemos visto la posibilidad de sobrecargar métodos de actualización en el punto anterior.

[4] Las **alertas** envían mensajes a usuarios del sistema cuando ocurre un evento configurable. Por ejemplo: Cuando se crea un artículo nuevo, o se registra una factura para un cliente bloqueado.

En el ejemplo anterior de uso de la clase **InsertRecordList** hemos obviado una serie de **parámetros skip** que recibe la clase de inserción masiva. Estos parámetros sirven para intentar evitar los casos de la Tabla 8. Por ejemplo, se puede **forzar que no se ejecuten los métodos sobrecargados** que hemos visto para que la actualización se realice de forma masiva y no se convierta en registro-a-registro. Sin embargo en este caso no se ejecutará la lógica que exista en esos métodos sobrecargados. Por lo que se debe realizar de manera excepcional, en casos donde el rendimiento es crítico y la lógica de la tabla está diseñada para ello. Si existen métodos sobrecargados o *delete actions* es porque se necesitan y evitarlos puede tener consecuencias.

También se puede evitar que se almacene información del log de auditoría, sin embargo esto es contradictorio ya que la auditoría se activa de manera específica sólo para las tablas que realmente se necesita, penalizando su rendimiento. Si no se quiere guardar esta información, es mejor desactivar la auditoría que forzar al sistema a que la obvie.

Sea como fuere, si por algún motivo se activa la actualización registro-a-registro (por ejemplo, si en la tabla hay algún campo de tipo *container*), el resto de parámetros *skip* no serán tenidos en cuenta. Estos parámetros *skip* se pueden aplicar a una variable de tabla ya declarada mediante los métodos *skip* de la propia variable, cuyo funcionamiento es el mismo que en este caso. Aquí es donde entra el buen criterio del desarrollador, que debe conocer cada caso y actuar en consecuencia para lograr un equilibrio óptimo entre un rendimiento adecuado y asegurar la lógica y consistencia de los datos.

También es necesario vigilar que no sean los propios usuarios los que activan una de estas opciones (como las alertas o la auditoría en alguna tabla crítica) sin conocer el efecto adverso que tendrán sus acciones en el rendimiento. Sin duda es una posibilidad a tener en cuenta si el rendimiento cae súbitamente en una tabla sin un motivo aparente.

10.5.-Transacciones

Durante este capítulo ya hemos visto cómo gestionamos las transacciones en X++ cuando hemos hablado sobre inserción, actualización y borrado de datos mediante las instrucciones *ttsBegin, ttsCommit* y *ttsAbort*, y también las comentamos al hablar de gestión de excepciones.

Como en cualquier base de datos, *ttsBegin* indica el comienzo de una transacción, y asegura que todas las acciones que se lleven a cabo sobre la base de datos hasta que se encuentre *ttsCommit* o *ttsAbort* se van a realizar de manera atómica. Esto es, se van a realizar todas las acciones si se encuentra un *ttsCommit*, o ninguna de ellas si se encuentra un *ttsAbort* u ocurre cualquier error durante el proceso. Hasta aquí nada nuevo.

Para asegurar la integridad de estas transacciones, X++ realiza tres comprobaciones que hay que conocer:

- No se puede realizar ninguna actualización ni borrado sobre un registro que no ha sido seleccionado para actualización mediante el modificador *forUpdate* en la *select*, o mediante la función *selectForUpdate* en la variable *buffer*.

- Se pueden anidar transacciones en diferentes niveles (transacciones dentro de otras transacciones), pero en este caso no se realizará ninguna acción hasta que se confirme el nivel de transacciones **superior**, el que engloba a todas las demás.

- No se puede actualizar un registro que ha sido seleccionado para actualización en un nivel de transacción diferente al de la propia *select* ya que, a efectos prácticos, se encuentra en una transacción diferente.

Es curioso como a menudo se complica el uso de transacciones de manera innecesaria, quizás por miedos o inseguridad en su funcionamiento, cuando realmente su utilización debe ser **sencilla** y lo menos creativa posible. El sistema será más fiable cuanto más sencillo sea, ya que será menos propenso a errores en futuros cambios. Estas son unas buenas prácticas sobre transacciones que aseguran su correcto funcionamiento, incluyendo el cumplimiento de las restricciones anteriores.

- La pareja *ttsBegin* + *ttsCommit* deben situarse **en el mismo método** y al mismo nivel en el código. Esto es importantísimo para mantener la simplicidad que se requiere en el uso de transacciones y la comprensión del código. Idealmente, las dos instrucciones deben leerse en el mismo pantallazo del editor de código.

- En caso de error, utilizar *throw* con un mensaje de error descriptivo, en vez de *ttsAbort*. La transacción se cancelará de manera apropiada sin ningún problema.

- *No solicitar nunca* información al usuario en el transcurso de una transacción. Pedir esta información antes de empezar la transacción para que cuando ésta empiece pueda ejecutarse sin pausa hasta el final. De esta forma se evitan bloqueos en las tablas que pueden demorarse hasta que el usuario responda (horas, o incluso días). Esto puede provocar un bloqueo casi absoluto del sistema en procesos que generan muchos bloqueos (facturación, contabilización, etc.).

- Evitar utilizar transacciones de manera *condicional*. Normalmente es mejor ejecutar un *throw* si la transacción debe cancelarse, salvo casos concretos de optimización.

En el próximo capítulo, hablaremos sobre el nuevo *framework UnitOfWork* que nos permite un control más flexible sobre transacciones en situaciones donde es necesario insertar o actualizar relaciones complejas utilizando las nuevas claves *surrogadas*.

Como recurso adicional y para usos muy concretos, se puede utilizar la clase *UserConnection* para aislar un trozo de código fuera de la transacción actual. Se suele utilizar, por ejemplo, para insertar registros de errores en tablas cuando ocurre un error y se revierte la transacción principal.

10.6.-Métodos de tabla

Ya hemos visto la utilidad de sobrecargar algunos métodos de tabla referidos a la actualización y validación de los datos. Estos son quizás los más utilizados aunque ni mucho menos los únicos. Existen algunos bastante intuitivos como el método *initValue* utilizado para inicializar los valores por defecto de la tabla; *modifiedField*, para reaccionar ante modificaciones de un determinado campo de la tabla; *caption, helpField, toolTipField, toolTipRecord*, para personalizar los diferentes textos de ayuda y títulos relativos al registro y sus campos, y un largo etcétera.

- **clear**: Este método no se ejecuta automáticamente, pero se utiliza para limpiar el estado de una variable de tipo tabla. Después de utilizar este método, la variable quedará en un estado equivalente a *null* y podrá utilizarse como una variable recién declarada.

- **initValue**: Se ejecuta al inicializar un nuevo registro. Se utiliza para incluir asignaciones de los **valores por defecto** de la tabla.

- **insert, update, delete**: Se ejecutan cuando se inserta, actualiza o elimina un registro en la tabla. Si no se ejecutan las llamadas a *super*, la operación no se realizará. Si la operación no puede completarse, la llamada a *super* devolverá una excepción. Se utilizan para llevar a cabo **actualizaciones en cascada** sobre otras tablas al realizar acciones sobre la tabla actual.

- **write**: Se ejecuta cuando se inserta o actualiza un registro en la base de datos. Es equivalente a los anteriores.

- **validateWrite, validateDelete**: Se ejecutan **antes de** insertar/actualizar o eliminar un registro de la tabla. Deben desarrollarse de manera que devuelvan *false* si la operación no debe realizarse o *true* en caso contrario. Se utilizan para realizar validaciones. Ya hemos visto su estructura típica en este capítulo.

- **validateField**: Se ejecuta cuando se sale de un campo de la tabla, por ejemplo al cambiar de control en un formulario, o al cambiar de formulario. Se utiliza para validar campos concretos dentro de la tabla.

- **modifiedField:** Se ejecuta cuando un campo es modificado en un formulario. Se utilizan para realizar cambios en cascada de campos de la tabla, por ejemplo, si al modificar un campo deben modificarse o reiniciarse otros campos, siempre dentro de la misma tabla.

Es importante **mantener la responsabilidad** de cada método y no hacer que alguno de ellos realice un trabajo para el que no está diseñado. Hacer esto llevará a la tabla a resultados inesperados y probablemente a problemas de rendimiento o de transacciones, cuando la tabla se utilice en un contexto que no es el esperado.

De la misma forma, no conviene incluir **tratamiento manual de transacciones** en métodos de tabla, salvo que sea estrictamente necesario. Es una buena práctica también, que los valores de la tabla **nunca se modifiquen en los métodos de validación**. Estos métodos deben validar los datos actuales y mostrar un error en caso de que no sean correctos (ya hemos visto su estructura). De la misma forma, no conviene que se muestren **mensajes de error en métodos cuya responsabilidad no sea la validación**. Esto puede causar que se muestren mensajes en lugares indeseados como en informes, servicios web, etc.

Por ejemplo, la estructura de un método *validateField* (cuya responsabilidad es validar y nada más) es la siguiente:

```
boolean validateField(FieldId _fieldId)
{
    boolean    ok = true;

    switch (_fieldId)
    {
        case fieldNum(<Tabla>, <Campo>):
            if (this.Campo2 != <Condicion Error>)
                ok = checkFailed(<Mensaje>);
```

```
                    break;
            // ...
        }
        return ok;
    }
```

Mientras que la estructura de un método *modifiedField* (cuya responsabilidad es realizar modificaciones en cascada) es la siguiente:

```
public void modifiedField(FieldId _fieldId)
{
    switch (_fieldId)
    {
        case fieldNum(<Tabla>, <Campo>):
            // Acciones si se modifica este campo. Ej:
            this.Campo = nuevoValor;
            break;
        // ...
    }
}
```

Para saber qué método utilizar en cada caso, es útil conocer la secuencia en la que se ejecuta cada uno. Los más importantes en las secuencias habituales son los siguientes:

- Al insertar, modificar o eliminar un registro:

    o *modifiedField* (si se están modificando valores en un formulario)

    o *validateField* (para cada campo, después de modificarse)

    o *validateWrite* o *validateDelete*

        ▪ *insert, update o delete* si el anterior ha sido *true*

        ▪ Lanzar una **excepción** si el anterior ha sido *false*

La referencia completa a todos los métodos de tabla se encuentra en el siguiente enlace:

Enlace: Table Methods [AX 2012]

http://msdn.microsoft.com/EN-US/library/aa625830.aspx

El modelo de datos

Ahora que ya conocemos a fondo las herramientas de desarrollo de *MorphX* y el lenguaje X++ es hora de empezar a construir nuestra aplicación, y para ello debemos empezar por diseñar nuestro modelo de datos. Es una parte fundamental de cualquier desarrollo en *Microsoft Dynamics AX*, por lo que es necesario profundizar en ello.

1.- INTRODUCCIÓN

Como cabe esperar, la mayoría de modificaciones que se desarrollan para *Microsoft Dynamics AX* se basan en la creación o manipulación de algún tipo de información que se almacena en la base de datos *Microsoft SQL Server* subyacente. Por tanto, y como también cabía esperar, el modelo de datos se basa en tablas y relaciones.

Todos los objetos que conforman el modelo de datos se almacenan en el AOT como nodos o sub-nodos de otros objetos. El nodo principal y el más obvio es el nodo ***Tablas***, muy parecido al manejo de cualquier base de datos, aunque como veremos no es el único y sería un error limitar nuestros esfuerzos sólo a este nodo. Piezas importantes del modelo de datos en *MorphX* son algunos objetos que ya hemos visto, como los tipos de datos extendidos (***EDT***) y los enumerados (***Base Enum***), vamos a profundizar en el resto de ellos.

Es importante conocer y utilizar todas las herramientas de las que disponemos para optimizar al máximo el modelo de datos, ya que esto nos ofrecerá un buen rendimiento en general, y una facilidad y estabilidad que podremos comprender al finalizar el capítulo.

Aunque el capítulo 7 está dedicado exclusivamente a los ***Frameworks*** de desarrollo de los que disponemos en *MorphX*, en este capítulo incluiremos varios de ellos. Pues tienen que ver directamente con el manejo de los datos almacenados en la aplicación y es importante conocerlos para diseñar las estructuras correctamente.

2.- TABLAS

Este es el nodo más sencillo de entender y, a la vez, uno de los más importantes. En este nodo se manejan las tablas que componen la base de datos relacional que almacena los datos de la aplicación y los metadatos del sistema, parametrización, etc. Ver figura 1.

Figura 1.- Tablas en el AOT

La mayoría de los cambios que se realizan sobre estos nodos tienen una correspondencia más o menos directa en la base de datos. Esta sincronización la realiza automáticamente el sistema, aunque a veces es necesario forzarla mediante la opción ***Sincronizar*** del menú contextual en las tablas.

Una tabla se compone de campos (***Fields***) que pueden ser de diferentes tipos y agruparse en grupos de campos (***Field Groups***). La tabla puede tener ***índices*** que pueden ser o no ***claves únicas*** o ***claves primarias*** y, en esta última versión, es posible definir ***índices de texto completo*** (*Full Text Indexes*). También se configuran relaciones con otras tablas (*Relations*) y acciones para mantener la integridad referencial en cascada (*Delete Actions*). Por último, como vimos en el capítulo anterior, la tabla tiene asociados métodos de código X++.

2.1.- Propiedades de tabla

Detallar aquí la utilidad de todas las propiedades de una tabla no es posible, ni es la intención hacer una referencia completa. Sin embargo, es importante conocer el uso de las más importantes, que resultarán imprescindibles para el buen funcionamiento de la aplicación (ver tabla 1). Más adelante veremos otras propiedades importantes en su contexto.

Tabla 1.- Propiedades principales de tabla

Propiedad	Descripción
Name	Nombre de la tabla. Revisar las *Best Practices* que ya hemos visto sobre nomenclatura de objetos.
Label	Nombre de la tabla visible para el usuario.
***xx* Ref**	Todos los campos que acaban en *Ref* se refieren a los objetos por defecto, de diferente tipo, que presentan los datos de esta tabla a los usuarios: Formulario, informe principal, página de lista, panel de vista previa, etc.
TitleField1 **TitleField2**	Dos campos que se mostrarán automáticamente en la barra de título de los formularios que representan esta tabla, identificando el registro activo.
TableType	*Regular*: Tabla persistente, una tabla normal. *InMemory y TempDB*: Ver *Tablas Temporales* más adelante en este capítulo.
CacheLookup	En el capítulo anterior comprobamos la importancia de este campo durante el manejo de datos.
SaveDataPerCompany	Guarda los datos por empresa (por defecto: *Sí*). Si se desactiva, los datos de la tabla se comparten entre todas las empresas (se elimina el campo interno *DataAreaId*).
TableGroup	Utilizado por la herramienta de limpieza de datos (la clase *SysDatabaseTransDelete*), que elimina todos los datos transaccionales dejando únicamente las tablas maestras. De esta manera se puede dejar el entorno en un estado inicial borrando las transacciones creadas durante las pruebas, pero manteniendo la configuración.
CreatedBy **CreatedDateTime** **CreatedTransactionId** **ModifiedBy** **ModifiedDateTime** **ModifiedTransactionId**	Al activar cualquiera de ellas, se almacenará el correspondiente dato en cada registro de la tabla. Si no se activan, los campos se crean en la base de datos. Almacenan datos de auditoría de los registros. Si se activa cualquiera de ellas, se debe activar también la propiedad **CreateRecIdIndex** o se verá afectado el rendimiento en las operaciones de actualización de datos en tablas grandes.

DeveloperDocumentation	Descripción interna de la tabla para desarrolladores y administradores de la aplicación.
	Esta *label* no debe traducirse y se debe incluir la palabra *{locked}* (incluidas las llaves) en los comentarios de la etiqueta.

2.2.- Métodos de tabla

Como vimos en el capítulo anterior, existen multitud de métodos en las tablas que podemos sobrecargar para personalizar su funcionamiento. Estos métodos se ejecutan siempre en el ámbito de un solo registro de la tabla (salvo que sean estáticos), por lo que en el código se tiene acceso a los valores del propio registro de la tabla en el objeto *this*.

Igual que en la tabla anterior, la referencia completa está disponible en MSDN pero analizamos aquí las más importantes. Algunas de ellas las vimos en el capítulo anterior. Ver tabla 2.

Tabla 2.- Métodos principales de tabla

Propiedad	Descripción
find	Sirve para buscar un registro en la tabla. Es una buena práctica crear siempre un método *find* que recibe la clave primaria y devuelve el registro correspondiente.
insert	Se ejecuta al insertar un registro. Se utiliza para realizar modificaciones de los valores a insertar.
update	Se ejecuta al actualizar un registro. Se utiliza para lanzar actualizaciones de otros campos o en otras tablas.
delete	Se ejecuta al eliminar un registro. Se utiliza para eliminar otros registros en tablas relacionadas.
write	Se ejecuta al insertar o actualizar un registro.
modifiedField	Se ejecuta al modificar un campo en la tabla y se utiliza para lanzar cálculos o validaciones que dependan del campo modificado.
validateWrite	Valida que el registro cumpla la lógica de negocio exigida para poder almacenarse. Contiene validaciones lógicas y devuelve *true* o *false* (si devuelve *false*, la inserción o actualización debe cancelarse con error).
validateDelete	Valida que el registro cumpla la lógica de negocio exigida para poder ser eliminado. Contiene validaciones lógicas y devuelve *true* o *false* (si devuelve *false*, la eliminación debe cancelarse con error).
initValue	Se ejecuta al inicializar un nuevo registro. Se utiliza para establecer los valores por defecto de la tabla.

renamePrimaryKey	Se ejecuta al modificar los campos que componen la clave primaria de la tabla y ejecuta el proceso que actualiza las tablas relacionadas para mantener la integridad referencial. Se puede ampliar para asegurar la lógica adecuada en casos excepcionales, ya que es una buena práctica que los campos que componen la **clave primaria** se declaren de **sólo lectura**

2.3.- Campos de tabla (Fields)

Los campos de tabla representan lo mismo que en cualquier otra base de datos, con la particularidad de que contienen propiedades extra que amplían notablemente su utilidad a la hora de representar estos campos en formularios, informes, etc.

Una de estas ventajas es la posibilidad de utilizar tipos de datos extendidos (*EDT*) en la definición de los campos, que se configura en la propiedad *ExtendedDataType*. Se puede añadir un campo en una tabla simplemente arrastrando un EDT al nodo *Fields*. El campo se creará asociado al EDT y con el mismo nombre y, puesto que heredará sus propiedades más importantes, lo habitual es que no sea necesario hacer nada más para la mayoría de campos. Cuando se indica un EDT en un campo, se actualizan automáticamente las propiedades con los valores heredados desde el tipo de dato.

Como vimos en el capítulo anterior, estos tipos de datos permiten representar una entidad del mundo real (código de cliente, nombre de empleado, importe de factura, etc.) de una manera más precisa que un tipo de datos primario (*str*, *int*, etc.). Como no podría ser de otra forma, esta funcionalidad se extiende también a la base de datos. Por lo tanto, si un determinado EDT tiene, por ejemplo, una longitud de *string* configurada y este EDT se utiliza metódicamente para representar a ese dato en todos los campos de todas las tablas, si en algún momento se modifica ese tamaño, será modificado en todos esos campos de todas las tablas automáticamente durante el proceso de sincronización.

Esta es la ventaja más obvia de utilizar tipos de datos extendidos, aunque gracias a la tecnología *IntelliMorph* la configuración del EDT también va a determinar la manera en que ese dato se muestra al usuario en formularios, informes, etc., el nombre del campo visible para el usuario (*Label*), el texto de ayuda que se muestra en la barra de estado (*HelpText*), la configuración de decimales, etc. De esta forma se consigue una uniformidad total en las representaciones de los datos, sea donde fuera que están almacenados o calculados (también utilizamos EDT como tipo de retorno de métodos *display*).

Todas las tablas incluyen una serie de campos creados y manejados por el sistema. Se puede comprobar si creamos una tabla sin ningún campo y la observamos desde la base de datos para ver su contenido. Estos campos son *TableId*, *RecId* y *DataAreaId*, y también el campo *Partition* del que hablaremos en el último punto de este capítulo:

- El campo *TableId* es un código interno que identifica a una tabla. Ya vimos que se puede referenciar el *TableId* de una tabla desde código con la función *tableNum*. Su tipo de datos es el EDT del sistema del mismo nombre.

Los ID de las tablas estándar suelen ser siempre los mismos, pero una misma tabla puede tener diferente ID en diferentes instalaciones si no se han creado en el mismo orden. Es importante tenerlo en cuenta si se almacena este valor por algún motivo.

- El campo **RecId** es un número que identifica un registro de una tabla. Se genera automáticamente al insertar nuevos registros y su tipo de datos también es un EDT del sistema con el mismo nombre (el tipo base es **int64**).

Se puede utilizar por sí solo para buscar un registro dentro de la tabla, (muchas tablas estándar incluyen un método *findRecId*) y como veremos se utiliza como clave primaria por defecto, en relaciones, etc. Su utilización es muy diversa a lo largo de la aplicación.

Junto al campo *TableId* se utiliza para configurar relaciones entre tablas de manera genérica. Esto es, relaciones entre tablas cualquiera, ya que una combinación de *TableId+RecId* representa de manera única un registro en todas las tablas y en la empresa activa (ver punto siguiente).

- El campo **DataAreaId** representa la empresa en la que se guarda el registro. Al trabajar con *Microsoft Dynamics AX* siempre lo hacemos en el contexto de una empresa y al añadir registros a las tablas se actualiza este campo de manera automática con el código de la empresa activa.

De la misma forma, cualquier informe, formulario, etc. estará filtrado por este campo por defecto, mostrando únicamente los datos de la empresa activa, salvo que de manera específica se fuerce lo contrario mediante los diferentes mecanismos para compartir información entre empresas de los que disponemos, como por ejemplo la funcionalidad de **empresas virtuales**, el modificador **crossCompany** en las instrucciones *select* de X++, o la función **changeCompany**.

Una combinación de *DataAreaId+TableId+RecId* representa un registro en toda la base de datos. Puesto que la mayoría del código se ejecuta en el contexto de una sola empresa, en la práctica podemos considerar la pareja *TableId+RecId* como identificador global de un registro en cualquier tabla.

2.3.1.- Propiedades de campo de tabla

Las propiedades son muy importantes para facilitar el futuro manejo de estos campos, vamos a comentar las más relevantes. Ver tabla 3.

Tabla 3.- Propiedades principales de campos de tabla

Propiedad	Descripción
Name	Nombre del campo. Siguen las mismas *Best Practices* de nomenclatura que las variables, salvo que empiezan por mayúscula.
Label	Es el nombre del campo que se va a mostrar al usuario en formularios e informes. Debe ser una *label* para que pueda traducirse.
HelpText	Es el texto que se muestra al usuario en la barra de estado al posicionarse sobre el campo. Tiene que ser una *label* para que pueda traducirse.
SaveContents	Si es *false*, el campo **no existe** en la base de datos pero sí en las variables de tipo tabla. El campo **no se almacena**, pero se puede utilizar para realizar cálculos como una propiedad no persistente del objeto *buffer* que representa el registro.
Mandatory	Si es *true*, el campo es **obligatorio**. Se mostrará subrayado en rojo en los formularios y no se permitirá guardar un registro si no se indica un valor. Se puede actualizar en blanco si la actualización se realiza por código y no se llama al método *validateWrite* antes de la actualización. Puesto que en X++ no existe el valor *nulo*, se considera vacío el valor por defecto de cada tipo de datos. Suele ser *true* para los campos que forman la clave primaria.
AllowEdit	Si es *false*, el campo se mostrará desactivado en formularios y no podrá editarse por los usuarios, aunque si por código. Suele ser *false* para los campos que forman la clave primaria.
AllowEditOnCreate	En combinación con *AllowEdit=false*, permite que un campo pueda ser editado cuando se inserta un nuevo registro, y no deja modificarlo una vez guardado. Esta combinación se suele utilizar para claves primarias (códigos de cliente, códigos de artículo, etc.). Si este campo es *false* se deberá asignar siempre el valor por código.
Visible	Si es *false*, el campo no será visible en formularios e informes. Sirve para campos que se utilizan en cálculos internos pero no tiene sentido mostrar a los usuarios.
IdentityField	Si se activa, el campo (debe ser *int* o *int64*) se convierte en **IDENTITY** en *Microsoft SQL Server*, lo que hace el campo **auto numérico**.

Diversas propiedades de los campos de tabla se pueden omitir si se desea heredar los valores del EDT (*Label, HelpText*, etc.). Esto es lo deseable y la *Best Practice*, para garantizar la homogeneidad y reutilización de los desarrollos.

2.4.- Grupos de campos (Field Groups)

Una característica particular del nodo *Tablas* son los grupos de campos (**Field Groups**). Éstos agrupan campos dentro de la misma tabla, que estén relacionados a nivel funcional (por ejemplo, los valores que representan las dimensiones de inventario: Almacén, Ubicación, Pallet, etc.) o que habitualmente se utilizan juntos (por ejemplo, los campos que componen una dirección postal). A continuación se pueden incluir los grupos en formularios e informes y cualquier campo que se añada o elimine del grupo. Será automáticamente añadido o eliminado del formulario o el informe en cuestión mediante **IntelliMorph** si éste está diseñado para permitir esta funcionalidad.

> **Best Practice**: Es una buena práctica considerar que todo campo de una tabla pertenezca al menos a un grupo de campos y, mediante éstos, agrupar campos que tenga sentido representar juntos a nivel funcional.

Al añadir nuevos campos a las tablas, es una buena idea revisar si estos campos quedarán bien representados en alguno (o varios) de los grupos de campos existentes o si se deben representar en nuevos grupos. Esto facilitará la comprensión de su funcionalidad a futuros desarrolladores que los deban manejar.

Hay ciertos grupos predefinidos en todas las tablas:

- *AutoReport*, contiene los campos que se imprimen en el informe automático que se muestra al pulsar el botón **Imprimir** en cualquier formulario. Como mínimo suele contener un campo identificativo y una descripción.

- *AutoLookup*, que contiene los campos que se mostrarán al usuario para seleccionar un valor cuando se despliega el *lookup* automático en un campo que es clave externa de otra tabla. También se suele indicar como mínimo un campo identificativo y una descripción.

Por otro lado, hay unas cuantas reglas no escritas para ciertos grupos estandarizados. Por ejemplo, si una clase contiene dimensiones financieras hay que crear un grupo llamado *Dimension* que contenga únicamente el campo *Dimension* (que es un *array*). De esta manera se añadirán automáticamente más valores si se amplía el número de dimensiones. También hay grupos que se suelen crear con nombres estandarizados como *Address, Identification, Administration, Setup,...* Si creamos alguno de estos grupos en nuestras tablas, conviene hacerlo con el mismo nombre y la misma *label* que en el resto de tablas, para mantener una presentación uniforme.

2.5.- Índices y Claves (Indexes)

Al crear **índices** en el AOT se crearán físicamente en las tablas de la base de datos, por lo que las recomendaciones y limitaciones al crearlos son las mismas que las conocidas para tablas de *Microsoft SQL Server* y no entraremos en detalle en ellas.

Revisando las propiedades de las tablas, observamos cuatro de ellas referentes a índices: *Primary Index, Cluster Index* y *Replacement Key* y *CreateRecIdIndex*. Todas ellas tienen que ver con los diferentes tipos de índices disponibles en esta nueva versión, que son los siguientes:

- **Claves surrogadas[1]** *(Surrogate Key, SK)*: Aunque el concepto de clave *surrogada* no existe directamente en *MorphX* (no existe una propiedad como tal), ha sido incorporado en esta nueva versión otorgándole gran importancia.

  Las claves *surrogadas* son claves optimizadas para el rendimiento de índices y relaciones, normalmente compuestas por un solo campo numérico incremental generado automáticamente. Esta clave no incluye el campo *DataAreaId*, es una clave de un solo campo para toda la tabla, lo que mejora el rendimiento de los *join* entre tablas que siguen este nuevo patrón de diseño.

  Siempre hemos tenido este concepto en *Microsoft Dynamics AX* en la figura del campo **RecId** y su índice. Pero la recomendación en versiones anteriores era no utilizar este campo como clave externa en relaciones ya que no se mostraban los *lookups* a los usuarios con valores comprensibles, y se complicaba bastante la lógica para realizar tareas ordinarias. Todos estos problemas han sido resueltos mediante las claves alternativas y de sustitución, y ahora las claves *surrogadas* son el método recomendado para crear índices, y la manera en la que se crean por defecto, si no hay un buen motivo para hacerlo de otra forma.

- **Claves alternativas** *(Alternate Key)*: Una tabla puede tener diferentes claves alternativas, que deben ser únicas. Cada una de ellas puede seleccionarse como clave primaria si está compuesta por un solo campo. Una relación puede referenciar a la clave alternativa de otra tabla, aunque suele hacerse mediante la clave primaria. Una clave alternativa puede utilizarse como clave de reemplazo (ver puntos siguientes). También se las conoce como **Claves candidatas** *(Candidate key)*, ya que pudiendo ser claves primarias se ha decidido que no lo sean.

---

[1] Claves "surrogadas": Siendo conscientes de que esta palabra no existe en castellano, y de que **la traducción correcta de *surrogate* es suplente** (la propia Microsoft así la traduce en su diccionario) hemos decidido emplear el término *spanglish* "*surrogada*" pues, a nuestro pesar, está más extendido en la comunidad hispanohablante que suplente.

- *Claves primarias (Primary Index, PK)*: Representa una clave *surrogada* (*SK*) elegida para ser clave primaria de entre todas las claves alternativas de la tabla.

  Es la clave utilizada en otras tablas como clave externa (***Foreign Key, FK***) y desde la versión *Microsoft Dynamics AX 2012* se recomienda que esté constituida por un solo campo numérico incremental o generado automáticamente. Por defecto es el campo *RecId*.

- *Claves de sustitución (Replacement Key)*: Es la *clave natural* que representa un valor comprensible para el usuario para identificar un registro de la tabla. "*Da nombre*" al *Primary Index*, que habitualmente será un valor numérico (una clave *surrogada*), sustituyéndolo por un código comprensible para el usuario que se mostrará en formularios. *IntelliMorph* se encargará de mostrar este campo al usuario mientras maneja internamente el valor de la clave *surrogada* que hace efectivamente de índice.

  Sólo puede haber una clave de sustitución en cada tabla. Se puede utilizar cualquier índice que tenga activada la propiedad *AlternateKey* y debe ser un conjunto de campos que representen la clave natural (el código con el que el usuario identifica el registro, por ejemplo un código de artículo, o una cuenta contable).

- *Cluster Index*: *Microsoft SQL Server* almacena los datos ordenados físicamente por este índice.

  Su elección tiene un impacto importante en tablas grandes. Si los datos son incrementales (los registros nuevos siempre son "mayores" o "posteriores" a los antiguos, por ejemplo transacciones de compras o asientos contables) se suele utilizar el *RecId* o cualquier otra clave incremental, aunque esto puede cambiar según las necesidades.

- *CreateRecIdIndex*: Si se activa, se genera un índice sobre el campo *RecId*. Por defecto está activado ya que se utiliza como clave primaria inicial en forma de clave *surrogada*.

Un ejemplo sencillo de esta nueva configuración de índices es, por ejemplo, la tabla estándar *UnitOfMeasure*. Ver figura 2.

Como se puede ver, la tabla utiliza como clave primaria la clave *surrogada* (***PrimaryIndex***: *SurrogateKey*). Sin embargo, el código que identifica a la unidad de medida que conoce el usuario es el campo *Symbol*. Se ha creado un nuevo índice (*SymbolIdx*) y se ha configurado como clave de sustitución (***ReplacementKey***: *SymbolIdx*), de manera que este campo será el que se muestre a los usuarios. Las tablas que referencian a ésta mediante claves externas (*FK*) utilizan también la clave *surrogada* (el *RecId*, por defecto). Sin embargo, al representar estas tablas externas en formularios e informes también se mostrará el código de la clave de reemplazo.

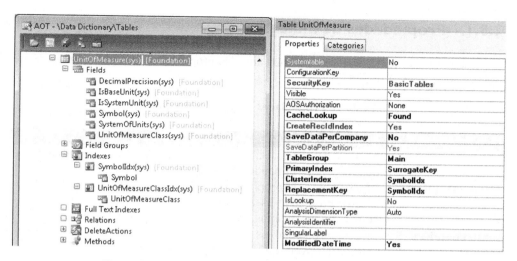

Figura 2.- Configuración de índices en una tabla sencilla

Aunque no debe indicarse específicamente, **todos los índices** incluyen el campo *DataAreaId* como primer campo en la base de datos, excepto el índice especial generado al activar la propiedad *CreateRecIdIndex*. Conviene tenerlo en cuenta si se realizan lecturas directamente contra las tablas en *Microsoft SQL Server*.

Se puede indicar a una sentencia *select* del SQL integrado que utilice un determinado índice de la tabla para la ordenación de los registros. A pesar del consejo *(hint)*, no está garantizado que sea éste el índice utilizado si el optimizador decide que hay una mejor opción. Por ejemplo, si en el *where* se utilizan los campos de la clave *cluster* siempre será utilizado este índice, a pesar de los *hint* que indiquemos en la consulta. La sintaxis es la siguiente:

```
select salesTable
    index hint CustIdx
    ...
```

Alguno de los campos incluidos en el índice puede ser marcado como **IncludedColumn**, activando la propiedad correspondiente en el campo del índice. Esta propiedad es la equivalente del mismo nombre en *Microsoft SQL Server* y permite incluir un campo en un índice que no será utilizado para búsquedas (ni siquiera afecta a las propiedades únicas). Aunque su mantenimiento no es muy costoso, sí aumentan el tamaño del índice. Estos campos sirven para que, si se incluye en los parámetros de búsqueda, pueda ser devuelto a la consulta sin tener que leer efectivamente la tabla, utilizando sólo los campos del propio índice. Los campos *incluidos* en el índice deben colocarse al final, después de los campos normales, y no pueden utilizarse en índices *cluster*.

2.5.1.- Propiedades de índices

Como en el resto de puntos, comentamos aquí las propiedades más importantes de los índices en el AOT. Ver tabla 4.

Tabla 4.- Propiedades principales de índices

Propiedad	Descripción
Name	Nombre del índice. Suele contener una abreviatura de los campos que incluye terminando en *Idx*. Ej.: *CustAccIdx*
AllowDuplicates	Equivalente a la propiedad **UNIQUE** de *Microsoft SQL Server*. Si esta propiedad es *No*, no se permite duplicar registros que contengan los mismos valores en los campos del índice.
AlternateKey	Si esta propiedad es *Sí*, el índice puede ser utilizado como *Alternate Key*. Debe estar desactivada la propiedad *AllowDuplicates*.
Enabled	Si esta propiedad es *No*, el índice será eliminado de la base de datos, pero no del AOT. Esto nos permite realizar diferentes tareas de mantenimiento sin tener que eliminar el índice y volver a crearlo desde el AOT. Muy útil en migraciones y cargas masivas de datos.

2.5.2.- Índices de texto completo (Full Text Indexes)

Otra novedad de *Microsoft Dynamics AX 2012* son los índices de texto completo (*Full Text Index*). Un índice *normal* (de los que ya hemos visto) sobre un campo de texto puede mejorar el rendimiento de consultas si los caracteres utilizados para filtrar están al comienzo de la cadena.

Un índice *Full Text* contiene información sobre cada una de las palabras que componen una cadena almacenada en la base de datos. Además mejora notablemente el resultado de las consultas cuando se intentan buscar palabras en un campo de texto, aunque, con algunas limitaciones. La primera y más significativa es que todavía no se puede hacer una búsqueda mediante la sentencia *select* de X++ en un índice *Full Text*, los comodines * e ? no funcionarán. Estos índices, sin embargo, se pueden utilizar mediante el **Query Framework**. Veremos cómo funciona más adelante, pero la parte referente a estos índices es muy sencilla:

```
// ...
QueryBuildRange    qbr;
// ...
qbr = queryBuildDatasource.addRange(fieldNum(...
qbr.rangeType(QueryRangeType::FullText);
qbr.value("busca alguna de estas palabras");
// ...
```

Al indicar que el *range* es de tipo *FullText*, los **espacios en blanco** del texto que se pasa al rango se consideran **OR**, por lo que el filtro devolverá cualquier registro que contenga **alguna de las palabras** buscadas en el campo de texto.

Sólo se puede tener un índice *Full Text* por tabla, y sólo si la tabla está en el **TableGroup** *Main* o *Group*. Estos índices son compatibles con palabras *parecidas* (depende del idioma, todavía no funciona en castellano), palabras cortadas, etc. Para más información se puede consultar directamente la documentación de *Microsoft SQL Server*.

2.6.- Relaciones (Relations)

A pesar de que en *MorphX* se tratan como un concepto independiente, las relaciones (*Relations*) son un tipo de claves imprescindible en cualquier aplicación, conocidas como claves externas o **foreign keys** (**FK**). Tienen su propio nodo dentro de las tablas aunque están íntimamente relacionadas con los índices.

En lo sucesivo, cuando hablamos de tabla principal o padre se trata de la tabla que contiene la clave primaria (*PK*) y cuando hablamos de tabla relacionada o hija nos referimos a la tabla que contiene la clave externa (*FK*).

Una novedad de *Microsoft Dynamics AX 2012* es que las relaciones hay que especificarlas **en la tabla**, y no en los EDT como anteriormente. Se han creado algunos campos para facilitar la adaptación de desarrollos anteriores y también un documento y una herramienta de migración. Más información en el siguiente enlace:

> **White Paper**: Migrating Extended Data Type Relations
>
> http://technet.microsoft.com/en-us/library/hh272870.aspx

Las relaciones pueden estar compuestas por diferentes campos, y cada uno de los campos que componen la relación puede ser de los siguientes tipos (ver Figura 3):

- **Normal:** Un campo de la tabla principal se relaciona con un campo de la tabla relacionada.

- **Campo fijo:** Un campo numérico fijo de la tabla principal se relaciona con un campo de la tabla relacionada. Habitualmente el valor numérico es un enumerado.

- **Campo relacionado fijo:** Un campo de la tabla principal se relaciona con un valor numérico fijo en la tabla relacionada. Habitualmente el valor numérico es un enumerado.

- **Clave extranjera > Basado en Primary Key:** Se genera automáticamente una relación basada en la clave primaria de la tabla relacionada.

- **Clave extranjera > Basado en AlternateKey de campo única:** Se genera automáticamente una relación basada en una clave alternativa de la tabla relacionada.

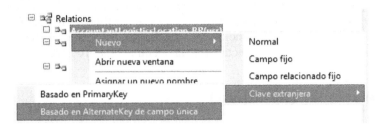

Figura 3.- Relaciones basadas en índices

Si las dos tablas que intervienen en la relación tienen activa la propiedad *SaveDataPerCompany*, en la relación se incluye automáticamente el campo *DataAreaId* y por tanto no es necesario añadirlo manualmente.

2.6.1.- Propiedades de relación

A continuación se detallan las propiedades más importantes sobre relaciones que nos interesan en este momento. Ver tabla 5.

Tabla 5.- Propiedades principales de relaciones

Propiedad	Descripción
Name	Nombre de la relación. Suele ser el nombre de la tabla relacionada.
Table	Nombre de la tabla relacionada.
Validate	Si se activa, la relación se validará durante la actualización. No se permitirá insertar un registro en la tabla si no existe el registro relacionado y se garantizará la integridad mediante las acciones de borrado que veremos a continuación. Estas validaciones sólo aplican a las acciones de los usuarios en formularios, **no a las modificaciones de datos mediante X++.** Esta propiedad debe estar activada salvo que exista una razón concreta para no hacerlo.
Role	Es un valor de texto descriptivo de la relación. Suele utilizarse el nombre de la tabla seguido del nombre de la tabla relacionada separado por guion bajo.

RelatedTableRole	Es un valor descriptivo del rol que juega la tabla padre en esta relación. Normalmente es el nombre de la tabla padre, pero si existe más de una relación a la misma tabla se puede utilizar un nombre más descriptivo. El valor de esta propiedad se utiliza como nombre de los *métodos de navegación* por defecto, y también puede utilizarse en el *Query Framework* para especificar una relación en los *joins*, en vez de tener que elegir todos los campos. Lo veremos más adelante.
UseDefaultRoleNames	Si se activa, el sistema asignará nombres automáticos a las propiedades *RelatedTableRole* y *Role*. Aunque estos nombres no se mostrarán en la ventana de propiedades, sí podrán utilizarse y no será necesario rellenarlos manualmente. Si se hace, los valores que se indiquen sobrescribirán los nombres automáticos.
CreateNavigationPropertyMethods	Si se activa, se crearán *métodos de navegación* en la tabla para facilitar el acceso a la tabla relacionada desde el código X++. Es necesario para el uso de *UnitOfWork*, como veremos. Si el método no puede crearse con el nombre por defecto (ver *RelatedTableRole*) porque ya existe un método con ese nombre, se puede especificar un nuevo nombre personalizado en la propiedad *NavigationPropertyMethodNameOverride*
Cardinality y RelatedTableCardinality	Indican la cardinalidad en ambas partes de la relación mediante la notación (*n..m*). Estas propiedades todavía no tienen ninguna funcionalidad pero puede ser implementada en futuras versiones del producto.

Se puede ver un ejemplo de relación en la figura 4. Una propiedad en la que vale la pena extenderse es *RelationshipType*. Existen diferentes valores disponibles para definir el tipo de la relación, aunque igual que en otras propiedades añadidas en *Microsoft Dynamics AX 2012*, todavía no tienen ninguna funcionalidad asociada. Esta funcionalidad (que todavía no está confirmada) será añadida en futuras versiones.

- **NotSpecified**: El sistema asigna el tipo de relación automáticamente en base a una serie de criterios según la configuración de las tablas.

- **Association**: Es una relación normal. Debe utilizarse si las siguientes no son más apropiadas.

- **Aggregation**: Los registros de la tabla hija están asociados a una entidad de la tabla padre. No tiene sentido que exista un registro en la tabla hija sin relacionarse a una tabla padre. Típicamente la tabla padre tendrá una acción de borrado sobre la tabla hija, y los campos que forman la relación en la tabla hija son obligatorios.

- **Composition**: Es como una *Aggregation* pero más fuerte. Las líneas están totalmente asociadas tanto al padre como a su estado o su vigencia. Una tabla sólo puede tener una relación de tipo composición.

  Por ejemplo, cuando se cierra un pedido se facturan también sus líneas, el estado de las líneas están relacionadas con el estado de la cabecera y cuando la cabecera pase a ser un histórico, también lo harán sus líneas.

- **Specialization**: Utilizado para configurar la herencia de tablas que veremos más adelante.

- **Link**: No debe utilizarse. Las relaciones de este tipo únicamente son creadas por las herramientas de migración de *EDTs* desde versiones anteriores.

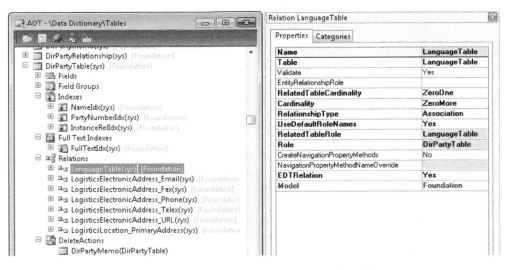

Figura 4.- Propiedades de relaciones de tabla

2.6.2.- Ejemplo de Índices y Relaciones

Vamos a repasar todo lo visto en los puntos *Índices y Relaciones* mediante un ejemplo paso a paso:

- Crear una nueva tabla: **JAEECamiones**, con los campos *Matricula y Modelo*, los dos de tipo texto. Añadir ambos campos al grupo **AutoLookup**.

- Crear un índice *MatriculaIdx* en la tabla que contiene el campo *Matricula*. Cambiar las propiedades: **AllowDuplicates**: *No;* **AlternateKey**: *Yes*. Elegir este nuevo índice como **ClusterIndex** y **ReplacementKey** en las propiedades de la tabla.

- Crear un nuevo EDT de tipo *Int64*. Cambiar las propiedades **Name**: *JAEECamionId;* **ReferenceTable**: *JAEECamiones*. Este será el EDT que identifique un registro de la nueva tabla *JAEECamiones*, y la referencia a la tabla posibilita la función **Ver detalles** sobre el campo.

- Crear otra tabla *JAEEMantenimiento* con el campo *Kilometros* de tipo entero.

- Arrastrar el nuevo EDT *JAEECamionId* al nodo **Fields** de la tabla *JAEEMantenimiento*. El sistema se da cuenta de que existe una relación en el EDT (gracias a la propiedad **ReferenceTable**) y pregunta si se desea crear una **relación externa** con la tabla relacionada. Responder *Sí* y comprobar cómo se crea automáticamente una relación en la nueva tabla por el *RecId* de la tabla *JAEECamiones*. En la relación recién creada, cambiar la propiedad *CreateNavigationPropertyMethods: Yes*.

- Si en este punto insertamos registros en las tablas mediante el **Explorador de tablas**, veremos que el funcionamiento no es tan fluido como debería. Al desplegar la relación externa en la segunda tabla, en el formulario se muestra el *RecId*, que es el campo que efectivamente conforma la relación, pero no es un campo muy útil para el usuario.

- Si creamos un formulario sencillo para esta segunda tabla, podemos ver que la relación con la clave externa se muestra correctamente. Aunque la clave está formada efectivamente por el *RecId* (**Clave Surrogada**), el valor que se muestra en el formulario y en el *lookup*, sin necesidad de ninguna acción por nuestra parte, es la *Matricula* (**Clave de Sustitución**). Ver figura 5.

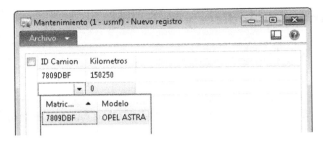

Figura 5.- Inserte el texto que desee

2.7.- Acciones de borrado (Delete Actions)

Para completar la **integridad referencial** del modelo de datos, los índices y relaciones que ya hemos visto se complementan con el siguiente nodo que contiene las *Delete Actions*. Estas acciones de borrado indican cómo actuar si se elimina un registro de una tabla que interviene en una relación. Las opciones son:

- **None:** No hacer nada. El registro se elimina y quedarán registros huérfanos en las tablas relacionadas.

- **Cascade** *(Cascada)***:** Eliminar los registros relacionados para no dejar filas huérfanas en las claves relacionadas.

- **Restricted** *(Restringido)*: No permite la eliminación si existen registros relacionados. El sistema mostrará automáticamente un mensaje de aviso indicando que se deben borrar primero los registros relacionados.

- **Cascade+Restricted:** Dada una relación triple $A \rightarrow B \rightarrow C$, donde configuramos $A \rightarrow B$ como *Cascada* y $B \rightarrow C$ como *Cascada+Restringido*, si borramos un registro en B y existen registros relacionados en C se mostrará un error . Pero si borramos un registro en A se eliminarán todos los registros relacionados de B y también los de C.

2.8.- Herencia de tablas

Otra novedad de *Microsoft Dynamics AX 2012* es la posibilidad de heredar tablas. Esta funcionalidad es recomendable, como norma general, cuando varias tablas almacenan entidades que corresponden a diferentes versiones del mismo elemento en la vida real. Por ejemplo: Podemos guardar vehículos o camiones pero los camiones son, a su vez, también vehículos.

La herencia de tablas se configura mediante las propiedades descritas en la Tabla 6.

Tabla 6.- Propiedades de tabla referentes a herencia

Propiedad	Descripción
SupportInheritance	Indica si una tabla forma parte de una jerarquía de tablas.
Extends	Indica la tabla padre de la tabla actual. La *"supertabla"*.
Abstract	Indica si una tabla es abstracta, esto es que no puede almacenar datos directamente. Una tabla no puede ser abstracta si no existe otra tabla que la extienda.
InstanceRelationType	Un campo de la tabla que servirá para discriminar el tipo de elemento que almacena una fila, la *versión* de la tabla a la que pertenece.

Internamente, la tabla base almacena los datos propios de esa tabla, y por tanto comunes a todos los tipos heredados. Esta tabla también almacena, y será la única que puede activarlos, los llamados **datos de la jerarquía** que incluyen, por ejemplo, los datos de auditoría *(Created By, Modified By,...), SaveDataPerCompany,* etc.

En las tablas heredadas se almacenan sólo los datos propios de ese nivel en la herencia, además del *RecId* del registro equivalente en la tabla padre. El registro completo se obtendrá mediante un *join* de las dos tablas internas, aunque este proceso es transparente tanto para el usuario como para el desarrollador.

La interfaz gráfica también se ha adaptado a este tipo de tablas de manera que, por ejemplo, al realizar una acción de creación de un registro nuevo en una tabla **abstracta** (que no puede almacenar datos), el sistema nos preguntará de qué tipo específico se va a crear el registro de entre las tablas que heredan de ésta, lo que equivaldrá a insertar el elemento finalmente en una de las tablas especializadas.

A nivel de programación también existen multitud de elementos nuevos en la funcionalidad estándar para trabajar con tablas heredadas. Desde las clases internas del sistema, que nos permiten obtener las relaciones mediante código y también comparar el tipo específico de un registro, hasta el polimorfismo de métodos entre los diferentes niveles, pasando por el *Query Framework* que, entre otros, han sido adaptados. Este último, al añadir a una *Query* una tabla que contiene tablas heredadas, incluirá todas éstas como tablas derivadas que podrán ser utilizadas para mostrar datos en la consulta, filtrar por sus campos, etc.

Esta funcionalidad tiene particularidades y, pese a lo atractiva que parece, debe ser utilizada con cuidado para optimizar el rendimiento de la base de datos subyacente, aprovechando sus ventajas. Existe un documento que explica todos los casos con sus recomendaciones en el siguiente enlace:

White Paper: Developing with Table Inheritance

http://technet.microsoft.com/en-us/library/hh272865.aspx

Se pueden ver los detalles de la jerarquía de herencias de una tabla mediante las herramientas *Contexto de jerarquías* y *Explorador de jerarquías de tipo* que vimos en el *Capítulo 3*, tal y como podemos hacer con otros objetos heredables como clases y EDTs. Ver figura 6.

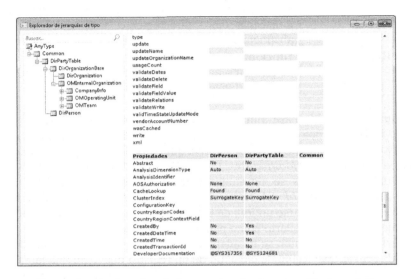

Figura 6.- Explorador de jerarquías de tipo en tabla heredada

En tablas heredadas se permite polimorfismo en sus métodos. Se puede sobrecargar un método en diferentes tablas de la jerarquía, de manera que se ejecutará el más específico de los que existan, dependiendo del nivel de ejecución.

Al utilizar herencia de tablas hay que tener especial cuidado con el rendimiento. Debido a la manera en la que se almacenan los registros de tablas heredadas, se deben ejecutar diversos *join* para obtener los registros completos, por lo que al hacer *select* * puede que se estén ejecutando *join* innecesarios para la tarea que se desea realizar. Esto podría evitarse utilizando una lista de campos en la selección, lo que en cualquier caso es una buena práctica. Es posible obtener la sentencia SQL que se enviará a la base de datos mediante el método *getSQLStatement()* de las variables de tipo *buffer*, la cual nos dará pistas sobre la consulta que estamos manejando.

```
static void Job_Tablas_Herencia(Args _args)
{
    DirPerson   ; // Hereda de DirParty

    select generateonly dirPerson;

    info(dirPerson.getSQLStatement());
}
```

2.9.- Tablas Temporales

Las tablas temporales están soportadas en *Microsoft Dynamics AX* desde hace algunas versiones. Sin embargo, es en *Microsoft Dynamics AX 2012* cuando se ha incluido la compatibilidad con tablas temporales implementadas **directamente en la base de datos** *Microsoft SQL Server*.

Para crear una tabla temporal hay que cambiar la propiedad de la tabla *TableType*, que por defecto es *Regular* (tabla normal) a *InMemory* o *TempDB*. Se suele utilizar *Tmp* como parte del nombre de la tabla para facilitar la comprensión del código que la utiliza.

2.9.1.- InMemory

InMemory es el sistema de tablas temporales disponible en versiones anteriores. La tabla se declara en el AOS pero no existe en la base de datos. El fichero que contiene los datos, tanto de la tabla como de sus índices, se almacena en memoria hasta que alcanza un determinado tamaño, entonces se guarda en un fichero de disco, lo que afectará al rendimiento. Su vigencia se limita al ámbito del código X++ que declara la variable *buffer*, ejecutado en el cliente o el servidor.

- Se pueden insertar registros en el *buffer* utilizando la sintaxis habitual, aunque hay limitaciones al hacer *join* de tablas temporales con tablas persistentes.

- Todas las operaciones de inserción y actualización en tablas *InMemory* se realizan registro a registro.

- En el momento en que no hay ninguna variable *buffer* apuntando a la tabla temporal, ésta se borra, la memoria se libera y se elimina el fichero del disco si llegó a crearse.

- Las tablas temporales no son compatibles con las transacciones de la base de datos. El uso de *ttsBegin*, *ttsCommit* y *ttsAbort* no será tenido en cuenta, aunque no dará ningún error.

  Para gestionar transacciones en estas tablas hay que utilizar los métodos específicos de la variable *buffer* *.ttsbegin(), .ttscommit()* y *.ttsabort().* Como estos métodos se ejecutan sólo sobre un *buffer*, no se podrán asociar modificaciones de diferentes tablas en una única transacción. Si se utilizan tablas temporales junto a tablas persistentes, se deben gestionar manualmente las transacciones canceladas en las tablas temporales.
  Este sistema de transacciones también puede usarse con tablas persistentes para aislar transacciones concretas. Aunque su uso suele limitarse a escribir tablas de *log* y en general debe evitarse en desarrollos normales.

- Las tablas temporales no ejecutan alertas o métodos de registro de la base de datos ni acciones de borrado, ni pueden utilizarse mediante el *Query Framework*.

- Una tabla persistente puede utilizarse desde código como temporal mediante el método *.setTmp()* en la variable. También se puede utilizar *.isTmp()* para comprobar si el *buffer* se está utilizando como tabla temporal o no.

```
static void Job_Tablas_Tmp_InMemory(Args _args)
{
    Currency    currency;    // Es una tabla persistente

    info(strFmt("%1", currency.isTmp()));    // False

    currency.setTmp();        // Ahora es un buffer temporal

    info(strFmt("%1", currency.isTmp()));    // True

    // Este select no devuelve nada, la versión temporal de la
    // tabla está vacía.
    while select currency
        info(strFmt("%1", currency.CurrencyCode));

    currency.clear();
    currency.initValue();
    currency.CurrencyCode = "TST";
    currency.doInsert();

    // Ahora devuelve sólo el registro temporal
    while select currency
        info(strFmt("%1", currency.CurrencyCode));

    currency = null; // Los datos temporales se borran
}
```

Hay que tener cuidado al utilizar tablas persistentes en modo temporal mediante código, ya que los métodos de la tabla podrían realizar modificaciones sobre otras tablas que no se convierten automáticamente en temporales. Por eso, en el ejemplo se utiliza *doInsert* en vez de *insert*, para insertar el registro.

También hay que tener en cuenta el ámbito de ejecución del código ya que, fuera del ámbito de declaración del *buffer* temporal, éste sigue siendo persistente y se pueden modificar datos de la base de datos y el compilador no ofrecerá ningún tipo de error u aviso.

Obviamente, no se puede realizar esta acción a la inversa (convertir una tabla temporal en persistente mediante código) ya que no hay ninguna tabla en la base de datos donde almacenar los registros.

2.9.2.- TempDB

Las tablas *TempDB* se almacenan en la base de datos del sistema que tiene el mismo nombre (**tempdb**), y por tanto superan la mayoría de problemas con los que nos encontramos al trabajar con tablas *InMemory*. Principalmente el rendimiento, que mejora enormemente, o la posibilidad de hacer *join* con otras tablas persistentes de la base de datos, y que puedan ser utilizadas mediante el ***Query Framework***.

El sistema gestiona internamente las tablas físicas utilizadas para almacenar los datos y trunca estos datos cuando se destruye la tabla temporal. Todo este proceso es transparente para el desarrollador desde el punto de vista de *MorphX*.

No es posible convertir una tabla normal en temporal de tipo *TempDB* mediante código. Este tipo de tablas deben crearse de manera específica en el AOT antes de poder utilizarse.

3.- MAPAS (MAPS)

Los mapas son uno de los grandes olvidados e infrautilizados objetos de *MorphX*. Un mapa asocia campos del mapa con campos **de diferentes tablas**. Esta asociación permite que un mismo código X++ utilice los campos de todas las tablas asociadas con un único nombre, permitiendo **reutilizar el código**.

Los mapas son entidades diseñadas para **facilitar la programación** de lógica de negocio que utiliza **los mismos datos en diferentes tablas**. No tienen reflejo en la base de datos, los campos del mapa no existen en realidad, apuntan a campos que sí existen en la tabla que se esté utilizando en el momento de su uso.

Los mapas permiten mejorar la consistencia del manejo de datos que existen en diferentes puntos de la aplicación, como direcciones postales, datos de contacto, dimensiones, etc. Si el código que maneja los datos utiliza los campos del mapa, en vez de los de cada tabla, permitirá que en cada tabla el campo se llame de manera diferente. Por ejemplo, el código de cliente se utiliza en algunas tablas como *CustAccount*, y en otras como *AccountNum*. Poniendo el código en un mapa en vez de en cada tabla, es posible reutilizarlo y que se pueda emplear en todas las tablas con los campos *mapeados*.

Los mapas se crean en el AOT (***Data Dictionary > Maps***), sus propiedades son bastante intuitivas y contiene cuatro sub-nodos (ver figura 7).

- *Fields:* contiene los campos del mapa.

- *Field Groups:* permite crear grupos con los campos del mapa. Estos grupos funcionan igual que los equivalentes en tablas y permiten ser reutilizados.

- *Mappings*: es donde se asocian los campos del mapa a los campos de cada una de las tablas.

- *Methods:* en este nodo está el código que contiene la lógica de negocio asociada a los campos del mapa.

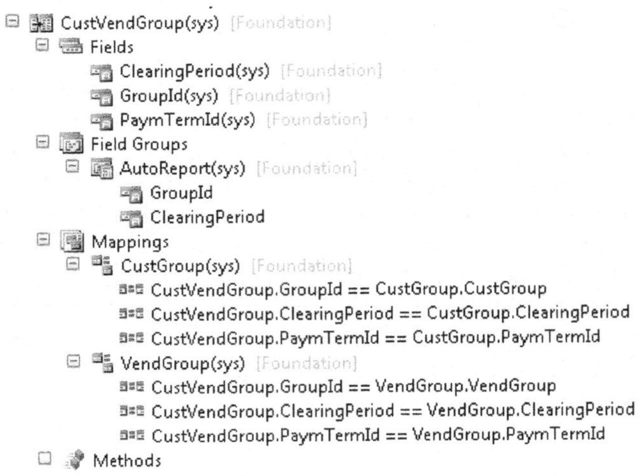

Figura 7.- Mapa en el AOT

Por ejemplo, la tabla *CustTable* reutiliza el método *editContactPersonName* del mapa *CustVendTable* al que está asociado mediante la siguiente sintaxis:

```
edit CustContactPersonName editContactPersonName(
            boolean _set,
            ContactPersonName _name)
{
    return this.CustVendTable::editContactPersonName(_set, _name);
}
```

Al igual que hace la tabla *VendTable* para el mismo método:

```
public edit VendContactPersonName editContactPersonName(
            boolean _set,
            ContactPersonName _name)
{
    return this.CustVendTable::editContactPersonName(_set, _name);
}
```

Como se puede ver en los ejemplos, desde los métodos de una tabla que está asociada a un mapa, se tiene acceso al mapa y por tanto a sus propios métodos usando la sintaxis *this.Mapa.metodos*, ya sean métodos de tabla (o "*de mapa*" en este caso) o métodos estáticos como los mostrados en el ejemplo.

4.- CONSULTAS (QUERY FRAMWEWORK)

Mediante una **Query** se puede configurar una consulta a la base de datos, guardarla en el AOT y reutilizarla en informes, formularios, mediante código X++ o *Visual Studio*, etc. Es muy importante tener en cuenta estos objetos ya que son ampliamente utilizados en toda la aplicación, y seguro que tendremos que emplearlos en nuestros propios desarrollos. Se utilizan en áreas diferentes como *reporting*, servicios web, *workflows*, etc. y son la base de lo que llamamos el **Query Framework**, que incluye tanto a las consultas como su utilización y la adaptación de éstas a las diferentes particularidades de la aplicación.

Es habitual que la consulta se muestre al usuario antes de la ejecución del informe, formulario, o donde sea que vaya a utilizarse, de manera que pueda modificar los filtros en base a sus necesidades. Una *Query* se puede configurar para que sea pasada al proceso que la utiliza sin que el usuario pueda verla o modificarla. Asimismo se pueden mostrar u ocultar al usuario todos los rangos de la consulta o sólo algunos de ellos, o mostrar algún rango bloqueado, que el usuario podrá ver pero no modificar.

Para configurar rangos en consultas se utiliza la sintaxis para la cadena de búsqueda que ya vimos en el capítulo 2 *"Conociendo la aplicación" (Epígrafe 4.4.1, Opciones de la cadena de búsqueda)*. Ver figura 8.

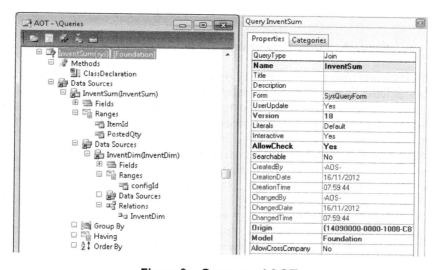

Figura 8.- Query en el AOT

Al crear una *Query* en el AOT (en el nodo del mismo nombre) se pueden configurar filtros (*Rangos*), ordenación, agrupación, añadir diferentes tablas para crear *join*, etc. El interfaz gráfico del AOT permite configurar la *Query* de manera visual, basta con arrastrar y soltar, y ajustar propiedades. Su estructura es muy intuitiva ya que tiene la misma forma (y genera el mismo resultado) que una sentencia *select* de SQL.

Cuando la *Query* se muestra al usuario, éste puede modificar los filtros, añadir nuevos campos para filtrar todas las tablas de la consulta, e incluso añadir fácilmente nuevas tablas que tengan relaciones con las que ya existen en la consulta. También puede guardar consultas para utilizarlas en otra ocasión, lo que resulta muy útil para usuarios que realizan tareas con filtros similares (procesos de facturación, informes, planificación, etc.) de manera frecuente o periódica. La ventana estándar para mostrar consultas se ve en la figura 9.

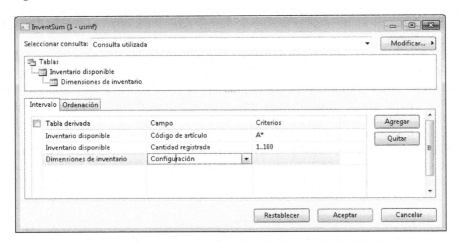

Figura 9.- Formulario de presentación de consultas estándar

Este formulario, que permite al usuario modificar la consulta, es una de las ventajas de utilizar objetos *Query* en nuestros desarrollos, junto a las grandes posibilidades que ofrecen para manipularlas en X++ mediante el correspondiente modelo de objetos. Todos los sub-nodos del objeto *Query* que se muestran en el AOT tienen su correspondencia en el modelo de objetos de X++, que también puede ser utilizado en código .NET desde *Visual Studio* como veremos, por lo que su manipulación resulta sencilla y muy potente. Ya hemos visto varios ejemplos en los capítulos anteriores, a continuación veremos unos cuantos más. Estos son los objetos más relevantes:

- **Query**: Representa la *Query* completa, es la clase que agrupa al resto de objetos y las propiedades globales. Principalmente tiene asociado uno o varios objetos *QueryBuildDatasource* (tablas).

- **QueryBuidDatasource**: Representa cada uno de los *Data Sources* (tablas) disponibles en la *Query*. Tiene asociados rangos, ordenaciones, relaciones, etc.

- **QueryBuildRange**: Representa filtros aplicados a campos de los *Data Sources* de la *Query*. Se convierten en predicados **ON** de la instrucción *select* resultante de la consulta.

- **QueryFilter**: Representa filtros aplicados a campos de los *Data Sources* de la *Query*. Se convierten en predicados de la estructura **WHERE** de la instrucción *select* resultante de la consulta.

Este objeto es nuevo en *Microsoft Dynamics AX 2012* y se utiliza preferentemente para realizar filtros sobre las tablas de la consulta. Conviene elegir bien la manera de aplicar un filtrado (*QueryBuildRange* o *QueryFilter*) teniendo en cuenta el SQL resultante en cada caso, ya que los resultados serán diferentes en consultas con **outer joins**.

- *QueryHavingFilter*: Representa los filtros aplicados a la estructura **HAVING** de la instrucción *select* resultante de la consulta. Esto nos permite realizar filtros sobre valores **agregados** de la *select*, igual que ocurre en SQL estándar.

  Este objeto es nuevo en *Microsoft Dynamics AX 2012*. No existe un equivalente en la sintaxis *select* del SQL integrado en X++ por lo que si se necesita esta funcionalidad, es necesario usar objetos *Query*.

- *QueryBuildFieldList*: Representa el **conjunto de campos** que se devuelven de cada *Data Source*. Si no se modifica este objeto se devuelven todos los campos (equivale a un *select * ...*) de todas las tablas. Se utiliza para limitar el conjunto de columnas y configurar **agregaciones**.

- *QueryBuildLink*: Representa la relación de un *Data Source* con su superior. Se convierten en **joins** en la *select* resultante de la consulta.

- *QueryBuildDynalink*: Representan las **relaciones dinámicas** entre *Data Sources* (llamadas *Dynalinks* en la aplicación), que permiten al sistema filtrar automáticamente los registros de un formulario teniendo en cuenta el registro del formulario anterior. Por ejemplo, mostrar las transacciones sólo de un pedido si el formulario de transacciones se ejecuta desde las cabeceras de pedido, sin ningún esfuerzo manual por nuestra parte. Se pueden manipular mediante código para modificar este comportamiento estándar.

- *QueryRun*: Este objeto representa el **resultado de ejecutar una Query**, y permite iterar sobre los registros devueltos por la misma. No forma parte de la *Query* en sí, pero tiene sentido analizarlo junto a ella ya que su uso por separado no tiene razón de ser.

En el siguiente ejemplo vamos a crear una consulta desde cero, añadir un filtro, ejecutar la consulta y revisar los resultados:

```
Query                   query;
QueryRun                queryRun;
QueryBuildDataSource    qbdsCust,
                        qbdsSales;

// Posibles maneras de incluir filtros en la consulta
QueryBuildRange         qbr;
QueryFilter             qf;
QueryHavingFilter       qhf;
```

```
// Tablas incluidas en la consulta
SalesTable              sales;


// Si se pasa como parámetro una Query del AOT al constructor
// el objeto se inicializará con todas las propiedades de ésta.
query = new Query();

// Añado la primera tabla a la Query como DataSource (Clientes)
qbdsCust = query.addDataSource(tableNum(CustTable));

// Añado otra tabla como DataSource (Pedidos) relacionada
// con la primera
qbdsSales = qbdsCust.addDataSource(tableNum(SalesTable));

// Configuramos la relación manualmente
// En realidad no es necesario en este caso, la Query utiliza
// la relación de la tabla, pero lo incluyo por claridad
qbdsSales.relations(true);
qbdsSales.joinMode(JoinMode::OuterJoin);
qbdsSales.addLink(fieldNum(CustTable, AccountNum),
                  fieldNum(SalesTable, CustAccount));

// Podemos modificar la ordenación por defecto
qbdsSales.addSortField(fieldNum(SalesTable, CustAccount),
                       SortOrder::Descending);

// Filtramos los pedidos cuyo cód. cliente comience por "US-"
qf = query.addQueryFilter(qbdsSales,
                          fieldStr(SalesTable, CustAccount));
qf.value(SysQuery::valueLike('US-*'));

// Ejecutamos la query para recorrer los resultados
queryRun = new QueryRun(query);
while (queryRun.next())
{
    // Las tablas que componen los DataSource se pueden
    // recuperar en cada iteración
    sales = queryRun.get(tableNum(salesTable));

    // Y utilizarlas normalmente
    info(strFmt("%1 %2", sales.SalesId, sales.CustAccount));
}
```

Conviene destacar la clase *QueryHavingFilter* que es una novedad de *Microsoft Dynamics AX 2012*. Anteriormente la consulta "*cuantos clientes tienen más de 10 pedidos*" no podía ser resuelta salvo con tablas temporales recorriendo todos los registros, etc. lo cual, aunque funcional, era complicado y poco eficiente. Actualmente se puede resolver fácilmente mediante la sintaxis del ejemplo siguiente. No está tan comentado como el anterior para ocupar menos espacio, pero la filosofía es la misma: ir componiendo una *Query* paso a paso igual que lo haríamos en el nodo correspondiente del AOT.

```
Query                   query;
QueryRun                queryRun;
QueryBuildDataSource    qbds;
QueryHavingFilter       qhf;
```

```
SalesTable                    ;

query  = new Query();
qbds   = query.addDataSource(tableNum(SalesTable));

// Having sólo tiene sentido en select con agregaciones.
// Configuramos una agregación COUNT(RecId) agrupada
// por el campo CustAccount
qbds.orderMode(OrderMode::GroupBy);
qbds.addGroupByField(fieldNum(SalesTable, CustAccount));
qbds.addSelectionField(fieldNum(SalesTable, RecId),
                       SelectionField::Count);

// Sólo muestra los registros cuyo COUNT(RecId) sea mayor de 10
qhf = query.addHavingFilter(qbds,
                       fieldStr(SalesTable, RecId),
                       AggregateFunction::Count);
qhf.value('>10');
```

Lógicamente la combinación de todas las acciones que realicen los objetos en la *Query* debe ser coherente con el resultado esperado que, no hay que olvidar, es una única consulta *select* que debe ser válida y correcta para enviar a la base de datos. También hay que tener en cuenta las consecuencias en el rendimiento que puede ocasionar una consulta poco optimizada.

4.1.- Consultas compuestas (Composite Query)

Otra posibilidad para facilitar todavía más la reutilización de consultas son las llamadas **consultas compuestas** (*Composite Query*). Mediante esta técnica se puede crear una *Query* en base a otra ya existente, de manera que cuando se modifique la original, estos cambios también se aplicarán a las compuestas. Podríamos entenderlo como una *consulta heredada*. En la consulta "*hija*" se podrán modificar los filtros (*Ranges*) y sobrescribir métodos a modo de sobrecarga.

Figura 10.- Nueva consulta basada en otra estándar

Para crear una consulta compuesta basta crear una nueva consulta en el AOT y arrastrar la consulta original sobre el nodo *Composite Query* de la nueva. Ver figura 10.

Si una consulta contiene una *Composite Query* no se le pueden agregar *Data Sources*, y viceversa. Estas dos opciones no pueden combinarse.

4.2.- Expresiones y funciones de filtro en rangos

En el capítulo 2 *"Conociendo la aplicación" (Epígrafe 4.4.1, Opciones de la cadena de búsqueda)* comentamos cómo podíamos filtrar una consulta mediante una cadena de búsqueda. Resumíamos las posibles opciones que se le dan al usuario de esta forma:

Resumen: Opciones básicas de la cadena de búsqueda

✓ Caracteres comodín: ***** y **?** (cualquier carácter o un solo carácter)

✓ Rangos: **X .. Y** (dos puntos)

✓ Unión de conjuntos: **R1, R2** (coma)

✓ Negación: **!** (exclamación)

Como hemos visto en los ejemplos anteriores, estas mismas opciones están disponibles como valores válidos para el valor de un rango (ahora sabemos que es un *QueryBuildRange* o un *QueryFilter*). Sin embargo, el *Query Framework* ofrece muchas otras opciones más potentes, más orientadas a programadores que al usuario final, que nos permiten realizar filtros más avanzados. La mayoría de ellos son métodos estáticos de la clase **SysQuery** aunque muchos también están disponibles en la clase **Global**, por lo que pueden ser utilizados directamente. Por ejemplo:

```
// Filtro: Cuenta de facturación (Proveedor) en tabla de facturas
qf = q.addQueryFilter(qbds, fieldStr(VendInvoiceJour,
                                     InvoiceAccount));

// La forma sencilla de aplicar un filtro
qf.value('CN-001');

// ... es una forma abreviada de
qf.value(queryValue('CN-001'));

// ... que es una forma abreviada de
qf.value(SysQuery::value('CN-001'));
```

En este caso, utilizar la versión sencilla es lo más apropiado ya que es un filtro sencillo y normalmente se utilizará una variable en vez de un valor fijo. Sin embargo suele ser más seguro, evitando el uso de **cadenas de texto** directamente en el código (lo que provoca un mensaje de **buenas prácticas** en el compilador) y **facilitando la lectura** del código, utilizar las funciones específicas del *framework* para configurar rangos. Por ejemplo:

```
// Para eliminar un filtro que ya existe podemos utilizar
// una cadena vacía
qf.value('');

// ... pero la función dedicada es más clara!
qf.value(SysQuery::valueEmptyString());

// ... y más todavía si queremos filtrar lo contrario. Que
// el rango NO este VACÍO
qf.value(SysQuery::valueNotEmptyString());
```

Echar un vistazo a los métodos de la clase *SysQuery* en el AOT o en la documentación, nos puede dar una buena referencia de todas las funciones que podemos utilizar según las necesidades, no sólo para diseñar filtros, sino también para realizar algunas acciones adicionales sobre una consulta, como por ejemplo contar los registros que devuelve (con *SysQuery::countTotal()*).

Otro recurso que podemos utilizar en consultas son los métodos de la clase *SysQueryRangeUtil*. En esta clase tenemos un buen número de funciones para incluir en nuestros filtros. Funciones dinámicas que nos devuelven valores dependiendo del contexto, tales como el usuario actual, la fecha actual, el idioma, fechas con variaciones dinámicas (por ejemplo, dos meses más que el actual), etc. De la misma forma que la anterior, vale la pena echar un vistazo a la clase en el AOT para descubrir todos los métodos que ofrece.

Estas funciones tienen en cuenta el o los tipos de datos recibidos (enumerados, fechas, etc.) así como la configuración de la localización del cliente (formatos de fecha y números) y devuelven siempre un valor del tipo adecuado en cada caso para la consulta.

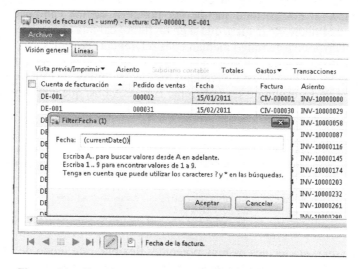

Figura 11.- Funciones de SysQueryRangeUtil en consultas

Añadiendo nuevos métodos a la clase ***SysQueryRangeUtil***, se pueden crear **nuevas funciones** para extender las posibilidades de filtrado, o para añadir funciones compatibles con nuestros propios desarrollos.

Si se emplean en los formularios que se presentan al usuario, se pueden utilizar como cadenas de filtro escribiéndolas **entre paréntesis**. Ver figura 11.

Por último, una manera quizás no muy segura pero muy flexible de configurar rangos es utilizando lo que podemos llamar **expresiones**. Consiste en incluir todos los predicados de una consulta directamente como texto. Por ejemplo:

```
qf = q.addQueryFilter(qbds, fieldStr(VendInvoiceJour, DataAreaId));

qf.value(strFmt("CreatedBy = %1", curUserId()));
```

En este caso, como vamos a incluir en el rango también los nombres de los campos, da igual sobre qué campo se cree el filtro en su declaración. Conviene facilitar la lectura del código utilizando un campo que llame la atención, como el *DataAreaId* o el *CreatedTransactionId*, para que quien lea el código sospeche de un vistazo que no es ese el campo que se va a utilizar finalmente.

Este primer ejemplo es tan sencillo que no tiene mucha utilidad práctica, podríamos hacer lo mismo con un rango normal, pero utilizando esta técnica se pueden configurar consultas más complejas utilizando la sintaxis del SQL integrado en X++, por ejemplo:

```
qf.value(strFmt("%1 == %2 && %3 == %4",
        fieldStr(VendInvoiceJour, CreatedBy),
        curUserId(),
        fieldStr(VendInvoiceJour, CreatedDateTime),
        DateTimeUtil::utcNow()));
```

Ya hemos hablado de la función ***strFmt***, que nos va a facilitar la lectura y comprensión de lo que estamos haciendo. Por otro lado, el uso de las funciones intrínsecas de X++ nos permite incluir los nombres de los campos sin tener que escribirlos manualmente, de manera que si en un futuro cambia el nombre, el compilador nos avisará del error en este rango mediante las referencias cruzadas.

Yendo a un nivel más de complejidad en esta técnica, podemos incluir en la consulta también el nombre de las tablas. En realidad los únicos límites de esta forma de realizar filtros es que el SQL resultante sea coherente con las tablas que conforman la consulta sobre la que se realiza.

```
qf.value(strFmt(
        "(%1.%2 == %1.%3) || (%1.%4 <= %1.%5 && %1.%4 >= %1.%6)",
        q.dataSourceTable(tableNum(VendInvoiceJour)).name(),
        fieldStr(VendInvoiceJour, CreatedBy),
        curUserId(),
        fieldStr(VendInvoiceJour, CreatedDateTime),
        DateTimeUtil::utcNow(),
        DateTimeUtil::addDays(DateTimeUtil::utcNow(), -30)));
```

A pesar de que esta técnica es muy potente y flexible, este modo de realizar rangos debe evitarse si el mismo filtro puede configurarse de manera normal. Haciéndolo, facilitamos la lectura del código y evitamos el uso de cadenas de texto escritas directamente en el código, utilizando funciones dedicadas más claras y más seguras como *queryValue, valueNot, valueRange*, etc.

4.3.- Inserción de registros masiva mediante una Query

Hasta ahora hemos visto las posibilidades que tienen los objetos *Query* y derivados para la consulta de datos, que es para lo que fueron diseñados originalmente. Sin embargo, desde la versión *AX 2012 R3* podemos utilizar el resultado de una consulta para realizar una **inserción masiva de datos** en una tabla.

Ya hablamos de la inserción masiva de registros en el capítulo anterior. Comentamos la mejora en el rendimiento que supone este tipo de instrucciones frente a las operaciones registro a registro, y también vimos la poca flexibilidad que ofrecían a cambio, aspecto que ha sido solucionado utilizando lo mejor de estas dos posibilidades. En particular, añadiendo el método estático *insert_recordset* a la clase *Query*.

Tenemos unos cuantos ejemplos en *AX 2012 R3*, sobre todo utilizadas en informes (los veremos en el capítulo 9 "*Informes*"), aunque lo básico de su utilización lo podemos ver en el siguiente ejemplo, extraído del método *insertTaxListTaxTmpData* de la clase estándar *TaxListDP*, eliminando lo que no es relevante para explicar este tema:

```
Query                    query;
QueryBuildDataSource     qbds;
int                      dataSourceUniqueId;
Map                      insertRecordsetMap;

// ...
query = new Query(this.parmQuery());
// ...

qbds = query.dataSourceTable(tableNum(TaxTrans));
dataSourceUniqueId = qbds.uniqueId();
insertRecordsetMap = new Map(Types::String, Types::Container);

insertRecordsetMap.insert(
    fieldStr(TaxListTaxTransTmp, TaxTrans),
    [dataSourceUniqueId, fieldStr(TaxTrans, RecId)]);
// ...

Query::insert_recordset(taxListTaxTransTmp,
                        insertRecordsetMap,
                        query);
// ...
```

Hay que analizar los parámetros del último método: El primero es la tabla donde se quiere insertar los datos, que puede ser temporal o no. El último parámetro es la *Query* que se va a utilizar para obtener un conjunto de registros.

Lo importante y quizás menos intuitivo es comprender el segundo parámetro, que es un *Mapa* (comentamos su utilización en el capítulo anterior). Dicho mapa relaciona los campos de la tabla donde se van a insertar los datos con los campos que devuelve la

Query; que como en cualquier consulta pueden ser de una o varias tablas, por lo que la sintaxis es como la siguiente:

```
Query::insert_recordset(tablaTmp, mapaCampos, query);
```

Y la sintaxis necesaria para *mapear* los campos de la *Query* con los de la tabla de destino es la siguiente. Habrá que insertar en el mapa todos los campos que se deban insertar en la tabla, uno a uno:

```
map = new Map(Types::String, Types::Container);
// Repetir la siguiente línea para cada campo de la tabla
map.insert(fieldStr(CampoTablaTmp), [tableId, fieldStr(CampoQuery)]);
```

De esta forma, utilizando el mapa, podemos buscar un campo de la tabla temporal por su nombre (es la clave del mapa) y obtener un contenedor como valor del mapa que contiene el ID de la tabla y el nombre del campo correspondiente en la *Query*. Utilizamos la clase intrínseca *fieldStr* para obtener el nombre de los campos de las tablas de manera segura.

5.- VISTAS (VIEWS)

Las vistas son objetos **de solo lectura** que representan consultas sobre una o varias tablas y se utilizan básicamente para facilitar la creación de informes, aunque se pueden utilizar en cualquier lugar donde se pueda usar una tabla. Por ejemplo, como origen de datos de formularios, en código X++, etc. El sistema nos ofrece una gran cantidad de vistas que simplifican el modelo de datos estándar y nos permiten una utilización más sencilla y reutilizable, por ejemplo de direcciones postales, datos de contacto, etc. Una vista puede estar basada en una consulta (*Query*). Ver figura 12.

La utilización de vistas en lugar de tablas, además de simplificar el acceso a datos que pueden ser complejos de obtener, puede mejorar el rendimiento de la consulta al obtener de la base de datos sólo los campos que se necesiten, evitando traer los registros completos de todas las tablas implicadas.

La creación y modificación de vistas supone una sincronización con **una vista en la base de datos** de la misma manera que ocurre con las tablas, por lo que también se puede obtener una ventaja de rendimiento a través del optimizador de consultas de *Microsoft SQL Server*.

Figura 12.- Vista en el AOT

Se pueden ajustar **propiedades** de la vista para configurar ordenación, agrupación y filtrado de los datos recuperados, incluidos campos agregados (*COUNT, SUM, MAX, AVG,…*). También es posible realizar vistas ***Union***, que devuelvan registros agregados de varias tablas a la vez, de manera equivalente a como lo haríamos en SQL estándar.

Es posible utilizar los **métodos** de la vista para generar campos calculados que sean **procesados en la base de datos**, como lo haríamos en una vista creada directamente en *Microsoft SQL Server*. El método debe devolver código **T-SQL** válido para ejecutarse en este contexto, por ejemplo sub-consultas o cálculos con los campos de la vista o de las tablas. Para facilitar esta tarea disponemos de la clase ***SysComputedColumn***, un *helper* que contiene multitud de métodos para construir fácilmente estructuras válidas en T-SQL, por ejemplo:

```
/// <summary>
///     Creates an IS NULL binary expression.
/// </summary>
/// <param name="_expression">
///     A string value that contains the expression to evaluate.
/// </param>
/// <returns>
///     A string expression formatted as an IS NULL binary expression.
/// </returns>
public static server str isNullExpression(str _expression)
{
    return strFmt('%1 IS NULL', _expression);
}
```

Una vez creado el método que devuelve el código apropiado, se crea el campo calculado haciendo clic derecho sobre el campo *Fields* de la *Vista*, y eligiendo un campo calculado del valor de retorno correcto, como si fuera una tabla. En el campo recién creado, se elige el método en la propiedad *ViewMethod*.

6.- UNIDAD DE TRABAJO (UNIT OF WORK)

La nueva clase *UnitOfWork* (que yo considero un *mini-framework*) se ha añadido en *Microsoft Dynamics AX 2012* para facilitar el trabajo con el nuevo patrón de modelado de datos basado en *claves surrogadas* (*RecId* en su mayoría).

Este nuevo modo de configurar las relaciones entre tablas introduce un problema: no podemos insertar registros de manera masiva en tablas relacionadas. Esto es debido a que no conocemos el *RecId* que formará parte de la clave externa de un registro hasta que éste no se inserta, lo que nos obligaría a insertar un registro, leer el *RecId* y ponerlo en el registro relacionado e insertarlo uno a uno, etc...

Utilizar *UnitOfWork* es muy parecido al uso de otros **ORM** (*Object Relational Mapping*), muy habituales en otros lenguajes, por lo que siendo algo extraño en el desarrollo en *MorphX* es una idea conocida y fácil de entender: Primero, **relacionamos los registros** a insertar mediante el uso de los objetos que los representan (las variables *buffer*). Después, **en el momento de la inserción**, el sistema, en función de estas relaciones, insertará los registros en el orden adecuado, y actualizará los *RecId* de los campos relacionados correctamente, teniendo en cuenta la integridad de la transacción que maneja todo el proceso. Esta transacción es a lo que llamamos una unidad de trabajo.

La utilización de *UnitOfWork* pone en práctica todo lo que hemos visto en este capítulo: El uso de diversos tipos de claves, el modelado en base a claves *surrogadas*, la forma de diseñar relaciones entre tablas, etc. Para demostrarlo, partimos de la sencilla estructura de tablas resultado del ejemplo del punto *2.6.2 (Ejemplo de Índices y Relaciones)* en este capítulo. Partiendo de esos objetos con dos tablas relacionadas y un EDT, ejecutamos el siguiente código:

```
JAEECamiones        camion;              // PK
JAEEMantenimiento   mantenimiento;       // FK

UnitofWork          unitOfWork = new unitOfWork();
```

```
camion.Matricula = '0123ABC';
camion.Modelo    = 'ACTROS 4000';
unitOfWork.insertonSaveChanges(camion);

mantenimiento.JAEECamiones(camion);
mantenimiento.Kilometros = 1350658;
unitOfWork.insertonSaveChanges(mantenimiento);

unitOfWork.saveChanges();
```

Las relaciones se indican mediante el uso de los métodos de navegación creados automáticamente al activar la propiedad *CreateNavigationPropertyMethods* en la relación. Estos métodos no sólo funcionan como *getters* para la navegación, sino también como *setters* para posibilitar el uso de *UnitOfWork*.

Se utiliza el método *insertOnSaveChanges* para indicar al sistema que el registro debe insertarse cuando se confirme la operación, que no ocurrirá hasta que se ejecute el método *saveChanges*. Éste último realiza todas las operaciones pendientes de confirmar, en el orden correcto, manteniendo las relaciones indicadas en el modelo de objetos, y en una sola transacción manejada de manera implícita.

Tenemos los métodos *updateOnSaveChanges* y *deleteOnSaveChanges* para el resto de operaciones de actualización. Para poder actualizar un registro mediante estos métodos, éste debe leerse mediante **concurrencia optimista**. Si la tabla no tiene activada la propiedad *OccEnabled* (lo está por defecto), se debe utilizar la función *.concurrencyModel()* en la variable *buffer* con el valor *ConcurrencyModel::Optimistic*, o seleccionar el registro con el modificador *optimisticLock* en la sentencia *select*.

Esta funcionalidad se puede utilizar de manera nativa en formularios, para controlar la forma en la que se crean registros relacionados entre las diferentes tablas utilizadas. Lo veremos en el capítulo siguiente.

Es importante tener en cuenta que la clase *UnitOfWork* sólo puede utilizarse **desde el servidor**. Por tanto, el código que la utilice debe colocarse en clases que puedan ser ejecutadas en esta capa. Por consiguiente, este código no puede colocarse directamente en formularios ya que estos se ejecutan siempre en el cliente. Si es necesario ejecutarlo desde el cliente, por ejemplo desde un *Job* para hacer pruebas, se debe escribir el código en una clase que se ejecute en el servidor, y desde el objeto en el cliente ejecutar esta clase en el servidor.

7.- DATE EFFECTIVE FRAMEWORK

Otra novedad de *Microsoft Dynamics AX 2012* son las tablas de datos con validez en el tiempo (*Valid Time State Tables*). Este *framework*, también llamado **Date Effective Data Patterns**, o **Date Effective Framework** (**DEF**), facilita la tarea de mantener datos que sólo son válidos en un determinado rango de fechas. Algo que a menudo hemos tenido que programar manualmente y resultaba bastante costoso.

Los cambios afectan, no sólo a las tablas, sino también a formularios, informes, consultas, etc., como iremos viendo en este capítulo y los dedicados a estos temas en particular.

Ejemplos comunes son el cambio de divisas o las tarifas de compra y venta de los productos. Si queremos buscar el precio de un artículo, éste será diferente dependiendo de la fecha de vigencia de las tarifas. Lo normal será que cuando actualicemos los precios a las nuevas tarifas, conservemos los precios anteriores para no perder esta información histórica, pero esto complica las consultas y la presentación de los datos en los formularios, y por eso se ha creado este nuevo *framework* que facilita el trabajo.

Algunos de los problemas típicos que debemos validar en estos casos es la posibilidad de que se produjeran *saltos* en la validez de registros. Esto es, que hubiera periodos sin ningún registro vigente. Otro problema habitual es que diferentes registros **solaparan** su validez, esto es, que hubiera periodos con más de un registro vigente. Estas dos posibilidades son manejadas por el sistema siendo la primera configurable, y no permitiéndose en ningún caso la segunda.

El sistema ha sido adaptado para implementar este comportamiento también en el *framework* de **seguridad**. Esto permite, por ejemplo, asignar permisos de edición a un usuario sobre registros vigentes, pero no dejar que pueda editar esos mismos registros pasado un tiempo, cuando son considerados históricos. Hablaremos sobre seguridad en el capítulo 10 "*Licencia, Configuración y Seguridad*".

7.1.- Configurar una tabla con validez en el tiempo

Para configurar una tabla con validez en el tiempo, hay que seguir estos pasos:

- Modificar la propiedad de la tabla *ValidTimeStateFieldType* (por defecto *None*) a *Date* o *UtcDateTime*, dependiendo de la granularidad necesaria para definir la validez de los registros (días o segundos). En tablas con herencia, esta propiedad sólo puede activarse en la tabla base. Si se elige *UtcDateTime* también se hace uso de la conversión de usos horarios de este tipo de datos.

  Este paso creará dos nuevos campos en la tabla: *ValidFrom* y *ValidTo*, del mismo tipo de datos elegido en la propiedad modificada.

- Crear un **nuevo índice** en la tabla. Añadir los valores que definan la clave primaria (la clave que identifique al registro que va a tener una validez en el tiempo), además de los dos nuevos campos *ValidFrom* y *ValidTo.*

  El índice debe configurarse con las propiedades: *AllowDuplicates: No; AlternateKey: Yes; ValidTimeStateKey: Yes; ValidTimeStateMode: Gap* o *NoGap*.
  Esta última propiedad indica al *framework* si se van a permitir "*saltos*" en la validez de los datos. Esto es, si puede haber periodos de tiempo donde no haya **ningún registro válido.**

Consejo: Para mejorar el rendimiento del índice reduciendo su tamaño (ver el punto *Índices y Claves*, en este capítulo), se puede marcar el campo **ValidTo** como **IncludedColumn**. También hay que tener en cuenta estos campos en el resto de índices de la tabla, ya que se incluirán automáticamente en las consultas que se realicen desde formularios, informes, etc.

Por ejemplo, creamos una tabla con los campos *Código de divisa* (*EDT: CurrencyCode*) y *Tipo de cambio* (*EDT: ExchRate*) y seguimos estos pasos para activar la validez por fechas. Creamos un formulario sencillo para mostrar y editar los datos, añadiendo dos campos más a los del sistema *ValidFrom* (**Vigente**) y *ValidTo* (**Caducidad**). El estado inicial de este ejemplo se puede ver en la figura 13.

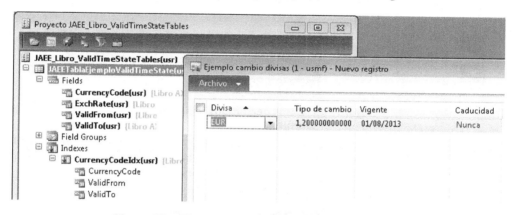

Figura 13.- Ejemplo de tabla con vigencia de fechas

Al insertar un primer registro en la tabla, se puede ver que el campo *ValidFrom* se ha actualizado automáticamente con la fecha de hoy, y el campo *ValidTo* muestra el valor especial **Nunca**, que internamente es el valor máximo para el tipo de dato fecha. De esta forma, inicialmente el registro que acabamos de crear es vigente desde ahora mismo, hasta una fecha muy en el futuro.

Nota: A continuación comentaremos y representaremos gráficamente los casos válidos e inválidos de actualización de fechas en este tipo de tablas. En los gráficos utilizados, cada fila horizontal representa un conjunto de registros de la tabla con fechas de validez consecutivas en el tiempo. La acción se representa en la primera fila, y el resultado de esta acción en la segunda. Señalaremos la acción en si misma (insertar, actualizar, eliminar, etc.) con un color más oscuro en cada caso.

7.2.- Insertar registros

Al insertar registros en una tabla con validez en el tiempo hay que tener en cuenta el periodo de validez del registro insertado y la configuración respecto a *Gaps* en el índice de la tabla. Si los cambios se realizan desde un formulario y suponen que el sistema deba ajustar registros existentes, se mostrará un diálogo de confirmación al usuario.

Si se permiten *Gaps*, se podrán insertar registros cuya fecha de validez esté antes del primer registro o después del último, pudiendo dejar un hueco entre el nuevo registro y los existentes. Si los *Gaps* no están permitidos, se podrán insertar registros antes del primero o después del último, y el sistema adaptará las fechas de validez de los registros existentes para adaptarlos al recién insertado, *rellenando* los huecos. También se puede insertar un registro que solape parcialmente las fechas de validez del primero, el sistema adaptará las fechas automáticamente. Ver figura 14.

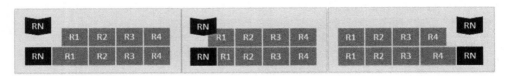

Figura 14.- Casos permitidos de inserción

No está permitido insertar registros que ocupen el rango de validez de **más de un** registro existente en la tabla. Tampoco se permite insertar registros cuya fecha de inicio o final de validez **coincida exactamente** con registros existentes. Ver figura 15.

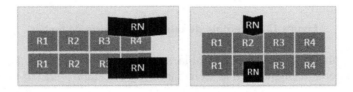

Figura 15.- Casos NO permitidos de inserción

7.3.- Actualizar registros

Actualizar datos no tiene ninguna repercusión sobre registros con validez en el tiempo, salvo que se modifiquen los campos del sistema *ValidFrom* o *ValidTo*. El comportamiento de la tabla al actualizar uno de estos campos depende del modo de actualización en el que se encuentre. Este modo de actualización, propio de las tablas con *ValidTimeState* activo, puede elegirse antes de la **actualización** desde X++ o en las propiedades del *DataSource* en **formularios**, y debe ser un valor del enumerado *ValidTimeStateUpdate*:

• **Correction (por defecto)**: Los valores *ValidFrom* y *ValidTo* de los valores existentes se **adaptan** para mantener la coherencia tras los cambios. Ver figura 16.

Figura 16.- Casos permitidos de actualización en modo Correction

No se puede actualizar el valor *ValidFrom* de un registro a un valor anterior al *ValidFrom* del registro anterior, y lo mismo en cuanto al *ValidTo*. Tampoco se permite actualizar los valores *ValidFrom* y *ValidTo* en una misma actualización. Ver figura 17.

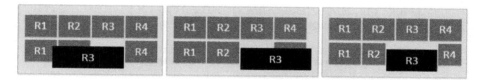

Figura 17.- Casos NO permitidos de actualización en modo Correction

• **CreateNewTimePeriod**: Sólo es válido al actualizar registros actualmente vigentes. Se inserta **un nuevo registro** con la nueva versión tras los cambios, válido desde el momento de la actualización, y cerrando la validez de la versión anterior un minuto o un día antes de este momento (según si la granularidad es *UtcDateTime* o *Date*), manteniendo **todo el histórico de cambios** de los datos.

Sólo se creará un nuevo registro si las fechas de validez han cambiado desde la versión vigente, dependiendo de la granularidad. Esto es, si se realizan dos cambios en el mismo día con granularidad *Date* no se producirán dos versiones ya que las claves únicas se duplicarían.

Por ejemplo, si en el estado inicial de la figura 13 actualizamos el campo *Tipo de cambio* con un valor diferente, en el formulario no notaremos nada extraño, simplemente el valor cambiará. Podemos ver cómo se actualiza la fecha *Vigente* a la hora actual. Si ejecutamos un *Job* como el siguiente, que muestra todos los registros de la tabla en cualquier fecha de vigencia, veremos que realmente el sistema ha insertado una nueva versión, pero el formulario nos muestra automáticamente sólo la versión activa (la última). Ver figura 18.

```
static void Job_EjemploValidTimeState(Args _args)
{
    date fromDate    = dateNull(),   // 0
         toDate      = dateMax();    // 31/12/2154

    JAEETablaEjemploValidTimeState  ejemplo;

    while select validTimeState(fromDate, toDate) ejemplo
    {
        info(strFmt("%1    %2    (%3..%4)",
                    ejemplo.CurrencyCode, ejemplo.ExchRate,
                    ejemplo.ValidFrom,    ejemplo.ValidTo));
    }
}
```

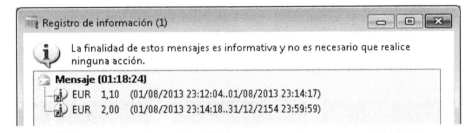

Figura 18.- El sistema ha añadido una nueva versión automáticamente

- **EffectiveBased**: Se comporta en modo *CreateNewTimePeriod* si la actualización es sobre un registro **vigente**; en modo *Correction* en caso de que el registro vaya a ser vigente en el **futuro** (tras la actualización); en caso de que el registro no esté activo, este modo de actualización no es válido.

7.4.- Eliminar registros

Eliminar registros de una tabla con validez no tiene mayores repercusiones. Si la tabla acepta huecos no se producirá ninguna actualización extra y el registro eliminado dejará un hueco en el lugar que ocupaba. Si la tabla no acepta huecos, se ajustará automáticamente el campo *ValidTo* del registro anterior para cubrir el hueco del registro eliminado. Ver figura 19.

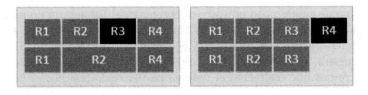

Figura 19.- Casos permitidos de eliminación

Lo que hemos explicado respecto a la actualización y eliminación de registros se aplica tanto a la utilización de los métodos *update* y *delete* en un registro como a las sentencias de **actualización masiva**, ya que en una tabla con validez en el tiempo activa estas sentencias masivas se convierten **siempre a procesos registro a registro**.

7.5.- Seleccionar registros

Para seleccionar registros en este tipo de tablas es necesario indicar al sistema el rango de fechas que determine la versión de los datos que vamos a recuperar. Podemos seleccionar registros desde sentencias *select* en X++ y también mediante los objetos *Query* y *View*, que ya hemos visto. Este *framework* está integrado en toda la aplicación, por lo que es compatible con todas las formas de obtener datos de las que disponemos.

La sentencia *select* del SQL integrado en *MorphX* incluye el modificador *validTimeState* para indicar los filtros de validez de fechas. Este modificador (opcional) puede recibir un solo parámetro (registros válidos **a fecha**) o dos (registros válidos en un **rango de fechas**). Si se omite, la *select* mostrará los registros válidos en el momento de ejecutar la consulta. La sintaxis de la instrucción *select* es la siguiente:

```
FromDate       fromDate    = dateNull();    // 0
ToDate         toDate      = dateMax();     // 31/12/2154
date           validoEn    = systemDateGet(); // HOY


JAEETablaEjemploValidTimeState  tablaEjemplo;

// Válido "a fecha"
while select validTimeState(validoEn) tablaEjemplo
    //where tablaEjemplo...
{
    // ...
}

// Válido en un rango de fechas
while select validTimeState(fromDate, toDate) tablaEjemplo
    //where tablaEjemplo...
{
    // ...
}
```

En cuanto a la selección mediante el **Query Framework** (y por extensión en formularios, informes, procesos, etc. donde las consultas se utilizan como origen), si se ejecutan directamente objetos *Query* con tablas con validez en el tiempo, el sistema añade automáticamente la pestaña **Opciones de fecha** que permite elegir el periodo de validez de los datos seleccionados. Las opciones son bastante intuitivas y se pueden ver en la figura 20.

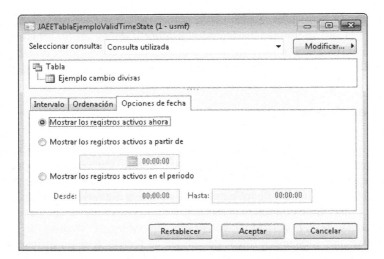

Figura 20.- Opciones de fecha

Al manejar una *Query* desde código X++ disponemos de las mismas opciones mediante los métodos ***validTimeStateAsOfDate*** y ***validTimeStateAsOfDateTime*** (equivalentes a *Mostrar los registros activos a partir de*), ***validTimeStateDateRange*** y ***validTimeStateDateTimeRange*** (equivalentes a *Mostrar los registros activos en el periodo*) del objeto *Query*. Se utilizan con la siguiente sintaxis:

```
utcDateTime      ahora      = DateTimeUtil::getSystemDateTime();
Query            query;

query = new Query();
query.validTimeStateAsOfDateTime(ahora);

query.addDataSource(tableNum(JAEETablaEjemploValidTimeState));
query...
```

Los objetos *Query* no incluyen propiedades para configurar estos comportamientos mediante parámetros que puedan guardarse en el objeto. Si se desea modificar el comportamiento estándar de un objeto *Query* se debe hacer siempre mediante código X++ en los **métodos** de la *Query*.

Las vistas (*Views*) tienen una propiedad ***ValidTimeStateEnabled*** con los valores posibles:

- *Yes*: La vista se comporta igual que la tabla en cuanto a la selección de registros, según su configuración.

- *No*: La vista obtiene **todos** los datos con independencia de la validez en las tablas.

8.- PARTICIONES

El concepto de **partición** se introduce en *Microsoft Dynamics AX 2012 R2* y representa una división de los datos superior a la *Empresa* (*Legal Entity*). La partición se realiza en los datos sólo a nivel lógico, ya que todas las particiones se almacenan en la misma base de datos y utilizan el mismo AOS, por lo que cualquier modificación realizada en el AOT afecta a todas las particiones. Ver figura 21.

Figura 21.- Arquitectura de partición de datos

Una empresa existe **sólo en una partición**, y en una partición siempre hay una o varias empresas. Una empresa no puede moverse de una partición a otra y una partición creada no puede eliminarse. Cuando un usuario abre la lista de empresas, se le muestran únicamente las empresas de la partición activa, esto incluye el uso del modificador *crossCompany* en consultas *select* del SQL integrado.

Cuando se inicia un cliente *Microsoft Dynamics AX*, la sesión está asociada a una partición y ésta no puede cambiarse salvo iniciando otra sesión diferente, igual que ocurre con las capas de desarrollo. La partición elegida se puede configurar **para cada usuario**, en la **utilidad de configuración** del cliente que vimos en el capítulo 2, o pasando al ejecutable el **parámetro** *–partition=XXX*.

Las tablas afectadas por particiones incluyen un nuevo campo del sistema llamado **Partition** junto al resto de campos ya conocidos (*DataAreaId, RecId*, etc.). Este campo no es visible desde *MorphX* pero existe en la base de datos y se debe tener en cuenta si se realizan consultas directamente sobre la base de datos *Microsoft SQL Server. MorphX* lo gestiona automáticamente igual que el resto de estos campos. Dependiendo de la naturaleza de cada tabla pueden estar compartidas para todas las empresas o para todas las particiones. Esto se puede detectar viendo cuales de estos campos del sistema se han creado.

Puesto que las particiones son sobre todo un aspecto funcional y de planificación y configuración del sistema, no entraremos en más detalles acerca de ellas. Como desarrolladores lo único a tener en cuenta es saber que existen, que pueden afectar a la manera de acceder a ciertos datos, y a la configuración de seguridad de los usuarios.

En X++ se han añadido las funciones globales *getCurrentPartitionRecId* y *getCurrentPartition* para consultar la partición activa en el contexto de ejecución actual. Se puede encontrar más información en el siguiente enlace:

Enlace: Plan for data partitioning [AX 2012]

http://msdn.microsoft.com/en-us/library/jj728668.aspx

La interfaz de usuario (Formularios)

Ahora que tenemos modelados nuestros datos es hora de ponerlos a disposición de los usuarios. En este capítulo veremos cómo diseñar formularios, que son la base de la presentación al usuario tanto de los datos como las acciones que puede ejecutar sobre ellos. Ha habido muchos cambios desde versiones anteriores así que daremos un repaso generalizado pero profundizando más en los conceptos y controles nuevos.

1.- INTRODUCCIÓN

Uno de los principios de diseño del nuevo *Microsoft Dynamics AX 2012* lo define como "***Powerfully Simple***". Es complicado hacer que una aplicación tan grande sea simple, por lo que la mayoría de cambios introducidos en esta versión respecto al diseño están orientados **a eliminar de la vista del usuario** aquello que en un momento dado es probable que no necesite. Para ello se han introducido nuevos controles en los formularios, tanto para el cliente *Windows* como para *Enterprise Portal*, que permiten **ocultar** la mayoría de información salvo la que es necesaria para cada tarea, mientras se permite el acceso a la información completa cuando el usuario lo solicita.

Otra funcionalidad importante para este objetivo es el **diseño y la navegación basados en *Roles***, de manera que cada usuario sólo ve la funcionalidad que tiene asignada su *Rol,* en vez de toda la funcionalidad del sistema. Tanto el cliente para *Windows* como *Enterprise Portal* sólo muestran a cada usuario las funcionalidades que tiene activas, ya sea por **licencia** (funciones que la empresa ha pagado al adquirir el producto), por **configuración** (funciones que, estando activas en la licencia, no se utilizan) o por **permisos** (funciones que se utilizan en la empresa, pero no por este usuario). Hablaremos sobre estos tres conceptos en el capítulo 10 *"Licencia, configuración y seguridad"*.

2.- GUÍA DE ESTILO

Microsoft Dynamics AX 2012 ha supuesto un cambio radical en el diseño y la experiencia de usuario respecto a versiones anteriores. El diseño había cambiado sólo en pequeños detalles en el pasado, en la versión anterior se añadió el concepto de formularios de tipo *Lista*, similares al diseño *Office*, sin mucho éxito. Esta vez se han introducido multitud de cambios y nuevos controles, mejorando la cantidad y la calidad de la información que el usuario tiene en pantalla en cada momento, en pro de este nuevo objetivo de conseguir la mayor simplicidad posible.

Por ejemplo, la tabla de clientes tiene cientos de campos, pero para empezar a trabajar con un nuevo cliente sólo son necesarios unos pocos. Por eso en esta versión al crear un nuevo cliente se nos muestra una ventana intermedia con los datos básicos de este cliente. Si sólo queremos crearlo con estos campos, podemos pulsar *Guardar y cerrar*; si queremos seguir introduciendo más datos en la ficha de cliente podemos pulsar *Guardar y abrir > Cliente*. También podemos ir directamente a la introducción de un nuevo pedido o presupuesto (desde *Guardar y abrir*) para el cliente recién creado. Estas opciones, que no cuadran con la guía de estilo de versiones anteriores, son un buen ejemplo del ***Powerfully Simple***. Ver figura 1.

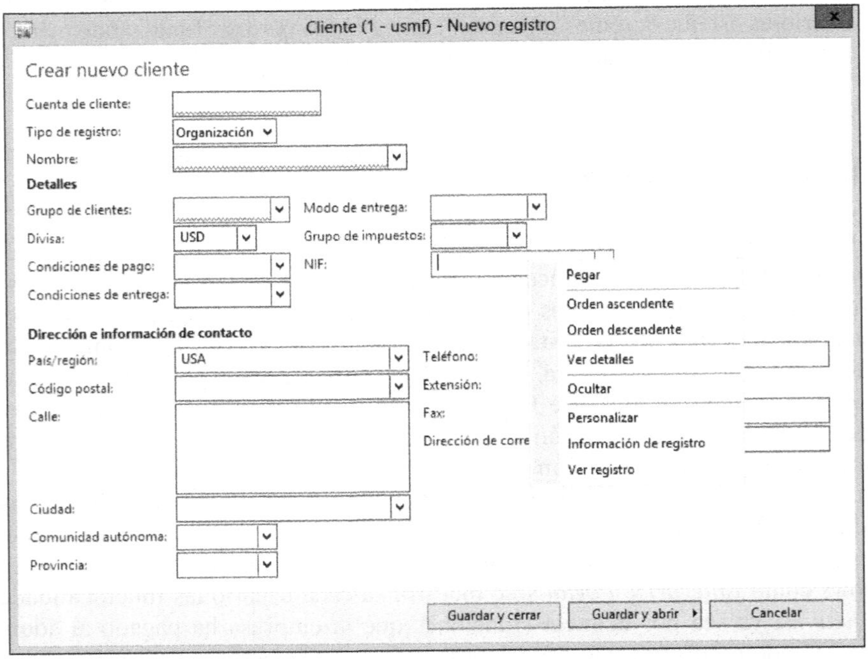

Figura 1.- Diálogo de creación de nuevo cliente

En el capítulo 2 *"Conociendo la aplicación" (Epígrafe 4, Funcionalidad Básica)* hablamos por encima de la navegación basada en roles, mediante la cual a cada usuario se le presentan sólo las opciones que necesita ver. Ya sean módulos del *Panel de navegación*, opciones de menú, botones o campos en formularios, etc. El sistema es capaz de rediseñar sus componentes para acomodar un número variable de controles según esta configuración.

También vimos la **estructura general** del cliente para Windows y sus componentes más importantes, los diferentes **tipos de formularios** que se suelen utilizar, y la navegación típica que podemos esperar en cada uno de ellos, así como la funcionalidad genérica de **filtrado y ordenación** de datos y la **navegación** entre formularios mediante los campos que representan una clave externa con la opción *Ver detalles* en el menú contextual de estos campos. Ver figura 1.

En este capítulo profundizaremos sobre estos conceptos por lo que conviene recordarlos. También es interesante la información contenida en la documentación oficial, en el siguiente enlace:

Enlace: Navigation User Experience Guidelines [AX 2012]

http://msdn.microsoft.com/en-us/library/gg886614.aspx

3.- CREAR UN FORMULARIO

En *MorphX* un formulario representa una única ventana diseñada para mostrar información, las acciones disponibles que podemos realizar sobre ella, y diferentes formas de navegar entre los registros mostrados o hacia otros formularios.

Crear un formulario en *Microsoft Dynamics AX 2012* es muy sencillo, la mayoría del trabajo se realiza mediante la modificación de objetos y propiedades en el AOT. Es mucho más sencillo mantener y actualizar modificaciones en los objetos que el código, por eso realizaremos los ajustes en propiedades siempre que sea posible, y sólo incluiremos código X++ cuando no haya más remedio. Por ejemplo:

- Para ajustar el **comportamiento** estándar de la interfaz. No hay que abusar de esto, conviene mantener la coherencia en el funcionamiento de la aplicación.

  Se suele hacer para mostrar/ocultar campos, hacerlos no editables, etc. Nada que distraiga al usuario de su trabajo, o que pueda causar dudas sobre lo que está ocurriendo.

- Para añadir **filtros** más elaborados que los estándar. Tampoco conviene abusar en este caso, ya que puede ser confuso para el usuario disponer de unas opciones de filtrado en unos formularios y en otros no.

Sobre todo suele hacerse para forzar un filtro inicial de los datos que muestra el formulario cuando se abre desde otro formulario. Filtros que no pueden realizarse automáticamente mediante los *dynalinks* en las tablas (hablaremos sobre ellos más adelante en este capítulo).

- Para realizar **procesos** sobre los datos. Este es el motivo por el que desarrollaremos la mayoría del código en formularios y, en estos casos, la buena práctica es llevarlo a clases e invocarlas desde la interfaz con los parámetros obtenidos del usuario. De esta forma se divide la responsabilidad de los objetos, facilitando el mantenimiento y reutilización de los mismos.

Para crear un nuevo formulario en *MorphX* seguimos siempre unos pasos que podríamos resumir de esta manera:

- **Crear el formulario** en el AOT, ya sea un formulario vacío o desde una **plantilla**. Ajustar las **propiedades** base del formulario y asignar un *Caption*, que será el título del formulario que se muestre a los usuarios. Ver figura 2.

- Añadir orígenes de datos *(Data Source)* y ajustar sus propiedades para configurar los *join* y las posibilidades de **lectura y escritura** sobre los mismos. Se pueden utilizar *Queries* del AOT o configurar esos **filtros** iniciales mediante código X++.

  En base a esta configuración, el sistema activará o desactivará automáticamente los campos del formulario para permitir su edición, así como los controles para añadir y eliminar registros del formulario.

- Añadir **controles** al formulario. Estos controles mostrarán los datos desde los orígenes de datos a los usuarios o permitirán realizar **acciones** sobre los mismos (botones, acciones de la *barra de acción*, etc.).

- Añadir controles que mejoren la **navegación** y **usabilidad** del formulario. Botones que permitan acceder a otros formularios o controles para estructurar el formulario, como *FastTabs*.

- Añadir controles para **facilitar el consumo** de los datos mostrados. Por ejemplo controles *Part* para mostrar información adicional acerca del registro activo, o un *panel de vista previa* si es un formulario de tipo lista.

- Permitir la ejecución del nuevo formulario creando un *Menu Item* que lo invoque y colocando este *Menu Item* en un *Menu* o en otros formularios, de manera que esté a disposición del usuario en los lugares donde tiene sentido utilizarlo.

- Asignar los permisos y la seguridad necesaria para el formulario y los datos que representa. Profundizaremos sobre este tema en el capítulo 10 "*Licencia, configuración y seguridad*".

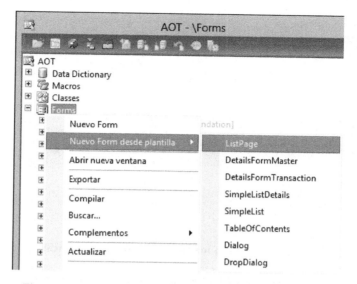

Figura 2.- Creación de un nuevo formulario en el AOT

Internamente, un formulario es una agrupación de otros objetos formando un árbol del estilo habitual en el AOT. Estos objetos se agrupan en cuatro grandes grupos que designan los cuatro tipos de componentes que contiene un objeto *Form*: Métodos (*Methods*), Orígenes de datos (*Data Sources*), Partes (*Parts*), Diseños (*Designs*) y Permisos (*Permissions*). En los siguientes puntos hablaremos sobre todos ellos salvo el último, que lo veremos en el capítulo 10 "*Licencia, configuración y seguridad*".

Existen muchísimos formularios en la aplicación estándar. Puesto que se puede ver el código y las propiedades de todos ellos, si encontramos una funcionalidad que nos parece interesante podemos revisar el objeto para ver cómo está resuelto. El estándar suele ser una gran biblioteca de ideas y buenas prácticas.

3.1.- Tipos de formulario

Siempre ha habido unas normas más o menos formales para el diseño de formularios en *MorphX*, pero es desde *Microsoft Dynamics AX 2012* que tenemos normas escritas y perfectamente definidas sobre el aspecto y la funcionalidad que deben tener nuestros diseños. Esto se puede ver en las diferentes plantillas que tenemos disponibles al crear un nuevo formulario. Ver figura 2.

Elegir una plantilla de las que nos ofrece el sistema va a ahorrar mucho tiempo configurando controles y propiedades comunes, a la vez que asegura coherencia y homogeneidad en el diseño de la aplicación ante nuevas funcionalidades. Por norma general, al crear un formulario desde una plantilla no hay que modificar nada respecto al diseño, sólo añadir los controles necesarios para representar la información que queremos mostrar en ese formulario.

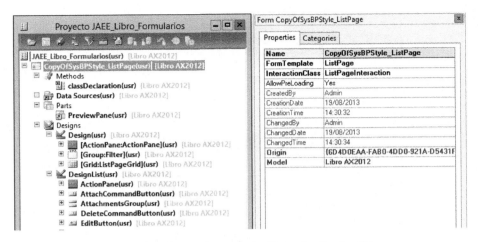

Figura 3.- Nuevo formulario Lista desde plantilla

Como se puede ver en la figura 3, utilizando una plantilla el formulario se origina con una buena cantidad de componentes creados y configurados para que tengan el aspecto adecuado. Simplemente asignando una *Query* como origen de datos (propiedad *Query* en el nodo *Data Sources*) y arrastrando algunos campos del origen de datos sobre el *Grid* del formulario (nodo *Designs > Design > Grid:ListPageGrid*) podremos ejecutarlo y tendrá el aspecto adecuado para cumplir las normas básicas de diseño de listas que vamos a ver. El formulario no puede realizar ninguna acción todavía, pero al menos tiene buen aspecto con muy poco esfuerzo. Ver figura 4.

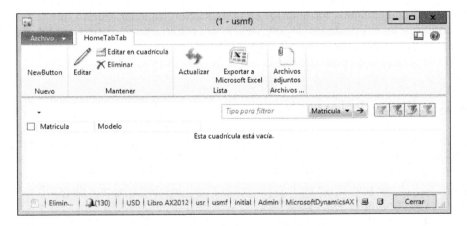

Figura 4.- Aspecto inicial de un nuevo formulario

Las plantillas que hemos visto en la figura 2 representan de una manera bastante fiel los tipos de formularios disponibles, así que vamos a dar un repaso sobre ellas y comentaremos algunos controles introducidos en esta nueva versión en el siguiente punto.

3.1.1.- Página de Lista (ListPage)

Sirven para buscar un registro en una lista y realizar acciones sobre él. Normalmente llaman a un formulario de tipo *Detalle* y se utilizan para listar datos maestros o como punto de entrada de un módulo funcional. Ejemplo: *Clientes > Común > Clientes > Todos los clientes.*

Este tipo de formularios son el **inicio de la mayoría de acciones** que realizan los usuarios, por lo que debe prestarse atención a que disponga de todas las acciones que pueda necesitar, facilitando el acceso a las que probablemente serán más utilizadas, incluyendo el filtrado y selección de registros de la lista y también las de eliminación y creación de nuevos elementos.

También pueden **sustituir informes** sencillos, ya que las listas pueden ser filtradas y ordenadas por los usuarios utilizando una *Query*, y también exportadas a diferentes formatos para su posterior procesado. Este tipo de consultas mediante formularios tienen la ventaja de ser mucho más interactivas y flexibles que un informe, permitiendo realizar acciones y consultas extra sobre los registros directamente desde el formulario.

Cada módulo tiene al menos una página de tipo *Lista* que muestra la entidad básica de ese módulo, por ejemplo: Clientes, Proveedores, Artículos, Activos Fijos, Cuentas Contables, etc. Habitualmente existe **más de una**, siendo las secundarias iguales que la principal pero incluyendo algunos **filtros** predefinidos, por ejemplo: Clientes *activos*, Empleados *contratados*, etc.

Toda página de tipo *Lista* dispone también de un panel de acciones (*Action Pane)*, todas las opciones de filtrado que ya vimos en el capítulo 2 (incluyendo los **filtros avanzados**), y un *Grid* **no editable** que muestra la lista de registros que representa el formulario. El *Grid* debe tener una cantidad de campos entre 5 y 10, no más para no perjudicar el rendimiento, situando los más importantes a la izquierda para facilitar su utilización con cualquier tamaño de pantalla.

También se deben incluir cajas de hechos (*FactBoxes*) a la derecha del *Grid* para mostrar información útil al usuario. Esta información debe estar diseñada para ahorrar clics al usuario y evitar la necesidad de abrir otros formularios para acceder a ella, siempre que sea posible.

Por último necesitamos un panel de vista previa (*Preview pane*) que se muestra en la parte inferior al seleccionar un registro y muestra los campos más relevantes de este registro, evitando de nuevo abrir el formulario de detalle para consultarlos.

El formulario debe proveer al usuario **todas las acciones** que necesite realizar sobre un registro de ese tipo (por ejemplo, sobre un cliente o una cuenta contable), ya que es aquí donde vendrá a buscarlas. Además, debemos permitir al usuario realizar estas acciones **sobre varios registros a la vez**, que seleccionará mediante los mecanismos estándar.

Enlace: List Page User Experience Guidelines [AX 2012]

http://msdn.microsoft.com/EN-US/library/gg853328.aspx

3.1.2.- Detalle (DetailsFormMaster)

Sirven para ver, editar y realizar acciones sobre un registro concreto. Se suele llegar a ellos desde formularios de tipo *Lista* y se utilizan para crear y editar datos maestros. Ejemplo: *Clientes > Común > Clientes > Todos los clientes, doble clic* sobre cualquier cliente.

Por defecto se abren en **modo sólo lectura** pudiendo cambiar a **modo edición** para modificar los datos. Cada usuario puede cambiar este comportamiento en *Archivo > Herramientas > Opciones > General > Opciones de interfaz > Modo de vista o edición predeterminado*.

Se organizan mediante *Fast Tabs*, que permiten mostrar sólo la información que el usuario necesita mediante grupos plegables. Estos grupos pueden mostrar cierta información importante en su título incluso cuando están plegados. Es necesario elegir con cuidado estos campos para que sean útiles, normalmente en consenso con los usuarios que deben utilizarlos.

Estos formularios suelen contener las mismas acciones y cajas de hechos que la *Página Lista* correspondiente a la entidad editable en este formulario. No tiene por qué ser así obligatoriamente, aunque es un buen punto de partida.

Enlace: Details Form User Experience Guidelines [AX 2012]

http://msdn.microsoft.com/EN-US/library/gg886581.aspx

3.1.3.- Detalle con líneas (DetailsFormTransaction)

Sirven para crear, editar y realizar acciones sobre un registro que tiene a su vez registros relacionados (líneas). Por lo tanto, también sirven para crear, editar y realizar acciones sobre esas líneas. Se utilizan para la generación de datos transaccionales y realizar acciones sobre ellos. Podríamos decir que son los formularios *operativos* de la aplicación, los que generan o mantienen transacciones, hechos de negocio, y por eso debe optimizarse tanto su rendimiento como su usabilidad. Además debe permitir la máxima personalización al usuario ya que ocupa gran parte de su tiempo trabajando en ellos. Ejemplo: *Clientes > Común > Pedidos de venta > Todos los pedidos de venta*.

Estos formularios son muy parecidos a los de *Detalle* y por tanto aplica todo lo que hemos comentado en el punto anterior. Se pueden ver en modo **vista de Encabezados** (que es básicamente una vista *Detalle* de la cabecera) o **vista de Líneas**, siendo esta última la más habitual. Aplican los mismos consejos referentes al panel de acciones, cajas de hechos, etc. Ver figura 5.

Figura 5.- Formulario Detalle con líneas. Pedido de ventas. Vista de líneas.

Enlace: Details Form with Lines User Experience Guidelines [AX 2012]

http://msdn.microsoft.com/en-us/library/gg886601.aspx

3.1.4.- Detalle Sencillo (SimpleListDetails)

Se utilizan para mostrar y editar datos de configuración sencillos, mostrando tanto la lista como el detalle en la misma vista. Ejemplo: *Contabilidad general > Configurar > Divisa > Divisas*. Ver figura 6.

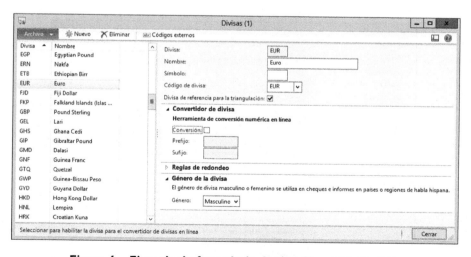

Figura 6.- Ejemplo de formulario de tipo SimpleListDetails

> **Enlace**: Simple List and Details User Experience Guidelines [AX 2012]
>
> http://msdn.microsoft.com/EN-US/library/gg886588.aspx

3.1.5.- Lista Sencilla (SimpleList)

Muestran una lista simple de registros que se pueden editar directamente en la propia lista. Se utilizan para mantener tablas con muy pocos campos, normalmente de configuración, similares a los formularios tipo *Lista* de versiones anteriores. Ejemplo: *Clientes > Configurar > Clientes > Grupos de clientes*.

> **Enlace**: Simple List User Experience Guidelines [AX 2012]
>
> http://msdn.microsoft.com/EN-US/library/gg886595.aspx

3.1.6.- Tabla de contenidos (Table Of Contents)

Dedicados casi exclusivamente a la configuración. Suelen presentar gran cantidad de campos, normalmente de una misma tabla, ordenados en pestañas verticales y grupos de campos. Ejemplo: *Proveedores > Configurar > Parámetros de proveedores*. Ver figura 7.

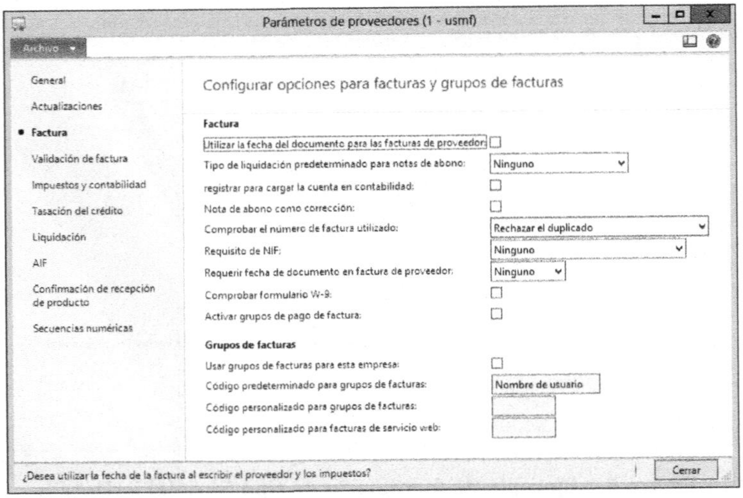

Figura 7.- Ejemplo de formulario de tipo ToC

Enlace: Table of Contents User Experience Guidelines [AX 2012]

http://msdn.microsoft.com/EN-US/library/gg886597.aspx

3.1.7.- Diálogo (Dialog)

Es el punto de entrada de un proceso o acción, solicitando los datos necesarios para realizar esa acción de manera correcta o cancelarla. Ejemplo *Clientes* > *Común* > *Clientes* > *Todos los clientes;* Acción: *Cliente* > *Nuevo* > *Cliente*. El diálogo se puede generar dinámicamente por código, o puede ser un formulario creado en el AOT.

Hablaremos sobre diálogos en el último epígrafe de este capítulo.

3.1.8.- Diálogo desplegable (DropDialog)

Permiten mostrar un diálogo antes de iniciar un proceso o acción, solicitando los datos necesarios pero sin dejar el formulario actual, mostrándose como un *lookup* desplegable en el panel de acciones. Ejemplo: *Recursos humanos* > *Común* > *Trabajadores* > *Trabajadores;* Acción: *Trabajador* > *Nuevo* > *Contratar trabajador nuevo*. Ver figura 8.

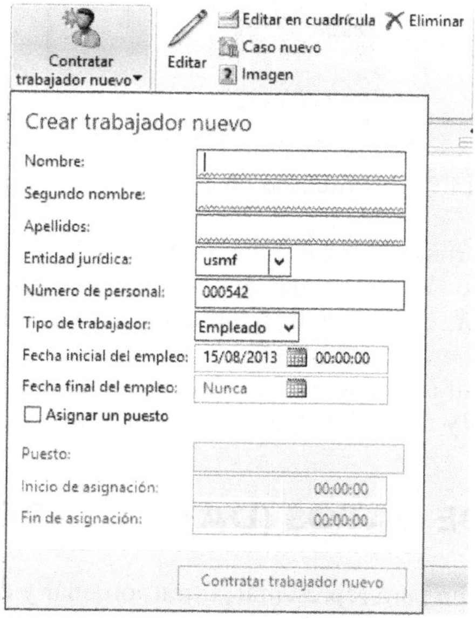

Figura 8.- Ejemplo de formulario de tipo DropDialog

Enlace: Drop Dialog User Experience Guidelines [AX 2012]

http://msdn.microsoft.com/EN-US/library/gg886598.aspx

3.1.9.- Diseño avanzado de formularios (Tetris!)

Desde sus primeras versiones, *Microsoft Dynamics AX* incluye un formulario de ejemplo (uno de los llamados ***tutorial_*** en el AOT) demostrándonos cómo utilizar controles gráficos de una manera bastante entretenida (¿Podríamos considerarlo un *Easter Egg*?) implementando un juego ***Tetris*** totalmente funcional. Incluso guarda los mejores resultados por usuario, ¡Para poder competir en la empresa! Ver figura 9.

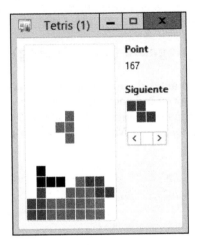

Figura 9.- Formulario de ejemplo tutorial_tetris

Pese a lo lúdico de su funcionalidad, echar un vistazo al código es más que interesante para ver la potencia de *MorphX* que, aunque infrautilizada (ya que, recordemos, *Microsoft Dynamics AX* es una aplicación empresarial), tenemos disponible para nuestros desarrollos.

Hay empresas que han utilizado esta funcionalidad para representar gráficamente el almacén con sus pasillos y ubicaciones según la configuración, etc.

4.- ORÍGENES DE DATOS (DATA SOURCES)

Los formularios se utilizan para representar, filtrar, ordenar y editar información, por lo que deben contener algún origen de datos, que en última instancia serán las tablas que diseñamos en el capítulo anterior. El buen diseño y optimización realizados en el **modelo**

de datos va a hacer que el diseño de formularios que gestionen esos datos sea más o menos sencillo y su funcionamiento más o menos eficiente.

Un formulario puede tener **ninguno, uno o varios orígenes de datos**. Si se especifica una *Query* como origen de datos del formulario, ésta añade automáticamente todas las tablas que contiene, y no se podrán añadir o eliminar del formulario sin modificar la consulta en el AOT. Suele hacerse sobre todo en formularios de tipo *List Page*.

En el caso de haber más de un origen de datos (algo común), se pueden enlazar mediante *joins* de manera que el formulario filtre los datos relacionados y tenga en cuenta estas relaciones a la hora de insertar datos con sus claves externas. Estos *join* se configuran en las propiedades **JoinSource** y **LinkType** de cada *Data Source* (*DS*). El primero indica el *Data Source* con el que se relaciona el actual. El segundo indica el modo de la relación, que puede contener uno de los valores que detallamos a continuación (ver el formulario estándar **tutorial_Form_Join** en el AOT para probar su funcionamiento).

- *Passive*: Este DS se actualiza sólo al abrir el formulario. Sucesivas acciones no refrescarán los datos.

- *Delayed*: Este DS se actualiza cuando se cambia el DS principal, pero su ejecución se retrasa un poco respecto al primero. De esta manera, si el primero cambia varias veces en poco tiempo (por ejemplo, si el usuario se mueve por una *Grid* o utiliza los controles de navegación), la actualización no se ejecutará cada vez, mejorando el rendimiento.

  Se puede conseguir un efecto parecido mediante la propiedad **DelayActive** del *Data Source*, permitiendo combinarla con uno de los tipos de relación siguientes.

- *Active*: Igual que **Delayed** pero sin ningún retraso.

- *InnerJoin*: Sólo se mostrarán los registros que existan en el DS principal que tengan un registro relacionado en el actual. Si en este origen de datos no hay ningún registro relacionado con el principal, no se mostrará ninguno.

- *OuterJoin*: Selecciona registros del DS principal, existan o no existan registros relacionados en el actual. Si no existen, los valores de este DS se mostrarán vacíos. Si las relaciones entre tablas están bien configuradas, al actualizar estos valores vacíos se insertará un registro relacionado con la tabla principal.

- *ExistsJoin*: Obtiene registros del DS principal si existe cualquier registro relacionado en el actual. Éste registro no se lee de la base de datos, sólo se comprueba si existe o no.

- *NotExistsJoin*: Obtiene registros del DS principal que no tengan un registro relacionado en el actual.

Si se utiliza uno de los tres primeros (*Active, Passive, Delayed*) hablamos de **Data Sources** **enlazados** que se obtienen mediante consultas separadas; si se utiliza uno de los cuatro últimos (**Join*) hablamos de **Data Sources** **relacionados** y se obtienen mediante una única consulta.

Cuando se selecciona un registro en un formulario, el sistema notifica este cambio a todos sus orígenes de datos **enlazados** para que éstos vuelvan a ejecutar su consulta. De la misma forma, si en un punto de menú (*Menu Item*) se especifica un origen de datos al abrir un formulario, el registro activo se pasará al formulario secundario y éste filtrará sus registros teniendo en cuenta el registro recibido. Si se selecciona otro registro en el formulario principal, el formulario secundario se actualizará automáticamente para refrescar ese cambio. En ambos casos (orígenes enlazados o relacionados), la tecnología que facilita este funcionamiento es lo que llamamos **Dynalinks** (enlaces dinámicos).

Cuando se añade un campo al diseño de un formulario que es clave *surrogada* en su tabla, automáticamente se añade la **tabla relacionada** al nodo **Reference Data Sources**.

4.1.- Propiedades de un origen de datos

Cada origen de dato representa una tabla, tiene propiedades y métodos que determinan su comportamiento en ese formulario y su relación con otros orígenes de datos. En la tabla 1 revisamos las propiedades más importantes.

Tabla 1.- Propiedades de Data Source en Formularios

Propiedad	Descripción
Name	Nombre del DS. Es el nombre que se verá en el resto de controles enlazados a datos y en el código X++ del formulario.
Table	Tabla del AOT enlazada al DS.
Index	Índice que se utiliza para la ordenación inicial de los registros del DS. El usuario puede cambiar la ordenación en cualquier momento pero elegir bien esta clave mejorará el tiempo que tarda el formulario en abrirse.
CounterField	Si se indica un campo numérico de la tabla, el formulario lo utilizará para mantener el orden de los registros tal como se insertan. Se asignará un número incremental cuando se inserten registros al final, y se utilizarán decimales cuando se inserten registros en posiciones intermedias de la tabla. Esto nos permitirá obtener los registros en el mismo orden en que se insertaron. Ejemplo: El campo *Número de línea* de los pedidos.

AllowEdit, AllowCreate, AllowDelete	Permiten configurar si desde el formulario se pueden editar, crear o eliminar registros en el DS. Esto afectará a todos los campos de la tabla.
CrossCompanyAutoQuery	Si se activa, el formulario obtiene registros de todas las empresas. Se puede modificar la *Query* desde X++ para obtener sólo las empresas necesarias, mediante su método ***addCompanyRange***.
OnlyFetchActive	Si se activa, sólo se obtienen de la base de datos los campos visualizados en el formulario. Esto mejora el rendimiento pero también puede perjudicar a procesos que suponen que el registro está completamente cargado en las variables ***buffer*** del formulario. Sólo se utiliza en casos concretos, como los formularios *lookup* o en tablas que tienen campos muy grandes como *contenedores* que almacenan imágenes o ficheros.
InsertAtEnd, InsertIfEmpty	Por defecto, si no se obtienen registros en la *Query* de un DS, *MorphX* añade un registro con los valores por defecto al activar el formulario. Ocurre lo mismo si se navega después de la última fila del DS. Estos registros no se guardan si el usuario no modifica algún valor sobre ellos. Con estas dos propiedades se puede modificar este comportamiento, aunque normalmente el usuario va a esperar que funcione de esta forma, así que no suelen modificarse salvo casos concretos.
AutoQuery	Si está activa (por defecto), el sistema construye una consulta para mostrar los datos del formulario, teniendo en cuenta los **Dynalinks** y demás funcionalidades estándar, incluyendo todas las tablas necesarias para el funcionamiento del formulario. Si esta propiedad se desactiva, se deberá construir una *Query* **manualmente** en el método *init* del formulario. Sólo suele hacerse en formularios que muestran datos muy complejos.
AutoSearch	Si está activa, la consulta se ejecuta automáticamente al ejecutar el formulario (en la llamada a ***super()*** del método ***run***). Si se desactiva, será necesario ejecutar manualmente la consulta. Se utiliza si la consulta debe ser modificada siempre mediante código antes de ejecutarse, para evitar una primera ejecución innecesaria.

Cada origen de datos contiene **todos los campos de la tabla** que representa. Los campos pueden ser arrastrados a los nodos del diseño para incluirlos en el formulario. Si se arrastran a diferentes puntos del diseño, se crearán diferentes copias del mismo campo. Esto es habitual al incluir un campo en un *Grid* y a la vez en una pestaña detalle.

Es recomendable arrastrar a estas pestañas los grupos de campos creados en la tabla en lugar de campos individuales. Así se incluyan en el diseño todos sus campos a la vez y si se añaden campos al grupo en la tabla, éstos se incluirán en el formulario de manera automática, lo que facilita el mantenimiento.

4.2.- Propiedades de campos en un Data Source

Los campos del origen de datos tienen también propiedades y métodos que definen su comportamiento, que puede modificar el especificado en la tabla o en el *Data Source*. Ver tabla 2.

Tabla 2.- Propiedades de campos de Data Source en Formularios

Propiedad	Descripción
AllowEdit	Indica si el campo será editable en el formulario. No sirve de nada activarlo, si se ha puesto *false* en la tabla o el *Data Source*. Sin embargo, sí se puede desactivar si el resto de objetos lo daban por editable.
Enabled	Si está desactivado, el usuario no puede poner el cursor en él. Esta propiedad está relacionada con la siguiente.
Skip	Si está desactivado, el control nunca recibirá el foco cuando se itera por los controles del formulario usando la tecla *TAB*. Se suele desactivar junto a *Enabled* para campos puramente informativos o relativos al diseño.
Visible	Si está desactivado, el control no es visible en el formulario. Se suele modificar desde código X++, ya que si un control debe estar siempre oculto no hay motivo para añadirlo al diseño.
AllowAdd	Indica si el usuario puede añadir el control al diseño por su cuenta. Por defecto tiene el valor ***Restricted***, que permite al usuario añadir una copia de campos que ya están incluidos en el formulario. Se puede cambiar a ***Sí*** o ***No***, lo que permitirá al usuario añadir el campo en cualquier caso o no añadirlo nunca, respectivamente.
Mandatory	Indica si el campo es obligatorio. Es recomendable indicar esta propiedad en la tabla, pero hay ocasiones en las que puede ser útil configurarlo en el formulario, normalmente para cambiarlo desde código X++ y hacer o no editable un campo dependiendo de otras condiciones.

Si se modifica una tabla y se desea actualizar el origen de datos de un formulario con estos cambios, se puede hacer clic derecho sobre el mismo > ***Restablecer***. Estos cambios son gestionados correcta y automáticamente por el compilador, sólo es necesario hacerlo si se quiere forzar el refresco del objeto en el AOT en la sesión activa, durante el desarrollo.

4.3.- Orígenes de datos y el resto de frameworks

En el capítulo anterior hablamos de algunos *frameworks* que afectan al comportamiento de las tablas y de las posibilidades que nos ofrecen para el diseño del modelo de datos. Puesto que los formularios están diseñados para mostrar esos datos, parece obvio que han sido actualizados para hacerlos compatibles con todos ellos. Veamos cómo.

Profundizaremos sobre la integración de formularios con el *framework* de seguridad en el capítulo 10 *"Licencia, Configuración y Seguridad"*. A continuación comentamos la integración con el resto de ellos.

4.3.1.- Data Sources y Tablas Heredadas

Al añadir a un formulario una tabla **abstracta** (de la que se puede heredar, pero no insertar registros en ella) o que tiene tablas heredadas, todas las tablas que heredan de ésta se añaden al nodo ***Derived Data Sources*** del origen de datos. Si desde el formulario se intenta insertar algún registro en la tabla, el sistema muestra un diálogo preguntando por el tipo específico de registro que se desea insertar. Ver figura 10.

Figura 10.- Insertar registros en tabla abstracta

Mediante el método *createRecord* del origen de datos se puede modificar por código la lista de tipos específicos que este diálogo va a mostrar, para permitir crear registros al usuario sólo de algunos tipos. Se puede incluso sustituir el diálogo completo para añadir más información al usuario en la creación del registro. También se puede modificar el comportamiento por código para especificar uno de los tipos y evitar presentar el diálogo a los usuarios.

4.3.2.- Data Sources y Unit of Work

En un formulario normal, la inserción y eliminación de registros en las diferentes tablas relacionadas se ejecuta mediante llamadas separadas al servidor. Debido a los cambios en el modelado de datos y el diseño de índices basado en claves *surrogadas*, esto puede no ser válido en algunos casos. Se ha realizado una implementación que utiliza el *framework Unit Of Work* en formularios de manera automática.

Esta funcionalidad se activa modificando la propiedad *ChangeGroupMode* en el nodo *Data Sources*, que puede contener uno de los siguientes valores:

- *None*: Comportamiento por defecto. Peticiones separadas.

- *ImplicitInnerOuter*: Todos los orígenes de datos se almacenan enviando una sola petición al servidor y en una única transacción. Si la transacción no puede completarse, no se aplicará ningún cambio.

Si se activa este último valor, los métodos que ejecutará el origen de datos para validar los cambios serán diferentes del comportamiento normal. Se sustituyen los habituales *write* y *delete* que se ejecutan directamente en el formulario, por **writing, written, deleting** y **deleted** que se ejecutan en el formulario a modo de *callbacks*, antes y después de la actualización que ahora **se ejecuta en el servidor** mediante la clase *UnitOfWork*.

Otra funcionalidad añadida con este *framework* a los formularios es la posibilidad de configurar el funcionamiento de los llamados **registros opcionales**, que configuramos mediante la propiedad *OptionalRecordMode* en los orígenes de datos **relacionados** del formulario. Puede contener uno de los siguientes valores:

- **ImplicitCreate**: Comportamiento por defecto. Cuando se crea un registro en el origen de datos padre, se inserta un registro en memoria para el DS relacionado. Si al guardar el registro padre no se ha modificado ningún valor del registro relacionado, éste se descarta. Si se modifica cualquier valor del registro relacionado, este será insertado en la base de datos junto al registro padre.

- **ExplicitCreate**: Se utiliza un campo del formulario para que el usuario elija de manera explícita si quiere crear o eliminar los registros relacionados.

- **None**: Es el comportamiento que teníamos en versiones anteriores. Para mantener registros en las tablas relacionadas se utilizan los métodos *write* y *delete* de los orígenes de datos.

4.3.3.- Data Sources y Date Effective Framework

El sistema se ha adaptado para gestionar correctamente tablas con validez en el tiempo en formularios. En los *Data Source* se han añadido **dos nuevas propiedades** que definen el comportamiento del formulario en este aspecto. Ver figura 11.

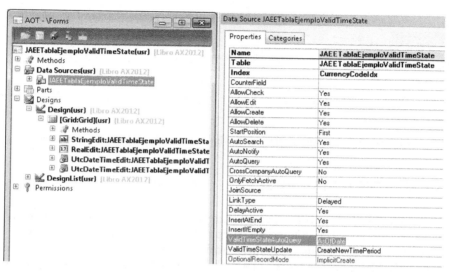

Figura 11.- Formulario configurado para gestionar datos con validez en el tiempo

- **ValidTimeStateAutoQuery**: Puede tomar el valor *AsOfDate*: El formulario muestra valores vigentes a la fecha (por defecto los vigentes en el momento de la consulta); o *DateRange*: El formulario mostrará valores vigentes en un rango de fechas (por defecto mostrará todos los registros).

- **ValidTimeStateUpdate**: Puede tomar uno de los valores del enumerado *ValidTimeStateUpdate* que vimos en el capítulo anterior (Epígrafe 7.3 "*Actualizar registros*"), que define el comportamiento de las actualizaciones. De esta elección va a depender si se crean o no nuevas versiones de los registros al realizar actualizaciones de los datos.

Ya hemos visto que la *Query* que ejecuta un formulario puede ser modificada desde diferentes puntos. Utilizando esta *Query*, que incluye la nueva pestaña *Opciones de fecha*, podemos modificar el comportamiento de cualquier formulario respecto a las fechas de validez de los datos que muestra. Esto afecta tanto a formularios, como a informes y a cualquier otra funcionalidad que parta de una *Query* para obtener los datos.

El propio usuario puede modificarla mediante el formulario de consulta genérico en formularios o informes, y el desarrollador puede hacerlo por código, por ejemplo al iniciarse el formulario, mediante el *Query Framework*.

Los formularios se han adaptado para permitir un manejo sencillo de este tipo de tablas en particular, mostrando un icono en su parte superior-izquierda. Ver figura 12.

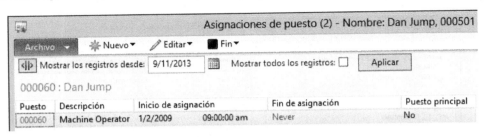

Figura 12.- Control de fecha de vigencia de los datos en formulario

5.- DISEÑOS (DESIGNS)

El diseño la interfaz que puede ver el usuario. Un diseño se compone básicamente de un árbol de controles, que representan los campos donde se mostrarán y editarán los datos y los objetos que nos permiten realizar acciones sobre ellos. Todos estos controles disponen de propiedades y métodos que permiten personalizar su comportamiento. Este comportamiento puede prevalecer sobre la configuración del campo en la tabla y en el *Data Source*.

Estos controles se ordenan en la pantalla utilizando la tecnología ***IntelliSense*** que ya hemos comentado previamente. Esta tecnología permite diseñar formularios con el mínimo esfuerzo mientras se mantiene la **guía de estilo** de las pantallas, a pesar de los numerosos cambios que pueden producirse sobre ellas de manera dinámica: Añadir un campo a un **grupo de campos** en una tabla hará que aparezca ese campo en todos los formularios donde se incluya el campo; cambiar la **licencia** o activar una **clave de configuración** puede hacer aparecer o desaparecer campos por toda la aplicación; modificar los **permisos** de un usuario puede hacer aparecer o desaparecer campos y botones para un usuario concreto, mientras otros usuarios sí podrán verlos. Incluso un usuario puede personalizar los formularios a su voluntad.

Es nuestra responsabilidad diseñar los formularios de manera que todos estos cambios sean fluidos y transparentes, que el formulario se visualice correctamente en cualquier caso y para todos los usuarios. Para cumplir con este requisito partimos de una premisa sencilla: **no hay que modificar nada que no sea estrictamente necesario para cumplir los requerimientos**. Cada propiedad modificada supone una especialización de un objeto que puede impedir el comportamiento adecuado de *IntelliSense*, haciendo que responda de manera inadecuada a cambios posteriores. Debe primar siempre la intención de mantener el diseño estándar, antes que buscar un diseño preciso por preferencias personales del programador o de los usuarios.

La estructura básica de controles que encontramos en el diseño de un formulario se parece al árbol siguiente (Ver figura 13):

- **Diseño**
  - **Tab** (Control)
    - **TabPage**
      - **Grid** que muestra la lista de registros de la tabla
        - Campos que se muestran en el *Grid*
    - **TabPage** (Segunda pestaña y siguientes…)
      - **Grupos de campos** que muestren el detalle de un registro
        - **Campos** de los *grupos de campos*
- **DesignList**
  - **Lista de todos los controles** del diseño, al mismo nivel (sin árbol)

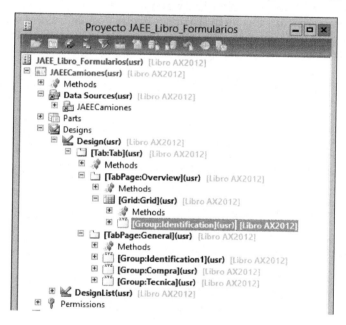

Figura 13.- Estructura básica del diseño de un formulario sencillo

A pesar de que esta estructura se va a mantener en una gran cantidad de formularios, el tipo de formulario elegido determinará el aspecto final que va a tener su presentación al usuario.

Algunos tipos de formularios requieren controles adicionales, configurados de una manera determinada, para mostrarse correctamente. Estos controles determinarán el diseño final, tales como grupos de campos, campos de texto, etc. Lo más sencillo para encontrarlos, en caso de duda, es crear un formulario en blanco desde una plantilla y observar los controles que contiene y sus propiedades.

5.1.- Controles

Los objetos que conforman el diseño de un formulario, ya sean visibles o no, es lo que denominamos **controles**. Los controles pueden servir para representar datos, facilitar las acciones de los usuarios, definir el diseño del formulario o de otros controles, abrir nuevos formularios, ejecutar procesos, imprimir informes, etc.

El **diseño de los formularios se realiza añadiendo controles** y ajustando sus propiedades y métodos en los nodos correspondientes del AOT. Este diseño puede ser modificado por los usuarios sin necesidad de acceder al AOT, permitiéndoles añadir, ocultar o mover controles según sus necesidades particulares. Para llevar a cabo estas modificaciones, los usuarios pueden hacer clic derecho sobre cualquier control de un formulario > *Personalizar*. Las modificaciones que realiza un usuario sólo son visibles por él mismo, y siempre pueden deshacerse, volviendo a la versión almacenada en el AOT, mediante el botón *Restablecer*. Ver figura 14.

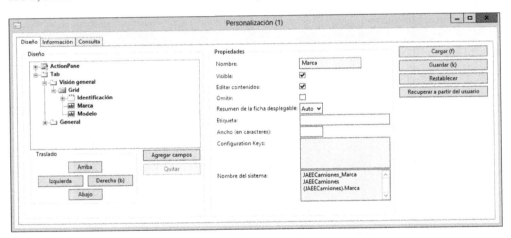

Figura 14.- Personalizar formulario

Desde este formulario, el usuario puede mostrar, ocultar, renombrar o mover los controles del formulario, así como añadir nuevos campos que no existen en el diseño original (dependiendo de la propiedad *AllowAdd* de los campos en el origen de datos). También se puede acceder a la *Query* del formulario, para ver desde dónde obtiene los datos y con qué filtros, en la pestaña *Consulta*. Ver figura 15.

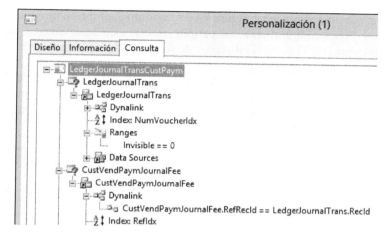

Figura 15.- Personalizar formulario. Ver consulta

A pesar de que este formulario está pensado para que lo utilicen los usuarios, es muy útil también para desarrolladores ya que nos permite conocer de manera muy sencilla los nombres de los campos y su origen (en el campo *Nombre del sistema*), la configuración a la que está asignado el campo (campo *Configuration Keys*) y mediante los campos de la pestaña *Información* averiguar el **nombre del formulario**, el **llamador** (si a este formulario se le ha llamado desde otro formulario) y el *Menu Item* que lo inició. Desde este mismo formulario podemos abrir esos tres elementos en el AOT, lo que es muy práctico al analizar funcionalidad existente. Ver figura 16.

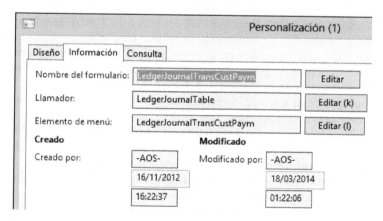

Figura 16.- Personalizar formulario. Información

La tecnología *IntelliMorph* es la que permite esta personalización del diseño por parte de los usuarios. También se encarga de muchos aspectos que facilitan enormemente el diseño de interfaces en *MorphX*, permitiendo diseñar formularios siguiendo unos patrones de diseño homogéneos con muy poco esfuerzo y que se adapten, de manera transparente a los usuarios, a los numerosos cambios que un formulario puede sufrir.

Por ejemplo, como vimos en la figura 49 del capítulo 3, el formulario que se muestra al hacer *check-in* del código fuente nos permite asociar este *check-in* a un elemento de trabajo del proyecto en TFS. Sin embargo, este formulario no muestra la descripción de este elemento del proyecto, por lo que no es muy utilizable. Podríamos modificar el formulario para añadir la descripción en el AOT, pero la manera más limpia sería ir a la tabla (*SysVersionControlTmpWorkItems*) y añadir el campo *Title*[2] al grupo de campos *CheckInActionData*, el que se muestra el formulario. Éste se adaptará para acoger el nuevo campo, como muestra la figura 17.

Incluir	Id.	Estado	Cargo ▲	Acción de ingreso
☐	25	Active	CAPITULO 1 - Intro	Asociar
☐	26	Active	CAPITULO 2 - Conociendo la aplicación	Asociar
☐	27	Active	CAPITULO 3 - Herramientas de desarrollo	Asociar
☐	24	Active	CAPITULO 4 - El lenguaje X++	Asociar
☐	30	Active	CAPITULO 5 - El modelo de datos	Asociar
☐	18	Active	CAPITULO 6 - Forms	Asociar
☐	19	New	CAPITULO 7 - Reports	Asociar
☐	20	New	CAPITULO 8 - Frameworks	Asociar
☐	21	New	CAPITULO 9 - Integración .NET y WS	Asociar

Figura 17.- La modificación en la tabla se muestra en el formulario

Cuantas más propiedades se modifiquen en los controles de un formulario, mayor es la posibilidad de que estemos limitando las opciones de **IntelliMorph** para diseñarlo correctamente en todas las circunstancias posibles. Una propiedad modificada no se heredará desde entidades superiores en la jerarquía de herencia, como pueden ser tablas, tipos de datos extendidos, o grupo de campos, por ejemplo. Al romper esta herencia podemos estar rompiendo la uniformidad del diseño de esos controles.

Siempre hay que dejar a *IntelliMorph* decidir la posición de los controles (no utilizar posiciones absolutas). Siempre que sea posible utilizaremos tamaños relativos (se recomienda asignar los valores **Column width** y **Column height** a las propiedades **Width** y **Height** respectivamente) para que los controles se adapten al contenido que van a representar y permitan al formulario adaptar su tamaño y maximizarse.

IntelliMorph también se encarga del **manejo de etiquetas** dependiendo del idioma (el tamaño de las etiquetas se adapta al tamaño del texto en cada idioma), el formato de fecha, hora, números, monedas, etc. dependiendo de la configuración. El usuario puede modificar la etiqueta de un campo mediante la personalización del formulario.

Los controles en un formulario pueden estar **enlazados a datos** o no. En el primer caso, al enlazar el control con un campo del origen de datos se adaptará el diseño a las

---

[2] En la figura 17 se aprecia que el campo *Title* el cual debería haberse traducido por Título o Descripción, en la versión en castellano de esta aplicación aparece como "**Cargo**". Si se trata de una mala traducción o de un error al asignar una etiqueta solo Microsoft lo sabe

propiedades configuradas en la tabla, dependiendo de su tipo de datos (por ejemplo, el número de decimales en un número, o el tamaño del texto en una cadena). El origen de datos puede ser también un método, situado en la tabla o en el propio origen de datos del formulario, los veremos más adelante. Los controles enlazados a datos tienen el origen de datos configurado en la propiedad *DataSource* y el campo del que obtienen el valor en la propiedad *DataField* (o *DataMethod* si es un método).

Si un control no está enlazado a datos se le puede asignar un *Tipo de datos extendido* (EDT), del cual heredará sus propiedades y adaptará su diseño. También se puede activar la propiedad *AutoDeclaration*, que permitirá acceder a él desde código X++ utilizando el nombre del objeto en la propiedad *Name*.

5.1.1.- Controles comunes

Una gran cantidad de controles se utilizan desde las primeras versiones del producto y tanto su uso como su diseño recomendado resultan muy intuitivos simplemente utilizando la aplicación. No vamos a entrar en mucho detalle sobre ellos, pero haremos una breve introducción de los más comunes, centrándonos a continuación en los controles nuevos de *Microsoft Dynamics AX 2012*, su configuración y las recomendaciones respecto al diseño de cada uno de ellos. Ver figura 18.

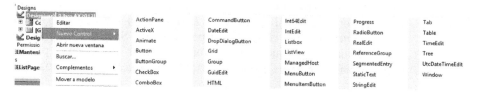

Figura 18.- Controles de formulario en Microsoft Dynamics AX 2012

Enlace: Overview of Form Control Types [AX 2012]

http://msdn.microsoft.com/EN-US/library/aa601664.aspx

- **Group**: Los grupos se utilizan para mostrar **grupos de campos** de las tablas (propiedad *DataGroup* del campo). Heredan de ellas el *Label* y los campos a mostrar y, como hemos visto, se ajustan a los cambios de la tabla para mantenerse actualizados.

  También es la herramienta principal de la que disponemos para **organizar controles** en el diseño de formularios. Un grupo actúa como contenedor que puede ser visible (mostrando un título, un marco, etc.) o no, y permite agrupar controles en filas o columnas para lograr un diseño más preciso del que mostraría *IntelliMorph* por defecto. Conviene no modificar más propiedades de las necesarias para facilitar su adaptación al resto de controles.

- **Grid**: Representa una tabla de datos que puede ser editable o no. Tradicionalmente, en versiones anteriores eran editables en casi todos los formularios. En esta versión suelen ser de sólo lectura por defecto. Normalmemte se muestran dentro de la primera pestaña de un *TabPage* (llamada *Overview*).

  Ha habido muchos cambios en este control en *Microsoft Dynamics AX 2012*, ahora disponemos de muchos estilos de *Grid* dependiendo del contexto. Estas directivas de diseño están detalladas en el siguiente enlace.

  Enlace: Client Grid User Experience Guidelines [AX 2012]

  http://msdn.microsoft.com/EN-US/library/gg886616.aspx

- **Button**: Los botones en *MorphX* pueden ser de uno de los siguientes tipos:

  o **MenuItemButton**: Ejecuta un *Menu Item*, lo que a su vez ejecuta un formulario (si es de tipo *Display*), un informe (los de tipo *Output*) o una clase (los tipo *Action*). Son los botones más habituales, ya que usarlos implica seguir las buenas prácticas propias de *MorphX*, evitando escribir código en formularios.

    Se pueden crear arrastrando y soltando un *Menu Item* en el diseño del formulario. Se puede pasar el registro activo de un *Data Source* al objeto destino de la acción, para que éste se filtre automáticamente o lo utilice desde X++. Lo veremos más adelante.

  o **CommandButton**: Ejecuta un **comando** predefinido del sistema, tal como *Aceptar, Cancelar, Cerrar*, etc. Hay que utilizarlos para realizar acciones comunes del sistema.

  o **Button**: Es un botón sin ninguna funcionalidad por defecto. Se tendrá que desarrollar manualmente su funcionamiento sobrecargando su método *clicked*. Puesto que debe minimizarse el código en formularios, por extensión también deben evitarse estos botones.

  o **DropDialogButton**: Abre un formulario de tipo *Diálogo desplegable*, que ya hemos visto.

  o **MenuButton**: Añade una jerarquía de botones que se mostrará al usuario en forma de **menú**. Pueden contener controles especiales para generar submenús y separadores. Muy utilizados en versiones anteriores. En esta versión se utilizan menos por el uso de paneles de acción, como vamos a ver.

Los botones se suelen colocar en controles **ButtonGroup** o sobre paneles o tiras de acción (los veremos a continuación). Los de tipo **MenuItemButton** deben heredar su propiedad **Text** del **Menu Item** al que llaman; a los de tipo **CommandButton** se le asigna automáticamente según la acción que realizan; para el resto debemos configurarlos manualmente o se mostrarán en blanco.

En versiones anteriores se seguía una guía de estilo bastante sencilla y homogénea a lo largo de la aplicación. Sin embargo, el diseño de *Microsoft Dynamics AX 2012* ha evolucionado bastante. Se han introducido muchos controles y la guía de estilo es mucho más amplia para adaptarse a la usabilidad del producto. Se recomienda la documentación oficial para consultar todos los detalles.

Enlace: Control User Experience Guidelines [AX 2012]

http://msdn.microsoft.com/en-us/library/gg853292.aspx

5.1.2.- Panel y Tira de acciones (Action Pane)

Un panel de acciones (en inglés llamado **Ribbon**) agrupa las acciones que el formulario puede realizar sobre los registros que muestra. Este control ya existía en versiones anteriores pero es en *Microsoft Dynamics AX 2012* cuando cobra especial importancia.

Figura 19.- Ejemplo del panel de acciones de proveedores

El panel puede tener su tamaño normal (ver figura 19), utilizado en formularios grandes o cuando se deban mostrar una gran cantidad de acciones; o un **tamaño reducido** llamado **Tira de acciones** (*Action pane strip)* empleado en formularios pequeños o cuando la cantidad de acciones no sea muy grande. Ver figura 20.

Figura 20.- Ejemplo de la tira de acciones en Códigos de gasto

La tira de acciones también se puede utilizar para situar las acciones en un determinado contexto, y no de manera general al formulario. Para esto se suele ubicar sobre *Grids* o pestañas, indicando que las acciones se van a realizar en el contexto de los registros mostrados por ese control.

Existen multitud de patrones de diseño para lograr unos paneles de acciones homogéneos a lo largo de la aplicación. Incluso los iconos a utilizar están estandarizados por estos patrones. Son demasiado extensos para reproducirlos aquí, pero se encuentran en la siguiente guía de estilo:

Enlace: Action Pane User Experience Guidelines [AX 2012]

http://msdn.microsoft.com/EN-US/library/gg853354.aspx

5.1.3.- Pestañas: Fast Tabs, Vertical Tabs, Index Tabs

Las pestañas superiores utilizadas en versiones anteriores son los controles llamados *TabPage* y se utilizan mucho menos que antaño. Se componen de controles *Tab*, que son contenedores que agrupan a otros controles y representan cada una de las pestañas. Su utilización es muy sencilla. Casi siempre se configuran para ocupar todo el espacio disponible y que su tamaño se ajuste al del formulario (*Column width* y *Column height* en las propiedades *Width* y *Height* respectivamente).

Un nuevo control añadido en esta versión son las llamadas *Fast Tabs*, presentes en toda la aplicación. Estas pestañas se muestran a modo de *acordeón*, ofreciendo información sencilla cuando están plegadas (como máximo 2 o 3 controles) y tienen la ventaja de poder mostrar el contenido de varias de ellas a la vez. Ver figura 21.

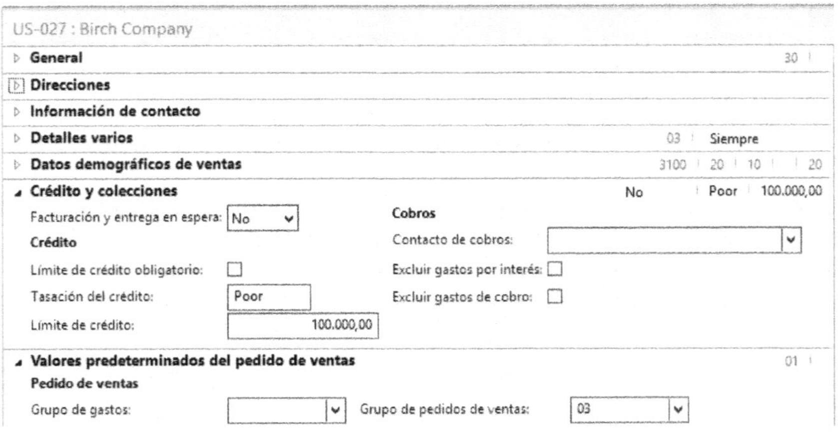

Figura 21.- Ejemplo de Fast Tabs

Al diseñar *Fast Tabs* hay que agrupar los controles de manera que sean útiles para el usuario. Es lógico pensar que si necesita tener abierta una pestaña, probablemente le serán útiles la mayoría de controles de esa pestaña. Pero al mismo tiempo es recomendable mantener el número de controles en cada pestaña **lo más bajo posible** para facilitar al usuario la flexibilidad de ver sólo los que necesita.

Para configurar un *TabPage* en formato *Fast Tabs* sólo tenemos que cambiar su propiedad *Style* a *FastTabs*. Después de esto, se activa la propiedad *FastTabSummary* de los controles dentro del *TabPage* para elegir los valores que se mostrarán en la pestaña cuando ésta está cerrada.

Otro diseño de pestañas añadido en esta versión son las llamadas *Index Tabs*. Estas pestañas se muestran en la parte inferior del control, y se suelen utilizar para agrupar los campos de las líneas en formularios de tipo *Detalle con líneas*, casi siempre junto a su propia tira de acciones. Para configurar un *TabPage* en formato **Index Tabs** cambiamos su propiedad *Style* a **IndexTabs**. Ver figura 22.

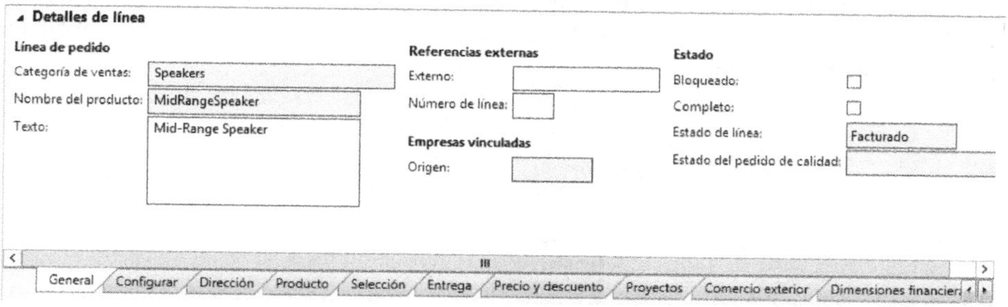

Figura 22.- Ejemplo de Index Tabs

Por último tenemos la configuración de pestañas en modo **Vertical Tabs** (también nueva de esta versión) que son las que encontramos en los formularios de tipo **Table of Contents** (ver figura 7). En este tipo de formularios, un control de tipo *Vertical Tabs* debe ser el único que maneja el diseño del formulario, ocupando todo el espacio disponible, pudiendo incluir en cada pestaña parámetros de configuración, listas editables (controles *Grid*, con sus propias tiras de acciones), o incluso una combinación maestro-detalle (ver figura 23). Un uso apropiado de este control puede ahorrarnos construir numerosos formularios para el mantenimiento de tablas sencillas, agrupando las que tenga sentido configurar juntas y facilitando al usuario su localización.

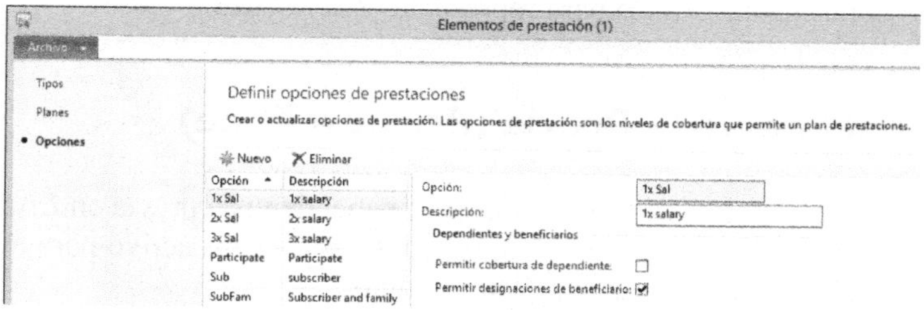

Figura 23.- Combinación de detalle sencillo dentro de un Vertical Tab

Para configurar un *TabPage* en formato *VerticalTabs*, ajustamos la propiedad *Style* de los objetos de la siguiente manera: Diseño: *TableOfContents*, Tab: *VerticalTabs*. Dentro de cada *tab*, ordenar el contenido en grupos de manera que el primer grupo dentro de cada *TabPage* tenga estilo *TOCTitleContainer* (es el grupo que contiene el título) y contenga un control *StaticText* con estilo *MainInstruction*. Los otros grupos tienen estilo: *TOCTopicSimple*, *TOCTopicList* o *TOCTopicFastTabs*, dependiendo de la configuración que se desee.

En cada módulo de la aplicación existe al menos un formulario de este tipo (su nombre suele acabar en *Parameters*) de donde podemos extraer ejemplos de uso.

5.1.4.- Caja de hechos (Fact Boxes)

Las cajas de hechos se han introducido en esta versión y muestran información añadida del registro activo en una *List Page*. Permiten que se pueda consultar información de tablas relacionadas, o datos útiles sobre el registro actual, sin necesidad de abrir otros formularios. Ver figura 24.

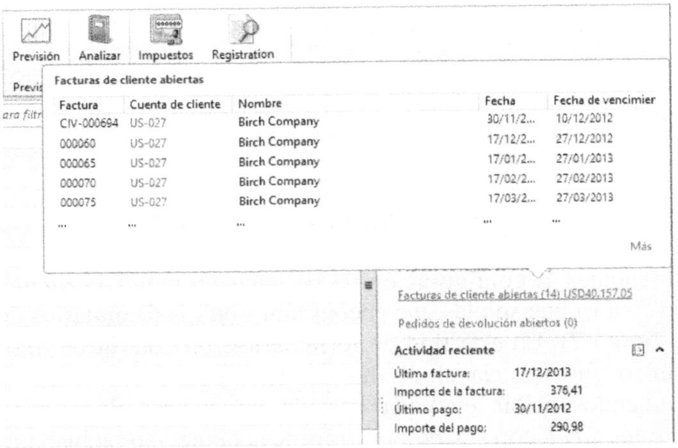

Figura 24.- Ejemplo de cajas de hechos y tooltip mejorado

Veremos cómo se configuran en el punto referente a *Parts* de este capítulo, ya que estos son los controles utilizados para representar *Fact Boxes*.

5.1.5.- Panel de Vista Previa (Preview Pane)

Otro control añadido en esta nueva versión es el panel de vista previa en *List Pages*. Éste muestra un resumen de los datos más importantes del registro activo para evitar abrir el formulario *Detalle* sólo para consultar estos campos.

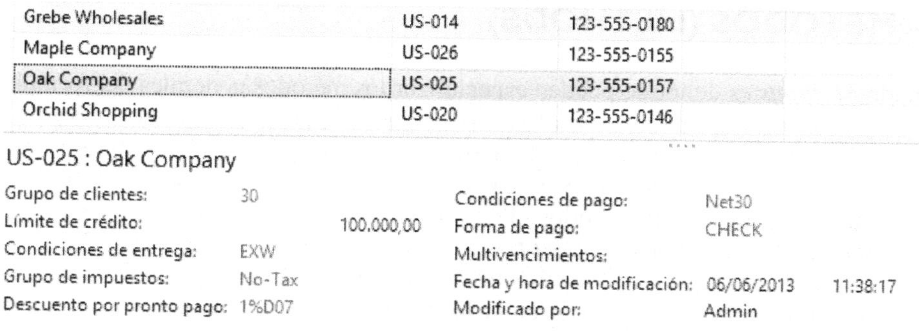

Grebe Wholesales	US-014	123-555-0180
Maple Company	US-026	123-555-0155
Oak Company	US-025	123-555-0157
Orchid Shopping	US-020	123-555-0146

US-025 : Oak Company

Grupo de clientes:	30		Condiciones de pago:	Net30
Límite de crédito:		100.000,00	Forma de pago:	CHECK
Condiciones de entrega:	EXW		Multivencimientos:	
Grupo de impuestos:	No-Tax		Fecha y hora de modificación:	06/06/2013 11:38:17
Descuento por pronto pago:	1%D07		Modificado por:	Admin

Figura 25.- Ejemplo de panel de vista previa

Veremos cómo se configuran en el punto referente a *Parts* de este capítulo, ya que estos controles también son los utilizados para representar los *Preview Pane*.

5.1.6.- Propiedades de controles

Todos los campos de formularios tienen una pequeña cantidad de propiedades comunes, que hacen referencia al diseño del control en general, y a cómo se va a comportar respecto al resto de controles.

Sin embargo, cada tipo de control, de todos los que hemos visto, tiene propiedades específicas de ese tipo concreto. Ya hemos comentado las más importantes de cada uno, la referencia completa se encuentra en el siguiente enlace:

Enlace: Form Control Properties [AX 2012]

http://msdn.microsoft.com/en-us/library/aa845161.aspx

Como particularidad y novedad de *Microsoft Dynamics AX 2012*, se puede ajustar la propiedad *CountryRegionCodes* disponible en la mayoría de controles, para que un control (o un contenedor, con todos sus controles internos) se muestre **sólo para un determinado país** (o varios países, si se indican separados por comas).

Por defecto, el contexto de país se decide en base al país configurado en la entidad legal por defecto (en la empresa activa), aunque se puede modificar mediante la propiedad *ContryRegionContextField*, por ejemplo, para activar o desactivar controles en base al país del cliente activo, o similar. Esto es muy utilizado en la aplicación estándar por los controles que se refieren a requisitos legales o impuestos de los diferentes países.

6.- MÉTODOS (METHODS)

El nodo *Methods* es donde se pueden especializar los métodos generales del formulario, que normalmente representan **eventos** tales como iniciar el formulario, cerrarlo, etc. Existen otros puntos donde añadir métodos, como en la *Query*, en los diseños, en los orígenes de datos, en los controles, etc. Cada uno de estos puntos incluye métodos que se ejecutan en ese contexto, y todos ellos pueden acceder a los métodos generales del formulario mediante el objeto *element*.

Como buena práctica, hay que minimizar el código que se incluye en formularios por diversas razones, entre otras, los formularios no aceptan herencia, por lo que cualquier lógica desarrollada en ellos **no podrá ser reutilizada** en otros puntos de la aplicación. Por otro lado, los formularios se ejecutan **siempre en el cliente**, por lo que el código incluido en ellos no podrá ser optimizado para aprovechar el procesamiento en el servidor. Por norma general, el código que representa la lógica de negocio y el manejo de datos **debe situarse en clases o tablas** y el código en formularios debe limitarse a invocar a esta lógica y a manejar los objetos de la interfaz de usuario para activar y desactivar botones, poner o no editables algunos campos, etc.

En la tabla 3 vemos los **objetos** que tenemos disponibles en formularios para acceder a sus componentes desde código X++.

Tabla 3.- Objetos disponibles en los diferentes contextos dentro de un formulario

Objeto	Acceso desde X++
Objeto actual	*Clase: Depende del contexto donde se utilice* *Objeto: this*
Formulario	*Clase: FormRun* *Objeto: element*
Diseño	*Clase: FormDesign* *Objeto: element.design()*
Control	*Clase: Una derivada de FormControl* *Objeto: element.control(Control::[Nombre])* Si el control tiene activada la propiedad *AutoDeclaration*, podrá referenciarse directamente por su nombre
Data Source	*Clase: FormDataSource* *Objeto: [Nombre del DS]_DS* ¡Nombre del *Data Source*, no de su tabla!
Registro activo (en *Data Source*)	*Clase: Mismo tipo que la tabla que representa* *Objeto: [Nombre del DS]* ¡Nombre del *Data Source*, no de su tabla!
Query (de un *Data Source*)	*Clase: Query* *Objeto: [Nombre del DS]_Q* O *[Nombre del DS]_DS.query()*
QueryRun (de un *Data Source*)	*Clase: QueryRun* *Objeto: [Nombre del DS]_QR* O *[Nombre del DS]_DS.queryRun()*

Los métodos de un formulario pueden modificar sus controles en tiempo de ejecución, habitualmente activando o desactivando algún campo o algún botón, pero pudiendo también crear, ocultar o mostrar campos. Es recomendable realizar estos cambios entre las llamadas a las funciones *element.lock()* y *element.unlock()* para hacer todas las modificaciones a la vez, en vez de estar redibujando el formulario en cada cambio. Esto mejora mucho el rendimiento de estas modificaciones en tiempo de ejecución.

6.1.- Métodos en formularios

Aparte de los relativos a la manipulación de la *Query*, existen una serie de métodos especialmente importantes en formularios y que suelen modificarse a menudo, son los siguientes:

- **init**: Se ejecuta una vez al **iniciar** el formulario, y se suele utilizar para configurar manualmente la consulta relativa al origen de datos.

- **run**: Actúa cuando se **ejecuta** el formulario, después de inicializarse. La diferencia con *init* es que en este método todos los objetos que componen el formulario ya están inicializados.

- **linkActive**: Este método gestiona los **Dynalinks** entre formularios, que manejan automáticamente las relaciones entre tablas. Se ejecuta cada vez que se selecciona un registro en otro formulario enlazado al actual. Se utiliza para modificar este comportamiento estándar, normalmente para anularlo y realizar un filtrado manual.

- **closeOk**: Se ejecuta cuando el formulario se cierra de manera afirmativa. Esto es, cuando se cierra desde un *CommandButton* de tipo *OK* o *Aceptar* o similar. Se suele utilizar para realizar acciones en el formulario que lo ejecutó. **El formulario se cerrará** de todas formas, se ejecuten estas acciones o no.

- **canClose**: Se ejecuta antes de que se cierre el formulario y devuelve un *booleano*. Si devuelve *false* el formulario se mantiene abierto, a pesar de la orden del usuario que llevo a la ejecución de este método. Se utiliza para realizar acciones cuando se cierra un formulario, permitiendo que **se mantenga abierto** si no se cumplen ciertas validaciones, y así no perder el estado y los valores actuales de los controles.

6.2.- Métodos especiales: display y edit

Existen unos métodos especiales que sirven de origen de datos para controles de formularios e informes. Estos métodos pueden estar en la tabla, en un *Data Source* o directamente en el formulario. Para que un control tome como origen de datos uno de estos métodos, debe indicarse su nombre en la propiedad **DataMethod** del control.

Los métodos *display* se utilizan para mostrar en el formulario el resultado de la ejecución de un método X++, representándose en un control **no editable** que se diseñará en base al EDT del valor devuelto por el método. Puede realizar cualquier acción para obtener ese dato, no es necesario limitarlo al ámbito de la tabla, puede mostrar cálculos, campos de otras tablas (es lo habitual) o incluso datos externos a *Microsoft Dynamics AX*.

Si el método está en el formulario se ejecutará en ese contexto, procesándose una vez para cada campo que representa Por ejemplo, si está en un *Grid* se ejecuta una vez por cada registro mostrado; si está en un campo del formulario se ejecuta una vez por cada cambio del registro activo. Lo habitual es que estén en una tabla u origen de datos y procesen datos del registro activo, aunque no hay limitaciones aparte del rendimiento del proceso que realicen.

La sintaxis de estos métodos, si se sitúan en una **tabla**, es la siguiente:

```
display Description displayDescription()
{
    return strFmt("%1 %2 (%3)", this.Marca, this.Modelo,
                                this.Matricula);
}
```

El método no recibe ningún parámetro, tiene acceso a los campos de la tabla mediante el objeto *this*, como cualquier método de tabla. Si se incluye en un **Data Source**, la sintaxis es la siguiente:

```
// El parámetro es del mismo tipo que el Data Source
display Description displayDescription(JAEECamiones _camiones)
{
    return strFmt("%1 %2 (%3)", _camiones.Marca, _camiones.Modelo,
                                _camiones.Matricula);
}
```

Debe recibir como parámetro una variable del mismo tipo que la tabla que representa el origen de datos, y deberá utilizar esta variable para acceder a los campos necesarios. Si se utiliza directamente el *Data Source* para obtener los datos, el valor devuelto no funcionará correctamente.

Por otro lado, los métodos *edit* permiten mostrar campos calculados con la diferencia de que estos **sí son editables**. Su sintaxis y su estructura son más complejas ya que deben resolver la lógica de obtener el dato, **y también la de almacenarlo**. Es habitual que estos métodos almacenen datos temporalmente en listas, contenedores o colecciones similares en memoria, para solicitar información al usuario que no se encuentra en la base de datos. La sintaxis es la siguiente:

```
edit NoYes editMarcarMantenimiento(
    NoYes                 _set,            // ¿set ó get?
    JAEEMantenimiento     _mantenimiento,  // Tabla
    NoYes                 _marcar)         // Valor
{
    NoYes   ret;

    if (_set)
    {
        // guardar el valor del control (_marcar) para
        // poder recuperarlo más adelante
        // this.setMarcar(_mantenimiento, _marcar);
    }

    // leer el valor para devolverlo al control
    // ret = this.getMarcar(_mantenimiento);

    return ret;
}
```

El primer parámetro indica al método si se está **leyendo o escribiendo** el valor (si actúa como *getter* o como *setter*). El segundo parámetro tiene la misma utilidad que en los métodos *display* y representa la **tabla** a la que está asociado el método. El último parámetro contiene el **valor** que ha escrito el usuario en el control, en el caso de que se esté escribiendo (si _set es *true*), y tiene el mismo tipo de datos que el valor devuelto. Se puede ver un ejemplo completo y más complejo de esta estructura en el formulario *SalesCopying* (*Data Source*: *CustInvoiceTrans*, método: *qty*).

Los métodos ***display*** y ***edit*** se utilizan ampliamente en la aplicación, sin embargo **pueden perjudicar el rendimiento** de aquellos formularios que no contengan un código diseñado de manera eficiente; ya que el formulario puede verse obligado a representarlo muchas veces (por ejemplo, como campo de una *grid* con muchos registros).

Para minimizar ese efecto, los métodos *display* pueden utilizar la **caché** para mejorar su rendimiento. Esto sólo es posible si los métodos están **declarados en la tabla** (no en el formulario), lo que por otro lado es siempre una buena práctica.

Podemos sobrecargar el método ***init*** de un origen de datos, y hacer llamadas al método ***cacheAddMethod*** para añadir métodos de ese origen de datos a la caché. Por ejemplo, en el siguiente código añadimos a la caché el método *name* de la tabla *CustTable* (es un método estándar), en un origen de datos que también se llama *CustTable*:

```
public void init()
{
    super();

    CustTable_ds.cacheAddMethod(tableMethodStr(CustTable, name),
                                false);
    // ...
}
```

Como novedad, en *Microsoft Dynamics AX 2012* podemos añadir métodos a la caché de manera más sencilla utilizando la propiedad ***CacheDataMethod*** en los controles del formulario, que se activa sólo si está relleno el campo ***DataMethod***. Los valores posibles son *Yes*, utilizar siempre la caché; *No*, no utilizarla nunca; y *Auto*, que será *No* salvo que el origen de datos sea de sólo lectura, o el método *display* se utilice en varios campos del formulario y en alguno de ellos esta propiedad sea *Yes*.

Si un formulario experimenta problemas de rendimiento, especialmente después de algún cambio poco importante, es muy probable que se deba a algún método *display* que no está funcionando de manera óptima. Activando la caché obtendremos resultados sorprendentes en estos casos.

Estos métodos suelen devolver datos de tablas que no son la que los contiene. Esto puede derivar en problemas de **seguridad de acceso** a los datos. Hablaremos sobre ello en el capítulo 10 "*Licencia, Configuración y Seguridad*".

6.3.- Métodos en Orígenes de datos (Data Sources)

Los orígenes de datos pueden modificarse mediante sus propios métodos para aplicar filtros, ordenaciones, agrupaciones, etc. Si la modificación es fija (por ejemplo, que un formulario filtre siempre un tipo determinado de registros) se puede manipular la *Query* en el método *init()* del *Data Source*, después de la llamada a *super*. Si la modificación debe ser modificada por el usuario (por ejemplo que el filtro dependa de un control presentado en el formulario) se debe utilizar un objeto *QueryBuildRange*.

Cuando trabajamos con orígenes de datos, hay que tener en cuenta que también intervienen los métodos de la tabla representada. La mayoría de métodos disponibles en la tabla también están disponibles en el origen de datos. La llamada a *super* desde uno de estos métodos en un *Data Source*, resultará en una llamada al mismo método de la tabla.

No comentaremos los métodos de tabla que ya detallamos en el capítulo 4 "*El lenguaje X++*". De los disponibles en orígenes de datos, los más importantes son los siguientes:

- **init**: Se ejecuta al crear el formulario, cuando se inicializa el origen de datos. Se utiliza para modificar la *Query* o añadir rangos.

- **executeQuery**: Se ejecuta cuando se lleva a cabo la consulta para mostrar los registros. Se suele utilizar para modificar ciertos rangos antes de la ejecución. Los rangos deben haberse creado en el método **init**.

- **active**: Se ejecuta cuando el cursor se posiciona sobre un registro. Se suele utilizar para activar o desactivar controles del formulario cuando se selecciona un registro, dependiendo de sus valores. El evento contrario es **leaveRecord**.

- **create:** Se ejecuta al crear un nuevo registro en el origen de datos. Si se modifican valores en este método, el registro se marca para ser guardado en la base de datos.

- **write, writing, written**: El método **write** se ejecuta cuando el usuario inserta o actualiza un registro. Los métodos **writing** y **written** se ejecutan justo antes o después del guardado del registro. Existen los métodos **delete**, **deleting** y **deleted** equivalentes para la operación de borrado.

- **displayOption**: Se ejecuta antes de que se muestre un registro. Suele utilizarse si se desea cambiar el color o algún aspecto visual del registro mostrado, dependiendo de sus datos (por ejemplo, pintar algunos registros de un *grid* de otro color).

- **first, last, prev, next:** Se ejecutan cuando el foco se posiciona en el primero, último, anterior o siguiente registro, respectivamente.

- **mark, markChanged**: Se ejecutan cuando se marcan uno o varios registros en el formulario. Se utilizan cuando es necesario algún control sobre los registros marcados.

- **filter, removeFilter**: Se ejecutan cuando el usuario añade o elimina filtros al formulario.

Para saber qué método utilizar en cada caso, es importante conocer la secuencia en la que se ejecutan dentro del formulario. Los más importantes en las secuencias básicas son los siguientes:

- Al abrir un formulario:

    o Form: New → Init → Run

        ▪ Cada DS: Init → ExecuteQuery → LeaveRecord → Leave

    o Form: FirstField

- Al cerrar un formulario:

    o Form: CanClose

        ▪ Cada DS: ValidateWrite → Write → LeaveRecord → Leave

    o Form: Close

La referencia completa a todos los métodos de orígenes de datos se encuentra en el siguiente enlace:

Enlace: Methods on a Form Data Source [AX 2012]

http://msdn.microsoft.com/EN-US/library/aa893931.aspx

6.4.- Ejemplo: Métodos, Filtros y Controles no enlazados

Este ejemplo reproduce un caso ampliamente utilizado en formularios reales donde sea necesario incluir un control no enlazado a datos que, al cambiar su valor, modifique los filtros activos en el formulario. Lo podemos ver por ejemplo en los formularios de diario, para mostrar sólo los diarios del usuario activo, o sólo los que no están registrados. Aunque esto podría hacerse mediante los mecanismos de filtrado estándar, resulta más práctico para los usuarios en unos formularios que son utilizados muy a menudo.

Para realizar el ejemplo, añadimos a un nuevo formulario un control de tipo *ComboBox*, activamos la propiedad *AutoDeclaration* y modificamos la propiedad *EnumType* con el valor *JAEEMantenimientoTipos*. De esta manera tenemos un control no enlazado a datos, que mostrará los valores del enumerado elegido.

Creamos o sobrescribimos los siguientes métodos:

```
// classDeclaration DEL FORMULARIO!!
public class FormRun extends ObjectRun
{
    QueryBuildRange        qbrTipo;
}

// en el DATASOURCE (JAEEMantenimiento)
public void init()
{
    super(); // Después del super, cuando el DS ya existe.

    qbrTipo = JAEEMantenimiento_DS.queryBuildDataSource()
                .addRange(fieldNum(JAEEMantenimiento, Tipo));
}

// en el DATASOURCE (JAEEMantenimiento)
public void executeQuery()
{
    qbrTipo.value(queryValue(FiltroTipo.selection()));

    super(); Antes del super. Antes de ejecutar la consulta.
}

// en el COMBOBOX (FiltroTipo)
public boolean modified()
{
    boolean ret;

    ret = super();

    JAEEMantenimiento_DS.executeQuery(); // Ejecuta la consulta

    return ret;
}
```

Mediante esta estructura básica, creamos un *Rango (QueryBuildRange)* en el formulario y lo inicializamos indicando el campo a filtrar. Forzamos al control no enlazado a datos a ejecutar la consulta cuando cambia su valor, y al ejecutar esa consulta se incluye el valor del propio control en la consulta existente mediante el rango que hemos creado. Se puede añadir un *grid* al formulario para comprobar su funcionamiento.

7.- PARTES (PARTS)

Los *Partes* (**Parts**) son controles especiales introducidos en *Microsoft Dynamics AX 2012* que definen cómo se muestra la información en las cajas de hechos (**Fact Boxes**), paneles de vista previa (**Preview Pane**), o en el *tooltip* avanzado (**Enhaced Preview**) que se muestra al posicionarse sobre un control.

Tienen la particularidad de desarrollarse únicamente mediante propiedades (sin código X++), lo que facilita que se muestren correctamente tanto en el cliente Windows como en *Enterprise Portal*.

Un *Part* puede ser de uno de los siguientes tipos:

- *Info Part*: Tienen más o menos el mismo aspecto que un formulario sencillo. Se configura una *Query* como origen de datos y unos cuantos campos de esa *Query* en el *Layout*. Es el tipo que se utiliza para mostrar **Preview Panes** en formularios de tipo *Lista*.

- *Form Part*: Son referencias a formularios creados en el AOT que se mostrarán como *Parts* en otros formularios. Se debe configurar el formulario al que apuntan con **Style: FormPart; ViewEditMode: View; Width: ColumnWidth**.

  Estos *Parts* no son compatibles con *Enterprise Portal*. Pueden utilizarse para mostrar *tooltips* mejorados en formularios, asignándolos a la propiedad **PreviewPartRef**.

- *Cue* (*Pila*): Una pila es un contador de registros. Se configuran indicando una tabla, una **Label** que se mostrará a los usuarios y un *Menu Item* que apunta a la **Query** de donde se obtendrán los datos. También se pueden obtener mediante las propiedades **ShowSum**, **Table** y **DataField**.

  Se pueden configurar para mostrar un recuento de registros o la suma de un determinado campo (cantidades, saldos, etc.). Suele configurarse otro *Menu Item* que representa una **acción** a realizar al pulsar sobre la pila. Con las propiedades que empiezan por **ShowAlert** se puede configurar la pila para que muestre un **icono de alerta** si se cumple una determinada condición.
  En los *Role Center* se muestran como pilas de papeles de tamaño proporcional al número que representan y son muy útiles para revisar de un vistazo el trabajo que tiene pendiente un usuario.

- **Cue Group**: Incluye referencias a varias pilas. Suelen contener una lista de contadores que son relevantes para el registro activo en el formulario que pueden apreciarse de un vistazo e incluyen una acción para abrir estos formularios directamente. Para configurarlos, únicamente se indica una **Label** y varias referencias a **Cues** existentes.

Por ejemplo, en un cliente pueden indicar cuántas facturas o pedidos tiene abiertos, etc. Ver figura 26.

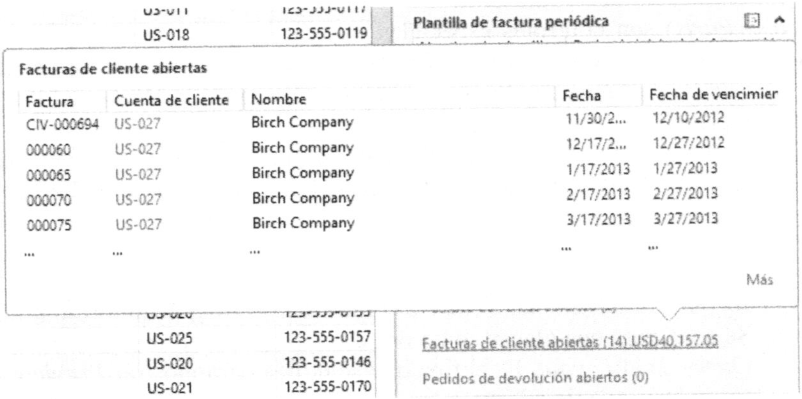

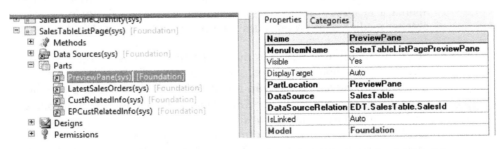

Figura 26.- Ejemplo de grupo de pilas con tooltip personalizado

Lo que incluimos en formularios para crear cajas de hechos o paneles de vista previa son **referencias a Parts**, que deben haberse creado en el AOT previamente.

Se crean en el nodo **Parts**, y básicamente definen una **Query** mediante la que obtienen los datos (la *Query* también debe estar creada en el AOT) y la manera en que se presentarán estos datos mediante una simplificación del nodo *diseño* de los formularios, llamado **Layout**. En este mismo nodo podemos configurar el origen de datos que se abrirá al pulsar el botón **Más** que se muestra en el *Part*. Ver figura 26.

Después de crear el *Part* hay que crear un **Menu Item** que apunte al mismo, que será lo que referenciemos desde el nodo *Parts* de los formularios. Ver figura 27.

Figura 27.- Enlazar un panel de vista previa en un formulario de tipo Lista

A estas referencias les configuramos un *DataSource*, que servirá de enlace con el origen de datos del *Part* junto a la propiedad *DataSourceRelation*. También definimos el modo en el que el *Part* se mostrará en el diseño del formulario en la propiedad *PartLocation*, que puede ser *Auto*, que lo mostrará como caja de hechos; o *PreviewPane*, que lo mostrará como panel de vista previa. Si queremos que se muestren los campos en modo *Grid* (como en la figura 26), debemos poner los controles dentro de un grupo en el *Layout*, y activar la propiedad *Repeating*. Los campos del grupo se repetirán en todas las filas.

Otra funcionalidad para la que utilizamos *Parts* son los nuevos *tooltips* mejorados (*Enhaced Preview*) que aparecen al posicionarnos sobre campos que son clave externa de una tabla. La versión sencilla de estos controles se genera automáticamente teniendo en cuenta la configuración de las propiedades *TitleField1* y *TitleField2* y el grupo de campos *AutoIdentification* de la tabla principal. Si la vista previa automática no nos sirve, podemos ajustar la propiedad *PreviewPartRef* en la tabla o en el control del formulario para especificar un *Part* que puede ser de cualquier tipo, aunque suele ser de tipo *Info* o *Form*. También pueden configurarse como vista previa de las pilas, tal como acabamos de ver en la figura 26.

Figura 28.- Tooltip personalizado de empleados

En la figura 28 se muestra el *tooltip* estándar de empleados, muy personalizado para incluir incluso la foto desde la base de datos, como ejemplo de lo que se puede llegar a hacer (podría hacerse lo mismo con artículos, códigos de barras, colores, etc.).

8.- EJECUTAR FORMULARIOS (MENU ITEMS Y X++)

Los formularios se invocan mediante *Menu Items* de tipo *Display*. Se puede crear un *Menu Item* de este tipo arrastrando un formulario sobre la carpeta *AOT > MenuItem > Display* y únicamente será necesario especificar un *Label* que se mostrará en el botón correspondiente al poner el *Menu Item* en la interfaz de usuario.

Tal como comentamos en el capítulo 4 *"El lenguaje X++"* respecto a las clases, si al poner este *Menu Item* en un formulario se indica un origen de datos en la propiedad **Data Source**, el registro activo del formulario principal se pasará al segundo formulario, que lo recibirá en el objeto **elements.args()**. Igual que en las clases, junto al registro activo se pueden pasar otros parámetros en las propiedades *Parameters*, *EnumParameter*, etc. Ver figura 29.

Este objeto suele manipularse en el método **run** del formulario para validar los datos recibidos por el *Menu Item* y actuar en consecuencia.

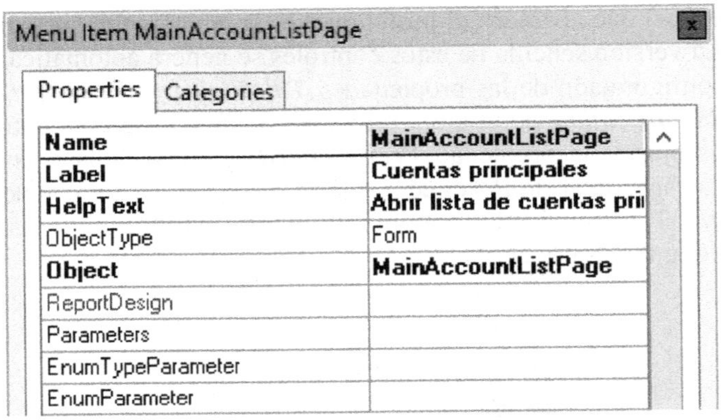

Figura 29.- Propiedades de un Menu Item

Aunque lo habitual será ejecutar formularios siempre desde *Menu Items* colocados en la interfaz de usuario (en menús o en otros formularios), también se puede abrir un formulario desde código X++. Puede hacerse básicamente de dos formas.

La primera emplea **el mismo *Menu Item*** que utilizaríamos para añadir un botón a la interfaz de usuario, pero ejecutando el *Menu Item* por código. La sintaxis básica es la siguiente:

```
// ...
// Ejecutamos el Menu Item (Display): MainAccountListPage
new MenuFunction(
        menuitemDisplayStr(MainAccountListPage),
        MenuItemType::Display
    ).run();
// ...
```

Si se desea pasar un registro o algún parámetro extra, podemos simular esta funcionalidad por código mediante un objeto de tipo **Args**, de esta forma:

```
MainAccount mainAccount; // Cuentas contables
Args        args;

args = new Args();
args.record(mainAccount);
args.parm("Parámetro Texto");
```

```
    // Ejecutamos el MenuItem (Display): MainAccountListPage
new MenuFunction(
        menuitemDisplayStr(MainAccountListPage),
        MenuItemType::Display
    ).run(args);
    // ...
```

La segunda opción es algo más compleja, pero nos permite mayor control sobre el formulario ejecutado. Por ejemplo, permite ejecutar métodos públicos del formulario, refrescar sus orígenes de datos o recuperar valores devueltos desde el formulario llamador. La sintaxis es la siguiente:

```
MainAccount        mainAccount; // Cuentas contables
FormRun            formRun;
Args               args;

args = new Args();
args.name(formStr(MainAccountListPage));
args.record(mainAccount);
args.parm("Parámetro Texto");

// Ejecutamos el FORM: MainAccountListPage
// Esta vez no es un Menu Item, aunque se llamen igual
formRun = ClassFactory.formRunClass(args);
formRun.init();
formRun.run();
formRun.wait();
```

Comentar que de esta forma el método *Args* no es opcional, ya que almacena el nombre del formulario que se va a ejecutar, y la secuencia de métodos necesaria para que el formulario se cree y ejecute correctamente (*init + run + wait*) tampoco lo es. Si se omite la llamada a **wait**, el formulario se ejecutará pero será cerrado después de inicializarse, por lo que no podrá ser utilizado por el usuario, dará la impresión de no haberse abierto nunca.

9.- DIÁLOGOS Y BARRAS DE PROGRESO

A veces, como desarrolladores, necesitamos interactuar con el usuario de una manera demasiado sencilla para necesitar un formulario. Ya hemos visto las maneras de informar al usuario de la ejecución de procesos o errores mediante los métodos *info, warning*, y *error*, que forman parte de la clase **Box**, aunque se han incluido *helpers* en la clase *Global* para simplificar su uso.

Estos son métodos de salida, pero la clase **Box** dispone de muchos otros métodos similares para recibir del usuario algunos datos simples sin necesidad de recurrir a un formulario, que tienen una sintaxis parecida a la siguiente:

```
if (Box::yesNoCancel("¿Desea continuar?",
                DialogButton::No)     == DialogButton::Yes)
{
    // Sí!
}
```

De esta forma podemos hacer preguntas al usuario y recibir la respuesta en forma de una variable de tipo *DialogButton* que representa el botón pulsado por el usuario, de los disponibles en el diálogo en cada caso. Los botones disponibles dependerán del método usado, en el ejemplo anterior el método *yesNoCancel* presenta los botones *Sí, No* y *Cancelar*, pero existen otros métodos que suelen cubrir la gran mayoría de necesidades.

Si estos métodos se nos quedan pequeños para lo que vamos a solicitar al usuario, pero aun así es lo bastante sencillo para no necesitar un formulario, podemos recurrir a la clase *Dialog* y sus relacionadas. Por ejemplo:

```
Dialog          dialog;
DialogField     dfCliente;

dialog = new Dialog("Seleccione un cliente");
dialog.addGroup("Grupo de campos");
dialog.addText("Seleccione un cliente para el proceso");
dfCliente = dialog.addField(extendedTypeStr(CustAccount));

if (dialog.run())
{
    // Si se ha aceptado el diálogo y se han pasado
    // las validaciones.
    if (dialog.closedOk())
    {
        info(strFmt("Elegido cliente: %1", dfCliente.value()));
    }
}
else
    info("Diálogo cancelado");
```

Este código presenta el diálogo que se muestra en la figura 30. Lógicamente, se pueden omitir algunos de los elementos "decorativos" que han sido utilizados en el ejemplo, así como se pueden añadir muchos más campos (*DialogField*) para pedir al usuario diferentes valores a la vez, incluso en diferentes pestañas con el método *addTabPage*.

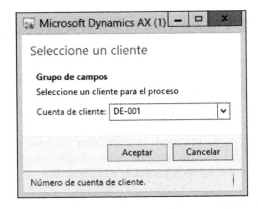

Figura 30.- Ejemplo de diálogo sencillo

A pesar de que en versiones anteriores manejábamos mucho estas clases, en *Microsoft Dynamics AX 2012*, mediante los **contratos de datos** y el *SysOperation Framework* que veremos en los siguientes capítulos, su uso se ha reducido mucho. Aun así, siguen teniendo utilidad en algunos casos, por ello hemos considerado relevante comentarlos, al menos, por encima.

Es interesante revisar el siguiente enlace, ya que los diálogos incluyen multitud de nuevos componentes que ayudarán al usuario a comprender lo que se le está solicitando.

Enlace: Dialog Box User Experience Guidelines [AX 2012]

http://msdn.microsoft.com/EN-US/library/gg886590.aspx

Otra forma de interacción sencilla es la que utilizamos para indicar al usuario que un proceso va a tardar algo de tiempo en procesarse, o incluso para mostrarle el progreso de la ejecución. La manera más sencilla es utilizando las funciones *Global::startLengthyOperation()* y *Global::endLengthyOperation()* (el *Global* puede obviarse, como de costumbre) al principio y al final del proceso, de forma que al usuario se le muestre un cursor en forma de reloj de arena, indicando que el sistema está ocupado.

Si necesitamos ofrecer más información, algo recomendable cuando el proceso va a tardar más de unos pocos segundos en finalizar, debemos mostrar una barra de progreso. La forma más sencilla es utilizar la clase *SysOperationProgress* en nuestro código, que se encarga de todo el trabajo. La sintaxis es la siguiente:

```
static void JAEE_Libro_6_ProgressBar(Args _args)
{
    #AviFiles

    SysOperationProgress      progress;
    int                       progressTotal = 100;
    int                       i;

    progress = new SysOperationProgress();
    progress.setCaption("Procesando...");
    progress.setAnimation(#AviSearch);
    progress.setTotal(progressTotal);

    for (i = 0; i < progressTotal; i++)
    {
        progress.setText(strFmt("Progreso: %1", i));

        sleep(100);
        // ...

        progress.incCount();
    }
}
```

En el caso de utilizar clases que heredan de *RunBase*, el objeto progress existe por defecto en la clase superior, por lo que no hay que declararlo de manera explícita, puede utilizarse directamente. Sin embargo, en clases que utilicen el nuevo *SysOperation Framework* la implementación se debe realizar manualmente en el controlador (ver capítulo 7 "*Frameworks*"). Hay que tener en cuenta que mediante este *framework* vamos a preferir la ejecución del lado del servidor, más eficiente, lo que puede hacer que el diálogo de progreso no se muestre porque se ejecuta en otro hilo de la ejecución.

El resultado lo vemos en la figura 31.

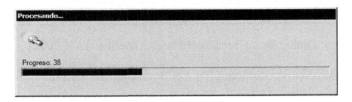

Figura 31.- Ejemplo de barra de progreso

Esta clase permite una gran flexibilidad, mostrando diferentes animaciones, e incluso varias barras de progreso en la misma ventana. La sintaxis completa la tenemos en el siguiente enlace:

Enlace: How to: Create Progress Indicators [AX 2012]

http://msdn.microsoft.com/en-us/library/aa841990.aspx

Por último, también podemos añadir un control de tipo *Progress* en un formulario propio y actualizar su estado de forma parecida al código del ejemplo anterior. Disponemos de muchos ejemplos de uso de estas barras de progreso en el formulario estándar llamado *tutorial_progress*.

Frameworks

Existen multitud de funcionalidades utilizadas a lo largo de la aplicación que están desarrolladas de manera más o menos reutilizable y extensible, formando lo que podríamos entender como una gran colección de *frameworks*, tanto técnicos como funcionales. En este capítulo daremos una visión general sobre esta filosofía de diseño y entraremos en profundidad en los que son más relevantes técnicamente para un desarrollador.

I.- INTRODUCCIÓN

Para un programador, un *framework* es una especie de herramienta que puede utilizarse para solucionar un problema más o menos complicado que ha llegado a abstraerse lo suficiente. Suele venir en forma de biblioteca, un conjunto de clases, una aplicación, etc. Este es el tipo de *frameworks* sobre el que vamos a profundizar en este capítulo. En el diseño funcional de *Microsoft Dynamics AX* como ERP (y no como entorno de desarrollo), el equipo de desarrollo incluye multitud de *frameworks* que tienen que ver con la reutilización y homogeneización de funcionalidades que se repiten a lo largo de todos los módulos. Es por eso que pueden ser considerados *frameworks* ya que, aunque no sean propiamente una herramienta de desarrollo, sí son importantes para un programador.

Por ejemplo, en esta categoría entraría el manejo de direcciones postales (direcciones de factura, direcciones de entrega, etc.), productos, cuentas bancarias, dimensiones de inventario (almacén, ubicación, lote, serie, pallet,…), dimensiones financieras (centros de coste, etc.), el modelo organizacional, secuencias numéricas, etc. Todos estos conceptos funcionales se utilizan en multitud de lugares de la aplicaciónde manera que disponemos de una serie de objetos que permiten reutilizar estas funcionalidades sin repetir código ni almacenar varias veces los mismos datos. A su vez, esta implementación tan optimizada técnicamente a menudo resulta muy normalizada, poco práctica y no muy comprensible. Por eso los *frameworks* también incluyen objetos (clases, vistas, mapas, etc.) diseñados para facilitar a los desarrolladores su utilización.

Por ejemplo, si queremos acceder a la calle de la dirección de envío de un pedido de ventas tendríamos que hacer una consulta que relacione al menos 5 tablas, y en muchos casos no bastaría con relacionarlas, sino que harían falta varias consultas y comprobaciones. Sin embargo, podemos acceder a este dato fácilmente desde un registro de pedidos de ventas de esta manera:

```
custTable.InvoiceAddress().Street
```

Esta sencilla llamada a un método de tabla realiza diferentes consultas y pasa por una herencia de métodos y clases bastante profunda para obtener un dato que a priori debería ser fácilmente accesible, pero que el *framework* funcional de direcciones complica de manera considerable. Todas estas funciones, que abstraen y solucionan un problema sencillo y concreto, como obtener la dirección asociada a un pedido, pueden (y deben) analizarse para ver qué hacen y cómo lo hacen, ya que son una fuente inagotable de información e ideas para conocer cómo está desarrollada la aplicación desde el nivel más bajo y cómo han pensado los desarrolladores la forma en que las tareas deben hacerse.

Como ya hemos visto en los capítulos anteriores, tanto el entorno de trabajo *MorphX* como el lenguaje X++ y todas las herramientas dispuestas para facilitarnos el trabajo son realmente sencillas e intuitivas de utilizar. Si nos referimos puramente a las herramientas técnicas, todo es bastante fácil. El trabajo duro de verdad y donde la **curva de aprendizaje** en el desarrollo de *Microsoft Dynamics AX* se pone cuesta arriba es cuando uno intenta aprender cómo funcionan todos los *frameworks* que estamos obligados a utilizar.

Aquí **no hay una metodología** que podamos seguir, porque nos llevaría meses revisarlos todos. No creo siquiera que todos ellos estén documentados, desde luego no lo están oficialmente, por lo que a partir de aquí todo se reduce a ensayo-error, a **ser curioso** y ponerse a mirar cómo está resuelto este o aquel problema en la aplicación estándar, a detectar funcionalidades llamativas e invertir tiempo en investigar el código, pasándolo con el depurador para ver cómo está resuelto. Probablemente, cualquier cosa que queramos hacer ya está hecha en otra parte, se ahorra muchísimo tiempo viendo cómo está resuelto y adoptando ideas. La amplísima base de código de la aplicación estándar es la mayor, más completa y menos aprovechada fuente de información para el aprendizaje del desarrollo sobre *Microsoft Dynamics AX*.

No pretendemos aquí, pues resultaría imposible, cambiar este hecho y explicar en profundidad cada *framework* de la aplicación. El objetivo es entrar en detalle en un par de *frameworks* muy importantes y poner al lector en la dirección correcta para saber dónde buscar acerca del resto de ellos.

2.- FRAMEWORKS DE DESARROLLO

Como ya hemos comentado, nos vamos a centrar en el análisis de los *frameworks* más importantes en el desarrollo mediante X++ y, por tanto, orientados a facilitar el trabajo a los programadores cuando se realizan tareas adaptadas al funcionamiento de diferentes aspectos del sistema.

Muchos de ellos ya los hemos tratado, veamos una recopilación de los más importantes:

- *SysOperation Framework:* Probablemente el *framework* más importante de *MorphX*. Permite la ejecución de procesos que puede invocar el usuario directamente o mediante servicios web. Interviene en otros *frameworks* como el de informes y es compatible con todos los demás. Lo veremos más adelante en este capítulo.

  Gran parte del sistema está construido sobre este *framework*, que sustituye al antiguo **RunBase Framework** disponible en versiones anteriores. Éste sigue existiendo en *Microsoft Dynamics AX 2012* por compatibilidad, pero la mayoría de procesos se han migrado al nuevo sistema.

- *Batch Framework*: Aunque forma parte del anterior, por su importancia y complejidad debe tratarse como un framework separado. Permite la ejecución asíncrona de procesos de manera programada y periódica en el servidor. Lo veremos más adelante en este capítulo.

- *Query Framework*: Permite realizar **consultas** a la base de datos, presentar estas consultas al usuario y pasar el resultado a procesos, formularios e informes. Igual que el primero, este *framework* interactúa con muchos otros y está presente en toda la aplicación. Lo vimos en el capítulo 5 *"El modelo de datos"*, Epígrafe 4.

- *Unit Of Work*: *Mini-framework* que permite almacenar datos en diferentes tablas, manteniendo **relaciones e integridad referencial** dependiendo de los tipos de claves configurados en las tablas. Lo vimos en capítulo 5 *"El modelo de datos"*, Epígrafe 6.

- *Date Effective Framework* (**DEF**): Permite almacenar datos manteniendo el **histórico** de los cambios realizados sobre la misma entidad, permitiendo consultar el estado de esa entidad en un momento determinado del tiempo. Lo vimos en el capítulo 5 *"El modelo de datos"*, Epígrafe 7.

- *Eventing Framework*: Permite realizar modificaciones basadas en **eventos y delegados** que tienen un impacto mínimo en los objetos existentes. Permite procesar los eventos directamente en ensamblados .NET. Lo veremos más adelante en este capítulo.

- *SysExtension Framework: Mini-framework* que permite la extensión de funcionalidades existentes sin modificar las clases actuales, basado en atributos y la construcción dinámica de objetos. Lo veremos más adelante en este capítulo.

- *Reporting Framework*: El sistema de **informes** principal de *Microsoft Dynamics AX 2012*, basado en la integración con *Microsoft SQL Reporting Services*. Lo veremos en el capítulo siguiente.

- *Apps and Services Framework*: Aunque en revisiones anteriores ya se veía algún indicio, es en *AX 2012 R3* cuando se publica oficialmente el *framework* que facilita la conexión al sistema desde aplicaciones externas, en particular desde dispositivos como móviles o tabletas.

  Diseñado sobre los servicios de *Microsoft Azure*, permiten la conexión de manera segura desde diferentes plataformas (*Windows Phone, Android*, dispositivos *Apple*, etc.), facilitando sobre todo la infraestructura necesaria para conectar a los servicios en el AOS desde el exterior del perímetro de seguridad de la red corporativa. Para más información se recomienda el siguiente documento:

  > **White Paper**: Microsoft Dynamics AX 2012: Developing Mobile Apps
  >
  > http://www.microsoft.com/en-us/download/details.aspx?id=38413

- **Security framework**: Se ha hecho un gran esfuerzo en esta versión para rediseñar el *framework* que controla la seguridad del sistema. Lo veremos en detalle en el capítulo 10 "*Licencia, Configuración y Seguridad*".

- Existen *frameworks* que consolidan la utilización de diferentes entidades en toda la aplicación. Son los que podríamos llamar *frameworks* **funcionales**, y algunos de ellos pueden ser el Modelo Organizativo, el manejo de Productos, Dimensiones, Cuentas contables, etc.

  Debemos considerar también funcionalidades horizontales de la aplicación como el manejo de secuencias numéricas, alertas o la gestión documental, y otros que se han convertido en herramientas por sí mismos como el ***Data import/export Framework*** (*DIEF*), también llamado *DMF* (*Data Migration Framework*). No entraremos en detalle sobre ellos, y nos centraremos en los que son propios del desarrollo en *MorphX* y X++.

Estos son los más relevantes en esta versión del producto. Sin embargo esta lista siempre permanece abierta ya que con la llegada de nuevas versiones y nuevas funcionalidades también llegan nuevos *frameworks* que facilitan el desarrollo y la utilización de esas novedades por parte de los programadores.

Por supuesto, no podemos olvidar (como veremos en el capítulo 8 *"Integración con .NET y Servicios Web"*) que esta versión está construida bajo el *.NET Framework* y por tanto podemos utilizar gran parte de su funcionalidad. Por ejemplo, podemos utilizar objetos y tipos de datos de .NET desde X++, pero también podemos emplear componentes *WPF* en nuestros formularios, tanto los del propio *framework* como otros componentes desarrollados por terceros.

3.- TRABAJOS POR LOTES (BATCH FRAMEWORK)

Los procesos por lotes (*Batch Jobs*) permiten realizar tareas de manera **asíncrona**, ejecutadas **en el servidor** (en el AOS) y con la posibilidad de ejecutarse de manera **programada y/o recursiva** mediante una **cola**, permitiendo efectuar la tarea en una fecha determinada, o programar una ejecución periódica según parámetros configurables. Esto permite que determinadas tareas puedan realizarse de manera desatendida, sin bloquear el cliente de *Microsoft Dynamics AX* durante el proceso, y aprovechando la potencia de procesado del servidor sin sobrecargar el cliente.

Mediante este mecanismo se realizan tareas de **mantenimiento del sistema** (como la limpieza de tablas), **procesos internos** (como el procesado de *Workflows* o el envío de emails), **procesos de negocio** que requieren mucho tiempo (procesos de facturación o planificación maestra), e incluso la impresión de informes cuya ejecución se prolongue durante mucho tiempo, permitiendo que sea el servidor el que genere el informe y lo envíe a la impresora mientras el cliente queda libre para seguir trabajando.

De cara al usuario, hay muchos puntos del sistema donde puede elegir una ejecución por lotes, aunque principalmente son **informes** y procesos basados en el *SysOperation Framework* que veremos a continuación (o a su predecesor, el *RunBase Framework*). Al usuario se le presenta una *pestaña Lote* en el diálogo que solicita los parámetros de entrada, desde donde puede elegir ejecutar el proceso/informe mediante un trabajo por lotes, configurar una ejecución periódica si lo desea, o configurar la recepción de alertas cuando el trabajo finalice. Ver figura 1.

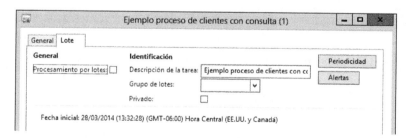

Figura 1.- Pestaña Lote en un proceso de SysOperation Framework

Si nuestra instalación dispone de varios AOS, podemos elegir cuáles de ellos se van a encargar de los procesos por lotes, permitiendo cierto nivel de escalabilidad en este tema pudiendo dedicar, por ejemplo, un AOS al procesado de lotes y dejar el resto para atender a los clientes normales. De esta forma un proceso por lotes pesado no afectará al rendimiento de los clientes.

Para que un AOS ejecute procesos por lotes se debe activar en la configuración (por defecto se activa durante la instalación). En *Administración del sistema > Configurar > Sistema > Configuración del servidor* (ver figura 2).

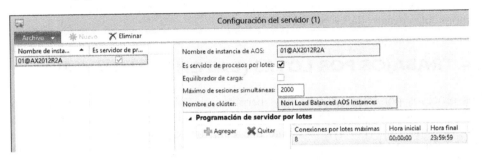

Figura 2.- Configuración del servidor

Desde este formulario marcamos el parámetro *Es servidor de procesos por lotes* y podemos configurar algunos parámetros para el equilibrio de carga y la programación de cuántos procesos por lotes se pueden llevar a cabo según rangos horarios. A la hora de elegir este valor, es importante tener presente que hay ciertos trabajos por lotes del sistema que siempre se están ejecutando y cuentan para este número máximo, por lo que elegir un número demasiado bajo puede hacer que nuevos procesos por lotes no se ejecuten nunca.

Desde el menú *Administración del sistema > Consultas > Trabajos por lotes > Trabajos por lotes* accedemos al formulario desde donde se administran las tareas que se han ejecutado. Si el trabajo por lotes se ha marcado como **Privado**, sólo puede verlo el usuario que lo generó. Ver figura 3.

Estado	Descripción del trabajo	Fecha/hora de inicio progr...		Progreso	Creado por	Tiene alerta
En espera	Workflow line-item notifications	28/03/2014	13:09:36	0,00	Admin	Sí
En espera	Data upgrade	30/10/2013	14:00:18	0,00	Admin	No
En ejecución	Create a scheduled task that will execute the batch transfer of suble...	16/02/2014	01:00:00	0,00	APRIL	No
En ejecución	Journalize finalized product receipts	16/02/2014	01:00:00	0,00	APRIL	No
Error	CNMF Tax integraton	10/03/2013	20:07:13	0,00	APRIL	No
Error	Audit policy batch processing	12/03/2013	08:28:53	100,00	Admin	Sí
Error	Automatic role assignment	18/11/2013	12:30:26	0,00	SUSAN	No
Error	Named user license count reports processing	19/11/2013	20:30:26	0,00	SUSAN	No
Error	Named user license count reports processing	16/01/2014	06:06:12	0,00	Admin	Sí
Terminado	Plan version cleanup	15/09/2012	06:21:23	100,00	SUSAN	No
Terminado	Plan version cleanup	15/10/2012	06:34:31	100,00	SUSAN	No
Terminado	Retail assortments job	06/03/2013	02:21:57	100,00	EmmaH	No

Figura 3.- Trabajos por lotes

En este formulario se muestran los trabajos por lotes que ya se han ejecutado, los que se están ejecutando en este momento y los que hay pendientes de ejecución. Se muestra mucha información sobre el trabajo; como la hora programada de la siguiente ejecución, el usuario que lo inició, si tiene configurada alguna alerta, etc. Mediante los botones de la parte superior del formulario podemos acceder a información adicional y realizar algunas tareas sobre ellos:

- **Ver tareas**: Un trabajo por lotes se compone de una o varias tareas. Un mismo trabajo puede ejecutar **diferentes tareas** durante la ejecución, y desde este formulario podemos ver información de cada una de ellas. Para cada tarea se pueden ver los *Parámetros* de entrada con los que se ejecutó (o se va a ejecutar), el *Registro* de *InfoLog* que generó la ejecución, y multitud de información técnica que puede ser útil para analizar un posible fallo, tal como el AOS donde se ejecutó, la clase que contiene la lógica que ejecuta la tarea, el número de reintentos para esta tarea en caso de error, etc.

- **Historial de trabajos por lotes**: Si una tarea se ejecuta de manera recurrente, desde este formulario podremos analizar todas las ejecuciones que ha tenido hasta ahora.

- **Periodicidad**: Desde este formulario configuramos la periodicidad de ejecución del lote, esto es, cada cuánto tiempo se va a procesar de manera periódica (cada día, una vez al mes, el día 4 de cada mes, etc.). Contiene muchas opciones para configurarla con gran precisión.

- **Alertas**: Permite configurar alarmas que se enviarán al usuario que inició el trabajo cuando éste *Termina*, *Termina con error* o se *Cancela*.

- **Funciones**: Desde aquí podemos cambiar el estado a un trabajo por lotes (por ejemplo, si está *Cancelado* o en *Error* podemos ponerlo *En espera* para que vuelva a ejecutarse; si está *En espera* podemos ponerlo en *Cancelado* o *Retenido* para que no se ejecute). No todos los cambios de estado posibles están autorizados, depende de cada caso.

- **Registro**: Muestra el *InfoLog* con la salida que produjo la ejecución del trabajo por lotes. Imprescindible para investigar el motivo de una ejecución con errores.

- **Archivos generados**: Algunos trabajos generan ficheros y los almacenan en el servidor de lotes. Desde aquí se pueden ver los **ficheros asociados** a un trabajo y moverlos a otra ubicación.

Ya hemos visto que un trabajo por lotes puede componerse de diferentes tareas, y cada tarea puede asociarse a un *Grupo de lotes*. Los grupos de lotes pueden utilizarse para definir en qué servidor se ejecuta cada tarea.

El *Servidor de lotes* es un proceso interno dentro del AOS que funciona con un mecanismo de *"pulsos"*. Cada cierto tiempo (no configurable ni documentado oficialmente) el servidor de lotes busca en la lista de trabajos cuáles son los que están disponibles para ejecutar, ordenándolos según la fecha prevista de ejecución, su prioridad, etc. Si hay alguno pendiente, comprueba cuántos trabajos puede procesar a la vez, marca *En ejecución* un grupo de ellos y empieza a ejecutar una a una todas las tareas de estos trabajos de manera secuencial.

En cada pulso el servidor actualiza el estado de las tareas que se han ejecutado desde la última vez, de manera que el hecho de que una tarea este en estado *En ejecución* no indica rigurosamente que esté en ejecución, sino que el servidor la ha marcado así y todavía no ha actualizado un estado diferente. En sucesivos pulsos actualizará el estado *Completado* o *Error*, o lo dejará *En ejecución* si todavía se está ejecutando. Es importante conocer este funcionamiento, no demasiado intuitivo, para poder analizar el comportamiento del servidor cuando está a pleno rendimiento.

4.- SYSOPERATION FRAMEWORK

Este *framework* (que durante un tiempo se llamó *Business Operation Framework,* **BOF**) sustituye al antiguo **RunBaseBatch** *Framework*, que todavía se mantiene por compatibilidad. Tal como ocurría en versiones anteriores, este *framework* se utiliza ampliamente en toda la aplicación para la ejecución de procesos que implican cierta lógica de negocio.

Gestiona automáticamente desde la recepción de los parámetros de entrada, hasta la presentación de los resultados, pasando por funcionalidades intermedias como la serialización de los parámetros para posibilitar una ejecución en varios niveles (cliente-servidor). Por ejemplo, el diálogo que solicita los parámetros siempre se ejecuta en el cliente, pero conviene que la lógica de negocio se ejecute en el servidor para mejorar el rendimiento. Siempre será así si la ejecución es por lotes.

Las ventajas más importantes de este *framework* frente a su predecesor son las siguientes:

- La implementación interna **utiliza servicios web** para la ejecución, lo que **mejora el rendimiento y optimiza el tráfico** cliente-servidor, incluyendo la serialización de objetos a los tipos de WCF utilizados por los servicios.

- La funcionalidad desarrollada mediante *SysOperation* puede exponerse de manera casi inmediata al exterior como servicios web. Durante este punto van a surgir de manera natural conceptos relacionados con servicios sobre los que profundizaremos en el capítulo 8 *"Integración con .NET y Servicios Web"*, que se puede usar como referencia.

- Donde antes teníamos una sola clase con muchísimos métodos, ahora tendremos diferentes clases con **responsabilidades diferenciadas**, siguiendo una filosofía *Modelo-Vista-Controlador (MVC)*. Ver figura 4.

- Está construido siguiendo la filosofía *de lo más simple a lo más complicado*. Se pueden realizar procesos simples con una implementación mínima, dejando el resto por defecto, a la vez que permite ampliar esa implementación para controlar detalles específicos sobre los que no teníamos control en versiones anteriores.

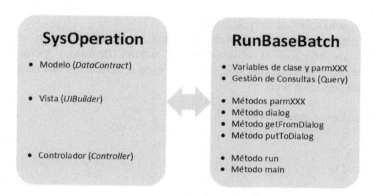

Figura 4.- Cambios en el diseño del framework para adaptarlo al modelo MVC

Para facilitar la introducción de estos conceptos, vamos a desarrollar un pequeño ejemplo que podríamos haber realizado con ***RunBaseBatch*** en versiones anteriores. Nos servirá para ver las diferencias y explicar las novedades.

En el ejemplo suponemos que debemos realizar un proceso que realice algún trabajo sobre la tabla de clientes (el trabajo en sí no es importante). Solicitaremos algunos parámetros extra para demostrar las novedades en cuanto al diálogo que se muestra al usuario.

4.1.- El modelo (Data Contract)

El contrato de datos (*Data Contract*) es la parte de la implementación que expone los tipos de datos que recibe nuestro proceso, y también los que devuelve al finalizar. Esta es la parte correspondiente al Modelo en el patrón *MVC*.

Anteriormente era necesario utilizar un diálogo construido de manera declarativa (lo comentamos brevemente en el capítulo anterior), o se podían inyectar los valores a la clase de cualquier otra manera, pero siempre programándolo manualmente. Esto complicaba la comprensión del funcionamiento de las clases para desarrolladores externos si no se seguían unas buenas prácticas conocidas durante el desarrollo.

Obviamente esto puede seguir haciéndose, no hay ninguna limitación. Sin embargo, utilizar un contrato de datos va a hacer que nuestra funcionalidad se pueda utilizar más fácilmente, declarando claramente qué valores y de qué tipo se necesitan, y presentando el diálogo al usuario de manera correcta y automática según estos tipos de datos.

El contrato también servirá para inyectar los valores de los parámetros en el método que finalmente realiza el proceso, y gestionará la serialización de estos parámetros para poder ejecutarlo en el servidor (esto se hacía manualmente, mediante los métodos **pack** y **unpack** en el *framework* anterior), incluyendo tipos primarios y extendidos, enumerados, tablas, colecciones y tipos nativos de .NET, etc. (**excepto el tipo *anytype* propio de X++**).

Se debe crear un contrato de datos siempre que los datos recibidos y/o devueltos no se limiten a un solo valor de uno de estos tipos.

La clase que conforma el contrato de datos se crea de manera normal, con la particularidad de añadirle el atributo ***DataContractAttribute***. Opcionalmente este atributo puede recibir un nombre, que se usará desde aplicaciones externas si el contrato se utiliza desde servicios web.

```
[DataContractAttribute]
public class JAEEProcesoClientesDataContract
{
    ...
}
```

Esta clase debe contener **variables** que almacenarán los datos del contrato con sus tipos de datos apropiados. Además, al contrato se le pueden añadir otros **atributos** para definir la forma que van a tener estas variables cuando se genere el diálogo automático.

Por ejemplo, vamos a declarar de esta forma dos grupos de campos a los que podremos asignar los parámetros más adelante:

```
[DataContractAttribute,
 SysOperationGroupAttribute('Fechas', 'Rango de fechas', '1'),
 SysOperationGroupAttribute('Enteros', 'Valores numéricos', '2')]
public class JAEEProcesoClientesDataContract
{
    FromDate        desdeFecha;
    ToDate          hastaFecha;

    int             entero;
}
```

Esta es la sintaxis mediante la que incluimos diferentes atributos a una clase. En este caso, hemos declarado dos grupos de campos, con un nombre, una etiqueta (*Label*) y un tercer parámetro que sirve para ordenarlos en el diálogo. Los parámetros de cada atributo son diferentes y muchos de ellos son opcionales. Si un atributo no recibe ningún parámetro se pueden omitir los paréntesis.

Para exponer las propiedades del contrato de datos, es necesario crear métodos de acceso con la forma tradicional de estos métodos en X++ (los que llamamos *parámetros* o *parm's*, por el prefijo que utilizamos):

```
[DataMemberAttribute('Entero'),
 SysOperationLabelAttribute('Número'),
 SysOperationHelpTextAttribute('Escriba un número'),
 SysOperationGroupMemberAttribute('Enteros'),
 SysOperationDisplayOrderAttribute('1')]
```

```
public int parmEntero(int _entero = entero)
{
    entero = _entero;
    return entero;
}
```

El atributo ***DataMemberAttribute*** es obligatorio para indicar al compilador que se trata de una propiedad pública del contrato, y no un método interno de la clase (en un contrato de datos no debe haber métodos internos, pero es posible). A este atributo también se le puede pasar opcionalmente un nombre, que será el que verán los usuarios si consumen esta clase como servicio web.

Como en el caso anterior, se pueden añadir atributos extra para detallar el funcionamiento de este parámetro en el diálogo. En este caso hemos añadido atributos para indicar el *Label* y *HelpText* del parámetro (si tuviera un tipo de dato extendido, los heredaría) y también dos atributos opcionales para indicar en qué grupo se debe poner el atributo y en qué orden. Estos grupos los definimos anteriormente en la declaración de la clase.

Para las otras dos variables de tipo fecha utilizamos esta forma más sencilla, ya que los tipos de datos extendidos (*FromDate* y *ToDate*) nos van a facilitar el resto de parámetros (*Label, HelpText*, etc.):

```
[DataMemberAttribute,
 SysOperationGroupMemberAttribute('Fechas')]
public ToDate parmHastaFecha(ToDate _hastaFecha = hastaFecha)
{
    hastaFecha = _hastaFecha;
    return hastaFecha;
}
```

Es una buena práctica en este tipo de clases **proteger el constructor** estándar e incluir constructores personalizados que ayuden a comprender la utilización de la clase a desarrolladores externos. Siguiendo esta buena práctica, añadimos los siguientes métodos:

```
protected void new()
{

}

public static JAEEProcesoClientesDataContract construct()
{
    return new JAEEProcesoClientesDataContract();
}
```

Podríamos añadir constructores más específicos, por ejemplo para inicializar un contrato de datos desde un registro de tabla (*initFromCustTable*, etc.).

Después de realizar estos cambios es necesario compilar la clase y ejecutar una generación incremental del código ***CIL*** (*Generar > Generar CIL de Incremento*) para actualizar las referencias, tras lo cual tendremos **una versión mínima pero funcional** de nuestro contrato de datos, listo para ser utilizado.

Sin embargo, partiendo de esta versión mínima, los contratos de datos nos permiten un control mucho más preciso sobre los datos que representan. Ya hemos visto que podemos especificar *Label* y *HelpText* en cada parámetro, también hemos especificado un orden en el diálogo, pero faltan dos funcionalidades importantes que ya teníamos en el *framework* anterior y ahora incluimos en el *Data Contract*.

Por un lado, el contrato puede tener **valores por defecto**. Para ello se debe implementar la interfaz *SysOperationInitializable*, lo que obliga a implementar también el método *initialize*, de esta forma:

```
public void initialize()
{
    this.parmHastaFecha(systemDateGet());
}
```

Por otro lado se puede añadir **validación** a los parámetros de entrada, para lo que hay que implementar la interfaz *SysOperationValidatable* y el método *validate*:

```
public boolean validate()
{
    boolean ret = true;

    if (desdeFecha > hastaFecha)
        ret = checkFailed("Rango de fechas no válido.");

    return ret;
}
```

El hecho de que se haya fragmentado la implementación en diferentes interfaces evita el funcionamiento anterior, que obligaba a implementar multitud de métodos aunque no fuera necesario utilizarlos, con lo que se reduce el código evitando errores y minimizando dependencias.

Otra funcionalidad importante que era responsabilidad del *framework RunBase* es el manejo de consultas (*Query*) para solicitar datos al usuario de manera flexible. El manejo de una *Query* en diálogos no estaba muy bien especificado, por lo que cada programador tendía a implementarlo según su experiencia. No siempre era fácil modificar o reutilizar clases desarrolladas por terceros, ya que la implementación variaba de una clase a otra.

Veamos la manera de hacerlo en esta versión. Para simplificar el ejemplo vamos a utilizar la *Query* estándar *CustTable*, que ya existe en el AOT: En la declaración de la clase almacenamos la consulta serializada (en formato texto), por lo que la declaración final de la clase (con validación e inicialización) queda de esta forma:

```
[DataContractAttribute,
 SysOperationGroupAttribute('Fechas', 'Rango de fechas', '1'),
 SysOperationGroupAttribute('Enteros', 'Valores numéricos', '2')]
public class JAEEProcesoClientesQueryDataContract
implements SysOperationValidatable,
          SysOperationInitializable
{
    FromDate        desdeFecha;
    ToDate          hastaFecha;
    int             entero;
```

```
        str              packedQuery;    // Query serializada
    }
```

El método que maneja este dato tiene un atributo particular, que indica de manera específica que el parámetro que recibe, a pesar de ser de tipo *str*, es una *Query*. Así el sistema es capaz de serializar y deserializar (en *MorphX* siempre se ha llamado *pack* y *unpack*) la consulta cuando es necesario enviarla al servidor o almacenarla en un proceso por lotes.

```
[DataMemberAttribute,
 AifQueryTypeAttribute('_packedQuery', queryStr(CustTable))]
public str parmPackedQuery(str _packedQuery = packedQuery)
{
    packedQuery = _packedQuery;
    return packedQuery;
}
```

Aunque no es obligatorio, es recomendable añadir el siguiente método que mejora la legibilidad del código que maneja la *Query* en el controlador, como veremos a continuación, permitiendo obtener la *Query* deserializada en cualquier momento:

```
public Query getQuery()
{
    return new Query(SysOperationHelper::base64Decode(packedQuery));
}
```

Estos pequeños cambios es lo único que necesitamos para que se solicite una consulta al usuario en el diálogo y se almacene el resultado en el contrato de datos. El diálogo resultante se genera automáticamente, sin tener que implementar los métodos *dialog, getFromDialog, putToDialog*, etc. que eran necesarios en el *framework* anterior.

4.2.- El controlador (Controller)

Ahora que tenemos un contrato de datos mínimo pero funcional, debemos desarrollar la parte que va a hacer algo útil con estos datos. En el *framework RunBase* lo realizaríamos mediante nuevos métodos en la misma clase. En *SysOperation* vamos a crear una nueva clase a la que llamamos **Controlador**.

Una primera versión de nuestro controlador tendría la siguiente forma:

```
class JAEEProcesoClientesQueryController
extends SysOperationServiceController
{

}
```

El controlador no necesita ninguna variable, aunque se pueden utilizar libremente para la implementación de la funcionalidad requerida. Esta clase va a extender de la clase estándar *SysOperationServiceController*, de manera que se genera un controlador de servicio web, como veremos más adelante.

Conviene sustituir el constructor estándar (que contiene muchos parámetros) por uno más sencillo, inicializando esos parámetros directamente para evitar este trabajo al consumidor de la clase. Este es el constructor *new* típico de una clase controlador una vez modificado:

```
public void new()
{
    super();

    this.parmClassName(classStr(JAEEProcesoClientesQueryController));
    this.parmMethodName(methodStr(JAEEProcesoClientesQueryController,
                        ejecutarProceso));
    this.parmDialogCaption("Proceso de clientes con consulta");
    this.parmExecutionMode(SysOperationExecutionMode::Synchronous);
}
```

Especificamos la **clase** y el **método** que contienen la funcionalidad que vamos a ejecutar (para eso hacemos todo esto). En nuestro ejemplo este método está en la propia clase, pero podría estar en clases separadas. También creamos desde aquí una **descripción** del proceso (asimismo se puede hacer implementando el método *caption* en la clase) e indicamos el **modo de ejecución**, del que hablaremos más adelante en este capítulo.

Por último, para ejecutar nuestra clase necesitamos un método *main*, que se ha simplificado desde el *framework* anterior:

```
public static void main(Args _args)
{
    JAEEProcesoClientesQueryController  proceso;

    proceso = new JAEEProcesoClientesQueryController();
    proceso.startOperation();
}
```

En esta versión, este método se limita a instanciar un objeto de nuestra clase y ejecutar el método *startOperation*. Éste se encarga de ejecutar el método que especificamos en la declaración en la capa apropiada (cliente o servidor), y hacerle llegar las variables en un formato válido. Todo ese proceso es transparente y automático.

Por último, el método que ejecuta la funcionalidad en sí, que como hemos dicho puede estar en esta clase o en otra, recibe un objeto con los datos del diálogo modelados según el contrato de datos, de la siguiente forma:

```
public void ejecutarProceso(
    JAEEProcesoClientesQueryDataContract _procesoDC
)
{

    Query       query;
    QueryRun    queryRun;

    // El contrato trae todos los datos necesarios
    FromDate    fromDate = _procesoDC.parmDesdeFecha();
```

```
ToDate       toDate   = _procesoDC.parmHastaFecha();

// Recepción de la Query desde el diálogo
query    = _procesoDC.getQuery();
queryRun = new QueryRun(query);

while (queryRun.next())
{
    // ... aquí hacemos algo útil!
```

A partir de aquí ya sabemos cómo utilizar la consulta y los parámetros de entrada para realizar el proceso que fuera necesario.

4.3.- La vista (UIBuilder)

Una de las ventajas más interesantes de este *framework* frente a versiones anteriores es que el diálogo se genera automáticamente desde el contrato de datos. Éste nos permite especificar algunos atributos en cada propiedad para definir el funcionamiento del control que se presentará en el diálogo, pero a veces estos atributos no son suficientes y necesitamos más control sobre el resultado.

En versiones anteriores podíamos hacer un formulario en el AOT, ejecutar ese formulario desde la clase, etc. Ahora utilizamos un **UI Builder** que no es más que otra clase que definirá cómo se va a comportar el diálogo generado automáticamente desde el contrato de datos. Esto tiene muchas ventajas, entre otras que el contrato y el formulario pueden reutilizarse en diferentes controladores de manera transparente, y que el manejo del diálogo se realiza en una clase dedicada a esta presentación (*Vista*), evitando crear más y más métodos en una única clase que se encarga de todo el trabajo.

Para continuar con nuestro ejemplo vamos a ver cómo añadir al diálogo un campo de tipo *checkbox* que no está en el contrato. También modificaremos su método **modified** para manipular otros controles del diálogo que sí estaban en el contrato de datos (y se añaden al diálogo de manera automática).

Lo primero es crear la clase, que hereda de **SysOperationAutomaticUIBuilder**:

```
class JAEEProcesoClientesQueryUIBuilder
extends SysOperationAutomaticUIBuilder
{
    // Contrato de datos asociado a este UI Builder
    JAEEProcesoClientesQueryDataContract    contract;

    DialogField    dfDesde, dfHasta;
    DialogField    dfFechas;
}
```

En esta clase vamos a almacenar una instancia del contrato de datos asociado a esta *Vista* y también manejadores de los controles del diálogo que vamos a utilizar, tanto los que vamos a crear en este *UI Builder*, como los que se crean automáticamente desde el contrato de datos.

A continuación construimos el método ***modified*** para el *checkbox* que vamos a crear. En este método activamos o desactivamos los dos controles de fecha del diálogo (creados mediante el *Data Contract*), dependiendo del valor del nuevo campo:

```
public boolean dfFechasModified(FormCheckBoxControl _control)
{
    // Activar los controles de fecha creados por el
    // diálogo automático.
    dfDesde.enabled(_control.value());
    dfHasta.enabled(_control.value());

    return true;
}
```

Como vamos a añadir un nuevo control al formulario, necesitamos intervenir el proceso de generación del diálogo mientras éste se está construyendo. Para ello vamos a sobrecargar el método ***build*** de la clase, que se ejecuta cuando se crea el diálogo. En este método vamos a añadir un nuevo control de tipo *check* (tipo de datos extendido *NoYesId*), que asignamos a un nuevo grupo:

```
public void build()
{
    super();

    dialog.addGroup("Nuevo grupo");

    dfFechas = dialog.addField(extendedTypeStr(NoYesId),
                               "Activar fechas");
}
```

En este momento el nuevo campo ya aparece en el diálogo, pero todavía no tiene ninguna funcionalidad. Hay que sobrecargar el método ***postBuild***, que se ejecuta después de que el diálogo esté creado, con dos objetivos:

1. Obtener el manejador de los controles de fecha generados automáticamente en el diálogo para poder manipularlos en nuestro código. Este método nos permite **obtener los controles** a partir de los métodos del contrato que los representan.

2. Asociar al nuevo campo un evento que responda a las interacciones del usuario. En este caso, vamos a **registrar un evento** en el método ***modified***, que llamará al método que ya hemos creado.

    Podrían registrarse otros eventos para sobrecargar métodos adicionales y refinar todavía más el funcionamiento del formulario.

```
public void postBuild()
{
    super();

    // Contrato asociado al UI Builder
    contract = this.dataContractObject();
```

```
// Obtener controles de los campos del contrato
dfDesde = this.bindInfo().getDialogField(contract,
            methodStr(JAEEProcesoClientesQueryDataContract,
                parmDesdeFecha));
dfHasta = this.bindInfo().getDialogField(contract,
            methodStr(JAEEProcesoClientesQueryDataContract,
                parmHastaFecha));

// Registrar la sobrecarga del método
dfFechas.registerOverrideMethod(
  methodStr(FormCheckBoxControl, modified),
  methodStr(JAEEProcesoClientesQueryUIBuilder, dfFechasModified),
  this);

// Ejecutar el método manualmente para activar
// los controles la primera vez.
this.dfFechasModified(dfFechas.control());
}
```

Por último, es necesario indicar a nuestro contrato de datos que hay un *UI Builder* que va a modificar el diálogo automático. Para ello debemos añadir el atributo *SysOperationContractProcessingAttribute* a la declaración del contrato, que indique la clase del *UI Builder*:

```
[DataContractAttribute,
 SysOperationContractProcessingAttribute(
                classStr(JAEEProcesoClientesQueryUIBuilder))]
public class JAEEProcesoClientesQueryDataContract
implements SysOperationValidatable,
        SysOperationInitializable
{
    // ...
}
```

Después de compilar tanto X++ como CIL, ya podemos ejecutar nuestro proceso para ver el resultado. Las modificaciones del *UI Builder* se ejecutan sobre el diálogo generado por el contrato de datos, sin que el usuario pueda notar la diferencia.

4.3.1.- Búsqueda personalizada en diálogos (Lookup)

Una modificación muy habitual en formularios, que en versiones anteriores no se podía realizar en diálogos sin cierto trabajo extra, es la posibilidad de crear listas desplegables *(lookups)* personalizadas para algunos campos.

Mediante el *UI Builder* podemos hacerlo, ya sea para modificar la búsqueda *(lookup)* automática de un campo del contrato de datos, o para añadir una búsqueda manualmente a un campo que no la tiene o que ha sido añadido al diálogo dinámicamente. Cualquier combinación es posible.

Para continuar con nuestro ejemplo, vamos a crear un nuevo campo dinámicamente en el *UI Builder*. Este campo ya tiene una búsqueda (por su tipo de datos extendido), que vamos a modificar para demostrar esta posibilidad.

En el *classDeclaration* de nuestro *UI Builder*, añadimos un nuevo *DialogField* que nos servirá para manejar el nuevo campo:

```
...
DialogField      dfLanguage;  // Idioma
...
```

En el método ***build***, añadimos el nuevo campo tal como hemos hecho en el ejemplo anterior. Usamos el tipo de datos extendido *LanguageId* (Idioma), que despliega una búsqueda estándar mostrando todos los idiomas instalados en el sistema.

```
...
dfLanguage = dialog.addField(extendedTypeStr(LanguageId));
...
```

Añadimos un nuevo método, que servirá para generar la búsqueda personalizada. Este código es el que utilizamos para generar una búsqueda por código, existen varias clases que facilitan el trabajo según las necesidades.

```
public void dfLanguageLookup(FormStringControl _controlString)
{
    SysTableLookup         sysTableLookup;

    Query                  query;
    QueryBuildDataSource   qbds;

    query = new Query();
    qbds  = query.addDataSource(tableNum(LanguageTable));
    qbds.addRange(fieldNum(LanguageTable,
             LanguageId)).value(SysQuery::valueLike('es'));

    sysTableLookup = SysTableLookup::newParameters(
             tableNum(LanguageTable), _controlString);
    sysTableLookup.addLookupfield(
             fieldNum(LanguageTable, LanguageId), true);
    sysTableLookup.addLookupMethod(
             tableMethodStr(LanguageTable, languageDescription));
    sysTableLookup.parmUseLookupValue(false);
    sysTableLookup.parmQuery(query);
    sysTableLookup.performFormLookup();
}
```

En este método utilizamos la clase *helper **SysTableLookup*** y una *Query* que indica los registros que se deben mostrar en la búsqueda. En nuestro ejemplo filtramos los idiomas que empiezan por *'es'*. Funcionalmente no tiene mucho sentido, pero nos vale como ejemplo.

Por último, en el método *postBuild* de nuestro *UI Builder* registramos este método en el evento *lookup* del nuevo campo.

```
...
dfLanguage.registerOverrideMethod(
     methodStr(FormStringControl, lookup),
     methodStr(JAEEProcesoClientesQueryUIBuilder, dfLanguageLookup),
```

```
        this);
    ...
```

El resultado del ejemplo completo se muestra en la figura 5.

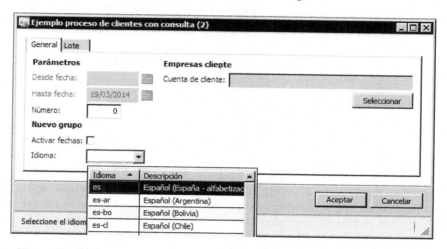

Figura 5.- Diálogo generado desde un DC y modificado por un UI Builder

De esta forma podemos añadir y sobrecargar métodos de prácticamente cualquier tipo de control, dándonos una flexibilidad muy grande para personalizar el diálogo mientras se nos ofrece una versión inicial sencilla con poco esfuerzo.

4.4.- Ejecución de una clase SysOperation

Como vimos en el capítulo 4 *"El lenguaje X++"*, para ejecutar la funcionalidad de una clase construidas con *SysOperation Framework* es necesario crear un **Menu Item** de tipo **Action** en el AOT.

Mediante este *Menu Item*, como de costumbre, se pueden pasar parámetros a nuestra clase a través de las propiedades del objeto **Args**, recibido en este caso por el controlador. También se puede utilizar este objeto para pasar parámetros desde código X++ (por ejemplo, desde otras clases o desde un servicio web).

La manera más sencilla de configurar un *Menu Item* para ejecutar una clase es mediante un método **main** (como era obligatorio en el antiguo *RunBase Framework*). Para ello sólo será necesario asignar en el *Menu Item* los valores de las propiedades **ObjectType:** *Class;* **Object:** *Nuestra clase*. Este es el modo más básico, al ejecutar el *Menu Item* se llamará automáticamente al método *main* del controlador que recibirá los parámetros, si los hubiera. Ver figura 6.

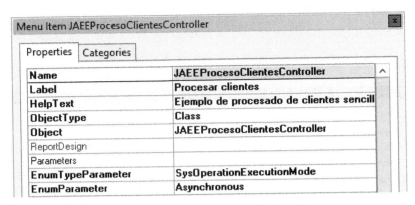

Figura 6.- Propiedades de Menu Item

Como veremos en el capítulo 8 *"Integración con .NET y Servicios Web"*, una clase *SysOperation* puede estar diseñada como **controlador de un servicio web** e incluir varias operaciones que se pueden ejecutar por separado (los *web methods* del servicio web). Se puede ejecutar un método concreto de un controlador asignando al *Menu Item* las siguientes propiedades: **Object**: *SysOperationServiceController*; **ObjectType**: *Class*; **Parameters**: *Clase.metodo*.

Por ejemplo: *JAEEProcesoClientesQueryController.ejecutarProceso*.

4.5.- Modos de ejecución

Los procesos desarrollados sobre *SysOperation Framework* pueden ejecutarse de diferentes modos. Este modo se puede indicar mediante las propiedades del *Menu Item* **EnumTypeParameter** y **EnumParameter**, forzarlo desde código como vimos en el constructor del controlador, o recibirlo por parámetros mediante el método del controlador **parmExecutionMode**. En cualquier caso hay que tener en cuenta que la clase puede ejecutarse desde código, sin pasar por el *Menu Item*, para indicar este modo de ejecución en el lugar adecuado.

Los modos de ejecución disponibles son los siguientes:

- **Asynchronous** (asíncrono): Durante la ejecución de una clase en modo asíncrono, el cliente seguirá respondiendo mientras el proceso se ejecuta en segundo plano. Se puede utilizar el método **afterOperation** del controlador a modo de *callback*, para recuperar el foco de la ejecución cuando el proceso termine.

  La clase debe estar registrada como servicio en el grupo de servicios *AxClient*. Si no es así, el proceso se ejecutará siempre de manera síncrona. Suele ser más sencillo utilizar el modo *Reliable asynchronous* que no tiene este requerimiento. Hablaremos sobre grupos de servicios en el capítulo 8 *"Integración con .NET y Servicios Web"*.

- **Synchronous** (síncrono): Cuando se ejecuta una clase en modo síncrono, el cliente se bloquea hasta que el proceso finaliza. Es el único modo de ejecución que tenía el *framework* anterior *RunBase*. Sólo se puede evitar este bloqueo si el proceso se ejecuta por lotes mediante las opciones estándar del diálogo, como ya hemos visto.

- **Reliable asynchronous** (síncrono seguro): Este modo va a generar un proceso por lotes *"especial"* para la ejecución asíncrona del proceso, de manera que el proceso continúe ejecutándose aunque se cierre el cliente que lo inició. Es el modo de ejecución recomendado para procesos de larga duración. Se puede utilizar el método ***afterOperation*** del controlador para recuperar la ejecución cuando el proceso termine y avisar al usuario.

  Este proceso por lotes es especial porque, aunque es visible en el administrador de trabajos por lotes del que ya hemos hablado, será eliminado cuando el proceso termine (aunque termine con error) y la salida del *InfoLog* será enviada al cliente que lo inició si sigue abierto.

- **Scheduled batch** (por lotes): Este modo de ejecución va a generar un trabajo por lotes normal, de los que ya hemos hablado, **aunque no se marque** el procesado por lotes en la pestaña *Lote* del diálogo.

  Su funcionamiento interno será el mismo que cualquier otro proceso por lotes, y de cara al usuario será similar al modo *Reliable asynchronous*, excepto que este trabajo sí se mantiene en el administrador de trabajos tras su ejecución.

Podemos encontrar una explicación detallada de cada modo de ejecución, con sus limitaciones y ejemplos de código, en el siguiente documento:

White Paper: Introduction to the SysOperation Framework

http://www.microsoft.com/en-us/download/details.aspx?id=29215

5.- SYSEXTENSION FRAMEWORK

En versiones anteriores era muy común encontrar jerarquías de clases construidas siguiendo el patrón de diseño *Factoría* (**Factory**). Mediante este patrón, se creaban una serie de clases que heredaban de una sola superclase, y mediante un único constructor se devolvía una de las clases derivadas en base a un parámetro de entrada (usualmente un enumerado). Por ejemplo:

```
      public static JAEEProcesarLineaCompras construct(PurchaseType _type)
      {
          switch (_type)
          {
              case PurchaseType::Purch:
                  return new JAEEProcesarLineaCompras_Purch();

              case PurchaseType::Journal:
                  return new JAEEProcesarLineaCompras_Journal();
          }
          throw Exception::Error;
      }
```

Este patrón de diseño siempre ha funcionado, pero tenía la desventaja principal de que para añadir nuevas clases derivadas, era necesario modificar varios objetos (el enumerado de tipos, la superclase, etc.), lo que obligaba a crear copias del objeto en diferentes capas, introduciendo conflictos a la hora de actualizar versiones, etc.

En *Microsoft Dynamics AX 2012* se introduce el *SysExtension Framework* para solucionar el diseño de jerarquías de clases siguiendo este patrón, entre otras cosas, evitando el acoplamiento generado en la superclase que actúa de *Factoría*.

Suponiendo la jerarquía de clases del ejemplo anterior, esto es, la clase abstracta *JAEEProcesarLineaCompras* y dos clases derivadas que acaban en *_Purch* y *_Journal* (es común esta nomenclatura), vamos a desarrollar un constructor que devuelva la clase derivada correcta en base a un **atributo en la clase**, en vez de un parámetro de entrada.

Lo primero que necesitamos es definir este atributo. Creamos una clase con los métodos siguientes (para simplificar al máximo, no utilizaremos tipos de datos extendidos):

```
      class JAEETipoCompraAttribute
      extends SysAttribute
      {
          str    tipo;
      }

      public void new(str _tipo)
      {
          super();

          if (_tipo == '')
              throw error(Error::missingParameter(this));

          tipo = _tipo;
      }

      public str parmTipo(str _tipo = tipo)
      {
          tipo = _tipo;
          return tipo;
      }
```

Es una clase muy sencilla que extiende de *SysAttribute*, almacena un valor recibido por parámetros y lo publica mediante un método *parm*. Modificamos la declaración de las clases derivadas para añadir este nuevo atributo. Por ejemplo:

```
[JAEETipoCompraAttribute('Purch')]
class    JAEEProcesarLineaCompras_Purch
extends JAEEProcesarLineaCompras
{
    // ...
}
```

Por último, modificamos el constructor por una nueva versión que utilice el atributo incluido en las clases derivadas para discriminar cuál de ellas debe utilizar:

```
public static JAEEProcesarLineaCompras construct(str _tipo)
{
    JAEETipoCompraAttribute    attribute;
    JAEEProcesarLineaCompras   procLinCom;

    attribute = new JAEETipoCompraAttribute(_tipo);

    procLinCom = SysExtensionAppClassFactory::
                    getClassFromSysAttribute(
                        classStr(JAEEProcesarLineaCompras), attribute);

    return procLinCom;
}
```

Si diseñamos nuestros objetos según este patrón, para añadir nuevas clases derivadas no tendremos que modificar nada en absoluto. Indicando un nuevo valor al atributo en la declaración de las nuevas clases y pasando ese mismo atributo al constructor, todo funcionará correctamente sin necesidad de modificar objetos existentes.

Nuestro ejemplo se ejecuta de la siguiente manera:

```
static void JAEE_Libro_7_SysExtensionFramework(Args _args)
{
    JAEEProcesarLineaCompras    procLinCom;

    procLinCom = JAEEProcesarLineaCompras::construct('Purch');
    procLinCom.run();
}
```

6.- EVENTOS Y DELEGADOS (EVENTING FRAMEWORK)

En *Microsoft Dynamics AX 2012* se ha introducido un nuevo patrón de diseño basado en *Eventos y Delegados*. Este modelo introduce una serie de conceptos con los que es necesario familiarizarse, ya que van formar parte de nuestros desarrollos de aquí en adelante.

En realidad un **evento** no es algo que tenga una entidad propia en X++, sino una forma de entender este funcionamiento. Un evento es, como su nombre indica, algo que sucede. Un hecho que podemos interceptar para añadir funcionalidad cuando se produzca, **sin necesidad de alterar el código existente**.

Los puntos de la ejecución que permiten ser interceptados de esta forma, esto es, los puntos donde es posible añadir (*suscribir* es la palabra correcta) un nuevo *manejador de eventos*, es lo que llamamos *delegados*.

Un delegado se puede definir y utilizar desde X++, aunque cada método de clase incluye siempre dos delegados a los que nos podemos suscribir, a los que llamaremos *Eventos Pre* y *Post*. Aunque la clase no haya sido diseñada para facilitar su extensión mediante eventos, siempre podremos suscribirnos a estos delegados por defecto en cualquier método.

Lo veremos más claro con un ejemplo: Imaginemos que queremos imprimir automáticamente un pedido después de registrarlo. Esto no tiene mucho sentido a nivel funcional, pero nos sirve como ejemplo.

Lo primero que necesitamos es un **manejador de eventos** (*Event Handler*), esto es, el código que queremos ejecutar cuando se produzca el evento que nos interesa ampliar. Creamos una nueva clase que actuará de contenedor, y en esta nueva clase hacemos *clic derecho > Nuevo > Controlador de eventos anterior o posterior*. Esta acción crea la estructura básica de un manejador de eventos que vamos a modificar hasta que quede de esta forma:

```
public static void printSalesOrder(XppPrePostArgs _args)
{
    SalesTable      salesTable = _args.getThis();

    info(strFmt("Imprimiendo el pedido %1!", salesTable.TableId));
}
```

El método debe ser siempre *public static void*, y el parámetro de entrada del tipo *XppPrePostArgs*, que es una clase estándar parecida a la típica *Args* pero extendida para esta tarea. Mediante este objeto se pueden modificar los **parámetros de entrada** de los eventos *Pre* (antes de que se ejecute el código que genera el evento), y también los valores devueltos en eventos *Post* (después de que se ejecute el código que genera el evento). Es un contrato de datos como los que ya hemos visto.

Lo siguiente que necesitamos es hacer que este código se ejecute cuando se inserta un pedido, y para ello utilizamos una *suscripción*. Vamos a la tabla *SalesTable* en el AOT y buscamos el método *insert* (existe de manera estándar). Hacemos *clic derecho sobre el método insert > Nuevo Event Handler Subscription*. Esto crea un nuevo nodo en el AOT por debajo del método, que dispone de una serie de propiedades que vamos a modificar como en la figura 7.

Las propiedades son bastante descriptivas. Configuramos la suscripción para que ejecute el manejador de eventos en cuestión después (*CalledWhen: Post*) de la ejecución del método *insert* en este caso, sobre el que lo hemos suscrito.

Mediante la propiedad *EventHandlerType* podemos configurar la suscripción para que ejecute un manejador de eventos desarrollado en **código gestionado** (código .NET desplegado en una biblioteca *DLL*) para responder al evento. Veremos las posibilidades de integración con .NET en el siguiente capítulo.

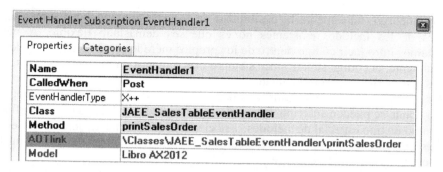

Figura 7.- Propiedades de una suscripción

Con esto es suficiente para nuestro ejemplo. Después de compilar X++ y CIL, al insertar un pedido de ventas se produce el evento y el suscriptor ejecuta nuestro manejador de eventos, como muestra la figura 8.

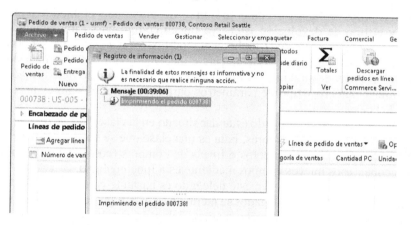

Figura 8.- Ejecución del nuevo manejador de eventos

Lo interesante de esta modificación es analizar **la capa y el modelo** al que está asociado cada objeto: Después de nuestros cambios, la tabla sigue asignada a la capa *sys* y al modelo estándar *Foundation*, como si nunca se hubiera modificado. Sin embargo, la suscripción está asociada a nuestro modelo y a la capa *usr*, como si fuera un objeto independiente de la tabla a la que está asignada.

Esto supone una notable ventaja frente a modificar el código del método *insert*, tal como habríamos hecho en versiones anteriores, ya que mediante este nuevo método se pueden desplegar los cambios entre entornos **sin ningún tipo de conflicto**. Esta modificación mediante *Eventos* no supondrá ningún problema ni al pasar el desarrollo entre entornos, ni al actualizar la versión, ni en ningún caso conocido, ya que se guarda en un modelo completamente independiente del modelo al que pertenece el objeto original.

Sin embargo, únicamente la posibilidad de ejecutar funcionalidad nueva antes y después de los métodos existentes no es que sea demasiado flexible. A menudo necesitamos introducir código dentro de los propios métodos y no sólo antes o después. Normalmente, el código se introduce siempre más o menos en los mismos sitios, en los lugares **donde tiene sentido hacerlo**.

Por eso disponemos de los llamados **delegados**. Un delegado define un punto en el código donde se pueden suscribir manejadores de eventos. Los delegados se definen en X++ como un tipo especial de métodos, y se ejecutan manualmente durante la ejecución de nuestra lógica de negocio para indicar a otros programadores que ese es **un buen lugar para incluir modificaciones**.

Otros desarrolladores, o nosotros mismos, podremos **suscribir manejadores de eventos** a ese delegado para ampliar nuestra funcionalidad sin necesidad de modificar el objeto original. El código estándar del sistema incluye delegados en los puntos donde tiene sentido realizar modificaciones. Habrá más en el futuro, ya que ésta es una funcionalidad introducida en esta versión y sólo se han añadido en los procesos reescritos en esta versión (que son numerosos por otra parte).

Los **delegados** se definen como **métodos de clase** con el modificador especial *delegate* y el tipo de devolución *void*. No tienen código en su implementación y su visibilidad es siempre *protected* (implícita al modificador *delegate*). De ser necesario, se puede crear un método público que ejecute el delegado para poder utilizarlo en clases derivadas. Puesto que son llamados manualmente en un contexto determinado, pueden tener cualquier número y tipo de parámetros para inyectarle los valores necesarios del contexto de la ejecución.

La figura 9 muestra un delegado estándar situado en la clase *PurchCopying*, que sirve para copiar documentos de compras. Ésta es una clase que se suele modificar, ya que si se añaden campos a los documentos o líneas de compras (cosa habitual) también será necesario copiar esos nuevos campos mediante esta funcionalidad.

La documentación que incluye este delegado es bastante completa, y así debería ser en cualquier caso ya que los delegados se incluyen en el código **para que sean utilizados por otros desarrolladores**. Indicarles que este delegado es el lugar adecuado para incluir modificaciones, y cómo usarlo, es casi una necesidad.

```
/// <summary>
/// Allows customizing the <c>PurchCopying.copyLines</c> method in higher layers.
/// </summary>
/// <param name="_instance">
/// An instance of the <c>PurchCopying</c> class that the customizations will use.
/// </param>
/// <param name="_purchLine">
/// The <c>PurchLine</c> record to copy.
/// </param>
/// <param name="_tmpFrmVirtualLines">
/// The <c>TmpFrmVirtual</c> record that was passed to the <c>PurchCopying.copyLines</c> method.
/// </param>
/// <param name="_result">
/// A struct that contains two fields.
/// </param>
/// <remarks>
/// This delegate is called when the <paramref name="_tmpFrmVirtualLines" /> parameter contains a table
/// that is not recognized by the method.
/// </remarks>
delegate void purchCopyingCopyLineDefault(PurchCopying _instance, PurchLine _purchLine, TmpFrmVirtual _tmpFr
{
}
```

Figura 9.- Ejemplo de definición de un delegado estándar

El delegado es un método normal y corriente de cara a su clase, salvo por la palabra clave **delegate** en su definición. Por tanto su ejecución también es la habitual, como se puede ver en la figura 10.

```
default:

    // the code under default is only for customizations in the higher layers.
    result = new Struct('str currencyCode; common fromTrans');
    this.purchCopyingCopyLineDefault(this, purchLine, _tmpFrmVirtualLines, result);
    currencyCode = result.value('currencyCode');
    fromTrans = result.value('fromTrans');
    break;
```

Figura 10.- Utilización del delegado en un fragmento de código estándar

Se pueden suscribir manejadores de eventos a este delegado, sin modificar la propia clase y sin provocar conflictos entre capas y modelos. **El orden** en el que se ejecutarán estos manejadores de eventos no se puede determinar y puede variar de una ejecución a otra. Se puede suscribir un manejador de evento a un delegado simplemente arrastrando y soltando el método manejador sobre el delegado.

Otra posibilidad es suscribir un manejador de eventos a un **delegado mediante código**, de forma que la suscripción sea efectiva sólo mientras dure el contexto de la ejecución, será anulada cuando se liberen los recursos del proceso que la generó.

Podemos añadir una suscripción por código con la siguiente sintaxis (en base al ejemplo anterior):

```
// ...
objeto.metodoDelegado += eventHandler(ClaseDeleg::manejadorEstatico);
// ...
```

Mediante la misma sintaxis, cambiando el operador += por -=, se puede anular la suscripción recién creada, también por código. A partir de ese momento de la ejecución, la suscripción no tendrá efecto.

7.- FRAMEWORKS Y PATRONES DE DISEÑO

Todos estos *frameworks* no han sido añadidos a *MorphX* al azar, o por capricho. Su diseño y evolución están íntimamente ligados a los patrones de diseño que se utilizan en el desarrollo de la aplicación estándar, que nos son recomendados para realizar ampliaciones y modificaciones, y también vienen acompañados de funcionalidades que los usuarios tienen disponibles en toda la aplicación, como las consultas (*Query Framework*) los valores con validez en el tiempo (*Date Effective Framework*), etc.

Entender estos patrones resultará en una mejor comprensión de la aplicación estándar, en unos desarrollos nuevos que necesitarán **menos mantenimiento** y se podrán modificar fácilmente, y en modificaciones del estándar que no generarán conflictos con el resto de la aplicación, facilitando su ciclo de vida y el despliegue entre entornos.

Sobre todo tenemos que tener en cuenta las tres opciones posibles a la hora de realizar modificaciones o ampliaciones a funcionalidades existentes, ya sean estándar o desarrolladas por terceros:

- **Ampliación**: La ampliación supone crear funcionalidad que antes no existía. Suelen tener un amplio porcentaje de objetos nuevos, y sólo se modifican los objetos estándar que integran la nueva funcionalidad en el conjunto.

- **Personalización**: La personalización se realiza modificando propiedades de los objetos del AOT. La personalización debe preferirse sobre la adaptación siempre que sea posible. Por ejemplo: crear campos en tablas, modificar el diseño de informes o formularios, cambiar índices, crear nuevas vistas o consultas, etc.

- **Adaptación**: Las adaptaciones son personalizaciones que van más allá de cambios en los metadatos. Suponen modificar la funcionalidad existente para cambiar el funcionamiento estándar de manera importante, ya sea modificando clases o realizando cambios complejos en el diccionario de datos, formularios, etc.

Cualquiera de las estrategias que sigamos, conviene separar nuestras modificaciones de manera que **se minimicen los conflictos** que podamos ocasionar en los objetos existentes que se vean afectados. Por ejemplo, será preferible añadir una **nueva clase** heredada, más específica, o utilizar **Eventos y Delegados**, antes que modificar una clase existente. En el caso de que inevitablemente debamos modificar una clase, el despliegue y mantenimiento posterior será más sencillo si sólo se incluye una llamada a un método o algún cambio sencillo, que si se realizan numerosos cambios en multitud de métodos existentes.

Modificar objetos del AOT supondrá que se cree una copia de estos objetos en nuevas capas y en nuevos modelos (esto incluye los proyectos *Visual Studio* agregados al AOT). Las consecuencias de generar copias en nuestra capa y modelo las vimos en el capítulo 3 "Herramientas de desarrollo" y van a determinar cuál de estas tres opciones nos resulta más ventajosa en cada momento.

Integración con .NET y Servicios Web

Microsoft Dynamics AX 2012 está mucho más cerca de la tecnología .NET que cualquiera de sus versiones anteriores. Importantes cambios en el compilador han permitido que la integración con el *.NET Framework* y *Visual Studio* sea más transparente que nunca y ya hay determinadas tareas que sólo pueden realizarse con este editor. Este cambio ha hecho posible que la aplicación sea diseñada en base a una arquitectura orientada a servicios web.

En este capítulo daremos un repaso a los cambios que ha sufrido el compilador y las consecuencias que esto ha tenido en las herramientas de desarrollo y el funcionamiento interno de la aplicación, así como a la infraestructura que posibilita este nuevo diseño orientado a servicios.

1.- COMPILADOR DE X++ VS CÓDIGO CIL

Tradicionalmente, el código **X++** que desarrollamos en *MorphX* se compila en un código intermedio que llamamos *p-code*. Este código es **interpretado** en tiempo de ejecución por el cliente de *Microsoft Dynamics AX* y por el AOS. Dicho código intermedio sigue existiendo en *Microsoft Dynamics AX 2012*, pero se ha añadido un paso extra en el proceso de compilado, que es la generación de código **CIL** (*Common Intermediate Language*), también llamado **MSIL** o simplemente **IL**.

CIL es el código al que se compilan en una primera fase todos los lenguajes de la plataforma .NET (*C#, Visual Basic, J#,* etc.), y ahora también X++. El resultado de esta primera fase suele tener forma de biblioteca o ensamblado. Estos ensamblados son interpretados por la máquina virtual de .NET en lo que conocemos como compilado *Just-*

In-Time (*JIT*), que genera el código **CLR** (*Common Language Runtime*) ejecutado finalmente por la máquina.

Este es un resumen muy simplificado de la arquitectura .NET, que se ha modificado para incluir a X++ como un lenguaje adicional. Ver figura 1.

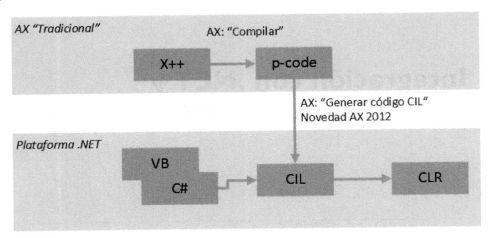

Figura 1.- Integración de X++ en la arquitectura del .NET Framework

La aplicación seguirá ejecutando código *p-code* en el cliente y el servidor, pero en algunos lugares se ejecutará el código *CIL* directamente desde la *CLR* (mucho más rápido). Algunos de estos lugares los puede definir el programador mientras que en otras partes esta ejecución será forzada por el sistema. Por ejemplo, el código ejecutado en procesos por lotes, desde el .NET *Business Connector (BC.NET), el código gestionado* (lo veremos a continuación) y los servicios web, **siempre se ejecutan desde ensamblados** *CIL*, en estos casos no se puede elegir.

Tenemos un ejemplo de **ejecución forzada de código X++** mediante *CIL* y en el servidor, en la tabla estándar *CustTable* (Clientes). Cabe destacar el uso de un **contenedor** para manejar la variable *buffer* de tipo *CustTable* de manera serializada para posibilitar este intercambio cliente-servidor:

```
/// <summary>
///  Executes the initFromCustTableIL operation after transitioning
///  to IL.
/// </summary>
/// <param name="_packedSalesTable">The packed <c>SalesTable</c>
///  on which to operate.</param>
/// <returns>The updated packed <c>SalesTable</c> buffer.</returns>
/// <remarks>
///  This static method is necessary to ensure that even calls
///  from EP will transition to the server tier prior to asserting
///  the XppILExecutePermission.
/// </remarks>
private static server container initFromCustTableServer(
                                      container _packedSalesTable)
{
    container          salesTableContainer;
```

```
XppILExecutePermission  xppILExecutePermission;

// Transition to IL to update the sales quantity
xppILExecutePermission = new XppILExecutePermission();
xppILExecutePermission.assert();

salesTableContainer = runTableMethodIL(tableStr(SalesTable),
                          tableStaticMethodStr(SalesTable,
                                          initFromCustTableIL),
                      _packedSalesTable);
CodeAccessPermission::revertAssert();

return salesTableContainer;
}
```

Tanto el *p-code* como el *CIL* generado se almacenan en la **Model Store** (en la base de datos) al compilar, por lo que no será necesario manipularlos manualmente para hacer copias de seguridad o hacer copias de la aplicación por cualquier motivo. Se descargan de la **Model Store** cuando son necesarios por el cliente y cuando arranca el servicio del AOS en el servidor, y siguen ejecutando esa copia local hasta que descargan una nueva versión. Todo este proceso es transparente para el usuario y para el programador.

Este funcionamiento facilita enormemente el despliegue de bibliotecas hacia los clientes comparándolo con versiones anteriores. Sin embargo, hace que el proceso de **compilado de código CIL se convierta en un paso obligatorio** al hacer cualquier cambio. Puesto que un cliente puede ejecutar código *p-code* en un momento dado y *CIL* en otro, si no se realiza la generación *CIL* (aunque sea la **generación incremental**) puede que la aplicación esté ejecutando diferentes versiones del código en diferentes lugares al mismo tiempo. O peor todavía como programadores, que el sistema esté ejecutando una versión (*CIL*) que no es la que estamos viendo en el editor de código (*p-code*), lo que puede complicar el diagnóstico y localización de ciertos errores.

El compilador *CIL* no ofrece una **salida de errores** muy detallada en la ventana del compilador de *MorphX*. El detalle de errores se guarda en un **fichero del disco**, por lo que en caso de error lo más sencillo es recurrir a este fichero que se almacena en la siguiente carpeta (por defecto):

```
C:\Program Files\Microsoft Dynamics AX\60\Server\<AOS>
  \bin\XppIL\Dynamics.Ax.Application.dll.log
```

2.- INTEGRACIÓN CON .NET Y VISUAL STUDIO

Microsoft Dynamics AX 2012 se integra con *Visual Studio 2010* como editor y herramienta de trabajo para la realización de numerosas tareas. Aparte del caso más evidente, escribir código .NET que puede ejecutarse en AX, actualmente algunas tareas sólo son posibles desde *Visual Studio*, como la edición de informes o la utilización de ensamblados .NET externos, por ejemplo para consumir servicios web.

Las principales herramientas que facilita esta integración son las **Visual Studio Tools for Microsoft Dynamics AX** que se incluyen en el proceso de instalación de las herramientas de desarrollo. Facilitan las siguientes tareas:

- El desarrollo de código .NET (*C#* o *Visual Basic*) que se ejecutará en *Microsoft Dynamics AX* utilizando los objetos del AOT mediante **clases Proxy**.

  Estas clases se generan automáticamente al agregar objetos al proyecto de *Visual Studio*, arrastrándolos desde la nueva ventana ***Application Explorer***. Si no se muestra en tu instalación de *Visual Studio* se puede activar desde el menú ***Ver***. Ver figura 2.

- La **depuración** de código X++ **en el servidor** desde *Visual Studio*, asociando el depurador directamente al servicio AOS mediante el menú *Depurar > Asociar al proceso*.

  Esto nos permite, por ejemplo, **depurar el código de servicios web** mientras se invocan desde aplicaciones externas, depurar procesos por lotes, informes, y en general cualquier proceso que se ejecute en el servidor.

- El diseño y despliegue de **informes**, que como veremos en el siguiente capítulo son informes de *Microsoft SQL Reporting Services*. Existe un paquete completo de herramientas destinado a esta integración, que veremos en el capítulo siguiente.

- El desarrollo y la modificación de los componentes de *Microsoft Dynamics AX* relativos a la **inteligencia de negocio** (*Business Intelligence*) tales como cubos, *KPI's*, etc, como los mostrados en las páginas *Role Center*.

- **Incluir ensamblados** .NET mediante **referencias**, que se almacenan en el AOT y pueden utilizarse desde X++.

- Agregar al AOT **proyectos de *Visual Studio***, cuyo resultado (ensamblados) podrá ser referenciado desde X++ directamente, sin necesidad de referencias.

  Este es el método utilizado, entre otras cosas, para incluir referencias a **servicios web externos**.

- El desarrollo de **manejadores de eventos** (ver capítulo anterior) directamente en código .NET. Esto es útil si el evento manejado debe conectar a sistemas externos como impresoras industriales o servicios web, o cualquier motivo que nos lleve a preferir C# antes que X++.

- Integrar *Visual Studio* con herramientas propias de *MorphX* como las **referencias cruzadas, actualización de versiones**, etc.

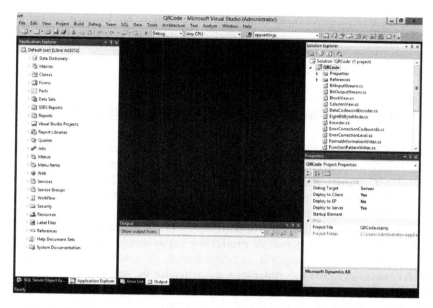

Figura 2.- Proyecto almacenado en el AOT abierto en Visual Studio

2.1.- Código gestionado (Managed Code)

Cuando hablamos de **Código gestionado** (*Managed Code*) en entornos de desarrollo de *Microsoft*, nos referimos al código que se ejecuta a través de la máquina virtual de .NET. En nuestro caso nos referimos a los lenguajes que pueden ser transformados en código *CIL* (básicamente *C#* y *Visual Basic* en *Microsoft Dynamics AX*) y en particular a nuestro X++.

En versiones anteriores ya podíamos utilizar clases del *.NET framework* directamente en X++. También podíamos importar referencias a ensamblados desarrollados en .NET para utilizarlos en X++. Esto es así gracias al llamado *.NET Interop*, pero su utilización resultaba algo incómoda por no haber una conversión implícita entre todos los tipos de datos de .NET y X++. A menudo, el código se hacía inmanejable por la gran cantidad de conversiones explícitas que debíamos realizar.

En *Microsoft Dynamics AX 2012* esta conversión es prácticamente transparente ya que el código manejado se integra con X++ cuando se genera el código CIL, por lo que se pueden utilizar clases de .NET y ensamblados externos de manera nativa, haciendo posible que bajo la potencia de estos lenguajes, X++ pueda conectar virtualmente con cualquier sistema externo.

Aunque esta elección depende del programador y del caso concreto, la buena práctica es **seguir utilizando X++ siempre que sea posible**. Es el lenguaje mejor integrado en el sistema, con **acceso directo a los datos, herramientas específicas** y todos los *frameworks* que ya hemos visto anteriormente, pensados para facilitar el desarrollo adaptado a las **particularidades** del producto.

Sin embargo, hay casos donde la utilización de código .NET puede ser ventajosa, ya sea dentro de X++ o como ensamblados externos, particularmente cuando necesitemos conectar con sistemas externos y esta conexión no pueda realizarse mediante uno de los *frameworks* pensados para ello (*AIF*, Servicios web, etc.).

2.2.- Proyectos Visual Studio vs Referencias en el AOT

En el AOT existe un nodo llamado *Visual Studio Projects* que almacena los proyectos de *Visual Studio* que hayamos agregado a la aplicación. En este momento nos interesan los subnodos *C Sharp Projects* y *Visual Basic Projects*. El lenguaje elegido para desarrollar estos proyectos es irrelevante desde el punto de vista funcional, dependerá de la preferencia de cada programador.

Estos proyectos, como todos los objetos del AOT, **se almacenan en la** *Model Store* y son compatibles con los sistemas de **modelos y capas** donde se asigna cualquier objeto del AOT. También con la mayoría de herramientas de desarrollo propias de *MorphX* como **referencias cruzadas**, comparador, actualizador de versiones, etc.

Para editarlos en *Visual Studio* simplemente hay que hacer *clic derecho > Editar*. Esta acción descargará la última versión del proyecto desde la *Model Store* y abrirá en *Visual Studio* la copia local.

Para guardar un proyecto en el AOT, o agregar un proyecto recién creado, desde *Visual Studio* utilizamos la opción *Add to AOT* al hacer clic derecho sobre el proyecto. A partir de ese momento el proyecto se mostrará en el AOT y podrá utilizarse tanto su funcionalidad como sus tipos de datos desde código X++. Cada vez que el proyecto se genera o se despliega desde *Visual Studio* se actualiza la copia del AOT en la *Model Store*. Cualquier otro desarrollador podrá ver los cambios cuando lo vuelva a descargar, abriéndolo desde el AOT o desde su copia local, ya que *Visual Studio* lo descarga automáticamente si detecta que es un proyecto de *Microsoft Dynamics AX*.

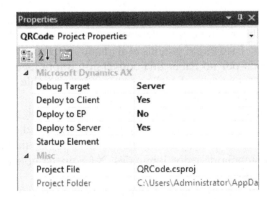

Figura 3.- Propiedades de un proyecto Visual Studio

Para que nuestros proyectos de *Visual Studio* se desplieguen correctamente es importante ajustar correctamente sus propiedades, sobre todo cuando se crea uno nuevo.

Las propiedades *Deploy to Client*, *Deploy to Server* y *Deploy to EP* (ver figura 3) van a determinar si el resultado del proyecto (que será un ensamblado) se copia al cliente, al AOS o al servidor *Enterprise Portal*, cuando sea necesario. Lo habitual es marcar al menos **Cliente y Servidor**, a no ser que alguna de ellas no tenga sentido de manera clara, y marcar *EP* sólo en el caso de necesitarlo en *Enterprise Portal*.

El **despliegue al cliente** se efectúa cuando el código ejecutado en el cliente **necesita** algún tipo de datos contenido en estos ensamblados. Esto suele ser durante la ejecución de la aplicación, pero también al utilizar *IntelliSense* **en el editor X++** o al ejecutar el **compilador**, por lo que es una buena práctica que prácticamente todos los ensamblados se desplieguen **al cliente al menos durante el desarrollo**. El cliente descargará el ensamblado desde la *Model Store* cuando lo necesite, y no volverá a hacerlo **hasta que se reinicie**. Si estamos modificando algún ensamblado, será necesario cerrar y volver a abrir el cliente (**todos** los clientes que tengamos en nuestra sesión) para que detecte si hay una nueva versión, y vuelva a descargarla. Los ensamblados del cliente se descargan en la carpeta (del cliente):

```
%USERPROFILE%\AppData\Local\Microsoft\Dynamics AX\VSAssemblies
```

El **despliegue al servidor** se realiza **cuando se inicia** el servicio AOS. En la configuración del AOS se puede activar la opción "*Habilitar el intercambio en caliente de ensamblados para cada sesión de desarrollo*" que evita tener que reiniciar el servicio con cada cambio durante el desarrollo. Este *hot-swap* sólo debe activarse en servidores de desarrollo, **nunca en producción** ya que podría causar que diferentes usuarios ejecuten diferentes versiones del ensamblado a la vez, produciendo resultados impredecibles. Los ensamblados del servidor se descargan todos a la vez durante el arranque del servicio en la carpeta (del servidor):

```
C:\Program Files\Microsoft Dynamics AX\60\Server\<AOS>\bin\XppIL
```

Dentro de este directorio se encuentra también la carpeta *source*, donde *Visual Studio* descarga los ficheros *XPO* con el código fuente de la aplicación para poder **depurar el código ejecutado en el servidor**. Si en algún momento *Visual Studio* nos pide buscar un fichero de código fuente durante la depuración de código X++, debemos apuntarlo a este directorio ya que es posible que el fichero no se haya descargado todavía, ya que a veces la depuración va más rápido que la descarga del código. Es común que en esta carpeta haya varios cientos de miles de ficheros. Se genera uno nuevo para cada método.

Por supuesto, podemos seguir utilizando **Referencias en el AOT** para incluir ensamblados de .NET de los que no tenemos el código. También es útil si no tenemos instalado *Visual Studio* y debemos desarrollar los ensamblados en otro entorno. Al agregar una biblioteca al AOT mediante una **Referencia**, el fichero se copiará directamente en la carpeta */bin* del servidor (o se utilizará desde la *GAC* de Windows), pero **no se copiará** automáticamente a los clientes, ese despliegue tendremos que hacerlo manualmente. Para ello disponemos de la clase *CLRObject* para manejar ensamblados en el cliente, y las clases *SysFileDeployment* y derivadas que permiten desplegar ficheros a los clientes (no sólo ensamblados, también imágenes, etc.) desde el servidor.

Estos ensamblados tampoco se actualizan automáticamente al poner una nueva versión. El fichero deberá copiarse manualmente a la carpeta del servidor y desplegarlo a los clientes con cada nueva actualización. Es por todo esto que se recomienda utilizar proyectos *Visual Studio* en el AOT siempre que sea posible.

2.3.- Manejo de Excepciones y .NET Interop

A pesar de que la integración de .NET en X++ ha mejorado notablemente, todavía debemos comprobar de manera explícita las excepciones generadas dentro de un ensamblado o un tipo de .NET utilizado en X++, ya que la gestión de excepciones es muy diferente en ambos lenguajes.

La sintaxis puede cambiar dependiendo de las necesidades, pero suele tener una forma parecida a la siguiente:

```
System.Exception ex;

try
{
    // aquí se produce un error en un objeto .NET
}
catch (Exception::CLRError) // Excepción CLR
{
    ex = ClrInterop::getLastException();
    if (ex != null)
    {
        ex = ex.get_InnerException();
        if (ex != null)
            error(ex.ToString());
    }
}
```

Puesto que .NET devuelve los errores como una pila de excepciones anidadas, desde X++ debemos profundizar en la colección de errores hasta llegar al más interno, que será el mensaje de error final. Puede que nos interese mostrar toda la pila de errores (es útil durante el desarrollo, o si el error se guardará en un *log* o algo parecido) o sólo el mensaje final de error (lo normal si el mensaje se va a mostrar al usuario). Dependerá de las necesidades de cada caso, lo importante del ejemplo es comprender la idea. En próximos ejemplos veremos estructuras similares.

2.4.- Ejemplo de proyecto Visual Studio en el AOT

Adelantándonos al contenido del punto siguiente, vamos a crear un proyecto de ejemplo en *Visual Studio* que nos servirá en los ejemplos posteriores. En concreto, vamos a ver cómo añadir a *MorphX* una referencia a **servicios web externos**.

En versiones anteriores utilizábamos el nodo *Service References* del AOT, pero este nodo ha sido eliminado en *Microsoft Dynamics AX 2012* porque se puede conseguir el mismo resultado creando una biblioteca en *Visual Studio* que contenga esa referencia.

Primero, en *Visual Studio* vamos a *Archivo* > **Nuevo Proyecto** > *(plantillas) Visual C# (podría hacerse lo mismo en Visual Basic)* > *Windows* > **Libería de clases** *(Class Library)* y elegimos un nombre para el proyecto, en nuestro caso *JAEE.AX.Libro.Servicios*.

En el proyecto recién creado vamos a la ventana **Explorador de Soluciones** *(Solution Explorer)*, si no está visible se puede activar en el menú *Ver*, y eliminamos la clase que se crea por defecto *(Class1.cs)* ya que en este proyecto sólo nos interesan las referencias.

En la carpeta **Referencias** *(References)* dentro del *Explorador de Soluciones*, hacemos *clic derecho* > **Agregar referencia de servicio**. En esta nueva ventana, indicamos la URL del servicio web que vamos a utilizar, podemos probarlo utilizando el botón **Ir** *(Go)*, y damos un nombre al **Espacio de nombres** *(Namespace)* en el que se va a generar la referencia. Este *namespace* se utilizará en X++ al referenciar este proyecto. En nuestro caso, para este ejemplo, utilizaremos un servicio web abierto que se encuentra en el sitio: *webservicex.net*. Ver figura 4.

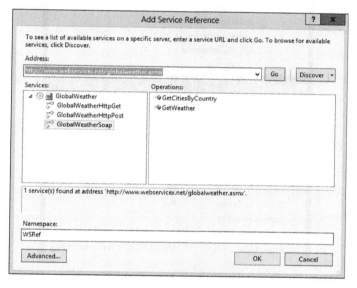

Figura 4.- Agregar referencia de servicio en Visual Studio

En este momento podemos pulsar el botón *Aceptar*, pero antes en el botón *Avanzadas* *(Advanced)* vamos a cambiar el tipo de colecciones generadas en la referencia a *System.Collections.Generic.List*, esto es sólo una cuestión de gustos. Con esto nuestro proyecto está terminado. Si tuviéramos que manejar diferentes servicios, podemos añadir todas las referencias en este mismo proyecto o podemos crear proyectos separados para cada una, esto también va a depender de las necesidades y preferencias en cada caso.

El siguiente paso es hacer clic derecho sobre el proyecto en *Visual Studio* > **Añadir XXX al AOT**, donde *XXX* es el nombre del proyecto. Mediante esta acción, *Visual Studio* conecta al AOS utilizando la configuración por defecto del cliente y guarda una copia del proyecto en el **AOT**, en el nodo **Visual Studio Projects > C Sharp Projects** (o **Visual Basic Projects**, según el lenguaje elegido).

En las propiedades del proyecto podemos elegir las opciones de despliegue de la biblioteca que se va a generar. Como ya hemos comentado, normalmente marcaremos **Client y Server**. Después de cambiar las propiedades hacemos clic derecho sobre el proyecto > **Generar** (*Build*), para que este cambio se guarde también en la copia del AOT. Ver figura 5.

A partir de aquí el proyecto está terminado y almacenado en el AOT, por lo que podemos cerrar *Visual Studio*.

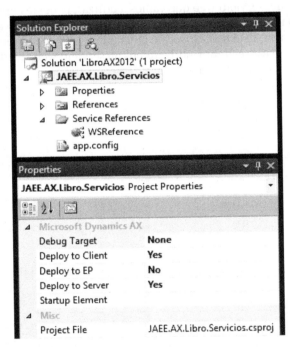

Figura 5.- Propiedades de un Proyecto AX en Visual Studio

Volvemos al entorno de desarrollo en *Microsoft Dynamics AX* y comprobamos que el nuevo proyecto aparece en el nodo correspondiente del AOT. Dependiendo de la configuración de nuestro AOS, es posible que tengamos que reiniciar el cliente, el servicio del AOS, o incluso ejecutar una generación de código CIL incremental, para que la biblioteca se copie a los lugares oportunos. Normalmente hay que reiniciar al menos el cliente para que se cargue la biblioteca y podamos tener los nuevos tipos en el **IntelliSense** del editor.

Para hacerlo más sencillo, probaremos el consumo del servicio creando un *Job* en *MorphX* con el siguiente código:

```
    static void JAEE_Libro_8_ConsumirServicioExterno(Args _args)
    {

#define.ServiceURL('http://www.webservicex.net/globalweather.asmx')
#define.CLRType('JAEE.AX.Libro.Servicios.WSRef.GlobalWeatherSoapClient')

        //        Proyecto VS    | Ref.|        Tipo
        JAEE.AX.Libro.Servicios.WSRef.GlobalWeatherSoapClient    client;

        System.Type                                          type;
        System.ServiceModel.Description.ServiceEndpoint    endpoint;
        System.ServiceModel.EndpointAddress                endpointAddr;

        System.Exception                                     ex;
        str                                                  xml;

        try
        {
            // Este paso es obligatorio para que el Endpoint
            //  de AIF se genere correctamente en AX
            type   = CLRInterop::getType(#CLRType);
            client = AifUtil::createServiceClient(type);

            // Utilizando manualmente el Endpoint, podemos almacenar
            //  la URL del servicio y sobrescribir la almacenada en
            //  Visual Studio en cada llamada.
            // Esto nos permite conectar a varios entornos según
            //  la configuración.
            endpointAddr = new System.ServiceModel
                                    .EndpointAddress(#ServiceURL);
            endpoint = client.get_Endpoint();
            endpoint.set_Address(endpointAddr);

            // LLamada al servicio web
            xml = client.GetWeather("Alicante", "Spain");

            // Mostrar la respuesta en el InfoLog
            info(xml);
        }
        catch (Exception::CLRError)
        {
            ex = ClrInterop::getLastException();
            if (ex != null)
            {
                info(ex.get_Message());
                ex = ex.get_InnerException();
                if (ex != null)
                    error(ex.ToString());
            }
        }
        catch (Exception::Internal)
        {
            ex = ClrInterop::getLastException();
            if (ex != null)
                info(ex.ToString());
        }
    }
```

Como se puede ver, los tipos creados en la biblioteca .NET del proyecto en *Visual Studio* pueden utilizarse en X++ junto a otros tipos de .NET y X++ integrados perfectamente. Este código es el esquema que utilizaremos siempre para **consumir servicios externos** desde X++. La respuesta a la petición se puede ver en la figura 6.

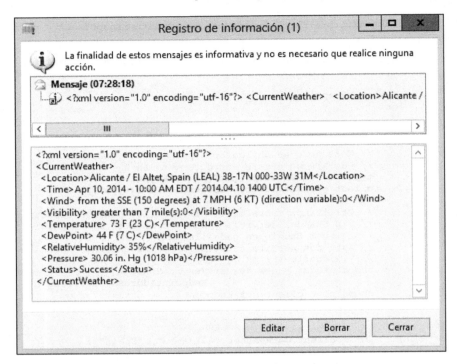

Figura 6.- Respuesta del consumo de un servicio web externo

Esta respuesta podríamos tratarla mediante las clases dedicadas al manejo de ficheros XML en X++, y también con las disponibles en .NET.

3.- SERVICIOS WEB

En capítulos anteriores hemos comentado los numerosos cambios que ha sufrido desde el punto de vista técnico esta versión *Microsoft Dynamics AX 2012*, incluyendo las sucesivas actualizaciones que se han incluido desde su lanzamiento inicial: Por ejemplo, la versión **R2** separó la *Model Store* a otra base de datos, la versión **R3** se certificó para *Microsoft Azure*, y un largo etcétera).

Con independencia del motivo que los ha generado, muchos de estos cambios están orientados a que la aplicación tenga una arquitectura basada en servicios web (*Service Oriented Architecture, SOA*) para **facilitar la conexión** desde aplicaciones externas, particularmente desde **dispositivos móviles,** como demuestran las aplicaciones liberadas por Microsoft para todas las plataformas móviles (*Apple, Android, Windows Phone*, etc.).

Actualmente no sólo es sencillo y *"nativo"* publicar la lógica de la aplicación mediante servicios web, como vamos a ver a continuación, sino también consumirlos mediante el código gestionado que acabamos de comentar. La utilización de servicios web está tan integrada en el sistema que el propio estándar consume sus propios servicios para realizar tareas internas del sistema como los registros de transacciones contables, de inventario, etc.

Estos servicios se basan en el *framework **Windows Communication Foundation** (**WCF**)*, generados gracias al nuevo compilador *CIL*, y en la tecnología ***Application Integration Framework** (**AIF**)* cuya integración y configuración se ha hecho mucho más sencilla que en versiones anteriores, simplificando enormemente la puesta en marcha de nuevos servicios.

A continuación vamos a analizar por encima los componentes básicos de estos sistemas (WCF y AIF), cómo estos componentes están reflejados en *Microsoft Dynamics AX 2012* y cuál es la configuración básica necesaria. A continuación daremos un breve repaso por los diferentes tipos de servicios web que podemos utilizar.

Como es imposible entrar en detalle de todas las opciones disponibles, veremos las posibilidades más utilizadas de manera que resulte sencillo investigar el resto a partir de este punto de partida. Para más información se puede consultar la documentación oficial en el siguiente enlace:

Enlace: Services and Application Integration Framework (AIF) [AX 2012]

http://technet.microsoft.com/en-us/library/gg731810.aspx

3.1.- Conceptos básicos sobre servicios web en AX

Podemos entender el concepto de servicio como una parte de la lógica de negocio del sistema, expuesta al exterior para ser utilizada por aplicaciones externas. Un **servicio** (en el nodo **Services** del AOT) expone ciertos métodos que llamamos **operaciones de servicio** (nodo **Operations** dentro de un servicio en el AOT) y pertenece a un **grupo de servicios**. Un grupo de servicios se despliega en forma de ensamblado a un **servidor web**, que es quien se encarga facilitar el transporte y el punto de acceso a las aplicaciones externas.

Como novedad, a partir de *Microsoft Dynamics AX 2012* no es necesario un servidor web específico, ya que los servicios web son publicados **directamente por el AOS** sin ninguna configuración extra. Sólo es necesario instalar *Internet Information Services* (**IIS**) para cubrir unos requerimientos específicos, tales como publicar los servicios en una red pública, o aprovechar su potencial en cuanto a escalabilidad. En este caso se debe instalar el **conector** en el servidor *IIS* desde el instalador de *Microsoft Dynamics AX 2012* (llamado ***Servicios web en IIS*** en el instalador), de manera que *IIS* actuará de intermediario recibiendo la petición, enviándola al AOS y devolviendo la respuesta al cliente que la originó.

Los servicios web pueden ser de tres **tipos**:

- **Servicios del sistema**: Son servicios publicados por el sistema que no pueden ser modificados pero sí consumidos por aplicaciones externas. Estos servicios son *Query, Metadata* y *User Session* y nos permiten realizar consultas a la base de datos, obtener información sobre los objetos del AOT y sobre las sesiones de usuario, respectivamente.

- **Servicios de documento**: Estos servicios se basan en una *Query* del AOT y exponen documentos de datos que representan entidades de la base de datos. Se utilizan para leer y escribir en las tablas de la base de datos y exponen operaciones como *create, delete, find, update*, etc., aunque se les puede añadir operaciones personalizadas. Son compatibles con casi toda la funcionalidad propia de AIF.

  Estos servicios dan soporte a la herramienta de manejo de datos desde *Microsoft Office*, que puede utilizarse para leer y manipular datos de la aplicación desde *Word* y *Excel*, como veremos al final de este capítulo.

- **Servicios personalizados**: Son servicios desarrollados en X++ que exponen métodos de clases. Son los más flexibles, ya que se desarrollan íntegramente por el programador, pero por este mismo motivo también pueden ser los más costosos. Se utilizan para exponer lógica de negocio compleja (que no se puede representar sólo por una entidad de negocio) o acciones a realizar sobre la aplicación.

Los servicios se agrupan en **grupos de servicios** (nodo *Service Groups* del AOT). Un grupo de servicios es un conjunto de servicios que se despliegan y se configuran juntos. Todos los servicios de un grupo se configuran a la vez en *Microsoft Dynamics AX* y se despliegan al servidor en **un único fichero**, por tanto se compilan y actualizan también a la vez.

Para facilitar la configuración y el despliegue de estos grupos de servicios, se han incorporado al sistema lo que llamamos *Puertos de integración*, que reemplazan a lo que en versiones anteriores eran *Endpoints* (y una larga lista de entidades que debíamos configurar por separado). Aunque pueden añadirse y configurarse manualmente, si hacemos clic derecho sobre un grupo de servicios en el AOT y elegimos la opción *Implementar grupo de servicio*, se creará automáticamente un puerto de entrada para esos servicios, y serán expuestos para su utilización de manera inmediata.

Enlace: Managing integration ports [AX 2012]

http://technet.microsoft.com/EN-US/library/aa496471.aspx

Los puertos de integración pueden ser de **entrada** (las peticiones se originan fuera de *Microsoft Dynamics AX*) o de **salida** (las peticiones se generan en la aplicación). Los puertos de entrada pueden ser **básicos** o **mejorados,** los puertos de salida sólo pueden ser básicos. Ambos se encuentran en el menú *Administración del sistema > Configurar > Services and Application Integration Framework > Puertos de entrada/salida.*

- Los puertos de integración **básicos** responden a las necesidades de la mayoría de casos en los que se desea exponer cierta lógica fácilmente, sin necesidad de configurar manualmente los componentes internos de la implementación. No permiten demasiada configuración y se exponen mediante un *endpoint* de *WCF* directamente en el AOS.

- Los puertos de integración **mejorados** permiten una configuración detallada de todos los componentes que intervienen en la operación. Estos servicios se pueden publicar en *IIS* y permiten modificar opciones del **Protocolo** (*HTTP, NetTCP, MSMQ,* ficheros, etc.), realizar **Transformaciones** a los mensajes tanto de petición como de respuesta, permiten configurar opciones de **seguridad** y **registro** avanzadas, etc. Ver figura 7.

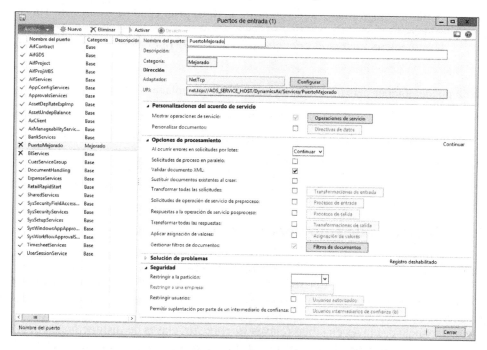

Figura 7.- Configuración de Puertos de entrada mejorados

Mediante transformaciones se pueden modificar tanto el mensaje de entrada como el de salida, justo antes o después de ser recibido, procesado o devuelto. Esto nos permite ajustar los valores de entrada o de salida para, por ejemplo, utilizar formatos personalizados de XML. Ver figura 8.

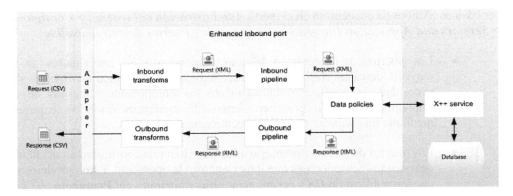

Figura 8.- Transformaciones de una solicitud mediante un puerto mejorado

> **Nota**: El diagram mostrado en la figura 8 es propiedad de Microsoft. Ha sido extraído de:
> http://technet.microsoft.com/en-us/library/ gg731873.aspx

Se puede obtener más información en el siguiente enlace:

> **Enlace**: About the AIF Pipeline and Transforms [AX 2012]
>
> http://technet.microsoft.com/en-us/library/gg840969.aspx

3.2.- Servicios de tipo documento

Los servicios de tipo documento **siempre se basan en una *Query***. Esta consulta da forma al contrato de datos del servicio, esto es, decide qué campos va a manejar el documento y de qué tipo son. Utilizar este tipo de servicios tiene muchas ventajas ya que el sistema es compatible con todos los *frameworks* internos de X++ que hemos visto, como el manejo de claves en tablas (claves *surrogadas*, claves de sustitución, etc.), tablas de datos con validez en el tiempo (*DEF*), vistas, *frameworks* funcionales como el de dimensiones, secuencias numéricas, etc.

3.2.1.- Crear servicios de tipo documento

Vamos a demostrar los pasos necesarios para crear un servicio de tipo documento con un ejemplo. Si queremos partir de una *Query* existente podemos saltarnos todo el primer punto.

- **Crear una *Query*** para el servicio (se puede utilizar una existente)

  - **Nueva *Query***, cambiar el nombre a *JAEELedgerJournal*

  - Añadir la tabla ***LedgerJournalTable*** (diarios contables) a la *Query* arrastrándola sobre el nodo *Data Sources*, quitar el sufijo *_1* del nombre del *Data Source* y expandir el nodo.

  - Añadir la tabla ***LedgerJournalTrans*** (líneas de diario contable) a la *Query* arrastrándola sobre el *Data Source* anterior, lo que creará un *join* en la consulta. De nuevo quitar el *_1* del nombre, cambiar las propiedades ***JoinMode: OuterJoin*** y ***FetchMode: 1:n*** para definir correctamente el *join* entre la cabecera y las líneas de diario. Expandir el nodo.

  - Seleccionar el nodo ***Fields*** del *Data Source* y cambiar la propiedad ***Dynamic: Yes***. Esto hace que la *Query* incluya siempre todos los campos de la tabla, lo que evita tener que regenerar los servicios al hacer cambios en las tablas que utilizan. Hacer lo mismo en el nodo *Fields* del DS *LedgerJournalTrans*.

  - Clic derecho en el nodo ***Relations*** del DS ***LedgerJournalTrans*** y elegir ***Nueva Relación***. En este caso se crea automáticamente una relación basada en los tipos de datos de las claves primarias de las tablas. Si no fuera así, se pueden añadir cuantos campos sean necesarios para representar la relación entre las dos tablas.

- **Crear servicio** desde la *Query* utilizando el asistente.

  - En el entorno de desarrollo, ir a *Herramientas > Marco de integración de la aplicación > **Crear servicio de documentos***. Se puede utilizar la opción *Actualizar servicio de documentos* para regenerar los objetos de un servicio existente.

  - En el primer paso del asistente elegimos la *Query* recién creada y automáticamente se asigna el mismo nombre al documento. Pulsamos *Siguiente*.

  - En el siguiente paso se pueden dejar todas las opciones por defecto, pero vamos a marcar las ***Operaciones de servicio*** *create*, *read* y *find*. Ver figura 9.

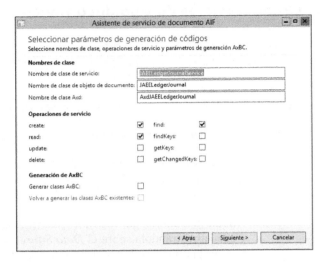

Figura 9.- Asistente de servicio de documento AIF

En este caso no vamos a marcar las opciones para **generar las clases AxBC**, que son clases *proxy* para utilizar las tablas desde la aplicación que consuma el servicio, porque estamos utilizando tablas estándar y estas clases ya están creadas. Si el servicio gestionara tablas nuevas sí habría que marcar este *check*.

o El último paso del asistente nos muestra un resumen de todos los objetos que se van a generar para instrumentar el nuevo servicio. Se van a crear clases para representar los contratos de datos de las tablas que intervienen en la *Query* así como para representar al propio servicio. Se crea el propio servicio en el AOT, un *Job* para crear el esquema de datos (si es que lo necesitamos) y se engloba todo ello en un nuevo proyecto para tenerlo ordenado.

o Pulsamos el botón *Generar*.

Cuando finaliza el proceso, todos los objetos creados se encuentran en un nuevo proyecto privado que podemos encontrar en el árbol de proyectos. Ver figura 10.

Como se puede ver en el proyecto, se han generado todos los objetos necesarios (en el ejemplo, los que tienen modelo *Libro AX2012*), pero no se han creado los que ya existían (las clases *proxy* que siguen en el modelo *Foundation*), aunque también se han incluido en el proyecto para facilitar su acceso.

Es un buen momento para compilar el proyecto y generar el *CIL* incremental. Recordemos que los servicios se ejecutan siempre mediante código *IL*.

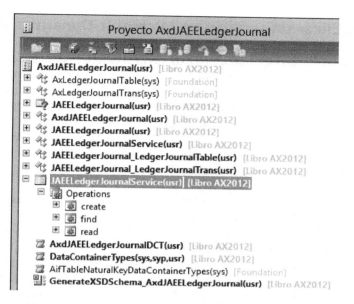

Figura 10.- Proyecto generado por el asistente de documentos AIF

La mayoría de objetos creados son clases. Las clases *AxBc* representan y abstraen las **tablas** y contienen la lógica propia para la creación y lectura de registros de cada tabla.

La clase *Axd* representa la lógica general de la **entidad** que estamos representando, que puede manejar una o varias tablas (por ejemplo un pedido sería una cabecera y varias líneas). Se pueden personalizar para modificar la lógica de la entidad o añadir funciones más complejas, por ejemplo, registrar un diario o una factura.

También se ha creado automáticamente un objeto de tipo *Service* al que se han añadido las operaciones que elegimos en el asistente, una clase que representa dicho **servicio** y numerosos objetos extra para representar los **tipos** de datos de *MorphX*. Por último, se crea un *Job* que permite generar un fichero *XSDS* con el esquema del servicio, por si lo necesitamos en la aplicación cliente.

En este momento el servicio está terminado y listo para ser desplegado en un **puerto de integración**, que puede ser de **entrada** (para que aplicaciones externas creen diarios contables, en este caso) o de **salida** (para enviar los diarios contables existentes a aplicaciones externas, por ejemplo, mediante un adaptador de ficheros de *AIF*). Dependiendo del caso se deben haber elegido unas operaciones de servicio coherentes con la utilidad que se le va a dar.

Enlace: Creating New Document Services [AX 2012]

http://technet.microsoft.com/en-us/library/aa856656.aspx

3.2.2.- Publicar un servicio en Microsoft Dynamics AX 2012

Una vez terminado el servicio, debemos exponerlo al exterior publicándolo mediante un puerto de integración. En nuestro ejemplo, vamos a crear un nuevo grupo de servicios (*Service Group*) en el AOT, le cambiamos el nombre y le podemos asignar la propiedad *AutoDeploy*: *Yes*. De esta manera los servicios que contenga se activarán automáticamente cada vez que se inicie el AOS.

Después de guardar este objeto, hacemos clic derecho sobre él y elegimos *Nuevo Service Node Reference*. En las propiedades del nodo recién creado elegimos el nombre de nuestro servicio tanto en la propiedad *Service* como *Name*. De esta forma hemos asociado nuestro servicio con este grupo de servicios.

Un grupo de servicios puede contener referencias a **varios servicios**, exponiendo la funcionalidad de todos ellos al implementar el grupo. Los servicios se pueden agrupar por funcionalidad, por desarrollo, o por cualquier otro criterio, siempre que tenga sentido que se desplieguen y configuren juntos.

Por último, hacemos clic derecho sobre el grupo de servicios y elegimos la opción *Implementar grupo de servicio*. Este proceso puede demorarse un poco ya que ejecuta una generación incremental del código CIL y, si no hay errores, genera los artefactos necesarios para nuestros servicios, se inicia el grupo de servicios, y se implementa el puerto correspondiente.

En este momento el servicio se ha publicado en el AOS y está escuchando, listo para ser utilizado. Para comprobarlo podemos abrir un cliente de usuario de AX (no el entorno de desarrollo) e ir a *Administración del sistema > Configurar > Services and Application Integration Framework > Puertos de entrada*. Ver figura 11.

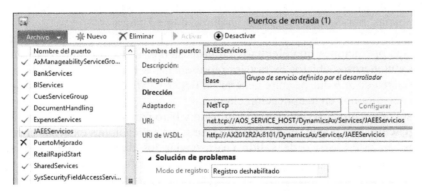

Figura 11.- Puerto de entrada básico

Al implementar el grupo de servicios se ha generado automáticamente un puerto de entrada y se ha activado en una URL. En este formulario podemos *Desactivarlo* y, como es un puerto básico, únicamente podemos cambiar la configuración del registro. Es interesante cambiarlo a *Todas las versiones de documento*, al menos durante el desarrollo y las pruebas. También podemos consultar la URL del servicio que podemos probar directamente en un navegador.

3.2.3.- Consumir servicios de tipo documento desde .NET

Para consumir el servicio recién creado vamos a crear una sencilla aplicación de consola en *Visual Studio,* donde agregamos una referencia de servicio. Como dirección indicamos la URL del puerto de entrada. Ver figura 12.

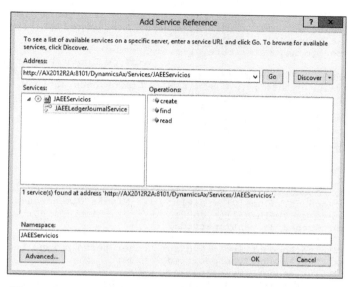

Figura 12.- Agregar referencia al servicio publicado en AX

Aquí se puede ver que aparecen todos los servicios publicados en esa URL (en ese grupo de servicios), en nuestro caso sólo uno, pero saldrían más si se añaden más servicios al grupo. También se muestran las operaciones de cada servicio, que corresponden a las que indicamos en el asistente de creación de *AIF* de la figura 9.

A continuación se muestra un código C# de ejemplo que consume el servicio y genera un diario contable con una sola línea. Aunque está muy simplificado el funcionamiento básico resulta fácilmente comprensible:

```csharp
// El contexto indica a AX algunos aspectos de la conexión
CallContext context = new CallContext();
context.Company = "USMF";

// Cabecera del diario
AxdEntity_LedgerJournalTable journalHeader = new
                            AxdEntity_LedgerJournalTable();
journalHeader.JournalName = "GenJrn"; // Nombre del diario

// Línea de diario. Repetir para cada línea
AxdEntity_LedgerJournalTrans journalLine = new
                            AxdEntity_LedgerJournalTrans();
journalLine.Company = context.Company;

// BEGIN. Número de cuenta
```

```
AxdType_MultiTypeAccount account = new AxdType_MultiTypeAccount();
account.Account = "130100"; // Cuenta contable
account.DisplayValue = "130100-001-024";
account.Values = new AxdType_DimensionAttributeValue[2];

// Segmentos. Dimensiones financieras.
AxdType_DimensionAttributeValue dav1 = new
                              AxdType_DimensionAttributeValue();
dav1.Name = "BusinessUnit";  // Nombre de la primera dimensión
dav1.Value = "001";          // Valor para la primera dimensión
account.Values[0] = dav1;
AxdType_DimensionAttributeValue dav2 = new
                              AxdType_DimensionAttributeValue();
dav2.Name = "Department";    // Esto se repite dependiendo de las
dav2.Value = "024";          // ... dimensiones activas.
account.Values[1] = dav2;
// END. Número de cuenta

// BEGIN. Cuenta de contrapartida.
AxdType_MultiTypeAccount offsetAccount = new
                              AxdType_MultiTypeAccount();
offsetAccount.Account = "110110";
offsetAccount.DisplayValue = "110110-001-024";
offsetAccount.Values = new AxdType_DimensionAttributeValue[2];
offsetAccount.Values[0] = dav1;    // Mismas dimensiones para
offsetAccount.Values[1] = dav2;    // ... simplificar.
// END. Cuenta de contrapartida.

journalLine.AccountType = AxdEnum_LedgerJournalACType.Ledger;
journalLine.AccountTypeSpecified = true;
journalLine.LedgerDimension = account;
journalLine.OffsetAccountType = AxdEnum_LedgerJournalACType.Ledger;
journalLine.OffsetAccountTypeSpecified = true;
journalLine.OffsetLedgerDimension = offsetAccount;
journalLine.AmountCurDebit = 120;
journalLine.AmountCurDebitSpecified = true;

// Agregar la línea a la cabecera
journalHeader.LedgerJournalTrans = new
                              AxdEntity_LedgerJournalTrans[1];
journalHeader.LedgerJournalTrans[0] = journalLine;

// Entidad que representa el contrato de datos del servicio
AxdJAEELedgerJournal journal = new AxdJAEELedgerJournal();
journal.LedgerJournalTable = new AxdEntity_LedgerJournalTable[1];
journal.LedgerJournalTable[0] = journalHeader;

// Llamada al servicio
JAEELedgerJournalServiceClient client = new
                              JAEELedgerJournalServiceClient();
client.create(context, journal);
```

Se puede comprobar la utilización de **tipos de datos** que se han descargado de *MorphX* mediante las clases *proxy* (como los enumerados) y también ***frameworks*** funcionales como el manejo de dimensiones financieras y segmentos, en este caso.

3.3.- Servicios personalizados

Desarrollar un servicio personalizado en X++ es totalmente diferente a los servicios de tipo documento que acabamos de ver. Es la forma más *artesanal* de hacerlo y más parecido a desarrollar servicios en .NET o en otros lenguajes que a nada de lo que conocemos acerca de AIF desde versiones anteriores.

Para crear un servicio personalizado se necesitan varias clases que se crean en *MorphX* de manera normal y representan las siguientes entidades:

- **Contrato de servicio**: Es la clase que representa al propio servicio y va a definir los métodos que se exponen.

- **Contrato de datos**: Es la clase que define la forma que van a tener los parámetros de entrada y el valor devuelto por el servicio (puede ser el mismo contrato, o contratos diferentes para entrada y salida).

Aunque la potencia que ofrecen los servicios personalizados es casi infinita, ya que se desarrollan manualmente y con las únicas limitaciones propias de X++, en realidad, llegados a este punto, la comprensión de sus conceptos es muy sencilla. Por este motivo los ejemplos que vamos a realizar a continuación son simples, pero esto no impide que mediante el mismo mecanismo se puedan realizar operaciones mucho más complejas.

3.3.1.- Contrato de datos

Ya hemos hablado sobre contratos de datos en el capítulo 7 "*Frameworks*" y volveremos a hacerlo en el capítulo siguiente, por lo que no profundizaremos sobre ello aquí.

Los contratos de datos para servicios se crean de la misma forma que los utilizados por el **SysOperation Framework** y con la misma filosofía: propiedades que almacenan datos en la clase, métodos de tipo parámetro que los exponen mediante atributos que *decoran* tanto la clase como los métodos correspondientes, etc. De hecho, un mismo contrato de datos puede utilizarse para una clase *SysOperation* y a la vez para un servicio, o para un informe, como veremos, ya que internamente todo se basa en el mismo *framework*.

En nuestro ejemplo, vamos a partir desde el siguiente contrato de datos:

```
[DataContractAttribute('RegistrarAlbaran')]
public class JAEERegistrarAlbaranDataContract
{
    // Entrada
    PurchId          purchId;
    PackingSlipId    packingSlipId;
    TransDate        transDate;

    // Salida
    RefRecId         packingSlipRecId;
}
```

```
    [DataMemberAttribute('Pedido')]
    public PurchId parmPurchId(PurchId _purchId = purchId)
    {
        purchId = _purchId;
        return purchId;
    }

    [DataMemberAttribute('Fecha')]
    public TransDate parmTransDate(TransDate _transDate = transDate)
    {
        transDate = _transDate;
        return transDate;
    }

    [DataMemberAttribute('Albaran')]
    public PackingSlipId parmPackingSlipId(
                        PackingSlipId _pkSlipId = packingSlipId)
    {
        packingSlipId = _pkSlipId;
        return packingSlipId;
    }

    [DataMemberAttribute('Albaran_RecId')]
    public RefRecId parmPackingSlipRecId(
                        RefRecId _packingSlipRecId = packingSlipRecId)
    {
        packingSlipRecId = _packingSlipRecId;
        return packingSlipRecId;
    }
```

En principio no hay mucha diferencia con los contratos que ya hemos visto en capítulos anteriores. Lo único que ha cambiado es que utilizamos los atributos *DataContractAttribute* y *DataMemberAttribute* para dar un nombre a las propiedades. Este es el nombre que van a tener cuando consumamos el servicio desde un sistema externo. De esta forma separamos el *nombre amigable* que damos al campo para que sea comprensible por terceros, y el nombre que asignamos en *MorphX* que sigue las buenas prácticas habituales.

Los contratos de datos en servicios web se utilizan para darle a entender al consumidor del servicio la forma que tienen tanto los valores de entrada como los de salida. También son utilizados por WCF para **serializar y deserializar** estos datos en los mensajes que intercambiamos con el servicio.

Debido a limitaciones de X++ en cuanto a los tipos de datos de estructuras compuestas (como las listas), en el caso de utilizar estos tipos debemos añadir atributos extra a los métodos del contrato para definir los tipos exactos a utilizar tanto en parámetros de entrada como de salida (de retorno). Por ejemplo:

```
    [DataMemberAttribute,
     AifCollectionTypeAttribute('return', Types::Class,
                            classStr(JAEEEjemploClass)),
     AifCollectionTypeAttribute('_ejemplo', Types::Class,
                            classStr(JAEEEjemploClass))]
    public List parmListaEjemplo(List _ejemplo = ejemplo)
    {
        // ...
    }
```

De esta manera utilizamos el atributo '*return*' para indicar el **tipo de datos de los elementos** de la lista devuelta. Mediante sucesivos atributos indicamos el tipo exacto de los parámetros de entrada del método, indicando en el atributo el mismo nombre que el propio parámetro.

3.3.2.- Contrato de servicio

El contrato de servicio es la clase que expone la funcionalidad del servicio. Esto es, las operaciones de servicio que van a estar disponibles para invocar desde una aplicación externa. La clase en principio no tiene nada particular, salvo que debe cambiarse la propiedad *RunOn* a *Server*, ya que la lógica de los servicios web siempre se ejecuta en el AOS.

En la siguiente clase tenemos un ejemplo que utiliza el contrato de datos del ejemplo anterior, obtiene un número de pedido y lo registra como albarán, devolviendo el *RecId* del albarán recién registrado.

```
public class JAEERegistrarAlbaranService
{
}


[SysEntryPointAttribute(true)]
public JAEERegistrarAlbaranDataContract registrar(
    JAEERegistrarAlbaranDataContract _contract)
{
    PurchTable                      purchTable;
    PurchFormLetter_PackingSlip     formLetter;
    VendPackingSlipJour             newPackSlipJnl;

    setPrefix(strFmt("Pedido: %1", _contract.parmPurchId()));

    // Buscar pedido
    purchTable = PurchTable::find(_contract.parmPurchId());
    if (!purchTable)
        throw error(strFmt(PurchTable::txtNotExist(),
                        _contract.parmPurchId()));


    // Registrar albarán
    formLetter = PurchFormLetter::construct(
                                    DocumentStatus::PackingSlip);
    formLetter.update(
        purchTable,
        _contract.parmPackingSlipId(),
        _contract.parmTransDate(),
        PurchUpdate::All,
        AccountOrder::None,
        NoYes::No,
        NoYes::No);

    // Actualizar datos para devolverlos mediante el DC
    newPackSlipJnl = formLetter.parmJournalRecord();
    if (newPackSlipJnl)
        _contract.parmPackingSlipRecId(newPackSlipJnl.RecId);

    return _contract;
}
```

Esta clase sólo tiene un método, por lo que el servicio sólo podrá exponer un método a las aplicaciones cliente. Pero si la clase contiene varios métodos sólo podrá exponer los que incluyan el atributo **SysEntryPointAttribute**, que indica que el método puede exponerse. Recibe un parámetro *booleano* que informa al sistema si se debe comprobar la seguridad de acceso a los datos en el método, de manera que sólo se permita su ejecución a usuarios que tengan acceso a los datos que maneja.

En este caso y por simplificar, el procesado del método se realiza directamente en la propia clase del servicio. En mi opinión, es una buena práctica evitar esto salvo que el proceso pueda hacerse en un solo método muy sencillo. Si el trabajo que realiza la llamada al método es más complejo o se necesitan varios métodos para realizarlo, recomiendo crear una **clase dedicada** a este procesamiento, que se invoque desde el contrato de servicio. De esta manera se separan las responsabilidades y será más sencillo mantener y probar cada clase por separado.

Por otro lado, en la llamada a este método se recibe y devuelve el mismo tipo de datos: nuestro contrato de servicio. Esto funciona perfectamente, es algo que suele hacerse, pero no es un requerimiento. El método puede recibir cualquier tipo de parámetros y también devolverlos. Si son tipos de datos primarios no es necesario utilizar contratos de datos, ya que WCF será capaz de serializarlos por sí mismo.

Por supuesto cada método del servicio puede recibir un contrato de datos diferente y devolver otro distinto. Los contratos de datos, como clases que son, **pueden heredarse**. El servicio puede utilizar cualquier nivel en la herencia de clases que creemos, incluso podemos diseñar clases abstractas e interfaces para homogeneizar algunos datos en todos los contratos que utilicemos. Cualquier combinación es válida siempre que el resultado esté diseñado correctamente.

Supongo que llegados a este punto se puede entender la total libertad de la que disponemos al construir servicios personalizados, aunque más *artesanal*, mucho más flexible que los servicios de documento.

Una vez finalizado el contrato de servicio, debemos **crear el servicio** en el AOT para poder publicarlo. Crear un objeto de tipo *Service* en el AOT y asignar las siguientes propiedades: **Namespace**: *http://schemas.contoso.com/ServiceContracts*; **Name**: *JAEERegistrarAlbaranService*; **Class**: *JAEERegistrarAlbaranService*.

Clic derecho en el nodo **Operations** de este servicio y elegimos **Agregar operación**. Se nos presentan los métodos de la clase que pueden exponerse, en nuestro caso sólo uno. Marcar el *check* de la columna **Agregar** (a veces no se muestra y hay que hacer *scroll*) y pulsar **Aceptar**.

Por último, crear un nuevo **grupo de servicios** y añadir el servicio recién creado tal como explicamos en el punto anterior. También podemos añadir el servicio nuevo a un grupo de servicios existente, pero a veces incluir en un mismo grupo servicios de tipo documento y personalizado causa algunos conflictos con las referencias en .NET (aunque en *MorphX* se puede hacer).

Como siempre que modificamos objetos que intervienen en AIF o WCF, será necesario **compilar** los objetos y realizar una **generación CIL** incremental antes de poder utilizarlos.

3.3.3.- Consumir servicios personalizados desde .NET

Para consumir este servicio creamos una aplicación de consola en *Visual Studio* y agregamos una **referencia de servicio,** de la misma forma que hicimos al consumir el servicio de documento del punto anterior. Si la referencia ya está creada se puede hacer clic derecho sobre ella y pulsar *Actualizar referencia de servicio* para que se descargue la información actualizada desde la URL del servicio.

El código que vamos a utilizar es el siguiente:

```
// El contexto indica a AX algunos aspectos de la conexión
CallContext context = new CallContext();
context.Company = "USMF";

// Contrato de datos de entrada
RegistrarAlbaran contrato = new RegistrarAlbaran();
contrato.Pedido  = "000020";
contrato.Albaran = "PRUEBA-20";
contrato.Fecha   = DateTime.Now;

// Contrato de servicio
JAEERegistrarAlbaranServiceClient client = new
                                JAEERegistrarAlbaranServiceClient();
contrato = client.registrar(context, contrato);

// Recibimos el contrato de datos de salida (del mismo tipo),
// actualizado con el RecId del albarán recién creado.
Console.WriteLine("Respuesta: {0}", contrato.Albaran_RecId);
```

Como se puede observar, este código resulta más sencillo que el ejemplo anterior porque la estructura de datos que utilizamos es muy simple. Si nuestro servicio utilizara diferentes contratos de datos, por ejemplo para representar entidades cabecera-líneas (donde la cabecera es un contrato de datos que contiene una **lista de líneas,** que tienen su propio contrato de datos) el código sería más complejo, aunque la filosofía seguiría siendo la misma.

Cabe destacar como los objetos que representan el contrato de datos se han creado en .NET con los nombres *amigables* que indicamos en los atributos del contrato. Así pueden ser utilizados más fácilmente mientras en *MorphX* se utilizan métodos con nombres propios de X++ y siguiendo sus buenas prácticas.

También se puede observar cómo utilizamos el mismo tipo de objeto tanto para hacer la llamada al método del servicio como para recoger su respuesta. Esto es así porque hemos utilizado el mismo contrato de datos para el parámetro del método y para el valor devuelto, pero no es un requerimiento. Estos contratos podrían ser diferentes, o incluso el método podría devolver un tipo de datos sencillo (como un *booleano*) o no devolver nada.

Si durante la ejecución de la lógica del servicio se produce cualquier error en *Microsoft Dynamics AX*, el mensaje de **excepción** llegaría a .NET mediante una excepción CLR, por lo que debe manejarse como hemos visto anteriormente en este capítulo.

4.- SERVICIOS WEB Y ¡EXCEL!

Microsoft Dynamics AX 2012 viene acompañado de unos componentes que permiten manipular sus datos con **Microsoft Office Word y Excel**. Estos componentes deben instalarse mediante el instalador de *Microsoft Dynamics AX* en el equipo donde se encuentre *Microsoft Office*. En el instalador tienen el nombre **Complementos de Office**, y habitualmente se instala junto a *Integración de servicios de Escritorio remoto*, si la instalación se realiza en un servidor con *Terminal Server*.

Una vez instalado, una nueva pestaña **Dynamics AX** aparece en la cinta de opciones de estos dos productos. En esta nueva pestaña, desde el botón **Conexión** podemos elegir a qué AOS nos conectamos (por defecto, al seleccionado en la configuración de cliente). Puesto que la conexión se realiza mediante servicios web WCF, al configurar esta conexión hay que indicar **el puerto de los servicios**, no el del AOS. Ver figura 13.

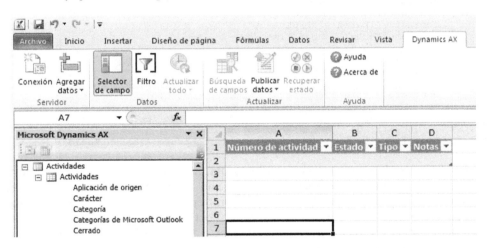

Figura 13.- Datos de Microsoft Dynamics AX desde Excel

Para que un servicio sea accesible desde *Excel*, debe ser un **servicio de tipo documento** y agregarse como **origen de datos de documentos**. Esto es, se debe añadir el servicio al formulario que está en *Administración de la organización > Configurar > Administración de documentos > Orígenes de datos de documentos*. Ver figura 14.

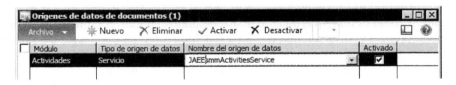

Figura 14.- Orígenes de datos de documento

Una vez configurado, podremos ir a *Micrososoft Office Excel* o *Word* para conectar a *Microsoft Dynamics AX 2012*. En *Word* podemos utilizar esos datos en nuestros documentos e informes; en *Excel* podemos ver los datos de la aplicación para utilizar en nuestras hojas, y además modificarlos o añadir nuevos que se insertarán en la base de datos utilizando el servicio de documentos subyacente al origen de datos.

Mediante el botón *Agregar datos* podemos conectar directamente con las tablas de la aplicación; con la opción *Agregar datos* conectamos a servicios web configurados como orígenes de datos de documentos. Ver figura 15.

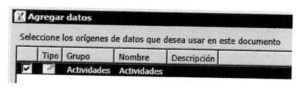

Figura 15.- **Agregar datos muestra orígenes de datos disponibles**

Mediante el *Selector de campos* podemos agregar campos del origen de datos a la hoja *Excel* (o al documento *Word*) para configurar una tabla sólo con los campos que necesitemos. Si el origen de datos obtiene campos de varias tablas (mediante la *Query* de origen) se pueden agregar todos a una misma hoja.

Una vez configurada la tabla, se cierra el selector de campos y esto activa las opciones *Actualizar todo* y *Publicar datos*, que nos permiten actualizar los datos desde la base de datos o enviar los datos modificados o nuevos de vuelta a la aplicación.

Más información sobre estas herramientas en el siguiente enlace:

Enlace: Using the Microsoft Dynamics AX Add-in for Excel [AX 2012]

http://technet.microsoft.com/en-us/library/hh781099.aspx

Informes

En este capítulo vamos a repasar el *framework* de informes de *Microsoft Dynamics AX 2012*, que ha sufrido un rediseño total en esta versión respecto a las versiones anteriores. Revisaremos la nueva arquitectura, cómo configurarla y los mecanismos disponibles para modelar los datos y diseñar informes.

1.- INTRODUCCIÓN

El sistema de informes ha sido rediseñado totalmente en *Microsoft Dynamics AX 2012*. Todos los informes estándar han sido migrados a este nuevo sistema, basado en **Microsoft SQL Server Reporting Services (SSRS)**, y se recomienda convertir a este nuevo formato todos los informes existentes no estándar que provengan de versiones anteriores. El antiguo sistema de informes basado en *MorphX* se mantiene en esta versión por compatibilidad y para dar tiempo a migrar los informes existentes antes de la siguiente versión, donde será eliminado definitivamente.

Este cambio supone una desventaja para quienes llevamos algún tiempo trabajando con *MorphX*, que es la necesidad de formarnos en algo que llevamos mucho tiempo haciendo de la misma forma. A cambio, sin embargo, tiene muchas ventajas. SSRS es un sistema mucho más potente que el integrado en *MorphX*, permite mejor **rendimiento y escalado** de manera estándar, aprovecha la potencia del **diseñador** de informes de *Visual Studio* y otras herramientas (como el **SQL Report Builder** integrado en SSRS, que posibilita la edición informes mediante un editor que se **auto-instala** en el cliente), y facilita el desarrollo de informes a desarrolladores que vienen de otras tecnologías Microsoft como .NET o *Microsoft Dynamics NAV*.

Esta integración se ha llevado a cabo mediante el desarrollo de diferentes objetos integrables en SSRS que tienen en cuenta las particularidades de *Microsoft Dynamics AX* tales como la seguridad o las etiquetas, de manera transparente, lo que permite al diseñador centrarse en las tareas propias del diseño de informes.

Gran parte del trabajo que realizan estas **extensiones** se focaliza en la manera de **obtener los datos** de *Microsoft Dynamics AX 2012* y llevarlos al informe SSRS en un formato lo más sencillo posible, de manera que no necesiten manipulación posterior una vez salen del AOS. Debido a esto, casi todo lo que vamos a detallar en este capítulo se centra en la forma de obtener de los datos, ya que el diseño y la personalización visual del informe es completamente **estándar de SSRS**, ampliamente documentada en la red y en numerosos libros específicos sobre el tema.

Por supuesto, cuando un usuario trabaja con informes SSRS hace uso de la nueva integración con *Microsoft Dynamics AX*, pero también puede utilizar toda la potencia y herramientas propias de SSRS, tanto las actuales como las que vendrán en futuras versiones. Por ejemplo, es bastante popular la posibilidad de suscribirse a un informe y recibirlo por correo de manera periódica y desasistida automáticamente (or ejemplo: recibir el informe de ventas del día anterior todos los días por la mañana).

2.- ARQUITECTURA DEL FRAMEWORK DE REPORTING

Microsoft SQL Reporting Services es un sistema de informes integral (que afecta a toda la organización), modular, y basado en una arquitectura cliente-servidor. El servidor de informes se puede utilizar para servir los informes de *Microsoft Dynamics AX* junto a otros diseñados de manera independiente, pertenecientes a otra aplicación, etc.

Enlace: Reporting in Microsoft Dynamics AX [AX 2012]

http://technet.microsoft.com/en-us/library/ee873263.aspx

Es recomendable consultar la guía de instalación que enlazamos en los primeros capítulos, ya que esto evoluciona con las nuevas revisiones. Hasta la fecha *Microsoft Dynamics AX 2012* es compatible con las versiones de SSRS posteriores a *Microsot SQL Server 2008*, instaladas en **modo nativo**.

En este modo nativo el servidor de informes se instala de modo **independiente** y ofrece, tanto el servidor de informes propiamente dicho, como los sitios y servicios web necesarios para administrar el servidor y entregar los informes. Este es el modo de instalación por defecto en cualquier caso, el más sencillo de instalar y administrar, y es la opción recomendada salvo que se necesiten específicamente las ventajas que ofrece el modo siguiente.

A partir de *Microsoft Dynamics AX 2012 R2*, puede utilizarse un servidor SSRS en modo **integrado con *Sharepoint***. En este modo, el servidor de informes se ejecuta en un servidor *Sharepoint* (en una granja de servidores, si se requiere mucha escalabilidad), almacenando los informes en una biblioteca de documentos del sitio desde donde se pueden ver y administrar.

2.1.- Componentes que intervienen en la integración

A la arquitectura típica de una instalación SSRS cualquiera, desde el instalador de *Microsoft Dynamics AX* se añaden los componentes personalizados para facilitar la integración. Este instalador también sirve para desplegar al servidor de informes todos los *reports* estándar la primera vez.

El esquema de la arquitectura a alto nivel se muestra en la figura 1.

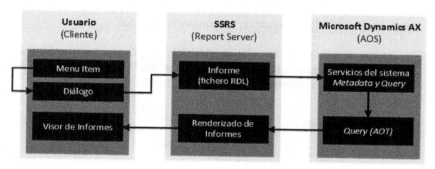

Figura 1.- *Arquitectura de informes en Microsoft Dynamics AX 2012*

1. Un informe es **invocado** por el usuario, habitualmente mediante un ***Menu Item*** de tipo ***Output*** situado en el cliente Windows o en *Enterprise Portal*.

2. El informe suele abrir un formulario de diálogo que solicite **parámetros** de entrada. Estos formularios se basan en la misma tecnología de contratos de datos que los vistos para servicios web, ya que la integración del sistema de informes también está construida sobre el *SysOperation Framework* permitiendo, por ejemplo, que los informes se ejecuten en procesos por lotes.

   Los parámetros recibidos por el diálogo son enviados al informe de manera transparente para el usuario, incluyendo algunos parámetros ocultos del sistema necesarios para la integración (como la empresa activa, por ejemplo).

3. El **servidor de informes** (***Report Server***) recibe la petición del usuario, busca el informe solicitado y decide qué datos necesita y de qué tipo es el origen de datos.

   Un informe puede utilizar cualquiera de los orígenes de datos soportado por SSRS de manera estándar. Mediante las extensiones instaladas por *Microsoft Dynamics AX*, también puede conectar al AOS y obtener datos mediante los servicios web del sistema (los servicios *Query* y *Metadata* de los que hablamos en el capítulo anterior).

4. Los **servicios web del sistema** ejecutan los objetos necesarios del AOT en el AOS y devuelven la información recuperada al servidor de informes. Puesto que toda la lógica se ejecuta dentro del AOS, es aquí donde se aplica la **seguridad integrada** comprobando que el usuario que ha solicitado el informe tiene permiso para acceder a los datos que se le van a entregar.

5. El servidor de informes *renderiza* ("pinta") el informe con los datos recibidos. Gracias a las extensiones de *Microsoft Dynamics AX*, el servidor puede formatear de manera automática la mayoría de campos en base a los tipos de datos extendidos (*EDT*) y propiedades de los objetos en el AOT, tal como ocurría en el "antiguo" visor de informes de *MorphX*.

    Incluso es capaz de añadir enlaces en las claves primarias, que al pulsarlos nos lleven al formulario que representa la entidad identificada por esa clave primaria, como un cliente, un artículo, una cuenta contable, etc.

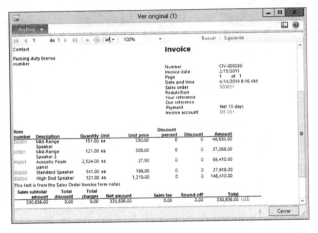

Figura 2.- Visor de informes en Microsoft Dynamics AX 2012

6. El informe es enviado al cliente, que lo visualiza en el **visor de informes** integrado en el cliente Windows, o en el navegador si se trata de *Enterprise Portal*. Ver figura 2.

Hay otros componentes de SSRS que debemos tener en cuenta en la integración con *Microsoft Dynamics AX,* aunque no entraremos en demasiado detalle sobre ellos porque son aspectos propios de la plataforma SSRS:

- **Report Server**: Ya hemos comentado que dependiendo del modo de instalación elegido puede ser un servicio independiente (modo nativo) o formar parte de una instalación *Sharepoint* (a partir de *AX 2012 R2*).

- **SSRS Web Service**: El servicio web de SSRS es obligatorio para que el sistema funcione. Este servicio se instala automáticamente al instalar SSRS y si no está activo no se podrá consumir ningún informe.

  La URL por defecto suele ser del tipo ***http://<servidor>/ReportServer*** en una instalación nativa, y ***http://<servidor>/_vti_bin/ReportServer*** o *http:<servidor>/sites/<sitio>/_vti_bin/ReportServer* en una instalación integrada en *Sharepoint*.

- **Administrador de Informes (Report Manager)**: Es un sitio web que permite administrar los informes en una instalación en **modo nativo** (en modo *Sharepoint* los informes se mantienen desde una biblioteca del sitio *Sharepoint*).

  Al instalar las extensiones se crea por defecto la carpeta ***DynamicsAX*** donde se despliegan los informes de *Microsoft Dynamics AX* sin afectar a los que pudieran existir previamente en el servidor. Su dirección es del tipo ***http://<servidor>/Reports***. Ver figura 3.

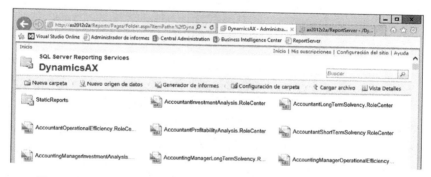

Figura 3.- Informes desplegados vistos desde el Report Manager

Desde este sitio se pueden configurar ciertos aspectos de los informes, subir informes nuevos, configurar orígenes de datos (el origen de datos *Dynamics AX* se crea automáticamente al instalar las extensiones, pero se pueden añadir orígenes adicionales), ejecutar el ***Report Builder***, etc.

Desde aquí también se pueden modificar las **propiedades de la carpeta** de informes, por defecto ***DynamicsAX***, para asignar los permisos necesarios a los usuarios. En las opciones de seguridad de la carpeta se debe asignar el **rol *DynamicsAXBrowser*** a los usuarios que vayan a tener acceso a los informes desde *Microsoft Dynamics AX*. Se recomienda utilizar grupos de *Active Directory* para facilitar la administración.

- **SSRS Configuration Manager**: Se instala en el menú inicio y permite configurar un *Report Server* que funciona en **modo nativo**. Desde aquí se configuran los usuarios de servicio (importantes para la conexión a los servicios web de *Microsoft Dynamics AX*), las bases de datos del *Report Server*, las URL de los servicios, etc.

  La instalación configura por defecto las **cuentas de servicio y ejecución** de SSRS con la cuenta de usuario **proxy de Business Connector** de *Microsoft Dynamics AX* (se solicita durante la instalación de las extensiones). Esta cuenta es importante para que la seguridad entre SSRS y AX permitan la conexión a los usuarios. Se puede consultar y modificar en el menú **Administración del sistema > Configurar > Sistema > Cuentas de servicio del sistema**. Esta cuenta debe tener permisos elevados ya que es la responsable de hacer ***RunAs*** a las peticiones de los usuarios desde SSRS, para *impersonar* las peticiones a los servicios web de *Microsoft Dynamics AX*.

- **Generador de Informes (SSRS Report Builder)**: Es una aplicación *ad-hoc* (se instala automáticamente cuando se ejecuta la primera vez) que permite crear informes a usuarios que nos son técnicos. Su interfaz está simplificada para ser sencilla de utilizar por usuarios avanzados, pero no desarrolladores. Ver figura 4.

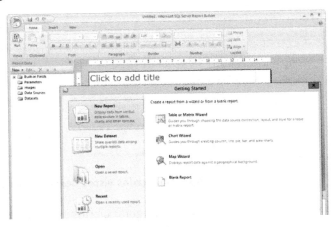

Figura 4.- Microsoft SQL Server Report Builder

- **Management Reporter for Microsoft Dynamics ERP**: Es una aplicación independiente, del tipo **CPM** (*Corporate Performance Management*), orientada al diseño y visualización interactiva de **informes financieros** (balances de sumas y saldos, pérdidas y ganancias, flujo de caja, etc.) que se integra con todos los *ERP* de la familia *Microsoft Dynamics*. Ver figura 5.

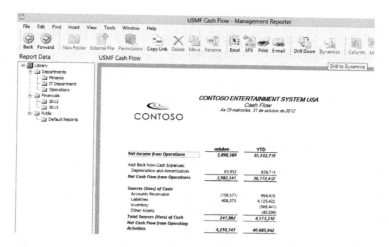

Figura 5.- Management Reporter for Microsoft Dynamics ERP

Está basado en la tecnología *Business Intelligence* del paquete *Microsoft SQL Server* como *Microsoft Integration Services (SSIS)*, por lo que al instalarlo modifica la configuración de las bases de datos de *Microsoft Dynamics AX* y genera nuevas bases de datos a modo de *Data Mart*, encargándose de sincronizarlas con las bases de datos origen de los ERP soportados. También puede utilizar datos externos menos estructurados como hojas *Excel*, muy utilizados en contabilidad para diseñar presupuestos, previsiones, etc.

Se instala como parte de la aplicación desde la versión *AX 2012 R2 CU7*, *AX 2012 R3* y posteriores, o como aplicación independiente en versiones anteriores. El visor de informes puede utilizarse por usuarios que no tengan instalado el cliente *Microsoft Dynamics AX* y también se pueden visualizar vía web.

Al ser un producto independiente también gestiona sus propias licencias. Las licencias de servidor y cliente de *Microsoft Dynamics AX* incluyen la licencia de MR, por lo que conviene aclarar con nuestro *partner* cuántas licencias tenemos disponibles para utilizar este producto. Hablaremos sobre licencias en el siguiente capítulo.

Conviene familiarizarse con esta aplicación, pues se prevé que cobrará más importancia en futuras versiones del producto, quizás sustituyendo a los informes financieros integrados en el módulo de contabilidad de *Microsoft Dynamics AX* desde sus primeras versiones. Más información en el siguiente enlace:

Enlace: Management Reporter for Microsoft Dynamics ERP: guías de instalación, migración y configuración

http://www.microsoft.com/es-es/download/details.aspx?id=5916

2.2.- Configuración del servidor de informes

El proceso de instalación inicial de los informes SSRS ha mejorado mucho desde versiones anteriores. Al instalar la aplicación desde el instalador, el servidor de informes se instala con la configuración predeterminada y todos los informes son desplegados al nuevo servidor automáticamente. Ya no son necesarias acciones posteriores para una instalación típica. Si no se desea utilizar esta instalación básica, se puede usar un servidor existente en el cual habrá que instalar las extensiones y desplegar los informes manualmente.

No vamos a entrar al detalle sobre la configuración del servidor SSRS en sí mismo, ya que aunque instalar una versión básica es muy sencillo, se puede complicar dependiendo de la arquitectura elegida. Puesto que esta configuración no va a afectar a *Microsoft Dynamics AX*, a quien en cualquier caso sólo importa el servicio web que devolverá los informes, vamos a suponer que disponemos de una instalación válida y funcional de SSRS en cualquiera de sus posibilidades.

Una vez disponemos de ella, configurar la integración en *Microsoft Dynamics AX* es muy sencillo. En el menú ***Administración del Sistema > Configurar > Business Intelligence > Reporting Services > Servidores de informes*** se muestra el formulario de la figura 6.

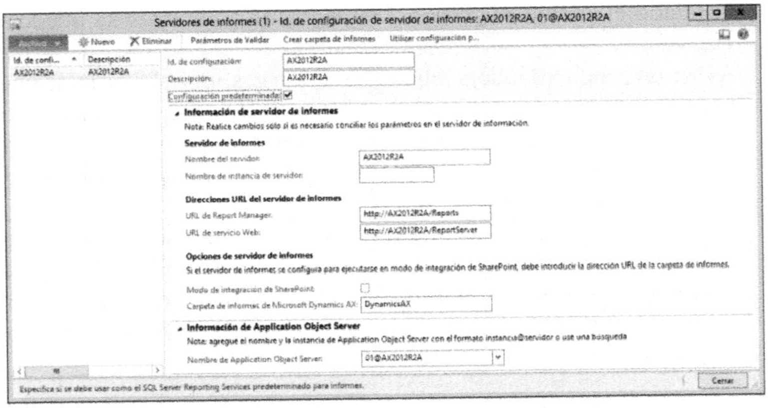

Figura 6.- Configuración del servidor de informes

En este formulario se pueden agregar diferentes servidores SSRS. Cada servidor puede conectar a un AOS diferente dependiendo de la configuración elegida. Aunque lo habitual es que sólo haya un servidor (y un AOS), conviene conocer esta posibilidad. El formulario nos permite validar la configuración (haciendo un intento de conexión al servidor) y crear la carpeta de informes en el servidor, para lo cual habrá que ejecutar el cliente como administrador y tener los permisos necesarios en el servidor de informes.

Para cada servidor se configura el **nombre y la instancia** del servidor donde está instalado SSRS y las URL tanto del **Report Manager** como del **servicio web** de esta instancia, ya que estas URL pueden modificarse mediante el **Configuration Manager** de SSRS. Se debe configurar la carpeta en la que se almacenan los informes en el servidor, y el AOS al que va a conectar esta instancia. A partir de *Microsoft Dynamics AX R2* se puede indicar también si el servidor funciona en modo integrado con *SharePoint* o no (modo nativo).

En el menú *Administración del Sistema > Configurar > Business Intelligence > Reporting Services > Configuración de implementación de informes* se definen los informes que deben desplegarse en **modo estático**. Normalmente, un informe se despliega al servidor una sola vez y puede ser visualizado en diferentes idiomas utilizando etiquetas. Sin embargo, se pueden añadir informes estáticos que se desplegarán al servidor con **las etiquetas interpretadas previamente**, una vez por cada idioma configurado en el sistema. De esta manera estos informes serán más eficientes y su visualización más rápida. Por defecto se incluyen algunos informes complejos o de uso frecuente. Debido al funcionamiento estático de estos informes, es necesario volver a desplegarlos cuando se modifican las etiquetas o se añaden idiomas nuevos. Estas versiones estáticas de los informes se crean automáticamente en la carpeta *StaticReports* del servidor.

2.3.- Proyectos de Informes (Model Projects)

Para crear y modificar informes es necesario comprender y utilizar el concepto de lo que llamamos proyectos de informes (**Model Projects** o *Report Model*, para el sistema). Es importante diferenciarlo del concepto de informe (*SSRS Report*), que es un elemento diferente en el AOT.

Un informe (*SSRS Report*) puede estar contenido en diferentes proyectos de informes (*Model Projects*). Un proyecto puede contener varios informes además de otros tipos de objetos como veremos a continuación. Un informe se añade al AOT cuando es incluido o creado en un proyecto de informes, sin embargo un proyecto de informes sólo se añade al AOT cuando se añade específicamente el propio proyecto.

Para editar un informe hay que abrir en *Visual Studio* **un proyecto** que lo contenga, ya que de esta manera tendremos junto al informe el resto de objetos dependientes, si los hubiera. Un proyecto también se puede utilizar para agrupar informes sobre una funcionalidad relacionada, o que tenga sentido modificar o desplegar a la vez.

Los informes se encuentran en el nodo **SSRS Reports** del AOT. Los proyectos se encuentran en el nodo *Visual Studio Projects > Dynamics AX Model Projects*. Desde este mismo nodo podemos editarlos, lo que abrirá el proyecto automáticamente en *Visual*

Studio. También se pueden abrir directamente desde *Visual Studio* utilizando el **Application Explorer**. Ver figura 7.

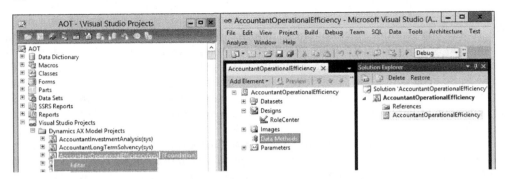

Figura 7.- Proyecto de Informes (Model Project) en el AOT y en Visual Studio

Un proyecto de informes en *Visual Studio*, además de los propios informes, puede contener diferentes tipos de objetos. Se pueden añadir mediante botón derecho en el proyecto y **Añadir**:

- **Report Datasource**: Lo habitual y recomendable es que utilicemos el origen de datos por defecto instalado por las extensiones, que obtiene datos de *Microsoft Dynamics AX* a través de los objetos dedicados a ello, manteniendo toda la funcionalidad disponible en la aplicación. Para esto **no hace falta agregar** ningún origen de datos al proyecto, ya que éste está almacenado en el servidor y se utiliza en estos proyectos de manera transparente.

  Sin embargo, podemos añadir orígenes de datos de cualquier tipo soportado por *Microsoft SQL Reporting Services* de manera estándar o mediante conectores de terceros.

- **Layout Template**: Es una plantilla que define el **estilo general** que se aplicará a las cabeceras, pies de página y registros de un informe. Es recomendable tener alguna plantilla corporativa para no tener que repetir el diseño de la empresa en cada informe. Una misma plantilla puede utilizarse en diferentes informes, por eso es habitual tener un proyecto que agrupe todas las plantillas y las imágenes necesarias para representarlas.

- **List, Matrix, Table, Chart... Style Templates**: Son plantillas que definen el estilo de los tipos de objetos que van a representar el **contenido** de los informes. Como las anteriores, conviene disponer de al menos una para cada tipo de objeto que defina un estilo corporativo, y agruparlas junto a sus imágenes en un proyecto.

- **Image**: Es una imagen que se utilizará en informes o plantillas. Al añadirla a un proyecto se desplegará al servidor junto a los objetos del informe.

Igual que los proyectos, un informe también puede contener diferentes tipos de objetos (orígenes de datos, diseños, etc.) que serán visibles y editables desde *Visual Studio*, como veremos más adelante. Ver imagen 7.

A veces resulta complicado averiguar el nombre de un informe determinado cuando lo estamos viendo en el visor, hay un **truco** para encontrarlo que es utilizar la función **Exportar** del visor de informes y elegir un formato de fichero que deba guardarse en disco (por ejemplo CSV o PDF). En el diálogo siguiente, que nos solicita dónde guardar el fichero exportado, se encuentra el **nombre del informe y del diseño que se está mostrando**. Ver figura 8.

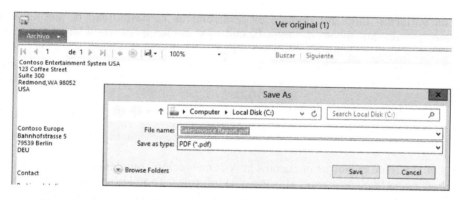

Figura 8.- **Exportando un informe obtenemos fácilmente su nombre**

2.4.- Despliegue de informes al servidor

Llamamos *desplegar* o *implementar* un informe al proceso mediante el cual se copia la versión del informe almacenada en el AOT (en la *Model Store*) al servidor de informes SSRS. Si no se realiza este proceso, los cambios realizados en la versión del AOT desde *Visual Studio* no serán visibles para los usuarios que utilicen el informe desde la aplicación.

El despliegue de los informes estándar se realiza automáticamente durante la instalación inicial de la aplicación. Sin embargo, será necesario desplegar los que se creen posteriormente, y volver a desplegar informes que han sido modificados. Esto puede hacerse de uno en uno (desde el entorno de desarrollo de *Microsoft Dynamics AX* o *Visual Studio*) o de manera masiva mediante la ***Management Shell***.

Para desplegar informes desde el **cliente de desarrollo o *Visual Studio***, es necesario iniciarlos como administrador (botón derecho > ***Ejecutar como Administrador***), o no tendrán los permisos necesarios.

La manera más sencilla de desplegar todos los informes a la vez, o en grandes grupos, es con los siguientes comandos de la *Management Shell* (*Inicio > Herramientas administrativas > Microsoft Dynamics AX 2012 Management Shell*):

```
Publish-AXReport -ReportName *
```

Desplegar todos los informes a la vez es un proceso lento, por lo que se puede precisar el comando para hacer el despliegue por grupos o individualmente. Por ejemplo, para implementar sólo un informe (o varios, separados por comas o utilizando comodines) podemos ejecutar el comando de esta forma:

```
Publish-AXReport -ReportName SalesPacking*
```

Una variación muy útil durante el desarrollo es la posibilidad de desplegar los informes según su fecha de modificación, y reiniciar el servidor de informes automáticamente, necesario para que los usuarios puedan ver la última versión. También podemos incluir un modificador genérico (que vale para todos los comandos) para obviar la gran cantidad de *warnings* que devuelve la herramienta de implementación. Por ejemplo:

```
Publish-AXReport -ReportName * -ModifiedAfter 2014-6-20
        -RestartReportServer -WarningAction:SilentlyContinue
```

En el siguiente enlace se encuentra la documentación completa de los comandos de la *Management Shell* referentes al manejo de informes. También se puede obtener ayuda indicando el parámetro *-?* en cualquier comando, o mediante el comando específico *get_help*.

Enlace: Report server management *cmdlets*

http://technet.microsoft.com/en-us/library/hh706139.aspx

Durante el despliegue de informes es necesario reiniciar el servicio SSRS para que se muestren los cambios, lo que provoca que se reinicie también **la caché de informes** del servidor. Esto puede llegar a ser un problema, ya que el rendimiento con la caché desactualizada es realmente malo en algunos servidores. Para minimizar este problema, a partir de la versión *AX 2012 R2 CU7* se ha añadido la clase *SrsReportServerWarmup* que ejecuta una petición al servidor para imprimir un informe ficticio creado para ello (un informe en blanco), lo que provoca que el servidor **actualice la caché** de informes para las siguientes peticiones. Es recomendable ejecutar esta clase de manera periódica tras los reinicios del servidor SSRS o el AOS, para no penalizar al primer usuario que ejecute un informe tras el reinicio. También se puede ejecutar, por ejemplo, todas las noches antes de la hora en la que los usuarios empiezan su jornada, mediante un proceso por lotes. La información está en el siguiente enlace:

Enlace: Run the *SRSReportServerWarmup* class [AX 2012]

http://technet.microsoft.com/EN-US/library/dn527683.aspx

En esta versión *AX 2012 R2 CU7* también se han añadido mejoras en la herramienta **Comparador** de *Microsoft Dynamics AX* para el soporte de informes SSRS, aunque todavía no es tan completo como para otro tipo de objetos (por ejemplo, todavía no permite importar entre capas).

3.- MODELO DE OBJETOS DEL SISTEMA DE INFORMES

El modelo de objetos del que disponemos para el manejo de informes en *Microsoft Dynamics AX 2012* ha sido adaptado a las extensiones de integración con *Microsoft SQL Reporting Services*.

La mayoría de objetos son utilizados directamente por el sistema y no necesitan modificarse o extenderse para desarrollar informes sencillos. Sin embargo, en caso de querer personalizarlos para cumplir con determinados requerimientos conviene disponer de ellos y conocer su funcionamiento.

Este modelo de objetos sigue el patrón MVC (*Modelo-Vista-Controlador*) construido sobre el **SysOperation Framework** que vimos en profundidad en el capítulo 7 *"Frameworks"*, por lo que todo lo visto en aquel capítulo sigue siendo válido en los objetos que vamos a introducir a continuación:

- **Modelo (Data Contract)**: Los contratos de datos se utilizan para recibir los parámetros del usuario y enviarlos al informe.

- **Vista (UI Builder)**: Un *UI Builder* da formato a los parámetros en el diálogo, los ordena, agrupa, oculta, etc. También puede llevar a cabo validaciones sobre los parámetros, y desatar eventos para realizar actualizaciones entre los parámetros del diálogo.

  El *UI Builder* por defecto es la clase **SrsReportDataContractUIBuilder** y todo lo visto sobre ellos en el capítulo 7 sigue siendo válido en el caso de informes, por lo que no lo repetiremos aquí.

- **Controlador (Controller)**: El controlador es la clase que coordina la ejecución del informe a alto nivel. Ejecuta el diálogo, recoge los parámetros y los envía al servidor de informes para su ejecución. El controlador por defecto es la clase **SrsReportRunController**.

3.1.- Modelo (Data Contract)

Los informes utilizan un contrato de datos genérico llamado **RDL Data Contract**, que en *MorphX* corresponde a la clase **SrsReportRdlDataContract**. Las siglas *RDL* significan *Report Definition Language*, que es el formato utilizado por SSRS para diseñar y almacenar los informes.

Para modificar el contrato de datos podemos crear una clase que herede de *SrsReportRdlDataContract* y a partir de ella realizar las tareas necesarias como lo hacemos en cualquier **Data Contract**. Por ejemplo, añadir nuevos parámetros, añadir validaciones implementando la interfaz **SysOperationValidatable**, etc.

En el ejemplo siguiente se puede ver la sintaxis. Esta validación no tiene mucho sentido desde el punto de vista funcional, lo que se pretende es que se entienda la idea:

```
[SrsReportNameAttribute(ssrsReportStr(JAEEEjemploQuery, AutoDesign))]
class JAEEEjemploQueryRdlContract
    extends SrsReportRdlDataContract
    implements SysOperationValidatable
{
}

public boolean validate()
{
    boolean ret = super();

    // Se puede acceder al valor de los parámetros con getValue
    if (this.getValue('AX_CompanyName') != 'JAEE')
        ret = checkFailed("Empresa no válida.");

    return ret;
}
```

Este contrato de datos, como cualquier otro, puede utilizar una clase **UI Builder** personalizada para, por ejemplo, añadir *lookup* personalizados a los campos del diálogo, agrupar los parámetros en diferentes bloques o columnas, etc., como ya vimos. Para ello, debemos crear una clase que extienda de **SrsReportDataContractUIBuilder** que, además de realizar las tareas propias de un *UI Builder*, es compatible con funcionalidades horizontales del sistema que afectan a los informes como el *Date Effective Framework* (que vimos en el capítulo 5 "*El modelo de datos*"), etc.

```
class JAEEEjemploQueryRdlUIBuilder
    extends SrsReportDataContractUIBuilder
{
    // ...
}
```

Como en ejemplos anteriores, para utilizar un *UI Builder* hace falta indicarlo en la declaración del contrato de datos:

```
[DataContractAttribute,
 SrsReportNameAttribute(ssrsReportStr(JAEEEjemploQuery, AutoDesign)),
 SysOperationContractProcessingAttribute(
```

```
                              classStr(JAEEEjemploQueryRdlUIBuilder))]
    class JAEEEjemploQueryRdlContract
        extends SrsReportRdlDataContract
        implements SysOperationValidatable
    {
        // ...
    }
```

En cualquier caso, en la declaración del contrato de datos debemos especificar el informe y el diseño al que se debe aplicar este *Data Contract* mediante el atributo **SrsReportNameAttribute**.

3.2.- Controlador (Controller)

El controlador es la clase que gestiona la ejecución del informe desde el momento en que es invocado por el usuario (desde un *Menu Item*, por ejemplo) hasta que la petición es enviada al *Report Server*:

- Construye los **contratos** necesarios (no sólo el contrato de datos). Aunque no podemos personalizarlos, también tenemos el contrato de impresión (*SrsPrintDestinationSettings*), el contrato de consulta, etc.

- Diseña el **diálogo** de parámetros teniendo en cuenta los contratos y *UI Builders*, recibe los parámetros desde el diálogo y ejecuta las validaciones de cada contrato.

- Ejecuta el **informe** y guarda los parámetros de forma que el informe los recuerde para próximas ejecuciones.

Un controlador básico tiene el aspecto siguiente:

```
    class JAEEEjemploSrsController
        extends SrsReportRunController
    {
    }

    public static client void main(Args _args)
    {
        JAEEEjemploSrsController controller;

        controller = new JAEEEjemploSrsController();
        controller.parmArgs(_args);
        controller.parmReportName(ssrsReportStr(JAEEEjemploQuery,
                                                AutoDesign));
        controller.startOperation();
    }
```

Normalmente no será necesario utilizar un controlador personalizado, bastará con el controlador por defecto que utiliza el *framework*, pero hay unos cuantos casos típicos donde suele hacerse:

- Cuando se quiere **modificar el contrato** de datos antes de ejecutarlo en base a parámetros de entrada. Por ejemplo, para **modificar la *Query*** (observar las opciones de la clase *SrsReportHelper* para el manejo de la consulta del informe):

```
public void prePromptModifyContract()
{
    SrsReportHelper::addParameterValueRangeToQuery(
        this.getFirstQuery(),
        tableNum(CustTable),
        fieldNum(CustTable, RecId),
        queryValue(this.parmArgs().record().RecId)
    );
}
```

También para asignar **parámetros al contrato** de datos con los valores obtenidos en el controlador (ya sea por parámetros, mediante la clase *Args*, calculados, etc.). Ejemplo:

```
protected void preRunModifyContract()
{
    JAEESrsRdpInformeClientesDC contract;

    super();

    contract = this.parmReportContract().parmRdpContract()
                            as JAEESrsRdpInformeClientesDC;
    contract.parmAccountNum(this.parmArgs().parm());
}
```

- Realizar **validaciones** previas o ajenas a las que realiza el contrato de datos.

- **Ocultar el diálogo** de parámetros y/o forzar parámetros fijos para que el informe se ejecute automáticamente. Por ejemplo, para exportar ficheros PDF o enviar etiquetas a máquinas etiquetadoras (veremos un ejemplo en el siguiente epígrafe de este capítulo).

- **Elegir qué informe o qué diseño** se va a ejecutar en base a parámetros de entrada. Por ejemplo, puede haber diferentes diseños de factura y elegir uno u otro en base a la empresa donde se ejecuta la petición. Ejemplo:

```
public static client void main(Args _args)
{
    JAEEEjemploSrsController controller;

    controller = new JAEEEjemploSrsController();
    controller.parmArgs(_args);

    switch (_args.dataset())
    {
        case tableNum(CustInvoiceJour):
            controller.parmReportName(ssrsReportStr(SalesInvoice,
                                                    Report));

            break;
```

```
        case tableNum(VendInvoiceJour):
            controller.parmReportName(ssrsReportStr(VendInvoice,
                                                    Report));
            break;
    }

    controller.startOperation();
}
```

- **Forzar el idioma del informe** en base a datos almacenados en el sistema, como el idioma del cliente, del pedido, de la factura, etc. Ejemplo:

```
protected void runPrintMgmt()
{
    // ...

    this.parmReportContract()
        .parmRdlContract()
        .parmLanguageId(custTable.Language);

    // ...
}
```

Es interesante investigar los métodos que se pueden sobrecargar desde el controlador base para analizar las diferentes opciones de personalización de las que disponemos. En estos ejemplos hemos mostrado *prePromptModifyContract, preRunModifyContract* y *runPrintMgmt*, pero hay muchos más. La propia clase estándar es una gran fuente de documentación.

3.3.- Ejecutar y pre-visualizar un informe

Como veremos más adelante, durante el desarrollo podemos ver los informes desde *Visual Studio* utilizando la **vista previa**. También podemos ejecutarlos directamente utilizando su URL en el **Report Server** mediante un navegador, lo que permite consumirlos desde cualquier plataforma. Por ejemplo, ver figura 8 (el informe mostrado lo vamos a desarrollar en los siguientes epígrafes de este capítulo).

Sin embargo, dejando a un lado las herramientas orientadas a desarrolladores, la manera más evidente de ejecutar un informe en *Microsoft Dynamics AX 2012* es, como de costumbre, utilizar un **Menu Item** en el AOT de tipo **Output**, ajustando la propiedad **ObjectType** a **SSRSReport** e indicando el informe y el diseño que queremos mostrar en las propiedades **Object** y **ReportDesign** respectivamente. El resto de opciones son las habituales (*Label, HelpText, Parameters*, etc.). Ver figura 9.

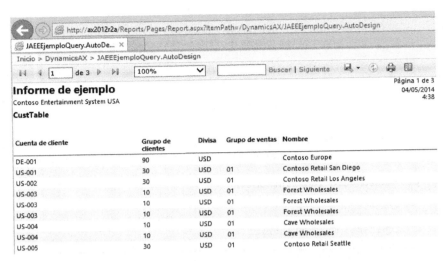

Figura 8.- Visualización de un informe desde un navegador

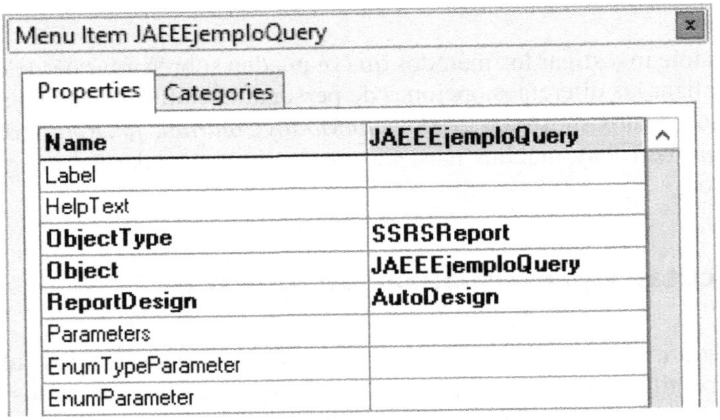

Figura 9.- Menu Item de tipo Output en el AOT

También es posible ejecutar el informe mediante código X++, lo que podemos conseguir de dos formas, una más sencilla y otra más flexible.

La manera sencilla es utilizando la clase ***SrsReportRun***, apropiada cuando necesitamos ejecutar un informe por código de manera simple (dejando todo el proceso en manos del *framework* estándar), sin tener que pasar parámetros, modificar la configuración, etc... Ejemplo:

```
static void JAEE_Libro_9_Informes_ReportRun(Args _args)
{
    SRSReportRun    reportRun;

    reportRun = new SrsReportRun(
            ssrsReportStr(JAEEejemploBusinessLogic, AutoDesign));
    reportRun.init();
```

```
        if (reportRun)
            reportRun.executeReport();
    }
```

La segunda opción pasa por utilizar manualmente un **controlador** para la ejecución del informe. Mediante este método, también se puede manipular el **contrato de impresión** (*SRSPrintDestinationSettings*) para modificar los parámetros de impresión desde el código. Esta opción es apropiada cuando el informe necesite recibir parámetros demasiado complicados para ser enviados a través del *Menu Item*, o cuando se requiera una **ejecución personalizada** por cualquier motivo (por ejemplo, para imprimir el informe sin que aparezca el diálogo o para guardarlo como PDF de manera automática). Por ejemplo:

```
static void JAEE_Libro_9_Informes(Args _args)
{
    SrsReportRunController controller = new SrsReportRunController();
    SRSPrintDestinationSettings settings;

    // Indicar qué informe y diseño se debe imprimir
    controller.parmReportName(
            ssrsReportStr(JAEEEjemploBusinessLogic, AutoDesign));

    // Obtiene la configuración desde el contrato, ya que el usuario
    //   puede modificarla mediante el diálogo.
    settings = controller.parmReportContract().parmPrintSettings();
    settings.printMediumType(SRSPrintMediumType::File);
    settings.fileFormat(SRSReportFileFormat::PDF);
    settings.fileName("c:\ejemplo.pdf");
    settings.overwriteFile(true);

    // Oculta el diálogo. El fichero se guardará sin presentar los
    //   parámetros al usuario
    controller.parmShowDialog(false);
    controller.startOperation();
}
```

En este ejemplo se han configurado las opciones para imprimir un informe directamente a PDF sin mostrar el diálogo. El conjunto de opciones que se deben indicar tienen que ser coherentes con el formato elegido. Por ejemplo, no tiene sentido especificar un formato de fichero si el informe se va a enviar a una impresora; y no tiene sentido especificar una impresora si se va a guardar como fichero, etc.

4.- ORÍGENES DE DATOS

Ya hemos comentado que un informe SSRS puede obtener la información desde diferentes tipos de orígenes de datos. A partir de aquí vamos a diferenciar simplemente dos fuentes de datos a alto nivel: Los datos que se obtienen desde *Microsoft Dynamics AX*, y el resto de datos (otras bases de datos, procedimientos almacenados, cubos *OLAP*, etc.).

Es importante conocer estos tipos de orígenes de datos, ya que en esta versión el informe se ha convertido meramente en una **capa de visualización**. La gran mayoría del procesado para filtrar, ordenar y manipular los datos debe realizarse en *MorphX* (normalmente mediante RDP, como vamos a ver), y dejar al informe únicamente la responsabilidad de presentar la información al usuario.

Un informe puede acceder a los datos que se configuran en su nodo ***Datasets*** (conjuntos de datos). A cada conjunto de datos se asigna un origen de datos de un determinado tipo y es habitual que haya más de un *Dataset* en el mismo informe, asignados al mismo origen de datos, o a orígenes diferentes. Ver figura 10.

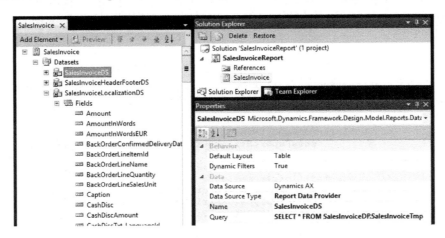

Figura 10.- Informe con diferentes conjuntos de datos asignados al mismo origen

La mayoría de propiedades de un *Dataset* son muy intuitivas pero conviene comentar dos de ellas:

- ***Dynamic Filters***: Si se establece a *True*, se crean ciertos parámetros en el informe y el *Dataset* que permitirán al usuario especificar **filtros por cualquier campo** incluido en el conjunto de datos (tal como usamos una *Query* en un diálogo cualquiera). Si se establece a *False* se crean sólo los parámetros para los rangos por defecto, y el usuario sólo podrá filtrar mediante estos rangos.

- ***Query***: Este campo indica la consulta que se realiza sobre el origen de datos para delimitar los datos de este *Dataset* que deben leerse. Tanto el texto que debe indicarse, como el diálogo de búsqueda que se muestra al pulsar el botón de la propiedad (como veremos en el epígrafe siguiente) depende del **tipo de origen de datos** elegido, que pueden ser los siguientes:

  o ***Query* (Consulta)**: El origen de datos se basa en una *Query* almacenada en el AOT.

Mediante el diálogo de búsqueda se podrá elegir una **Query** del AOT y la lista de campos que se incluirán en el *Dataset* (conviene limitarla sólo a los campos necesarios, para mejorar el rendimiento), lo que puede incluir también **métodos *display*** declarados en la *Query*.

Este método se recomienda, en general, siempre que sea posible utilizarlo. Es un método sencillo de implementar, que no requiere la creación de objetos extra en el AOT y la consulta se traduce directamente en SQL que el motor de bases de datos puede optimizar.

○ ***Business Logic***: El informe puede obtener datos basados en código escrito directamente en *C#* o *Visual Studio*. Se utilizan para obtener datos externos a *Microsoft Dynamics AX*.

Mediante el diálogo se podrá elegir un método de datos que tenga un valor devuelto de un tipo derivado de ***IEnumerable<DataRow>*** (por ejemplo, un ***DataTable***) y especificar sus parámetros si los tiene. La clase que contiene la lógica de negocio debe llamarse igual que el *report*, por lo que sólo puede haber una para cada informe.

○ ***Report Data Provider (RDP)***: Un RDP es una clase desarrollada en X++ y almacenada en el AOT que puede utilizarse como origen de datos desde SSRS. Mediante el diálogo de la propiedad en el informe se podrá elegir una **clase** del AOT y un método de datos dentro de esa clase (una misma clase puede proveer varias tablas al informe). Es un sistema eficiente y muy flexible que utilizaremos casi siempre que no nos sirva una *Query*.

Los datos se procesan en el AOS antes de enviarse al informe, lo que puede mejorar el rendimiento en algunos casos y permite obtener informes que requieren información de estructuras de datos complejas, que necesiten un procesado previo en X++, o cuando esta lógica ejecutada en X++ depende de parámetros solicitados en el diálogo.

○ ***AX Enum Provider***: Es un tipo de origen de datos especial que sirve para obtener los valores de un enumerado (*Base Enum*) para presentar una lista amigable de valores en los parámetros de entrada del informe.

Esto sólo es necesario si se quiere utilizar el informe desde *Enterprise Portal*, ya que en el cliente Windows el diálogo se ejecuta en el cliente y se mostrará correctamente en base al contrato de datos, como ya hemos visto.

4.1.- Query

Es el tipo de origen de datos más sencillo de desarrollar y utilizar (y reutilizar), ya que no requiere de código X++, sólo se necesita una *Query* **creada previamente** en el AOT. Esta *Query* puede incluir opciones de **agrupación** y **ordenación** y será interpretada en el servidor generando una consulta SQL que se procesa en el motor de bases de datos, por lo que su utilización es muy eficiente incluso con grandes volúmenes de datos.

Ya que su utilización es sencilla, la vamos a demostrar directamente con un **ejemplo**, en el que crearemos nuestro primer informe basado en una consulta estándar:

- En *Visual Studio,* crear un **nuevo proyecto** en *Archivo > Nuevo > Proyecto* del tipo **Microsoft Dynamics AX > Report Model**. Este es el proyecto de informes (*Model Project*) donde crearemos nuestro *report*.

- **Añadir un informe**. Botón derecho sobre el *proyecto > Añadir > Report*.

- Añadir un **Dataset** al informe, ponerle un nombre apropiado y configurar las siguientes propiedades: **Data Source**: *Dynamics AX*; **Data Source Type**: *Query*; **Name**: *CustTable*.

   Si en la propiedad **Query** se pulsa el botón [...] se muestra un diálogo que permite elegir entre las consultas del AOT. Lo interesante en este caso es que en el siguiente paso del asistente nos permite elegir, no sólo los campos de las tablas que intervienen en la consulta, si no también **grupos de campos** y **métodos** *display* creados en la consulta o en las tablas que incluye, de manera que se puede reutilizar todo el trabajo realizado en *MorphX*. Ver figura 11.

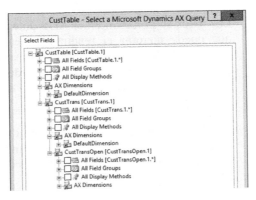

Figura 11.- Seleccionar campos desde una Query

Para probar lo que hemos hecho hasta ahora, crearemos un diseño automático en el informe arrastrando el nodo del **Dataset** sobre el nodo **Design**, lo que crea un diseño automático en el informe con un componente de tipo tabla enlazado al *Dataset*.

En el nodo **AutoDesign1** cambiar las propiedades: **Name**: *AutoDesign,* **LayoutTemplate**: *ReportLayoutStyleTemplate;* **Title**: *Informe de ejemplo.*

Expandir el nodo **AutoDesign** y en el nodo **CustTableTable** cambiar la propiedad **Style Template**: *TableStyleAlternatingRowsTemplate.*

Con estos dos últimos cambios, hemos aplicado **plantillas de diseño** tanto al diseño automático como a la tabla que representa el *Dataset*. A continuación se debe guardar el proyecto y añadirlo al AOT (clic derecho en el proyecto).

Mediante el botón **Preview** podemos observar que las plantillas han aplicado estilos y colores a la tabla, además de añadir una cabecera sencilla al informe. Ver figura 12.

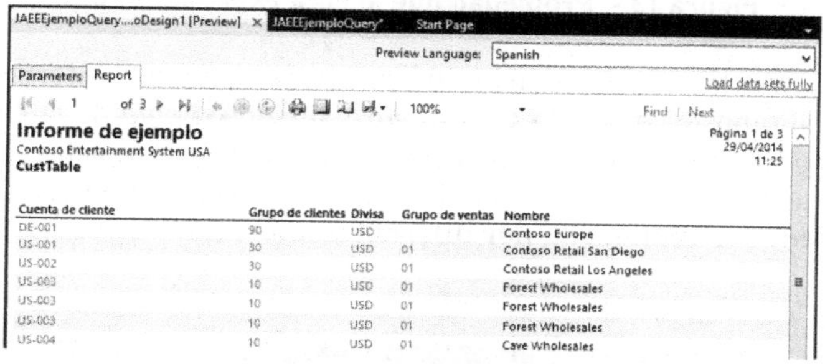

Figura 12.- **Vista previa de informe con diseño automático y plantillas**

La **vista previa** permite ver el informe durante el desarrollo. Se carga con un conjunto limitado de datos (por defecto 1000 registros) para mejorar el rendimiento, aunque se pueden leer todos los datos desde el origen pulsando sobre el enlace **Load data sets fully**.

En la pestaña **Parameters** tenemos una representación de los parámetros que solicita el informe, muy parecida al diálogo que se mostrará en *Microsoft Dynamics AX* para el mismo informe, aunque sin los ajustes visuales del **UI Builder**.

4.2.- Business Logic (Report Data Methods)

Este tipo de origen de datos se basa en lo que llamamos **métodos de datos** (**Report Data Method**). Estos métodos están desarrollados en C# o *Visual Basic* y permiten utilizar la potencia de .NET para personalizar ciertos aspectos de los informes.

Es importante comentar que este método, aunque es posible, **no debe utilizarse** para manipular los datos del origen si este origen es *Microsoft Dynamics AX*. En ese caso lo recomendable es utilizar tipo de origen de datos que vamos a ver en el siguiente punto (*RDP*), que se puede mantener y depurar con mayor facilidad.

Casos en los que suelen utilizarse *data methods* son los siguientes:

- Construir **expresiones dinámicas** que se utilizarán en propiedades del informe para modificar su funcionamiento. Pueden utilizarse en casi cualquier propiedad, donde se muestre el valor **Expression...**. Ver figura 13.

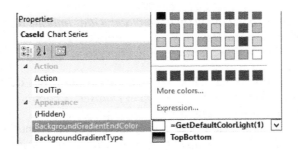

Figura 13.- Propiedad que acepta expresiones dinámicas

Hay muchos ejemplos en los informes estándar, por el informe *CaseReports*. Si abrimos el proyecto *CaseReports.BusinessLogic* de la carpeta *C Sharp Projects* veremos que incluye una clase con diferentes métodos. Estos métodos llaman a otros métodos que están en una biblioteca compartida, que **puede ser reutilizada por diferentes informes**. Ver figura 14.

Figura 14.- Utilización de Data Methods reutilizables

- Implementar la funcionalidad *drill-through* en informes, que nos permite navegar a formularios de *Microsoft Dynamics AX* desde enlaces en el informe.

Un ejemplo lo encontramos en el informe *SalesInvoiceReport*. En el proyecto *SalesInvoiceReport.BusinessLogic* de la carpeta *C Sharp Projects* veremos que incluye una clase con diferentes métodos que también llaman a una biblioteca reutilizable llamada *SRSDrillThroughCommon*. Ver figura 15.

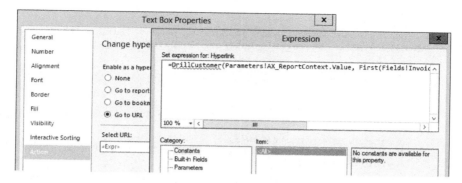

Figura 15.- Uso de data method en expresiones

- Acceso a orígenes de **datos externos** a *Microsoft Dynamics AX*, como bases de datos externas o servicios web.

Para ilustrar todo esto vamos a hacer un pequeño ejemplo paso a paso:

- En *Visual Studio*, crear un nuevo proyecto y añadir un informe igual que en el ejemplo anterior.

- Añadir un **método de datos** al informe. Para ello, *click* derecho sobre el nodo **Data Methods > Añadir Data Method**. Cambiar el nombre del método por uno más apropiado. En mi caso será *GetDataTable*.

- Hacer clic derecho sobre el nuevo método > **Ver código**. Se crea automáticamente un nuevo proyecto dentro de la solución y con el mismo nombre del informe, que contiene el código del método que acabamos de crear con una definición por defecto. Si añadimos más métodos al informe, el código se creará en este mismo proyecto. Ver figura 16.

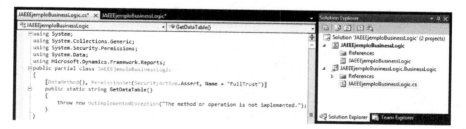

Figura 16.- Creando un método de datos para el informe

- Modificar el código del nuevo método para que quede como el siguiente:

```
[DataMethod(),
 PermissionSet(SecurityAction.Assert, Name = "FullTrust")]
public static IEnumerable<DataRow> GetDataTable()
{
    DataTable dt = new DataTable();
    dt.Columns.Add(new DataColumn("Código",
                                Type.GetType("System.String")));
    dt.Columns.Add(new DataColumn("Descripción",
                                Type.GetType("System.String")));

    DataRow row = dt.NewRow();
    row.ItemArray = new object[] { "C1", "Prueba 1"};
    yield return row;

    row = dt.NewRow();
    row.ItemArray = new object[] { "C2", "Prueba 2" };
    yield return row;
}
```

En este ejemplo se puede ver cómo devolver los registros uno a uno mediante *yield return*. El método podría devolver un *DataTable* completo, pero devolver los registros uno por uno es más eficiente si el volumen de datos es grande.

- Añadir un ***Dataset*** al informe, ponerle un nombre apropiado y configurar las siguientes propiedades: ***Data Source***: *Dynamics AX*; ***Data Source Type***: *Business Logic*; ***Query***: *GetDataTable* (el nombre del método que hemos creado).

Si en la propiedad *Query* se pulsa el botón **[...]** se muestra un diálogo que permite elegir entre los métodos de datos válidos disponibles en el informe. Se pueden ejecutar mediante el icono **[!]** de la parte superior para comprobar los datos devueltos. Ver figura 17.

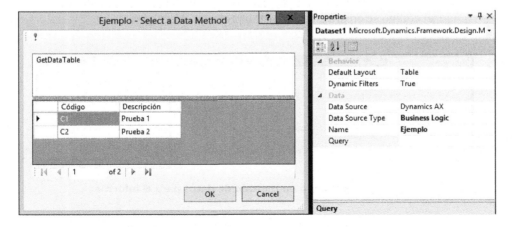

Figura 17.- Selección y prueba de un método de datos

• Para comprobar el resultado podemos añadir un diseño automático, como hicimos en el ejemplo anterior.

Se puede comprobar en este punto como, después de generar (*Build*) la solución desde *Visual Studio*, el informe se ha añadido al AOT en el nodo **SSRS Reports**, igual que el proyecto *Business Logic* en la carpeta **C Sharp Projects**. Sin embargo, el proyecto correspondiente al **Report Model** (el que contiene el informe) no aparece, es necesario añadirlo al AOT manualmente desde *Visual Studio* para que se cree en la carpeta **Dynamics AX Model Projects**. Es conveniente hacerlo para tener todos los objetos en el AOT y en el control de código fuente, si lo tenemos activado.

4.3.- Report Data Provider (RDP)

Llamamos *Report Data Provider* o **RDP** a una clase construida en X++ capaz de recibir parámetros de entrada basados en un **contrato de datos (Data Contract)**, procesar información en *Microsoft Dynamics AX* y devolver un conjunto de datos a un informe. A diferencia de los otros tipos de origen de datos, cuando utilizamos RDP es obligatorio el uso de un contrato de datos específico.

En el siguiente ejemplo vamos a partir desde un contrato de datos muy simplificado, aunque podrían añadirse todo tipo de métodos y atributos tal como vimos en el capítulo 7 "*Frameworks*", así como añadir un **UI Builder** para una personalización aún mayor, introducir validación de parámetros, valores por defectos, etc. Todo lo visto hasta ahora referente a **Data Contracts** es válido también en este caso.

Nuestro contrato de datos de ejemplo es el siguiente:

```
[DataContractAttribute]
public class JAEESrsRdpInformeClientesDC
{
    AccountNum    accountNum;
}


[DataMemberAttribute]
public AccountNum parmAccountNum(AccountNum _accountNum = accountNum)
{
    accountNum = _accountNum;
    return accountNum;
}
```

Para no complicarlo más de lo necesario, utilizaremos también una clase RDP muy simplificada, aunque se puede ver la sintaxis necesaria:

```
[SRSReportQueryAttribute(queryStr('CustTable')),
 SRSReportParameterAttribute(
                        classStr('JAEESrsRdpInformeClientesDC'))]
class    JAEESrsRdpInformeClientes
extends SRSReportDataProviderBase
{
    CustTmpAccountSum    custTmpAccount;
```

```
    }

    [SRSReportDataSetAttribute('CustTmpAccount')]
    public CustTmpAccountSum getCustTmpAccount()
    {
        select * from custTmpAccount;
        return custTmpAccount;
    }

    public void processReport()
    {
        // TODO
    }
```

Una clase RDP debe extender de la clase base *SRSReportDataProviderBase* e incluir el atributo *SRSReportParameterAttribute* en su definición para indicar el contrato de datos que vamos a utilizar para recibir los parámetros de entrada. También se puede incluir el atributo *SRSReportQueryAttribute* para indicar la *Query* en la que se basa nuestra clase. Más adelante veremos que podemos heredar nuestra clase RDP de otras clases añadidas al sistema para **mejorar ciertos aspectos del rendimiento**, como veremos más adelante.

Puesto que un origen de datos RDP puede manejar datos con una estructura compleja, es habitual que la información se procese previamente y se inserte en una tabla que luego se envía al informe. Esta tabla puede ser **normal o temporal**. Es recomendable que sea temporal, de tipo *TempDB* si el volumen de datos es grande. En el ejemplo hemos incluido una tabla temporal estándar, aunque suelen crearse tablas dedicadas para los informes más complejos. Esta tabla se devolverá mediante un método de la clase con el atributo *SRSReportDataSetAttribute*, que será el origen de datos del informe. Una misma clase puede incluir diferentes métodos con este atributo, lo que servirá para enviar al informe varias tablas mediante la misma clase RDP, que las puede procesar a la vez. Esto es común, por ejemplo, en informes de tipo cabecera-líneas, etc.

Finalmente se debe sobrecargar el método *processReport* que existe en la *súper* clase, y será ejecutado para procesar los datos cuando se invoque el informe. En el siguiente ejemplo hemos implementado una versión muy simple, pero funcional, para demostrar cómo funciona. Habitualmente estos métodos son más complejos, pero la idea es la misma: Procesar datos en base a la *Query* y los parámetros de entrada e insertarlos en las tablas que se enviarán al informe.

```
    public void processReport()
    {
        JAEESrsRdpInformeClientesDC      dataContract;

        Query                    q;
        QueryRun                 qr;
        QueryBuildDataSource     qbDs;
        QueryBuildRange          qbRange;

        AccountNum               accountNum;
        CustTable                custTable;


        q = this.parmQuery();
```

```
dataContract = this.parmDataContract();
accountNum = dataContract.parmAccountNum();

qbDs = q.dataSourceTable(tablenum(CustTable));
qbRange = qbDs.findRange(fieldnum(CustTable, AccountNum));
if (!qbRange)
    qbRange = qbDs.addRange(fieldnum(CustTable, AccountNum));
qbRange.value(accountNum);

ttsbegin;

qr = new QueryRun(q);
while (qr.next())
{
    custTable = qr.get(tablenum(CustTable));

    custTmpAccount.clear();
    custTmpAccount.AccountNum = custTable.AccountNum;
    custTmpAccount.Name = custTable.name();
    custTmpAccount.CurrencyCode = custTable.Currency;
    custTmpAccount.insert();
}

ttscommit;
}
```

En el ejemplo vemos cómo se pueden obtener directamente tanto la *Query* como el contrato de datos con los parámetros de entrada. El resto no es más que manipular la consulta en base a estos parámetros, o hacer lo que se necesite para finalmente insertar datos en la tabla temporal que recibirá el informe.

Si en *Visual Studio* creamos un informe como en el ejemplo anterior y elegimos como tipo de origen de datos **Report Data Provider**, al pulsar sobre el botón de *Query* se nos muestran todas las **clases RDP** disponibles en el AOT, y al seleccionar alguna se muestran los **campos de la tabla** para elegir sólo los que sean necesarios para el informe. Ver figura 18.

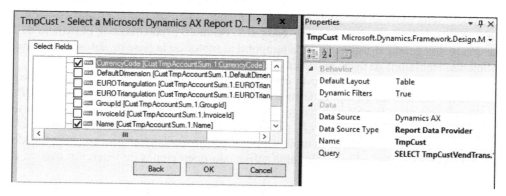

Figura 18.- Seleccionar campos en un origen RDP

4.3.1.- Evolución y mejoras en el rendimiento

Existe un documento publicado por Microsoft detallando algunas recomendaciones y buenas prácticas para obtener el máximo rendimiento en informes mediante el pre-procesado de los datos en el servidor con clases RDP. Se puede descargar del siguiente enlace:

Enlace: Dynamics AX 2012 White Paper: Report Programming Model

http://www.microsoft.com/en-us/download/details.aspx?id=27725

Sin embargo, durante las revisiones publicadas desde el lanzamiento de AX 2012 se han ido añadiendo cambios orientados a mejorar el rendimiento de informes que manejan gran cantidad de datos. La mayoría de estos cambios se centran en utilizar y aprovechar la potencia del motor de bases de datos.

Por ejemplo, en la versión inicial publicada de *AX 2012* (la que llamamos RTM) se incluye la clase ***SrsReportDataProviderPreProcess***, que permite realizar todo el procesado de datos del *Data Provider* en el AOT antes de llamar a *SSRS*. Podemos extender nuestras clases de este *DP* en vez de utilizar el *Base* que hemos visto en puntos anteriores para mejorar el rendimiento.

De esta manera cuando se ejecuta el informe todos los datos están preparados, evitando que el servidor de informes de un error de tiempo de espera (*timeout*). El problema es que este *DP* obliga a insertar los datos procesados en una tabla normal de la base de datos, discriminando los datos de cada usuario mediante el ID de la sesión activa. Esto introduce numerosos problemas de rendimiento y bloqueos al utilizar una misma tabla para todas las peticiones del informe, en el caso de informes que son ejecutados de manera muy concurrente, al estar la tabla constantemente insertando y eliminando datos.

En la revisión ***AX 2012 R2*** la clase ***SrsReportDataProviderPreProcessTempDB*** pretende solucionar estos problemas, permitiendo que los datos pre-procesados se inserten en tablas temporales de tipo ***TempDB***, evitando problemas con el manejo de la sesión, y delegando el uso de la tabla temporal al motor de la base de datos, mucho más eficiente. Hablamos de estas tablas en el capítulo 5 "*El modelo de datos*".

En la revisión ***AX 2012 R3*** esta clase se utiliza en casi todos los informes nuevos, mostrando numerosos ejemplos de su utilización. Ver por ejemplo la clase *TaxListDP*.

Esta nueva clase también ofrece grandes posibilidades para su uso mediante **procesos por lotes** *multi-hilo* (*multi thread*), ya que permite que cada hilo de ejecución inserte datos en su propia instancia de la tabla temporal por separado, y al terminar inserte todos los registros de golpe en una sola tabla utilizando operaciones de inserción masiva de registros.

Puesto que todas estas clases se han ido añadiendo poco a poco en base a problemas de rendimiento de la versión original, es bastante común encontrarse informes en la misma instalación que están resueltos de maneras de lo más imaginativas, utilizando las herramientas disponibles en el momento en el que lo diseñaron.

5.- DISEÑO DE INFORMES

Ya hemos visto cómo hacer que los datos de *Microsoft Dynamics AX 2012* lleguen a SSRS en un formato que éste pueda entender, utilizando los tipos de origen de datos de los que disponemos. La mayor parte de esta tarea se realiza en *MorphX*, por lo que es intuitiva para cualquier desarrollador que ha trabajado con versiones anteriores.

A partir de aquí veremos cómo personalizar el diseño del informe para mostrar esos datos al usuario, lo cual es casi en su totalidad funcionalidad estándar de *Microsoft SQL Reporting Services* por lo que se puede ampliar información en la extensa documentación sobre el tema que se encuentra en la red.

Empezamos comentando que, igual que en los informes clásicos de versiones anteriores, podemos tener más de un diseño en un mismo *report* y estos diseños pueden ser de tipo **automático** o de **precisión**.

- **Diseño automático**: La posición y el tamaño de los controles es definida por el sistema automáticamente para **ajustarlo al espacio disponible**, en base a los metadatos de cada campo obtenidos de su tipo de datos.

  Estos informes son sencillos de crear y mantener, y se pueden utilizar para la mayoría de informes que imprimen listas, tablas, gráficos, etc. siempre que no se requiera que los componentes impresos se sitúen en una posición exacta en el papel. Su diseño se puede simplificar todavía más si se utilizan **plantillas de diseño** para informes y regiones de datos, como hemos visto en los ejemplos anteriores.

- **Diseño de precisión**: Se utilizan cuando las posibilidades de configuración del diseño automático no son suficientes para lograr una personalización precisa. Ejemplos claros son facturas, albaranes, cheques, recibos, etc. donde cada elemento debe estar exactamente en su posición en cada impresión del informe.

Para hablar de diseño de informes en SSRS debemos empezar introduciendo el concepto de región de datos (***Report Data Region***). Con este nombre se define a los controles que permiten insertar datos en un informe. Son estructuras complejas que permiten un alto nivel de personalización. Lo habitual será que al crear un nuevo informe comencemos por añadir uno o varios de estos componentes al diseño:

- **Lista** (*List*): Muestra los datos en forma de lista de elementos. Estos elementos pueden distribuirse vertical u horizontalmente en la lista (por ejemplo, para imprimir etiquetas en varias columnas) y cada elemento de la lista es un área de trabajo que puede mostrar desde un simple texto, simulando una tabla sencilla, a diferentes controles con diferentes formas (por ejemplo, una foto con unos cuantos campos de texto, etc.).

- **Tabla** (*Table*): Representa una tabla con un número fijo de columnas y una cantidad indefinida de filas.

- **Matriz** (*Matrix*): Muestra una agrupación de datos en formato tabular que también suele llamarse **Tabla dinámica**. El número de filas y columnas puede variar en cada impresión del informe, dependiendo de los datos que represente. Puesto que suelen representar datos agrupados y totales, es habitual que dispongan de funciones *drill-trough* para enlazar con otros informes o formularios que muestren el detalle de las transacciones que dan lugar a esos totales.

- **Gráfico** (*Chart*): Permiten representar información de manera visual. SSRS dispone de un gran número de diseños de gráficos de manera estándar, y se pueden añadir diseños de terceros.

Aparte de estos objetos dedicados a mostrar datos, podemos añadir a los informes otros controles orientados al diseño en sí mismo, esto es, a personalizar el aspecto visual que se imprimirá finalmente. Todas estas opciones en general son estándar de *Microsoft SQL Reporting Services*, por lo que no las veremos en detalle.

5.1.- Ejemplo: Diseñar con SSRS y Visual Studio

En ejemplos anteriores de este capítulo hemos visto cómo crear informes con diseños automáticos sencillos. Estos diseños pueden personalizarse en gran medida utilizando las propiedades de los controles y las diferentes **plantillas** aplicables tanto al **informe en general** como a cada una de las **regiones de datos**. Sin embargo, si necesitamos un nivel más alto de personalización, es necesario crear un diseño de precisión. Al modificar ciertas propiedades en un diseño automático que provocarían que el diseño ya no pueda ser considerado automático, se crea automáticamente un diseño de precisión que es **copia** del primero, con la propiedad modificada. A partir de este punto podemos elegir si continuar sólo con el diseño de precisión y borrar el primero, o continuar con los dos. Esta funcionalidad es muy útil para construir fácilmente la estructura de un diseño que será de precisión, pero puede partir de ciertos objetos diseñados automáticamente.

Si no se muestra el **panel de herramientas** en *Visual Studio* podemos activarlo desde *View > Toolbox* (*Ctrl+Alt+X*). En este panel se nos muestran los objetos que podemos añadir al diseño, ahora en blanco, para personalizarlo. Esto incluye los diferentes tipos de regiones de datos, algunos componentes de diseño como líneas, cuadrados, imágenes, etc. así como componentes más complejos como **sub-informes** (*Subreport*) o **indicadores** (*Gauge*) muy utilizados al diseñar cuadros de mando.

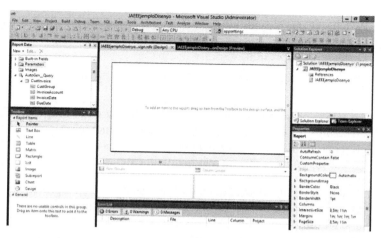

Figura 19.- Vista general del diseñador de informes de SSRS en Visual Studio

También es útil el panel **Report Data** que nos muestra los campos que tenemos disponibles desde el origen de datos, así como los parámetros, imágenes y campos del sistema a los que podemos acceder. El entorno de trabajo con todos los paneles activos tiene un aspecto parecido a la figura 19.

Para demostrar la forma de trabajar con el editor de *Visual Studio* vamos a realizar un ejemplo paso a paso de diseño personalizado sencillo.

- Partimos de un informe recién creado con un origen de datos de tipo *Query* que utiliza la consulta *CustInvoiceJour*. El proceso para llegar este punto ya lo hemos comentado. La consulta usaremos en la propiedad *Query* del *Dataset* es la siguiente:

```
SELECT CustInvoiceJour.1.InvoiceAccount,
    CustInvoiceJour.1.InvoiceAmount, CustInvoiceJour.1.InvoiceAmountMST,
    CustInvoiceJour.1.InvoiceDate,   CustInvoiceJour.1.InvoiceId,
    CustInvoiceJour.1.InvoicingName, CustInvoiceJour.1.SumTaxMST
FROM CustInvoiceJour
```

- Clic derecho en el nodo **Designs > Add > Precision Design**. Cambiar el nombre al diseño recién creado por *PrecisionDesign*.

- Clic derecho en **PrecissionDesign > Edit Using Designer...**. Esto abre el diseñador de informes de *SSRS*.

- En el editor de informes, añadir una cabecera en el menú **Report > Add Page Header**. En esta nueva sección que aparece en el diseñador podemos añadir controles que se mostrarán en todas las páginas. El formato del texto se puede modificar directamente mediante los botones de la barra de comandos. En este caso vamos a añadir un *Text Box* para el título del informe y otro que mostrará el número de páginas con diferente formato.

- Para hacer que el segundo *Text Box* muestre contenido dinámico (el número de páginas), hacer clic derecho sobre control y elegir **Expression…**. Escribir la siguiente expresión:

```
=Labels!@SYS25813 + ": " + CStr(Globals!TotalPages)
```

En esta expresión podemos comprobar cómo utilizar **etiquetas** de *Microsoft Dynamics AX* en informes SSRS. Lamentablemente no tenemos un editor de etiquetas en *Visual Studio*, así que necesitamos un cliente de desarrollo para buscar los códigos de etiqueta manualmente.

- Añadir un objeto *Matrix* desde el *Toolbox* a la sección principal del informe. Al pasar por encima de las celdas aparece un pequeño icono que representa el **selector de campos**. Al pulsarlo se muestran los campos del origen de datos disponibles para representar en esa posición. Elegir los campos *InvoiceDate* en **Columns**, *InvoiceAccount* en **Rows** e *InvoiceAmountMST* en **Data**. En este último, el editor incluye la función *Sum* porque es un campo que se va a agrupar en la tabla dinámica. Ver figura 20.

Figura 20.- Estado inicial del diseño de ejemplo

- Si en este momento vamos a la vista previa del informe, podemos comprobar como el formato en el que se agrupan los datos en las columnas no resulta muy práctico. Puede que en algún caso sea útil mostrar la facturación por días, pero lo normal será utilizar una granularidad más agrupada (como años, trimestres, meses, campañas, etc.). Ver figura 21.

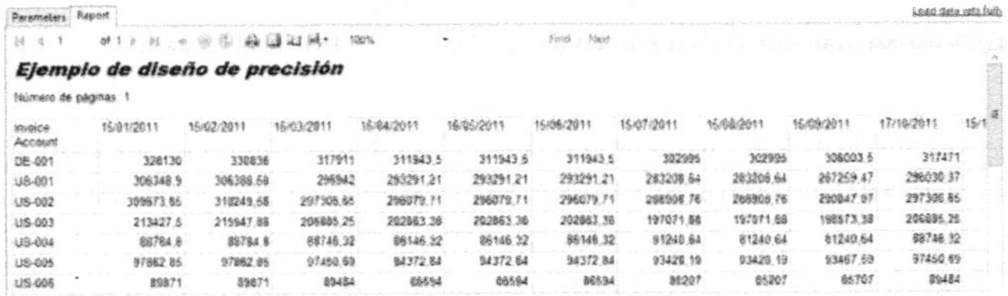

Figura 21.- Vista previa del informe de ejemplo

- Para modificar la forma en que se **agrupan y ordenan** los datos, en la parte inferior del editor se encuentran los paneles *Row Groups* y *Column Groups*

  Como queremos modificar la agrupación de las columnas, hacemos clic derecho sobre el elemento *InvoiceDate* del panel **Column Groups** y elegimos **Group Properties**.

  - En la pestaña **General** podemos ver la expresión de agrupación actual, que en este punto es el campo fecha. Pulsar el campo *fx* para escribir la expresión: `=Year(Fields!InvoiceDate.Value)` y cambiar el nombre a *Año*. De esta manera, las columnas se agruparán por año, y no directamente por el campo fecha (que representa días).

  - Sin embargo, aunque agrupe por años seguirá mostrando fechas en el informe (se puede probar mediante la vista previa). Para que en la columna se muestre también el año, hacer clic derecho sobre la cabecera de la columna que representa este campo, elegir **Expresion...** y escribir la misma expresión que antes.

  - En el elemento *Año* del panel *Column Groups*, pulsar la flecha disponible a la derecha y elegir **Add Group > Child Group**, para añadir otro elemento de agrupación. En el campo **Group by** escribir la expresión: `=Month(Fields!InvoiceDate.Value)` para agrupar por meses.

  - Esto añade un segundo nivel de agrupación en el control *Matrix*, que mostrará el número de mes en cada columna. Para que se muestre el mes en letra en vez del número, hacemos clic derecho sobre la celda y escribir: `=MonthName(Month(Fields!InvoiceDate.Value), true)`. De esta forma se agrupan los meses por número, pero en el informe se muestra el nombre del mes en letras.

  - Clic derecho sobre la celda que representa los datos y elegir **Text Box Properties**. En la pestaña **Number**, elegir el formato numérico **Currency** (que se adapta a la localización de cada país). De esta forma mejoramos el formato de los importes mostrados.

  - Clic derecho sobre la celda que representa las filas y elegir **Insert Column > Inside Group – Right**. En la nueva celda seleccionar el campo *InvoicingName*. Así añadimos una nueva columna al lado del código de cliente que muestra su nombre. Ver figura 22.

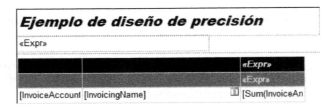

Figura 22.- Añadir una nueva columna a la matriz

o   Después de algunos ajustes en el diseño visual de la tabla que se realiza con los botones de la barra de comandos, de la misma forma que en otros productos de Microsoft, el estado final del diseño se muestra en la figura 23.

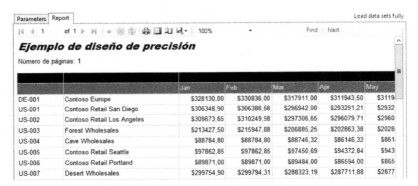

Figura 23.- Vista previa del informe de ejemplo

Quienes tengan experiencia con *Microsoft Dynamics AX 2009* y anteriores, podrán apreciar la gran diferencia de este nuevo método de construcción de informes frente al anterior. En muchos casos descubriremos las ventajas que ofrece en cuanto a flexibilidad y rendimiento, y en otros echaremos de menos la agilidad de realizar todo el trabajo directamente sobre el AOT.

CAPÍTULO

10

Licencia, Configuración y Seguridad

En este capítulo vamos a revisar las diferentes técnicas que nos permiten limitar la funcionalidad de *Microsoft Dynamics AX 2012*, de manera que se adapte a las necesidades de la empresa evitando una sobrecarga de opciones y menús, limitando el acceso a las opciones que cada usuario puede ver.

I.- INTRODUCCIÓN

Microsoft Dynamics AX 2012 es una aplicación de gran tamaño. Creo que llegados a este punto es algo que podemos comprender. También es lógico que una empresa que compra este producto **no necesite utilizar toda** su funcionalidad, todos sus módulos. Por ejemplo: una empresa que ofrece servicios no va a utilizar los módulos de gestión de inventario y producción; una empresa que fabrica ciertos productos puede que no necesite el módulo de proyectos, o puede que sí; o puede que ahora no lo necesite, pero decida utilizarlo en el futuro.

Para configurar qué partes de la aplicación se van a utilizar, y dentro de éstas, qué partes puede ver cada usuario, disponemos de los conceptos llamados **Licencias, Configuración y Seguridad**. Cada uno de ellos permite limitar la funcionalidad activa desde diferentes puntos de vista, y con diferentes consecuencias:

- **Licencias**: Entendemos por licencia las partes del producto que el cliente ha comprado a Microsoft. Aquellas que está autorizado a utilizar, ya que la aplicación, desde los discos, se instala siempre completa.

399

- **Configuración**: Es posible desactivar partes de la funcionalidad para las que un cliente dispone de licencia. Esto permite eliminar partes de la aplicación que, aunque incluidas en el precio, la empresa no necesita.

  Los módulos desactivados por configuración son eliminados para todos los usuarios, igual que los desactivados por licencia, incluyendo los datos de las tablas implicadas.

- **Seguridad**: Los módulos para los que el cliente tiene licencia y están activos en la configuración, pueden limitarse para que cada usuario sólo tenga acceso a los que son relevantes para su trabajo. Esto se configura a nivel de seguridad mediante la seguridad basada en roles y privilegios.

  Los módulos a los que un usuario no tiene acceso siguen existiendo, aunque el usuario no puede verlos. Esta es, por tanto, la única manera de ocultar cierta funcionalidad a los usuarios sin eliminarla.

2.- LICENCIA

La licencia es lo que el cliente compra cuando adquiere *Microsoft Dynamics AX* 2012. No vamos a detallar aquí el sistema de precios y licenciamiento porque no es una tarea técnica, sino comercial y de consultoría. No afecta en nada al desarrollo.

Sólo comentar que el sistema de licencias ha cambiado mucho en cada versión, e incluso dentro de la versión *AX 2012* ha habido cambios en *R2* y *R3*. En estas revisiones los diferentes tipos de licencia se han adaptado al asignarles la funcionalidad nueva o modificada. Es por esto que no vale la pena entrar al detalle ya que, probablemente, siga cambiando para adaptarse a las necesidades del mercado.

A menudo se ofrecen paquetes de licencias y usuarios (también licencias por volumen) desde Microsoft o desde los propios *partners* para hacer el precio más atractivo, por lo que para obtener más información lo más seguro es consultar directamente a nuestro *partner* de confianza.

Actualmente, el sistema de licencias se basa, como en otros productos de Microsoft, en lo que llaman **CAL** (*Client Access License*), diferenciando las licencias para **usuarios, servidores y dispositivos**. Ver figura 1.

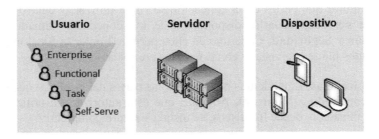

Figura 1.- Elementos que deben considerarse en la licencia

- **CAL de usuario**: Son licencias **asignadas a un usuario** (y sólo a uno). Permiten al usuario conectar al sistema mediante cualquier fuente (cliente Windows, *Enterprise Portal*, servicios web, etc.).

  Se distinguen varios tipos, dependiendo de las funciones a las que tiene acceso cada una: *empresarial, funcional, de tareas y autoservicio*. Cada tipo de licencia de un nivel superior incluye los privilegios de las inferiores. Se basan en roles y se asignan a *Menu Items*.

- **CAL de servidor**: Es necesaria una licencia por **cada AOS** instalado en la misma aplicación. Esta licencia incluye toda la funcionalidad.

  Con una sola licencia se pueden instalar varias aplicaciones (desarrollo, pruebas, etc.) siempre que en cada aplicación (en cada entorno) haya un solo AOS.

- **CAL de dispositivo**: Son licencias específicas para **algunos dispositivos** que disponen de una funcionalidad concreta y muy limitada, como lectores de código de barras, PDA o TPV. Si el dispositivo es compatible con este tipo de licencia, una licencia de dispositivo permitirá utilizarlo a cualquier usuario.

Cada una de estas licencias permite el acceso a determinadas funcionalidades de la aplicación, y a otras no (la licencia *Enterprise* permite el acceso total). Este filtro se realiza mediante *Menu Items*, que en esta versión son los únicos elementos del sistema asociados a una licencia.

Existe un informe que compara los permisos que tienen los usuarios con el tipo de licencia al que están asignados. De esta forma podemos saber si es necesario adquirir nuevas licencias o ampliar las que tenemos. El informe se ejecuta desde ***Administración del sistema > Informes > Licencias > Recuentos de licencias de usuario designado***.

El sistema anterior, basado en módulos a nivel funcional y en códigos de licencia a nivel técnico, está descatalogado. El nodo **License Codes** del AOT se mantiene por compatibilidad, pero no se utiliza. Tampoco es posible el antiguo sistema de licencias basado en el número de usuarios concurrentes en la aplicación.

Cuando adquirimos una licencia se nos facilita un fichero de texto y unas claves. Para cargar este fichero de texto en nuestra aplicación (si no se hizo directamente durante la instalación) disponemos del menú ***Administración del sistema > Configurar > Sistema > Licencias > Información de licencia***. En versiones anteriores, este formulario permitía ver qué módulos teníamos contratados. En *Microsoft Dynamics AX 2012* es más interesante la información sobre las licencias de usuario contratadas y su tipo, que se pueden ver en la pestaña *Licencias de acceso*. Ver figura 2.

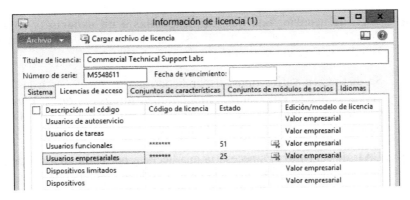

Figura 2.- Información de licencia

Mediante el botón *Cargar archivo de licencia* podemos importar el fichero que nos envía Microsoft, tras lo cual será necesario sincronizar la base de datos y compilar tanto X++ como CIL, ya que la carga de licencia crea y elimina objetos dependiendo de la funcionalidad activada o desactivada por la nueva configuración.

3.- CONFIGURACIÓN

La configuración de licencia (lo que llamamos simplemente *Configuración*) nos permite desactivar determinadas funcionalidades que no se van a utilizar en el sistema, de entre todas las que tenemos licencia. El formulario se encuentra en *Administración del sistema > Configurar > Sistema > Licencias > Configuración de licencias*. Ver figura 3.

Figura 3.- Configuración de licencias

Este proceso se debe hacer tras la instalación inicial del producto y, aunque puede modificarse siempre que sea necesario, hay que tener en cuenta las consecuencias.

Desactivar cierta funcionalidad va a ocasionar que se eliminen de la aplicación los objetos que tiene asociados. Esto incluye, entre otras cosas, tablas y campos de tabla (que en realidad no se eliminan, se convierten en temporales), lo que implica que **se borren los datos** que contienen. Las opciones desactivadas se pueden volver a activar más adelante, pero al volver a crear las tablas o los campos de tabla se habrán perdido los datos que existieran anteriormente (datos de negocio, configuración, etc.).

En la figura 4 se puede ver cómo, a pesar de que existen en la tabla, los campos desactivados no almacenan ningún dato (muestran el texto *Sin recuperar*). Si nos encontramos con este valor en el *Examinador de tablas*, será debido a que se ha desactivado el campo mediante esta configuración, o bien la base de datos no se ha sincronizado correctamente después de algún cambio.

	InventBai...	InventProfileTyp...	InvoiceAccount	InvoiceAm...	InvoiceAmountMST	InvoiceDate	InvoiceId	InvoiceRegister_LT	InvoiceRou...	InvoiceStatus_LT
	Sin recuper	Sin recuperar	CN-001	40.446,00	40.446,00	30/11/2012	AP-0002	Sin recuperar	0,00	Sin recuperar
	Sin recuper	Sin recuperar	CN-001	1.820.000,00	1.820.000,00	30/11/2012	AP-0004	Sin recuperar	0,00	Sin recuperar
	Sin recuper	Sin recuperar	CN-001	25.245,00	25.245,00	30/11/2012	AP-0007	Sin recuperar	0,00	Sin recuperar
	Sin recuper	Sin recuperar	JP-001	48.961,67	48.961,67	30/11/2012	AP-0005	Sin recuperar	0,00	Sin recuperar

Figura 4.- El Examinador de tablas muestra campos desactivados

3.1.- CONFIGURACIÓN POR PAÍSES

En versiones anteriores, la configuración específica de cada país (o grupo de países) se podía activar o desactivar mediante la configuración de licencia que acabamos de ver. Sin embargo, esta configuración afecta a toda la aplicación por lo que empresas multinacionales estaban obligadas a activar la funcionalidad de todos los países donde operaban, para todas las empresas o sucursales. Esto era un problema que obligaba a configurar en cada empresa multitud de parámetros que no debían aplicarse en un determinado país, pero si en otros.

En *Microsoft Dynamics AX 2012* se añade una posibilidad llamada *Country Region Codes*. Mediante esta funcionalidad, los campos o funciones propios de cada país se activan sólo para las empresas que pertenecen a ese país, y no para todas las existentes.

> **Best Practice**: Aunque no tiene ninguna repercusión práctica, en los objetos que tengan un ámbito de utilidad determinado por países es una buena práctica utilizar un **sufijo** que identifique el país. Ver figura 5.

El contexto de país puede basarse en el de la empresa activa (muy habitual en la configuración de impuestos o requerimientos legales), o en un campo más localizado como el país del cliente, proveedor, etc. Por ejemplo, podemos activar campos en la ficha de clientes, sólo para los clientes de determinados países.

A esta configuración pueden asignarse tablas, vistas y mapas completos o campos individuales de cualquiera de ellos; menús, elementos de menú, tipos de datos extendidos, enumerados y controles de formularios.

Cualquiera de estos elementos dispone de dos propiedades para configurar su asignación a un determinado país, que son:

- **CountryRegionCodes**: En esta propiedad se indica un código de país, o varios códigos separados por comas. Ver figura 5.

Figura 5.- Campo restringido a una lista de países

El país que se va a tener en cuenta para activar o desactivar un determinado campo es el de la **dirección principal de la empresa activa**, que se encuentra en **Administración de la organización > Configurar > Organización > Entidades jurídicas**. El código de país se puede ver seleccionando la dirección principal de una empresa y pulsando **Más opciones > Avanzado**. Entrando al detalle del país se encuentra su código ISO, que es el que utilizamos como *CountryRegionCode*. Ver figura 6.

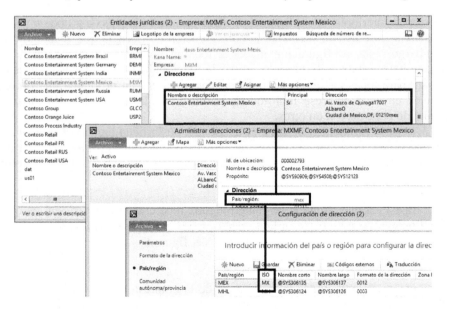

Figura 6.- Navegación entre las entidades jurídicas y su país

- ***CountryRegionContextField***: Mediante esta propiedad se puede configurar un contexto más específico para el país, que debe ser un elemento de la libreta de direcciones (lo que solemos llamar una ***Party***), lo que incluye **clientes, proveedores, bancos y empleados**, o una **dirección** (*Location*).

En esta propiedad se debe seleccionar un campo que identifique una dirección. Dependiendo del tipo de objeto que vamos a limitar, éste será un campo de un origen de datos, en formularios; otro campo de la misma tabla, en tablas; un campo de la vista o del mapa, etc. Ver figura 7.

Figura 7.- Selección de un campo que modifica el contexto de país

Un elemento limitado por código de país se ocultará cuando no proceda utilizarlo. Si es un campo, un botón, etc. en un formulario, no se mostrará; si es algo que, por su naturaleza, no puede ocultarse, aparecerá desactivado y no editable.

4.- SEGURIDAD

El sistema de **seguridad interna** de *Microsoft Dynamics AX 2012* ha sido completamente rediseñado en lo que llamamos seguridad basada en **Roles**. El antiguo sistema basado en objetos *Security Key* en el AOT ha sido sustituido por un sistema orientado a **roles y privilegios**, como se muestra en la figura 8.

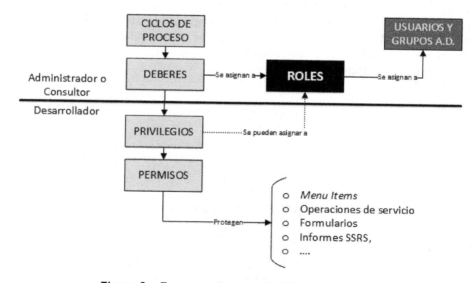

Figura 8.- Esquema de seguridad basada en Roles

Estas entidades se pueden configurar y asignar a **usuarios y grupos** de *Active Directory* (se pueden configurar reglas para asignar ciertos roles automáticamente a los usuarios nuevos) desde los diferentes elementos del menú *Administración del sistema > Configurar > Seguridad*. Ver figura 9.

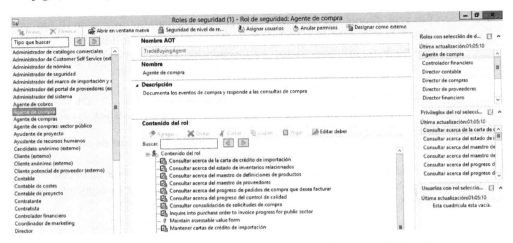

Figura 9.- Configuración de roles de seguridad

Esta parametrización la suelen realizar consultores o administradores de sistemas y no requiere ningún conocimiento de desarrollo, por lo que no entraremos al detalle sobre ella. Los formularios son bastante intuitivos.

En el siguiente documento se explican todas las opciones de seguridad del sistema, incluyendo tanto la **seguridad interna** de *Microsoft Dynamics AX* (servidor de ayuda, AIF, *Role Center, Enterprise Portal*) como la **seguridad externa** (*Active Directory*, seguridad de red, *Microsoft SQL Server*, etc.) que se recomienda para que la instalación en su conjunto sea segura. Es una lectura muy importante, sobre todo para administradores de sistemas:

Descarga: Microsoft Dynamics AX 2012 Security Guide

http://www.microsoft.com/en-us/download/details.aspx?id=39935

4.1.- Elementos de seguridad en el AOT

Las entidades de seguridad que hemos comentado pueden ser asignadas por usuario utilizando los formularios de la aplicación (asignar privilegios a roles, asignar roles a usuarios, etc.). Antes de eso, estos elementos deben ser creados o modificados en el AOT por un desarrollador.

Para que nuestros desarrollos puedan asegurarse, será necesario crear y asignar nuevos elementos de seguridad que se les deben asociar. Se encuentran en el nodo *Security* del AOT, que contiene elementos de los siguientes tipos:

- **Roles** (*Roles*): Agrupación de deberes *(¿Qué debo hacer?)* y privilegios *(¿Qué puedo hacer?)* necesarios para un determinado puesto de trabajo. Representan puestos de trabajo o procesos de negocio y se asignan a usuarios. Para facilitar su mantenimiento, es recomendable que contengan únicamente deberes.

- **Ciclos de proceso** (*Process Cycles*): Representan procesos y agrupan deberes y privilegios. Sólo sirven para agruparlos en el formulario de asignación, su utilidad es simplemente estética y organizativa.

  Agrupan los deberes necesarios para realizar un trabajo. Es necesario que todos los deberes estén asignados al menos a un Rol y a un Ciclo de proceso. De otra forma será complicado asignarlos a los usuarios ya que no se mostrarán en los formularios de la aplicación

- **Deberes** (*Duties*): Hacen referencia a las responsabilidades necesarias para realizar cierto puesto de trabajo. Contienen privilegios y se asignan a roles.

- **Privilegios** (*Privileges*): Agrupa los permisos (niveles de acceso) necesarios para realizar una tarea (un Deber).

- **Permisos de código** (*Code Permission*): Grupo de permisos asociados a una acción (un *Menu Item* o una operación de servicio), que concede permisos a otros objetos que esa acción va a necesitar, como pueden ser tablas, métodos de clase, formularios, controles de *Enterprise Portal* o informes SSRS. Por ejemplo: el deber de mantener clientes necesita acceso total al formulario de clientes, pero también a los de direcciones y contactos.

- **Políticas de seguridad** (*Policies*): Permiten restringir el acceso a un grupo de tablas relacionadas. Tienen que ver con la funcionalidad *Extensible Data Security* (*XDS*) que veremos más adelante en este capítulo.

Al desarrollar nueva funcionalidad o ampliar la estándar, es importante tener en cuenta estos elementos para asignarlos a los objetos creados y mantener la coherencia con la seguridad existente.

Por ejemplo, al crear una funcionalidad nueva conviene crear también privilegios para esta funcionalidad, que pueden asignarse a roles existentes o añadir nuevos roles si fuera necesario. Sin embargo, si modificamos funcionalidad estándar (por ejemplo, si añadimos un nuevo informe) probablemente sea suficiente asignar ese nuevo informe a un privilegio o deber existente, coherente con la funcionalidad a la que está asociado ese nuevo informe y los roles que tendrán los usuarios que lo van a necesitar.

Se pueden consultar los elementos de seguridad relacionados con un *Menu Item* mediante las dos opciones disponibles haciendo clic derecho sobre él en el *AOT > Complementos > Herramientas de seguridad*. Por ejemplo, ver figura 10.

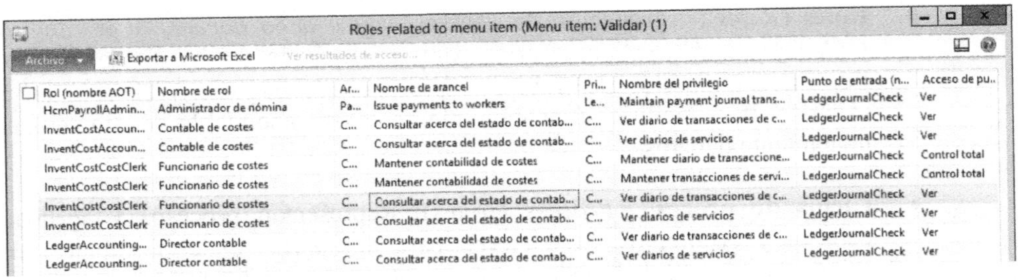

Figura 10.- Roles de seguridad relacionados con un Menu Item

4.2.- Elementos que pueden asegurarse y niveles de acceso

En el punto anterior hemos repasado los objetos que permiten configurar el propio *framework* de seguridad; los que van a delimitar las acciones que puede realizar un usuario que tiene asignados unos determinados roles.

A continuación indicamos las acciones que pueden limitarse, también llamadas **puntos de acceso**.

- *Menu Items*: Es el punto de acceso que utilizaremos más a menudo y también el recomendado. Como ya hemos visto, los elementos de menú incluyen llamadas a formularios, informes SSRS, partes (*Parts*), clases, etc.

- **Elementos web**: Son URL accesibles desde *Enterprise Portal*.

- **Operaciones de servicio**: Son las funciones que expone un servicio web. Las explicamos en el capítulo 8 "*Integración con .NET y Servicios Web*".

Además de estos puntos de acceso, pueden asegurarse elementos individuales como tablas, campos de tablas, métodos de clase, formularios o controles de formulario. A cada uno de ellos se le puede asignar un nivel de acceso individual, como veremos.

Para asegurar un punto de acceso o un elemento individual, le asignamos lo que llamamos un **nivel de acceso** (*AccessLevel*). Estos niveles son lo que, en la práctica, llamamos **Permisos**. Aunque en realidad representan **conjuntos de permisos**. Cada nivel de acceso incluye también a los inferiores. Por ejemplo: si un usuario tiene asignado un nivel de acceso para *Crear*, también tendrá permiso para *Ver* y *Editar*, pero no para *Eliminar*.

Los niveles de acceso disponible son los siguientes (de menor a mayor):

- **Sin acceso** *(No Access)*: Deniega cualquier acceso a la información.

- **Ver** *(Read)*: El usuario puede ver la información.

- **Editar** *(Update)*: El usuario puede ver y modificar información.

- **Crear** *(Create)*: El usuario puede ver, modificar y crear nuevos registros.

- **Corrección** *(Correct)*: El usuario puede ver, modificar y crear nuevos registros, además de editar en **modo Corrección,** sin que se genere una nueva versión en tablas con validez en el tiempo. Comentaremos los detalles de seguridad de este *framework* más adelante en este capítulo.

- **Control Total** *(Delete)*: El usuario puede realizar cualquier acción sobre los datos.

Los permisos que se pueden asignar a cada elemento dependen del tipo de éste. Por ejemplo: para asegurar un formulario, una tabla o un campo de tabla se puede elegir cualquiera de ellos, aunque el nivel de acceso *Correct* sólo está disponible en tablas con validez en el tiempo (*DEF*). Ver figura 11.

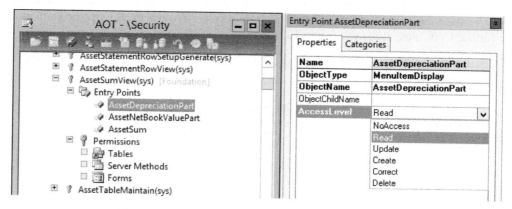

Figura 11.- Niveles de acceso para un Menu Item

Sin embargo, para asegurar una clase (un proceso que realiza una tarea sobre algunos datos), un informe, o una llamada a servicio, lo lógico es que se decida simplemente si el usuario tiene acceso a esa acción o no. La clase accederá a unos datos que deben asegurarse por separado. En el caso de operaciones de servicio, por ejemplo, los únicos niveles de acceso disponibles son *Invoke* y *NoAccess*. Ver figura 12.

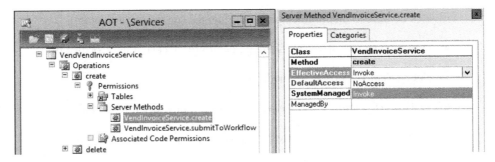

Figura 12.- Niveles de acceso para operación de servicio

En estos casos es habitual asociar **permisos de código** para asignar de una sola vez el conjunto de permisos necesarios para los elementos dependientes de cada acción, ya que la acción en sí misma no nos permite mucha flexibilidad. Para ello se utilizan las propiedades *LinkedPermissionType* y *LinkedPermissionObject* del *Menu Item*.

4.3.- Inferencia automática de permisos

Los objetos asegurables del AOT contienen un sub-nodo llamado *Permissions*, que a su vez contiene varios sub-nodos que representan **conjuntos de permisos** (*EffectiveAccess*) para un determinado nivel de acceso (*AccessLevel*) y tipo de elemento (Tablas, Controles, etc.). Ver figura 13.

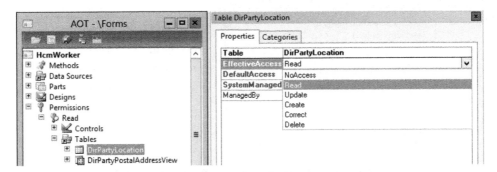

Figura 13.- Nivel de acceso en formularios

En el caso de los formularios, por ejemplo, cuando se asocia una tabla a un origen de datos se infieren sus permisos al formulario. Además, se tienen en cuenta las propiedades *AllowEdit, AllowCreate, AllowDelete*, etc. que se configuran en el propio origen de datos. Mediante la combinación de estos dos factores, el sistema decide a qué **conjunto de permisos** debe asignar esta tabla y la crea en el sub-nodo correspondiente (*Read, Create, Update, Correction, Delete,* etc.). Si eliminamos la tabla de este nodo, volverá a crearse automáticamente. Ver figura 14.

Normalmente será suficiente con aplicar estos conjuntos de permisos configurados automáticamente. Sin embargo, es posible que necesitemos especificar un nivel de acceso diferente para una tabla o un campo en uno de los conjuntos de datos en concreto. En ese caso podemos modificar su propiedad *EffectiveAccess* para asignarle un nivel de acceso diferente.

Por ejemplo, en el caso que muestra la figura 14 se ha restringido el permiso de *Borrado* inferido por el formulario para esa tabla (por eso está en el nodo *Delete*) y se ha establecido a sólo lectura, aunque la tabla se mantiene en el conjunto de permisos *Delete*. Esto hace que se modifiquen automáticamente las propiedades *SystemManaged* y *ManagedBy* para indicar que el permiso inferido ha sido modificado manualmente y ya no es gestionado por el sistema, por lo que no se actualizará en el futuro si se modifica la tabla.

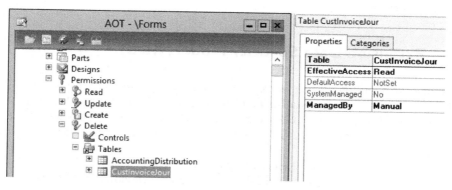

Figura 14.- Permisos inferidos modificados manualmente

Los conjuntos de permisos disponibles en cada formulario pueden delimitarse mediante las propiedades del nodo ***Permissions***. Ver figura 15.

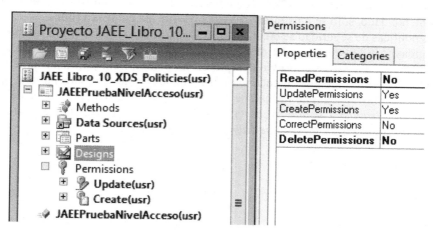

Figura 15.- Conjuntos de permisos para un formulario

Otro lugar desde donde enviar información de seguridad a los objetos son los *Menu Item*. Éstos tienen diferentes propiedades cuyos nombres acaban en **Permissions** y pueden tener los valores *Auto* (por defecto) y *No*. Cada uno indica si el correspondiente conjunto de permisos podrá ser configurado en los privilegios que se asignen al elemento de menú como punto de acceso.

De la misma forma, para un ajuste todavía más preciso, al modificar la propiedad **NeededPermission** de un campo del formulario, se añade este control al nodo **Controls** del conjunto de permisos elegido. Puesto que un control para el que no se tiene permiso de lectura no se muestra en el formulario, una configuración de seguridad bien definida permite **ocultar y mostrar campos** de manera selectiva dependiendo del Rol de cada usuario.

Este funcionamiento es similar en otros tipos de objetos asegurables como *Parts*, informes SSRS, etc.

4.4.- Extensibe Data Security Model (XDS)

El modelo de seguridad de datos extensible (*Extensibe Data Security Model* o **XDS**) sustituye a la antigua **seguridad a nivel de registro** (*Record Level Security* o *RLS*) disponible en versiones anteriores. Aunque ésta se mantiene por compatibilidad en *AX 2012*, es recomendable convertir a este nuevo modelo los filtros desarrollados en versiones anteriores.

Este modelo se basa en **políticas de seguridad** (*Policies*, en el AOT) y permite filtrar el contenido de una **tabla principal** y sus **tablas relacionadas** (llamadas tablas restringidas o *constrained tables*, aunque también pueden ser **vistas**) según el resultado de una **Query**. Por ejemplo: permite que los vendedores sólo puedan ver sus propios pedidos; que los empleados de una empresa sólo puedan ver los clientes de un determinado país, etc.

Si sobre un determinado conjunto de tablas aplican **varias políticas** de seguridad en un momento dado, sólo se mostrarán los registros **que las cumplan todas**.

Las políticas de seguridad se crean en el AOT, asociando la tabla principal, las tablas restringidas y la *Query* que debe realizar esa restricción. Una vez creadas, se aplican mediante lo que llamamos **contexto de aplicación**, como veremos más adelante.

Todo esto es más fácil de entender con un ejemplo. Vamos a desarrollar una política de seguridad muy sencilla de forma que sólo permita el acceso a los clientes del grupo de clientes "*Grandes Cuentas*". Los grupos de clientes se configuran en *Clientes > Configurar > Clientes > Grupos de clientes*. Ver figura 16.

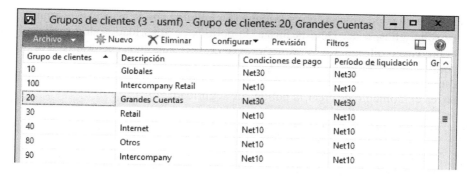

Figura 16.- Grupos de clientes. Vista sin ninguna limitación de seguridad

El primer paso para desarrollar una política de seguridad es crear la *Query* que va a delimitar los datos a los que tenemos acceso en la tabla principal, que en nuestro caso es la tabla *CustGroup*:

- Crear una **nueva Query** en el AOT, cambiarle el nombre por *JAEEMajorCustPolicyQuery*.

- Añadir la tabla *CustGroup* como origen de datos. Cambiar la propiedad **Dynamic**: *Yes*.

- En el origen de datos recién creado, añadir un nuevo rango y configurar **Field**: *CustGroup*; **Value**: *20*.

Esta *Query* se basa en la tabla *CustGroup*, que es la **tabla principal** de nuestra política de seguridad, y filtra los que tienen código igual a 20. Ver figura 17.

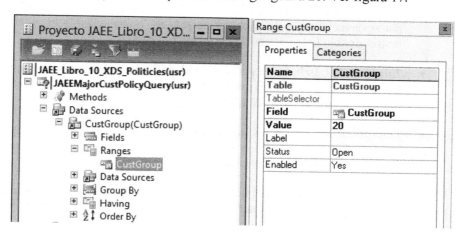

Figura 17.- Consulta que delimitará los datos autorizados por la política

Esta *Query* podría incluir otras **tablas relacionadas** con la principal, y aplicar otros rangos sobre ellas, o no. De esta forma, la política de seguridad podría realizar filtros más complejos o filtrar datos de varias tablas a la vez. Estas tablas tendrían que agregarse a la política de seguridad en su nodo ***Constrained Tables***.

Ahora que tenemos una *Query* que define los datos a los que vamos a permitir el acceso, es el momento de crear la política de seguridad:

- Crear una **nueva *Policy*** en el AOT. Cambiar ***Name***: *JAEEMajorCustPolicy*; ***Label***: *Sólo clientes de grandes cuentas*.

- ***PrimaryTable***: *CustGroup*. Esta es la tabla principal en la que se basa la política de seguridad.

  Este dato es muy importante porque, cuando la política se aplique, cualquier consulta que se envíe a la base de datos referente a esta tabla será modificada para fusionarla con la *Query* de la política de seguridad. Por este motivo, la consulta debe estar optimizada y ser coherente con el uso y los índices de la tabla principal, para no perjudicar demasiado el rendimiento. Siempre habrá una **pérdida de rendimiento** al utilizar este modelo, pero debemos intentar minimizarla.

- ***Query***: *JAEEMajorCustPolicyQuery*. Elegimos la consulta que acabamos de crear. Delimita los registros que pueden utilizarse de la tabla principal.

- ***UseNotExistJoin***: *No*. Asignando este valor a *Yes* se puede utilizar la *Query* en **modo negativo**. Esto es, forzando a que los datos de la tabla principal **no sean** los de la consulta. En este caso dejamos el valor por defecto.

- ***ConstrainedTable***: *Yes*. Indica si la política de seguridad debe restringir los datos devueltos por la tabla principal. Se puede establecer a *No* para restringir sólo los registros de las tablas relacionadas.

- ***Enabled***: *Yes*. Indica si la política está habilitada, y por tanto debe aplicarse. Las políticas de seguridad pueden deshabilitarse temporalmente o durante el desarrollo sin necesidad de eliminarlas.

- ***Operation***: *All operations*. Indica las operaciones que deben restringirse en los registros afectados por la política de seguridad. Puede limitarse la modificación, creación, eliminación de registros, etc.

En este caso vamos a limitar todas las acciones, lo que incluye la opción *Select*, por lo que no podremos ni siquiera ver los registros. Puede utilizarse otro valor de manera que los registros puedan verse pero no editarse, etc.

El resultado se puede ver en la figura 18.

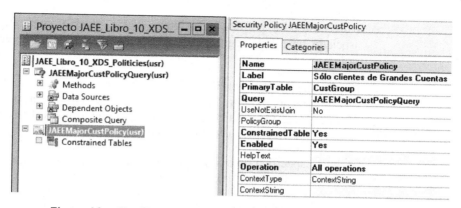

Figura 18.- Configuración de la política de seguridad de ejemplo

Si probamos la política de seguridad en este momento, podremos comprobar como, al no haber especificado ningún **contexto** para la aplicación de la misma, ésta se aplica para **todos los usuarios** (excepto para los administradores, a quienes nunca se aplica ninguna política de seguridad).

En la figura 19 puede verse como un usuario que sí tiene permisos para ver y modificar la tabla (si no los tuviera, no se activarían los botones de la tira de acciones), no puede ver los registros que están fuera de la *Query* ni insertar registros nuevos que también quedarían fuera de la consulta.

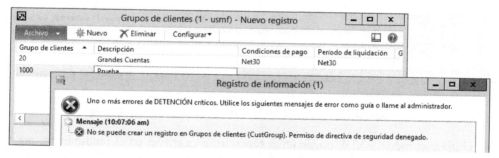

Figura 19.- Política de seguridad en funcionamiento

No es recomendable aplicar políticas sin ningún contexto, ya que normalmente no será operativo que una política aplique a todos los usuarios de la empresa. Las propiedades de las que disponemos para asignar un contexto de aplicación son las siguientes:

- **ContextType**: Debe contener una de las siguientes opciones:

  - **ContextString**: La política se aplicará en base a la propiedad *ContextString*.

o **RoleName**: La política se asignará a los usuarios que tengan asociado un rol de seguridad, que debe elegirse en la propiedad *RoleName*.

o **RoleProperty**: La política se aplicará a varios roles. Se debe configurar un nombre para este contexto en la propiedad *ContextString* y asignar este nombre de contexto a los diferentes roles donde necesitemos aplicarla. Ver figura 20.

- **ContextString**: Especifica un nombre para el contexto, que se utiliza para los tipos de contexto *ContexString* y *RoleProperty*.

- **RoleName**: Nombre del rol al que aplica la política, si el tipo de contexto es *RoleName*.

Por ejemplo, si utilizamos un tipo de contexto *ContextString* o *RoleProperty* y establecemos el nombre de la política de seguridad a *MajorCustPolicy* en la propiedad **ContextString**, podemos usar ese nombre para aplicar la misma política a varios roles utilizando su propia propiedad *ContextString*. Ver figura 20.

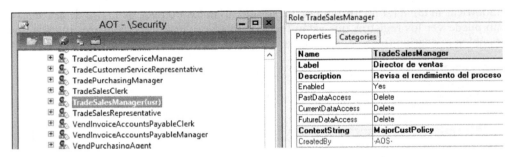

Figura 20.- Politica de seguridad aplicada a varios roles

Utilizar el modelo XDS puede tener repercusiones graves en el rendimiento, por lo que se debe ensayar en entornos de pruebas con datos completos, para poder probar el impacto que tendrá en tablas grandes.

Existen algunas técnicas que pueden minimizar ese impacto, se describen en el documento siguiente, aunque la mejor técnica será ajustar las consultas de las políticas de seguridad a las tablas sobre las que van a aplicarse. Asegurar que las relaciones son coherentes y que existen índices en los campos que intervienen en las mismas es más que recomendable.

White Paper: Developing Extensible Data Security Policies

http://www.microsoft.com/en-us/download/details.aspx?id=3110

4.5.- Security Development Tool for Dynamics AX 2012

Existe una herramienta con este nombre diseñada para facilitar la creación y configuración de los elementos de seguridad que hemos visto en este capítulo, además de comprobar que están funcionando correctamente. Permite obtener los permisos efectivos para un rol, privilegio, etc. También permite grabar procesos de negocio ejecutados en la aplicación para identificar los permisos necesarios para realizarlos.

Esta herramienta todavía está en fase **Beta**, por lo que sólo puede descargarse en *InformationSource*, desde el siguiente enlace:

> **Descarga**: Security Development Tool for Dynamics AX 2012 (Beta)
>
> https://informationsource.dynamics.com//RFPServicesOnline/Rfpservicesonli
> ne.aspx?ToolDocName=Security+Development+Tool+for+Microsoft+Dynamics
> +AX+2012+(Beta)%7cQJ4JEM76642V-8-856

Para acceder a *InformationSource* es necesario un *login* válido en *CustomerSource* o *PartnerSource*. Puesto que todavía está en fase beta, esta herramienta no se debe instalar en servidores de producción.

Cuando se instala, está disponible en el menú **Administración del Sistema > Configurar > Security entry point permissions** y tiene el aspecto de la figura 21.

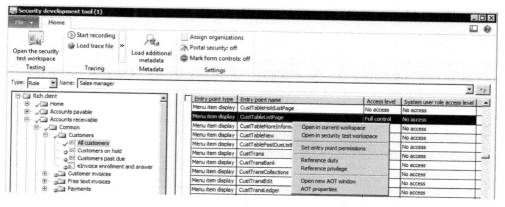

Figura 21.- Security Development Tool (Beta)

La documentación, que se actualiza con las nuevas versiones, puede encontrarse en el siguiente enlace:

Enlace: Security Development Tool User Guide [AX 2012]

http://technet.microsoft.com/en-us/library/hh859729.aspx

Puesto que en *Microsoft Dynamics AX 2012*, como ya hemos visto, la configuración de licencias está íntimamente relacionada con la seguridad, ésta utilidad se puede emplear para descubrir el nivel de licencia necesario para realizar ciertos procesos, analizando los permisos que requieren los *Menu Items* utilizados.

4.6.- Seguridad y Date Effective Framework

Ya hemos comentado en este capítulo algunos detalles que conciernen a la seguridad de tablas con validez en el tiempo. Hablamos sobre el *Date Effective Framework* en el capítulo 5 *"El modelo de datos"*.

En aquel capítulo detallábamos como, dependiendo del modo de actualización configurado en la tabla (*ValidTimeStateUpdate*), ésta se comporta de manera diferente cuando se actualizan sus datos: En unos casos se crearán nuevas versiones del registro para mantener el historial de versiones en el tiempo (*CreateNewTimePeriod*); en otros casos nos permite corregir el dato sin crear una nueva versión, mediante el nivel de acceso **Correction** que sólo existe para tablas configuradas de esta forma.

El *framework* de seguridad tiene en cuenta todo esto y nos permite configurar el **nivel de acceso a cada registro dependiendo de la versión** que representa. Por ejemplo, un usuario que tiene asignado un determinado rol puede estar autorizado a ver sólo los datos vigentes, pero no el histórico de versiones anteriores. Otro usuario puede tener permiso para modificar los datos vigentes, pero no las versiones anteriores, etc. Esto se configura en el AOT, mediante las propiedades **PastDataAccess, CurrentDataAccess** y **FutureDataAccess** de cada rol. Ver figura 22.

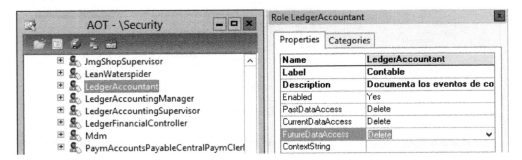

Figura 22.- Nivel de acceso para datos pasados, vigentes y futuros

Estos parámetros, combinados con los diferentes niveles de acceso garantizados a un usuario mediante los roles y privilegios que tenga asignados, y al modo de actualización que se esté utilizando en cada caso, también aplican a los permisos necesarios para ejecutar código X++ sobre esa tabla si se utiliza el método *recordLevelSecurity(true)* sobre la variable *buffer* durante la lectura de los datos.

Más detalles en el siguiente documento:

White Paper: Date Effective Patterns (White paper) [AX 2012]

http://technet.microsoft.com/en-us/library/hh335187.aspx

4.7.- Seguridad y código X++

Durante este capítulo hemos hablado de la configuración de seguridad que determina el acceso a los datos cuando se invocan formularios y otras acciones desde elementos de menú.

Sin embargo, también es importante que la aplicación sea segura en el código X++. Esto incluye, no sólo que sea seguro el acceso a los datos del sistema, sino también que se verifique la utilización de componentes "no seguros" en lo que llamamos **Code Access Security**.

La CAS se aplica en los casos de acceso a disco y manejo de ficheros; la utilización del *API* de Windows y *Win32 Interop*; y el uso de SQL directo contra la propia base de datos de *Microsoft Dynamics AX* o hacia bases de datos externas. Por ejemplo:

```
FileIOPermission      fileIOPermission;
TextBuffer            buffer = new TextBuffer();
Filename              fileName = @"c:\temp\fichero.txt";

// Confimar la lectura y escritura de un fichero externo
fileIOPermission = new FileIOPermission(fileName, 'rw');
fileIOPermission.assert();

// Todas estas operaciones requieren permisos CAS
buffer.fromFile(fileName); // read
buffer.toClipboard(); // write
buffer.toFile(fileName); // write
```

Por otro lado, tal como comentamos en el capítulo 6 "*La interfaz de usuario*", es necesario prestar atención a los métodos **edit** y **display**, que permiten mostrar a los usuarios información generada mediante código X++.

Estos mensajes van a mostrar un aviso de desviación de buenas prácticas en cualquier caso, que podemos ocultar con el comentario **BP Deviation Documented** cuando revisemos la seguridad del método. Se debe comprobar el acceso a los datos devueltos mediante la siguiente sintaxis:

```
//BP Deviation Documented
display Addressing collectionAddress()
{
```

```
    if (!hasFieldAccess(tableNum(LogisticsPostalAddress),
                        fieldNum(LogisticsPostalAddress, Address),
                        AccessType::View))
    {
        throw error("@SYS57330"); // Derechos insuficientes
    }

    // ...
}
```

Para tareas que necesiten una validación más concreta de roles y privilegios, existen varias clases que facilitan el trabajo como *SecurityPolicy, SecurityRights*, etc. pero sobre todo utilizamos la clase *SecurityUtil*. Esta clase incluye métodos para obtener los permisos de un rol, validar el nivel de acceso a una operación concreta, etc. Ejemplo:

```
SecurityRole    securityRole;
container       con, con2;
int             i = 0;

select RecId from securityRole
    where securityRole.AotName == 'SystemUser';

con = SecurityUtil::getRolePermissions(securityRole.RecId);

// Mostrar contenedor "en bruto"
conView(con);

for (i = 1; i < conLen(con); i++)
{
    con2 = conPeek(con, i);

    // Convertir los valores del contenedor en enumerados
    info(strFmt("%1 - %2",
            enum2str(conPeek(con2, 2)),
            enum2str(conPeek(con2, 4))));
}
```

La función *getRolePermissions* devuelve un contenedor, cuyos elementos son también contenedores. Ver el resultado en la figura 23.

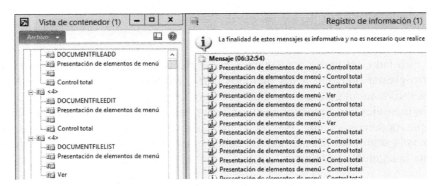

Figura 23.- Resultado de la ejecución de getRolePermissions

También podemos consultar la información de seguridad directamente mediante consultas a las tablas que los almacenan, que son principalmente las siguientes:

- **SecurityRole**: Roles

- **SecurityTask**: Deberes y privilegios

- **SecurityUserRole**: Relación Roles-Usuarios

- **SecurityRoleTaskGrant**: Relación Roles-Deberes

- **SecuritySubTask**: Relación Deberes-Privilegios

Por ejemplo:

```
SecurityRole            securityRole;
SecurityTask            securityTask;
SecurityUserRole        securityUserRole;
SecurityRoleTaskGrant   securityRoleTaskGrant;

while select securityUserRole
    where securityUserRole.User == 'JULIA'
  join securityRole
    where securityRole.RecId == securityUserRole.SecurityRole
  join securityRoleTaskGrant
    where securityRoleTaskGrant.SecurityRole == securityRole.RecId
  join securityTask
    where securityTask.SecurityTask == securityRoleTaskGrant.RecId
{
    info(strFmt('%1 - %2',
        SysLabel::labelId2String(securityRole.Name),
        SysLabel::labelId2String(securityTask.Name)));
}
```

Se pueden utilizar combinaciones de estas tablas en base a las relaciones del ejemplo para obtener los resultados deseados. El resultado del ejemplo se muestra en la figura 24.

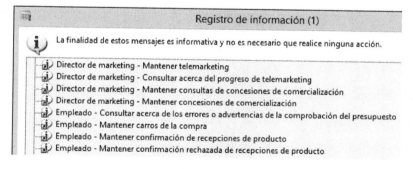

Figura 24.- Consulta de roles y privilegios

Índice analítico

Campus MVP

Creamos los mejores cursos online en español para programadores

¿Por qué aprender con nosotros?

Porque **creamos cursos online de calidad contrastada** cuyos autores y tutores son reconocidos expertos del sector, aprenderás **a tu ritmo de la mano de un verdadero especialista** y dejarás de dar tumbos por internet buscando cómo se hace cualquier cosa que necesites.

¿Quieres más razones? Descúbrelas en:

www.campusmvp.es

Descubre todos nuestros libros para programadores.

www.krasispress.com

Lightning Source UK Ltd.
Milton Keynes UK
UKOW07f0712091017
310658UK00005B/343/P

9 788494 111235